2021—2022年
厦门市经济社会发展与预测

蓝皮书

主　编：潘少銮

副主编：陈怀群　吴文祥　陈艺萍　李　桢

厦门市社会科学界联合会
厦门市社会科学院 编著

厦门大学出版社 国家一级出版社
XIAMEN UNIVERSITY PRESS 全国百佳图书出版单位

图书在版编目(CIP)数据

2021—2022 年厦门市经济社会发展与预测蓝皮书/厦门市社会科学界联合会,厦门市社会科学院编著.—厦门:厦门大学出版社,2022.1
ISBN 978-7-5615-8084-4

Ⅰ.①2… Ⅱ.①厦… ②厦… Ⅲ.①区域经济—经济分析—厦门—2020 ②区域经济—经济预测—厦门—2021 Ⅳ.①F127.573

中国版本图书馆 CIP 数据核字(2021)第 236306 号

出 版 人	郑文礼
责任编辑	许红兵

出版发行	厦门大学出版社
社　　址	厦门市软件园二期望海路 39 号
邮政编码	361008
总　　机	0592-2181111　0592-2181406(传真)
营销中心	0592-2184458　0592-2181365
网　　址	http://www.xmupress.com
邮　　箱	xmup@xmupress.com
印　　刷	厦门集大印刷有限公司

开本	720 mm×1 000 mm　1/16
印张	27.75
插页	2
字数	516 千字
印数	1～1 600 册
版次	2022 年 1 月第 1 版
印次	2022 年 1 月第 1 次印刷
定价	78.00 元

厦门大学出版社
微信二维码

厦门大学出版社
微博二维码

扫描上方二维码获取本书电子书

前　言

2021 年是中国共产党成立 100 周年，是"十四五"规划的开局之年，也是厦门特区建设 40 周年的新起点。在以习近平同志为核心的党中央及各级党委政府的领导下，厦门人民敢于担当、攻坚克难，奋力推进疫情防控和经济社会发展，深化改革开放创新，努力推动厦门经济特区走在中国特色社会主义实践前沿。值此之际，由厦门市社科联、社科院组织编撰的《厦门市经济社会发展与预测蓝皮书（2021—2022）》正式付梓出版了。

全书以党委政府及公众关注的社会热点问题为研究重点，分为"经济篇""社会篇""区域篇""专题篇"，内容涵盖 2021 年厦门市经济运行、社会发展、文化繁荣、生态文明等各个领域，新增加"厦门市数字经济发展情况分析及预测""厦门市影视产业发展情况分析及预测""厦门市网络视听产业发展情况分析及预测""厦门市现代物流业发展情况分析及预测""厦门市做强做优实体经济情况分析及建议""厦门市招商引资项目效益情况分析及建议""厦门市建设消费城市情况分析及建议""厦门市推进金砖基地建设情况分析及建议""厦门市高等教育服务地方发展情况分析及建议""厦门市法治厦门建设情况分析及建议""厦门市智慧城市建设情况分析及建议""厦门市保障性住房建设情况分析及建议"等篇目，以翔实的资料、客观的数据为基础，全面系统地回顾总结 2021 年厦门经济社会发展情况，客观分析存在的问题与矛盾，预测 2022 年以及今后一个时期厦门经济社会发展走势，提出了相应的策略和建议。全书在选题上具有较强的现实针对性，在内容上具有厦门地方特色，在研究上具有科学性,是我市社会科学界充分发挥智库作用、服务经济社会发展的有效载体和具体体现。

　　每年编撰出版厦门市经济社会发展与预测蓝皮书,是我市社会科学界围绕中心、服务大局的重要举措。我市社会科学界将紧扣新发展阶段的新任务新要求,以习近平新时代中国特色社会主义思想为指引,深入贯彻党的十九大和十九届二中、三中、四中、五中、六中全会精神,坚定不移地贯彻新发展理念,努力为厦门市履行新时代经济特区使命、实现全方位高质量发展超越、更高水平建设高素质高颜值现代化国际化城市提供智力支持。

编者

2021 年 12 月

目　录

经济篇

社会篇

区域篇

专题篇

专题一　厦门市经济发展的效率问题研究

专题二　厦门市基层社会治理改革创新研究

经济篇

厦门市经济运行总体情况分析及建议

2021年以来,厦门市深入贯彻落实党中央、国务院和福建省委、省政府部署要求,统筹做好疫情防控和经济社会发展,为夺取疫情防控和经济社会发展双胜利打下了基础。2021年上半年厦门市各项指标增幅保持全省领先,受疫情影响,8月、9月部分指标下行,1—9月全市经济运行延续总体平稳态势,地区生产总值增长10%。

一、经济运行总体情况

(一)主要经济指标情况

1—9月,厦门地区生产总值5294.3亿元,增长10%,分别比全国、全省高0.2个和1.2个百分点,增速排名全省第2位;两年平均增长6.5%,比上半年回落1.2个百分点,分别比全国、全省高1.3个和0.9个百分点。其中:第一产业增长6%,两年平均增长4%;第二产业增长9.4%,两年平均增长6.2%;第三产业增长10.5%,两年平均增长6.7%。详见图1、图2。

1.与福建省其他城市比较情况

从省内看,已核定、可比较的指标中,厦门市有15项指标增幅位居全省前列,其中:9项指标增速排名全省第一,分别是固定资产投资、社会消费品零售总额、地方级财政收入、农林牧渔业总产值、批发业销售额、住宿业营业额、人民币存贷款、城镇居民人均可支配收入、农村居民人均可支配收入;5项指标增速排名全省第2,分别是地区生产总值、规模以上工业增加值、零售业营业额、邮政业务总量、电信业务总量;1项指标增速排名全省第3,即财政总收入。

2.两年平均比较情况

GDP、规模以上工业增加值、固定资产投资、社会消费品零售总额、财政收入等主要指标两年平均增速均高于全国、全省平均水平。

(二)疫情期间影响情况分析

7月末疫情,正值暑期旅游旺季,主要对我市旅游、住宿、会展业造成冲击,对服务业各领域均造成影响。

9月疫情,从生产供给看,工业全市停产或受影响规上企业950家,同安

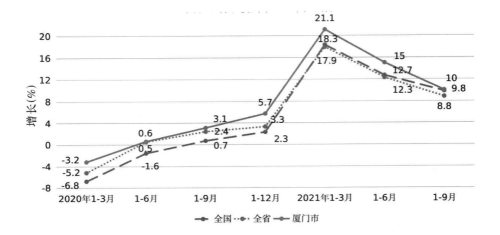

图1　厦门市GDP同比增长情况(与全国、全省比较)

4

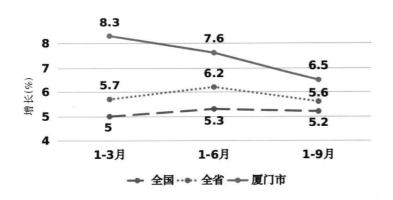

图2　2021年1—9月厦门市GDP两年平均情况(与全国、全省比较)

区739家规上企业停产,其他区159家企业因供应商在同安,受不同程度影响。服务业方面,疫情发生正值我市传统旅游消费旺季,住宿餐饮、交通运输、旅游会展等服务业受较大影响。从内外需求看,消费受影响较大,接触类、服务类消费受到较大冲击。投资、项目建设主要受用工和建筑材料运输影响,疫情期间全市213个在建市重点项目不同程度受影响,356个在建房建市政工程项目停工。外贸除同安区外,其他区外贸受工业生产及物流等不同程度影响。

（三）主要领域运行情况

1.工业经济支撑有力

全市规模以上工业增加值增长 15.7%，分别比全国、全省高 3.9 和 4.9 个百分点；两年平均增长 9.2%。全市 35 个工业大类行业中，25 个行业实现增长。高技术制造业快速发展，规模以上高技术产业增加值增长 26.8%，占规上工业比重达 43.2%；医药制造业、高技术通用设备制造业增加值分别增长 2.1 倍和 63.4%。企业效益加快提升，规上工业企业利润总额增长 69.3%；工业企业实现税收增长 30%，其中医药制造业、计算机通信制造业税收分别增长 3.7 倍和 103.2%。规上工业累计产销率为 95.06%，比上半年提升 0.74 个百分点。工业后劲不断增强，工业投资增长 27%。

2.投资和项目建设加快推进

全市固定资产投资增长 18.5%，分别比全国、全省高 11.2 个和 13.7 个百分点，两年平均增长 12.2%。投资结构持续优化，基础设施、工业、社会事业投资分别增长 31.2%、27%、23.9%，增速均高于全市增速，房地产投资增长 5.7%。重大片区建设有序推进，8 个重大片区累计完成固定资产投资占全市比重达 70.4%，轨道交通、同翔高新城、两岸金融中心、马銮湾新城投资进度较快。重点项目建设进度保持领先，111 个省重点在建项目实际完成投资 627.2 亿元，完成年度投资计划的 98.4%，投资完成率保持全省第一。

3.消费市场稳定增长

全市社会消费品零售总额增长 17.2%，分别比全国、全省高 0.8 个和 5.1 个百分点，两年平均增长 7.6%。企业积极拓展线上销售，网上零售额增长 23.4%，线上餐费增长 14.6%。住宿业、餐饮业受两轮疫情影响增速回落，住宿业营业额增长 38.2%，两年平均下降 9.3%。餐饮业营业额增长 29.2%，两年平均增长 11.4%。

4.外资外贸增势较好

全市外贸进出口总额增长 29.5%，分别比全国、全省高 6.8 个和低 4.2 个百分点，两年平均增长 18.4%。其中，出口增长 22%，分别比全国、全省低 0.7 个和 9.4 个百分点；进口增长 37.2%，分别比全国、全省高 14.6 个和 0.2 个百分点。外贸规模持续扩大，连续 3 个月单月实现外贸进出口 800 亿元以上，对全省进出口、出口、进口增量贡献均居全省第一。重点市场加快拓展，对RCEP、"一带一路"相关国家地区和"金砖"国家进出口分别增长 23.2%、26.2% 和 18.4%。实际使用外资 153.3 亿元，增长 18.3%，两年平均增长 27.8%。实际使用外资规模继续保持全省第一。累计新增千万美元以上实际使用外资企业 48 个，实际使用外资金额达 21.1 亿美元。

5.质量效益稳步提升

全市财政总收入、地方级财政收入分别增长23.1%和27.3%,分别比全省高1.8个和5.6个百分点,两年平均分别增长11.3%和12.4%,分别全省高3.4个和3.8个百分点。市场主体不断增强,厦门市全市新增税务登记户6.32万户,其中新增企业户4.67万户,新增企业户增长14.5%。新增"四上"企业358家。人民币存贷款余额增长15.3%,居全省第一;截至8月末,普惠小微贷款余额增长29.8%,制造业中长期贷款增长58.6%,民营企业贷款余额增长14.5%。

6.民生保障有力有效

全市就业形势基本稳定,新增城镇就业29.4万人,城镇登记失业率3.67%,比去年同期下降0.17个百分点,控制在预期目标以内。城镇职工参加医保社保人数增长4.5%。居民收入持续增长,全体居民人均可支配收入50691元,增长12.9%,其中城镇、农村居民收入分别增长11.6%和14.9%,均高于经济增长水平,增速继续保持全省第一。加大民生投入,民生事业支出占全市财政支出比重保持70%以上,教育、社会保障和就业、住房保障等民生类支出分别增长2.5%、19.9%和11.8%。物价形势总体稳定,居民消费价格总指数101%,控制在年度预期目标内。

二、当前经济形势及面临的主要困难和问题

当前形势仍然复杂严峻,全球各国疫情走势和经济恢复进程分化。国内看,经济运行中不确定、不稳定、不均衡因素依然较多,国内近期多地出现本土疫情,疫情蔓延形势不容乐观,疫情"外防输入、内防反弹"压力仍较大。2021年以来国际市场能源价格大幅上涨,国内电力、煤炭供需持续偏紧,今冬明春电力、煤炭供求压力仍然较大。受原材料价格高企、芯片供应紧张、海运价格上涨等因素,企业经营仍然困难。

从福建省内看,1—9月全省经济增速低于全国1个百分点,按照全省工作部署,要全力攻坚第四季度。从厦门市看,经济运行仍面临不少风险挑战,要保持全省前列、稳定经济增长还需要下更大力气。一是因工业领域用电保障压力加大,工业新增长点支撑不足,部分原材料价格上涨,导致工业稳产增产存在较大困难;二是因疫情影响,消费短期难以全面复苏,导致内需稳增长压力加大。

三、下阶段工作措施及建议

下阶段,厦门市将按照党中央、国务院各项决策部署和省委、省政府工作要求,锚定年初制定的经济增长目标,扎实推进各项工作落实,确保完成全年

目标任务，实现"十四五"良好开局。

1.慎终如始做好疫情防控

一是从严从实抓好疫情防控。持续绷紧疫情防控之弦，加强隔离场所管理，做好隔离人员解除隔离的后续管理，毫不放松抓好社区防控，加强医疗救治和院感防控，进一步加强社会面管控。认真落实"外防输入、内防反弹"各项措施，严格落实口岸闭环管理，加强入境隔离人员健康管理，持续做好中高风险来（返）厦人员排查和管控。二是提升疫苗接种服务能力。保障疫苗供应，加快疫苗接种进度，落实"一老一小"安全保障措施，做到应种尽种、有序接种、安全接种，努力率先实现疫苗接种全覆盖。三是加快补齐疫情防控治理体系短板。实施公共卫生应急管理体系建设行动，推进现代疾病预防控制体系建设，落实省市区三级联防联控机制建设，建立平急一体化的突发疫情应急指挥体系。提高新冠病毒的监测能力和检测能力，提升流调溯源、隔离管控、组织动员等能力和水平。完善传染病监测预警系统，加强疾控人才队伍建设。

2.深入实施创新驱动发展战略

一是全面激活创新活力。深入推进福厦泉国家自主创新示范区厦门片区建设，加大厦门科学城建设力度，支持和推动能源材料、生物制品等福建省创新实验室建设，加快国家新能源汽车技术创新中心厦门分中心、国家"芯火"双创基地和国家集成电路产教融合平台等高能级创新平台建设。加快实施"未来产业培育工程"，推行"揭榜挂帅"等制度，实施一批具有前瞻性、战略性的关键核心技术攻关项目，推动产业链技术自主可控。引进大院大所设立分支机构，培育发展新型研发机构。提升企业自主创新能力，大力发展专精特新中小企业，力争全年新增国家高新技术企业300家以上。二是努力提升产业链供应链现代化水平。推进"十四五"战略性新兴产业发展专项规划，实施集群建设工程，加快构建国家、省、市级集群梯次发展体系，做优做强生物医药、新型功能材料两个国家级战略性新兴产业集群，培育壮大集成电路、新型显示、信息技术服务等省级战略性新兴产业集群。

3.加快推进产业高质量发展

一是切实做好企业纾困工作。抓紧落实落细已出台的"1＋N"助企纾困政策措施，推动更多政策"免申即享"、直达企业，切实缓解企业困难。全面开展企业走访调研，加大企业困难问题协调解决力度，不断充实完善"1＋N"政策体系，推动企业加快发展。引导金融系统积极支持实体经济恢复发展，强化普惠金融服务，推广"信易贷"模式，加强政银企对接，促进实体经济特别是小微企业综合融资成本稳中有降。二是力促工业稳定增长。紧盯150家重点工业企业、165家省级增产增效企业和445家高技术制造业企业，加大服务保障力度。跟踪服务在建的499个增资扩产项目，加强项目用地、用水、用电、用工等要素保障。统筹协调做好有序用电相关工作。三是优化提升现代服务业。推动现代服务业和先进制造业深度融合发展,加快发展制造服务业。推进港口型国家物流枢纽项目建设,力争年底前完成海润码头智能化改造项目改造并投入试运行。加快滨北超级总部基地、两岸金融中心核心区等规划建设,推动一批高能级总部企业落户,加强在厦总部企业发展服务,推动更多业务内容落地我市。加快发展金融业,积极引入更多金融企业落户,巩固存款领域增长态势,加大异地资金归集力度,争取更多结算账户落地我市。大力发展特色金融业务,加快推进金融科技创新应用监管工具试点工作,创新跨境投融资业务。加强文化旅游深度融合,推进中山公园、植物园等改造提升,推进鼓浪屿世界文化遗产保护修缮和活化利用,稳妥做好中国金鸡电影节等筹办工作,发展壮大影视产业。

4.发展壮大数字经济、海洋经济

一是大力发展数字经济。推进“十四五”数字城市建设专项规划、促进数字经济创新发展三年行动计划等专项规划。力促数字产业化,推动平板显示、半导体与集成电路、计算机与通信设备、软件和信息技术服务四大特色产业向价值链中高端迈进。力促产业数字化,实施企业“上云用数赋智”行动,建设一批中小企业数字化转型促进中心,打造一批数字化转型标杆企业。实施数字经济园区提升行动,加快建设翔安数字经济产业园、同安新经济产业园等特色园区。实施智慧城市建设,加快建设“双千兆”光网城市,高标准建设“城市大脑”,拓展智慧政务、智慧交通等各类数字服务应用场景,使城市更智能、治理更精细、生活更便利。二是做大做强海洋经济。加快实施《厦门市海洋经济发展“十四五”规划》和《加快建设“海洋强市”推进海洋经济高质量发展三年行动方案》,抓牢海洋生物医药与制品产业、海洋高端装备制造、海洋信息与数字化产业及临港产业等10大领域33项任务。加快推进海洋高新产业园区建设,落地一批海洋科研创新平台、一批海洋高新技术产业项目。加快厦门现代水产种业园区建设,加快高崎闽台渔港改造和欧厝对台渔业基地功能提升,建设渔港经济区,促进现代渔业高质量发展。

5.大力促进有效投资

一是持续推进跨岛发展。岛内立足“扇头”重点提升,加快思明区滨北超级总部基地建设、同文顶片区旧城有机更新和厦港(沙坡尾)片区改造提升,积极建设开元创新社区,加快推进两岸金融中心片区金融核心区开发建设。岛外围绕“扇面”全面展开,优化提升岛外各区规划,加大岛外公共设施投入,促进岛内优质公共服务资源向岛外延伸。加快岛外产城人深度融合,打造集美新城样板,保护和提升同安旧城历史街区,大力推动环东海域、东部体育会展、马銮湾等新城建设发展,确保岛外民生社会事业规划建设标准高于岛内。推进基础设施跨岛联通,加快新机场、轨道交通等工程建设,推进第三东通道、同安进出岛通道等项目前期工作,加快打通"断头路"。二是强化重点项目攻坚。聚焦"两新一重"、制造业、民生补短板等五大领域,不断策划生成一批强基础增功能利长远的项目。加快省市重大重点项目建设,做好省、市重点项目跟踪跟进和滚动接续,推动形成更多实物工作量。做实做细项目前期工作,依法合规加快项目审批,加快推进征地拆迁、市政配套等准备工作,用好支持福建全方位推进高质量发展中央预算内投资专项资金和地方政府债券资金,加大用地、用海、用电和用林、环境、能耗、建筑材料等要素和主要指标保障,做好财政承受能力评估,针对有收益的项目拓展运用 PPP(政府与社会资本合作)、REITs(不动产投资信托基金)等市场化融资手段。三是提升招商引资实效。加快组建市场化运作管理的投促中心,尽快组成专业化招商团队,积极开展中介招商、委托招商、境内外知名商协会和企业合作招商,在科学精准专业化招商上下更大功夫。加快招商项目签约转落地、落地转建设或运营,支持鼓励本地企业增资扩产。

6.加快释放消费潜力

一是加快促进消费回补。加强市场主体帮扶,充分发挥已出台的商贸消费、旅游会展、住宿餐饮、文化娱乐等行业纾困激励政策措施,加快恢复人气商气。在疫情防控到位的情况下,全力开展各类营销促销活动,推动家装、汽车、电子、文化等各类消费冲刺年底消费旺季。适时举办"2021 冬日暖阳厦门旅游嘉年华"大型推广活动,持续开展厦门文旅消费大酬宾活动,创新高端酒店住宿餐饮和会议会展活动联动营销,大力发展夜间经济,丰富夜间消费项目,激发文旅消费活力。二是促进线上线下融合消费。培育壮大电商平台,鼓励实体商业加快数字化智能化改造,积极发展直播电商、网红带货等营销新模式,推动家政、餐饮等服务消费线上线下融合发展。三是提升消费载体。打造消费中心城市,大力发展时尚经济、首店经济,加快推进中山路高品位步行街改造提升,实施便利店品牌化连锁化三年行动。

7.持续稳定外贸外资

一是增强外贸竞争力。开展跨境电商综合服务企业试点,落实好货运包机扶持政策,鼓励企业建立海外仓,打造跨境电商国际物流新通道和跨境货物集聚中心。帮助企业依托省内市场用好市场采购业务政策,扩大商品出口。加快进口贸易促进创新示范区建设,打造区域特色进口集散中心。积极组织企业参加进博会、广交会等重点外贸展会,着力稳固美国市场,深耕欧盟、东盟、日韩等传统市场,拓展"一带一路"沿线国家和南美、非洲等新兴市场,特别是要主动把握 RCEP(区域全面经济伙伴关系协定)机遇,加强规则研究运用,通过"一国一策"拓展重点国别市场。优化外贸政策兑现流程,加快政策兑现速度,引导企业用足用好今年新增外贸政策。加快推进口岸进出口物流智慧监管体系建设,持续打造最佳通关环境。做好集装箱空箱信息跟踪,鼓励空箱回调,支持加大废弃和破旧集装箱修复力度。二是提升利用外资水平。促进存量外资企业增资扩产,盯住未分配利润较多的企业,促进企业利润转增资。盯住海外上市公司,密切跟踪融资后资金回流投资方向,吸引更多项目在厦门落地。加快重大外资项目落地,做好项目落地全流程服务保障。

8.持续做好民生保障

一是扎实推进共同富裕。落实促进共同富裕、促进城乡居民增收相关政策措施,积极跟踪国家制定出台的促进共同富裕行动纲要,健全反映市场供求和经济效益的工资决定及合理增长机制、工资支付机制,稳慎调整最低工资标准,推动提高一线职工工资待遇,推动更多低收入群体迈入中等收入群体行列。二是坚持就业优先发展战略。拓宽高校毕业生就业渠道,做好大学生就业政策兑现工作,落实好"留厦六条"举措。推进职业教育提质培优,加大校企"订单式"培养。精准帮扶就业困难群体就业,多渠道支持灵活就业。加强企业用工监测,规范人力资源市场秩序。搭建政校企合作平台,拓展和稳定企业招聘渠道。加快人力资源服务产业园建设,支持人力资源服务机构服务企业招工招才。三是持续提升公共服务水平。加快实施教育补短扩容、名校跨岛等行动,着力扩大学位供给,确保全年新增中小学幼儿园学位 5 万个。加快推进"厦门职教高地"建设,全力推进职业教育高质量创新发展。推进高等教育创新发展,积极筹建海洋职业大学和推进厦门技师学院纳入高等学校序列。加快四川大学华西厦门医院等医疗项目建设,推动马銮湾医院、环东海域医院、厦门中医院与国内高水平医院的深度合作,打造区域医疗服务高地和疑难重症诊疗中心。深入实施应对人口老龄化工程和普惠托育服务专项行动计划,加快推进养老事业和养老产业协同发展,持续推进婴幼儿照护服务试点工作。继续推进国家体育消费试点城市建设,做好亚洲杯筹办工作。四是加大社会保障力度。加大全民参保力度,健全完善城乡居民基本医疗保险筹资机制,完善最低生活保障制度和特困人员供养制度。稳妥推进养老保险纳入全国统筹工作。持续加大租赁住房房源供给,加快已筹集的 3 万余套各类租赁住房投用入市,做好保障性租赁住房政策调整、筹集和分配管理,切实保障好中低收入住房困难家庭和新就业大学生等群体的基本住房需求;优化调整共有产权住房、安置房建设。

附件：

厦门市 2021 年 1—9 月主要经济指标快报

主要指标	单位	1—9月累计额	比去年同期增长±%
1.地区生产总值	亿元	5294.27	10.0
第一产业	亿元	20.02	6.0
第二产业	亿元	2040.40	9.4
第三产业	亿元	3233.85	10.5
2.农林牧渔业总产值	亿元	43.79	6.4
3.规模以上工业增加值	亿元	—	15.7
4.建筑业总产值	亿元	2031.17	12.7
5.固定资产投资(含铁路)	亿元	—	18.5
第一产业	亿元	—	14.1
第二产业	亿元	—	26.8
建安投资	亿元	—	−1.8
工业投资	亿元	—	27.0
第三产业	亿元	—	17.0
房地产开发投资	亿元	822.68	5.7
6.商品房销售面积	万平方米	423.44	−6.9
7.批发业销售额	亿元	20759.60	51.2
零售业销售额	亿元	1416.22	24.2
住宿业营业额	亿元	48.83	38.2
餐饮业营业额	亿元	197.94	29.2
社会消费品零售总额	亿元	1957.53	17.2
8.一般公共预算总收入	亿元	1354.36	23.1
地方一般公共预算收入	亿元	800.37	27.3
一般公共预算支出	亿元	709.79	3.4
9.其他营利性服务业营业收入*	亿元	689.56	40.5
电信业务总量*	亿元	52.89	23.5
10.全社会用电量	亿千瓦小时	252.12	14.1
工业用电量	亿千瓦小时	118.83	10.9

续表

主要指标	单位	1—9月累计额	比去年同期增长±%
11.港口货物吞吐量	万吨	16923.90	11.8
集装箱吞吐量	万标箱	900.04	7.6
空港旅客吞吐量	万人次	1258.22	12.3
空港货邮吞吐量	万吨	22.70	16.0
12.期末金融机构各项存款余额	亿元	14996.91	16.2
期末金融机构各项贷款余额	亿元	15000.04	15.8
13.实际使用外资	亿元	153.30	18.3
14.进出口总额(人民币)	亿元	6570.18	29.5
出口总额	亿元	3159.90	22.0
进口总额	亿元	3410.28	37.2
15.居民消费价格总指数	％	101.0	

厦门市发展和改革委员会　姜　瑞　吴绍鹏

厦门市财政形势分析与预测

2021 年是实施"十四五"规划、开启全面建设社会主义现代化国家新征程的开局之年。尽管面对新冠疫情的巨大冲击和复杂严峻的国内外环境,以及减税降费政策全面落实对厦门市财税收入带来的影响,但除 9 月份外,全市财政收入仍保持了相对较高的增幅,非税收入增长明显。今后财政工作的重点包括:继续实施积极有为的财政政策,夯实财源基础,促进经济发展提质增效;加强零基预算管理,优化财政资源配置效率;加强财政债务监督管理,增强风险防控能力;深化财政投融资体制改革,发挥市场作用促进公共服务降本增效,助力岛内外高质量、一体化发展。

一、厦门市财政运行情况

(一)2020 年财政情况回顾

2020 年全市一般公共预算总收入 1351.3 亿元,增长 1.7%,其中地方级收入 783.9 亿元,增长 2%。全市一般公共预算支出 976.9 亿元,增长 7.0%。全市政府性基金收入 821.6 亿元,增长 105.4%;全市政府性基金支出 1035.9 亿元,增长 130%。全市国有资本经营预算收入 44.9 亿元,增长 70.7%;全市国有资本经营预算支出 30.8 亿元,增长 156.7%。

(二)2021 年财政运行情况

2021 年 1—9 月,全市一般公共预算总收入 1354.4 亿元,增长 23.1%,其中地方级收入 800.4 亿元,增长 27.3%;全市一般公共预算支出 709.8 亿元,增长 3.4%。全市政府性基金收入 702.6 亿元,增长 31.2%,其中土地类基金收入 696.5 亿元,增长 31.5%;全市政府性基金支出 630.2 亿元,下降 12.3%。全市国有资本经营预算收入 16 亿元,下降 16.2%;全市国有资本经营预算支出 10.6 亿元,增长 324%。全市社会保险基金收入 136.5 亿元,增长 26.2%;全市社会保险基金支出 119.4 亿元,增长 6.2%。

13

二、2021 年厦门市财政情况分析

(一)经济运行总体回稳,财政收入增速高于财政支出增速

2021 年 1—9 月,面对严峻复杂的外部形势、艰巨繁重的改革发展稳定任务,特别是新冠肺炎疫情的不时冲击,厦门市统筹推进疫情防控和经济社会发展,经济运行总体回稳,虽然 GDP 同比增速波动式下降(如图 1 所示),但平均累计增速仍处于较高水平,达到 10%,规模达 5294.27 亿元。经济较高增长带动财政收入增长,厦门市财政总收入同口径增长 23.1%,地方级收入同口径增长 27.3%。

2021 年 1—9 月,一般公共预算支出增幅远低于财政收入增幅,第一、二、三季度分别累计增长 6.0%、7.2%、3.4%。主要是厦门市政府贯彻实施开源节流的财政收支政策,强化增收节支管理,集中财力保障民生兜底和帮扶企业,同时开展了一系列低效支出清"零"行动,全面清理"趴窝"资金,一般性支出压减超过 20%,在一定程度上做到了政府过"紧日子"、让群众过"稳日子"的目的。同时,一些财政资金的拨付进度偏慢,如软件和信息服务业专项资金累计进度仅为 7%,住房租赁试点补助资金进度为 19%。

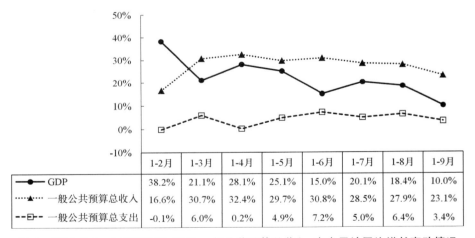

	1-2月	1-3月	1-4月	1-5月	1-6月	1-7月	1-8月	1-9月
●─ GDP	38.2%	21.1%	28.1%	25.1%	15.0%	20.1%	18.4%	10.0%
▲···· 一般公共预算总收入	16.6%	30.7%	32.4%	29.7%	30.8%	28.5%	27.9%	23.1%
□-- 一般公共预算总支出	-0.1%	6.0%	0.2%	4.9%	7.2%	5.0%	6.4%	3.4%

图 1 2021 年 1—9 月厦门市 GDP、一般公共预算总收入、支出累计同比增长变动情况
资料来源:厦门市统计局

（二）实体经济恢复性增长助推税收收入和非税收入较高增长

1.实体经济恢复性增长助推主体税种实现较高增长

2021 年 1—9 月,厦门市实现税收收入 1126.5 亿元,增长 18.9%,占一般公共预算总收入的 83.1%。各税种增长情况见表 1 所示,其中,主体税种增值税和企业所得税增幅分别高达 24.3% 和 35.1%,个人所得税下降 2.43%。

从产业贡献来看,2021 年 1—9 月,全市规模以上工业增加值增长 15.7%,与之对应,工业实现税收 302.3 亿元,同比增长 30.8%。其中生产型出口、生物医疗和高新技术企业实现较快增长,分别实现税收增长 44.5%、270%、42%。商贸业、房地产业和金融业总体增长较好,带来相应行业税收收入较高增长。其中,全市批零业实现税收 143 亿元,增长 41.6%;房地产业累计实现税收 205 亿元,增长 20.5%。剔除限售股个人所得税减收因素,金融业实现税收 87.3 亿元,增长 10.2%。

表 1　2021 年 1—9 月厦门市各税种收入完成情况

税种	收入数（亿元）	同比增长（%）	税种	收入数（亿元）	同比增长（%）
增值税	366.1	24.3	印花税	12.1	41.0
消费税	80.0	7.5	城镇土地使用税	4.3	3.0
企业所得税	269.3	35.1	土地增值税	76.8	12.4
个人所得税	185.7	−2.43	车船税	4.2	2.2
资源税	0.06	235.2	耕地占用税	0.6	−43.9
城市维护建设税	30.0	25.1	契税	53.8	42.2
房产税	25.1	−0.3	环保税	0.1	−36.2
车辆购置税	18.1	17.2			

资料来源:厦门市财政局

2.非税收入更高增长支持了财政收入的高增长

一方面,2021 年 1—9 月,厦门市土地类基金实现收入 696.9 亿元,同比增长 33.9%,保障了全市政府性基金收入的高增长。这与固定资产投资增长 18.5% 和房地产投资增长 5.7% 是相对应的。

另一方面,2021 年 1—9 月,全市一般公共预算收入中非税收入累计实现 227.9 亿元,同比增长 49.7%,占一般公共预算总收入的 16.8%。其中,专项收入占非税总收入的 51.5%,同比增长 49.7%;国有资源(资产)有偿使用收入占非税总收入的 37.4%,同比增长 78.4%(见图 2)。非税收入之于财政收入的支持能力逐渐显化,在税收收入受冲击情况下起到了稳定财政收入增长的重要作用。

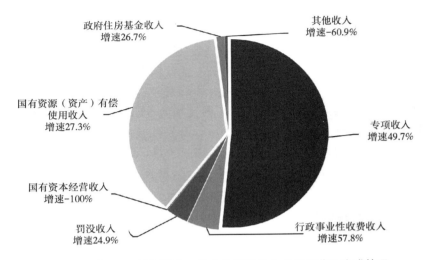

图 2 2021 年 1—9 月厦门市一般公共预算收入中非税收入完成情况

资料来源：厦门市财政局

（三）民生支出较快增长保障了群众"稳日子"目标，债务付息支出超高增长需警惕

2021 年 1—9 月，厦门市民生支出 500.8 亿元，占一般预算支出的 70.6％，同比增长 6.2％，重点投向了教育、社会保障和就业、住房保障、节能环保、交通运输等领域，保障了群众过"稳日子"的目标。其中，教育支出 124 亿元，增长 2.5％；社会保障和就业支出 55.7 亿元，增长 19.9％；住房保障支出 14.8 亿元，增长 11.8％（见表 2 所示）。这是因为厦门市强化民生保障，全方位做好疫情防控资金保障，全面实施扶持政策以稳就业保用工，上半年共拨付企业扶持资金 77 亿元，体现为财政支出在社会保障和就业、住房保障等领域较高增长。同时，厦门市设立了循环节能专项资金扶持企业环保减排，着力推进生态环境共治共保，节能环保支出累计规模达到 42.9 亿，增长 41.9％；厦门市全面加快推动岛内外协调发展，加快实现基础设施互联互通，总计安排 181 亿元财政资金，交通运输支出同比增长 50.9％，如开通试运行地铁 3 号线，加速建设翔安大桥、新会展中心等。

值得注意的是，2021 年 1—9 月，厦门市地方债务还本付息支出 6.9 亿元，增长 121 倍，占全市一般公共预算支出近 1％。这表明厦门市地方债务还本付息进入高峰期，需要注意地方债务规模增长和债务风险防控问题。

表 2   2021 年 1—9 月厦门市一般公共预算支出结构

预算科目	支出数（亿元）	增长（%）	预算科目	支出数（亿元）	增长（%）
一般公共服务	64.4	4.2	资源勘探信息等事务	80.4	−7.7
国防	0.4	−12.6	商业服务业等事务	12.6	−10.9
公共安全	48.1	3.4	金融支出	1.1	−27.8
教育	124.0	2.5	援助其他地区支出	1.6	−38.7
科学技术	24.1	−16.3	自然资源海洋气象等事务	7.4	20.6
文化旅游体育与传媒	14.8	−11.4	住房保障支出	14.8	11.8
社会保障和就业	55.7	19.9	粮油物资储备等事务	1.6	−3.9
卫生健康	52.7	−5.1	灾害防治及应急管理支出	4.3	−0.3
节能环保	42.9	41.9	债务付息支出	6.9	12167.9
城乡社区事务	83.6	−1.2	债务发行费用支出	0.0	−99.5
农林水事务	12.7	−28.2	其他支出	1.8	−68.9
交通运输	53.8	50.9			

资料来源:厦门市财政局

（四）各区财政收入增速差距缩小,财政支出增长不均衡

2021 年 1—9 月,区级累计实现一般公共预算收入 240.5 亿元,同比增长 27.7%,比 2019 年同期增长 26.6%,主要是 2020 年同期受疫情等因素影响,收入基数低以及 2021 年以来经济恢复性增长带动。区级累计一般公共预算支出289.7亿元,同比下降 2.4%,非急需非刚性支出持续压减。

财政收入方面,区级财政收入按增幅排序分别为集美区(33.8%)、翔安区 (28.7%)、思明区(27.5%)、湖里区(27.2%)、海沧区(27.2%)、同安区(26.2%) (见图3、图4所示),均达到近 5 年一般公共预算收入增幅之最。同时,岛外增幅总体高于岛内增幅,这表明"多区叠加"先行先试政策落实已见成效,岛外的财源基础得到了逐步夯实,岛内外逐步实现协同发展。

财政支出方面,2021 年 1—9 月,各区支出增速均低于收入增速(见图4),其中思明区、湖里区和海沧区一般公共预算支出增速为负,各区间财政支出增长不均衡现象明显。

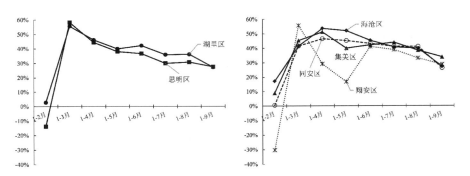

图3 2021年1—9月厦门市各区区级财政收入累计同比增长情况

资料来源：厦门市财政局

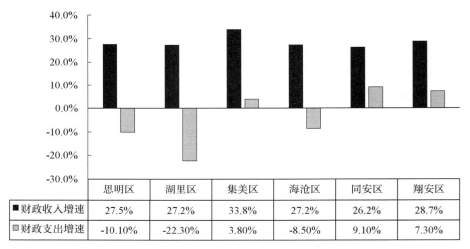

	思明区	湖里区	集美区	海沧区	同安区	翔安区
■财政收入增速	27.5%	27.2%	33.8%	27.2%	26.2%	28.7%
▨财政支出增速	-10.10%	-22.30%	3.80%	-8.50%	9.10%	7.30%

图4 2021年1—9月厦门市各区区级一般财政收入、支出同比增幅变化

资料来源：厦门市财政局

三、厦门市财政形势预测与展望

目前全球疫情反复、大宗商品市场价格高涨，外部不稳定不确定的因素还较多，经济发展依然面临较大压力。提高制造业企业研发费用加计扣除比例并允许2021年提前享受的政策，也会对财政减收带来影响。加之上年同期收入基数抬高以及9月新冠肺炎疫情对厦门市经济运行造成的冲击，展望2021年第四季度，全市财政收入的增幅总体将进一步放缓，2021年全年财政收入增速预计比1—9月执行数明显回落，但考虑到前三季度收入完成进度较快，预计能够完成全年收入预算,相关预算支出能够得到有效保障。

随着更大范围的疫苗接种和特效药的面世,预期 2022 年全球新冠疫情将得到有效缓解,这将为厦门市经济稳定发展尤其是旅游业、商贸业恢复发展提供良好条件。但各国疫情周期错位、全球供需错位、供应链和物流危机以及病毒变异和疫情反复等不确定性因素依然存在,叠加通胀预期和国际政治经济关系不稳定因素等,将影响 2022 年世界经济的复苏,这给外向型经济依赖度高的厦门经济发展带来较大不确定性。同时 2021 年财政收入高增长速度抬高了基数,因此预期 2022 年厦门市财政收入将实现较平稳增长,但增速将低于 2021 年。在财政支出方面,2022 年在防疫抗疫、支持企业恢复发展、重大建设和重大招商项目上的支出仍将保持刚性增长,加上民生领域重点支出所需资金规模增长和其他事项支出增长,预期 2022 年厦门市财政支出将比 2021 年实现较高增长,财政压力依然较大。综合来看,2022 年厦门市财政收支基本能够实现相对平衡。

四、完善厦门市财政制度和政策的建议

当前厦门市财政运行存在着以下主要困难与挑战:一是国内外宏观经济环境不确定因素较多,影响到厦门市财政收入增长的稳定性。同时厦门市仍处在经济转型的关键期,产业基础和产业链水平有待提升,重大产业项目尚在培育期,税收贡献有限,中小微企业困难较大,财政增收动能仍需夯实。二是防疫抗疫、支持企业恢复增长、三年重大产业项目、轨道交通、新机场、岛外新城和旧村改造、岛内外链接通道等重点领域所需资金规模激增,加上民生支出刚性增长,财政收支矛盾仍较为突出,现金流平衡压力较大。三是地方债务还本付息进入高峰期,加上财政资金资源配置效率有待进一步提高,财政监督管理和风险防控能力的提升亟待重视。四是市场化机制和手段运用偏少,财政资金对社会资本引导及带动作用较弱,将给今后的财政可持续发展造成较大压力,不利于岛内外经济一体化发展。

为此,提出以下政策建议:

(一)继续实施积极有为的财政政策,夯实财源基础

第一,精准施策帮扶企业恢复性增长。不折不扣落实税费减免政策,指导企业用好研发加计扣除、企业困难性减免、延期纳税、免征文化事业建设费等政策,减轻企业税费负担,增强企业现金流。积极兑现助力企业纾困减负、促消费、加快旅游业恢复发展等政策,降低企业用工、用能、房租、融资等经营成本,帮助企业减轻负担、恢复生产,全力对冲疫情和成本上涨的影响。

第二,主动作为服务精准招商,围绕强链补链延链目标,进一步完善招商

引资扶持政策审核和资金保障机制。支持一批强链补链扩链的好项目落地，集中财力促进产业链群配套合作和资源整合，助力本地产业优化升级。

第三，更好发挥财政资金的撬动作用。强化重大产业项目用地征拆资金保障，加速推进翔安机场、福厦客运专线、污水处理设施等"两新一重"项目建设，落实好教育、养老、住房保障等政策，发挥财政资金的撬动和杠杆作用，充分释放内需潜力，扩大财政资金投入的乘数效应。

（二）加力零基预算管理，优化财政资源配置效率

第一，全力推进零基预算改革，提升资金使用效率。梳理政府保障事项清单，明确财政事权和支出责任，进一步厘清政府保障边界，充分发挥市场在资源配置中的决定性作用。大力压减、取消小散专项资金，清理重复叠加、标准失衡的政策。健全公共服务成本分担机制，推进医疗、污水、公交等重点领域价格机制和财政投入机制改革，合理均衡各方负担，推动公共服务高效供给。

第二，深化预算绩效管理。调整优化支出结构，加力盘活"趴窝"资金，强化疫情防控、困难群体帮扶等民生兜底保障。加快构建覆盖全市的"全方位、全过程、全覆盖"预算绩效管理体系，切实做到花钱问效、无效问责。

（三）加强财政监督管理，增强风险防控能力

第一，防控政府债务风险，促进财政可持续发展。完善债券资金的需求报送、使用监督和绩效管理机制，优化债券投向和期限结构，完善债务常态化风险评估预警，定期开展债务风险动态监测，严控变相新增政府隐性债务，进一步规范政府债务管理。

第二，加强重大项目平衡管理。需坚持"先有预算，后有支出"的原则，强化政府投资年度计划与年度预算衔接。推动成片开发区和重大建设项目编制投资平衡方案，同时做好财政承受能力评估，针对有收益的项目，科学拓展运用 PPP、REITs 等市场化融资手段。

第三，推进智慧财政系统建设。充分运用新技术，实现预算项目全生命周期管理和资金全流程跟踪，将监管规则嵌入系统流程，全面硬化预算约束。逐步打通各类数据壁垒，拓展数据分析与应用功能，增强风险识别和预警能力，为规范管理和科学决策夯实基础。

（四）深化财政投融资体制改革，发挥市场作用，促进公共服务降本增效，助力岛内外高质量、一体化发展

第一，增强对社会资本的引导带动作用。积极运用 PPP、REITs 等方式拓展筹资渠道，通过市场化的手段和竞争方式，引入社会力量参与轨道交通、城市更新、污水垃圾、保障房和轨道沿线开发等公共服务项目，多元筹资保障重点项目建设和运营，降低建设成本、储备人才队伍、提升运营效率，助力"岛

内大提升、岛外大发展"。

第二,加强重大片区开发平衡管理,落实资金来源、平衡途径和收储任务,合理规划建设内容和实施时序,推动实现开发的综合平衡和动态平衡,确保开发有时序、建设可持续,以更高水平地实现公共服务空间均等化,持续深化岛内外协调发展。

第三,改进投融资预决算管理,推动政府投资降本增效。结合厦门市财政性投资建设项目预决算管理办法的修订,完善项目前期成本控制,严格设计论证、工程变更、竣工财务决算审核管理,健全建设绩效奖惩机制,以真正发挥政府资本和社会资本管理双重优势,从根本上提升治理水平和效率。

厦门大学经济学院　谢贞发　陈芳敏

厦门市对外经贸发展情况分析及预测[①]

一、厦门对外经贸发展总体状况分析

(一)2020年厦门对外经贸发展回顾

2020年是全面建成小康社会和"十三五"规划的收官之年,面对突如其来的新冠肺炎疫情,全市坚持稳中求进工作总基调,全面统筹疫情防控和经济社会发展,积极推进招商引资和项目攻坚,建设金砖国家新工业革命伙伴关系创新基地,对外经贸实现平稳健康发展。

在对外贸易方面,2020年厦门实现进出口总额6915.77亿元,比上年增长7.8%,高于全国5.9个百分点,高于全省2.3个百分点。月度进出口总额从6月起连续7个月实现正增长,全年进口、出口、进出口三项规模均创历史新高,进出口总额占全省外贸的49.3%。其中,出口总额3572.92亿元,增长1.2%;进口总额3342.85亿元,增长16.0%。民营企业进出口总额比重最高,实现进出口总额2354.4亿元,增长5.0%,占全市外贸总额的34%;国有企业实现进出口总额2289.72亿元,增长22.7%;外资企业实现进出口总额2263.74亿元,下降1.2%。进出口贸易方式更加优化,贸易伙伴更加稳固。全年一般贸易方式进出口4798.1亿元,增长13.1%;加工贸易进出口1093.8亿元,下降6.2%;保税物流进出口1001亿元,增长3.0%。厦门市贸易伙伴遍及全球223个国家和地区,东盟、美国和欧盟是厦门市前三大贸易伙伴,占厦门市外贸比重达43.0%。防疫物资及"宅经济"相关商品出口值大幅增长。出口防疫物资194.2亿元,增长375.7%,高于全国28.5个百分点;"宅经济"消费提升带动笔记本电脑、家用电器和体育用品出口分别增长199.1%、43.6%和32.4%。厦门市生物医药产业、文化产业等新兴产业快速发展,出口理疗器、原料药等生命科学技术产品增长近九成,出口文化产品增长超四成,增幅均高于全国40个百分点以上。同时,积极拓展医疗物资进口渠道,疫情期间外贸企业共提供149条海外货源信息,涉及口罩1228.25万个、防护服13.14万件、护目镜800

---

① 本文数据如未特别说明,均来源于厦门市统计局、厦门市商务局和中国统计局。

个、额温枪 4700 支。有序组织医疗物资出口,建立促进医疗物资商业出口协作机制,组织生产企业和外贸企业对接。帮助有能力的企业申请医疗物资出口"白名单"。已获批 61 家"白名单"企业,获批企业数居全省首位。

在利用外资方面,2020 年厦门实际使用外资 166.05 亿元,比上年增长 23.8%,增幅高于全省 13.5 个百分点,实际使用外资规模占全省 47.7%,全年实际使用外资规模、增速均居福建省首位,再创历史新高。服务业是外商投资的新热点。全年服务业新设外资企业 940 家,占全市新设外资企业数的 95.2%,服务业实际使用外资 108.2 亿元,增长 54.4%,占全市实际使用外资的 65.2%,较上年提高 13.0 个百分点。服务业利用外资主要集中在租赁和商务服务等行业,其中高技术服务业研发与设计服务增长 1.3 倍。其中,大项目带动作用明显。全年新增千万美元以上合同外资项目 90 个,合同外资 50.29 亿美元,增长 3.5%,新引进的金圆统一证券、涂鸦科技、蓝地球旅游发展等项目促进服务业质量稳步提升。

(二)2021 年 1—9 月厦门对外经贸发展基本情况

1.外贸进出口稳中有进,增速保持较高水平

据厦门海关统计,2021 年前三季度,厦门市外贸进出口 6570.2 亿元人民币,比上年同期增长 29.5%。数据显示,2021 年 7 月份以来,厦门市外贸进出口值连续 3 个月在 800 亿元以上高位运行,9 月份当月进出口 815.9 亿元,增长 16.6%,其中进口 425 亿元,增长 20.8%,出口 390.9 亿元,增长 12.5%。东盟、美国和欧盟是厦门前三大贸易伙伴,厦门对上述国家(地区)分别进出口 1168.2 亿、855.9 亿和 714.5 亿元,分别增长 23.5%、32.6%和 27.5%。同期,对 RCEP、"一带一路"和金砖国家进出口分别增长 23.2%、26.2%和 18.4%。2021 年前三季度,厦门市民营企业继续保持最大市场主体地位,累计进出口 2370.5 亿元,增长 41.1%;同期国有企业和外商投资企业分别增长 28.8%和 18.6%。①

2.出口增速存在下滑趋势,出口商品结构进一步优化

数据显示,2021 年前三季度,厦门市出口额达到 3159.9 亿元,增长 22%,但 9 月份当月出口 390.9 亿元,仅增长 12.5%(如图 1)。考虑到 2020 年疫情对外贸产生的特殊影响,实际上,2019—2021 年的前三季度出口额年均增长率仅为 10.4%(如表 1)。从出口商品结构来看,2021 年前三季度,厦门市出口机电产品 1399 亿元,增长 17%;出口纺织服装等七大类劳动密集型产品913.3亿元,增长3.8%。附加值较高的机电产品增速较高,说明出口商品结构呈现

① 厦门海关.2021 年前三季度厦门市外贸进出口情况[EB/OL].http://xiamen.customs.gov.cn/xiamen_customs/zfxxgk22/3017978/3018709/491082/3969018/index.html.

进一步优化的趋势。

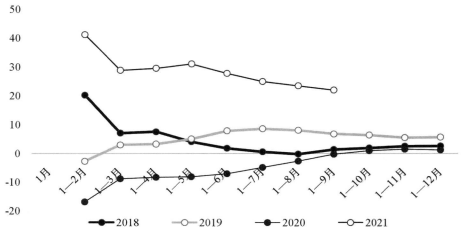

图 1　2018—2021 年 9 月厦门市出口总额累计增长幅度(%)

表 1　2019—2021 年厦门各年逐月累计出口额及年均增长率

出口额 （亿元）	2019	2020	2021	2019—2021 出口额 年均增长率（%）
1—2 月		431.28	609.51	
1—3 月	773.58	706.35	910.93	8.52
1—4 月	1058.11	971.02	1258.11	9.04
1—5 月	1354.49	1246.03	1633.06	9.8
1—6 月	1671.74	1556.51	1988.36	9.06
1—7 月	1984.11	1891.46	2363.45	9.14
1—8 月	2297.54	2242.01	2769	9.78
1—9 月	2593.35	2589.7	3159.9	10.4

数据来源：根据厦门市统计局历年数据计算，空缺数据为厦门市统计局未公布。

3.进口增速呈稳步上升态势，但上升势头有所减缓

据统计，2021 年前三季度，厦门市进口总额达 3410.3 亿元，增长 37.2%（如图 2），但 9 月份当月进口 425 亿元，同比仅增长 20.8%。考虑到 2020 年疫情对外贸产生的特殊影响，实际上，2019—2021 年前三季度进口额的年均增长率仅为 28.7%（如表 2）。从进口商品结构来看，2021 年前三季度，厦门进口机电产品 723.1 亿元，增长 26.7%，进口农产品和铁矿砂分别增长 53% 和 40.2%，大宗商品进口增速保持较高水平。

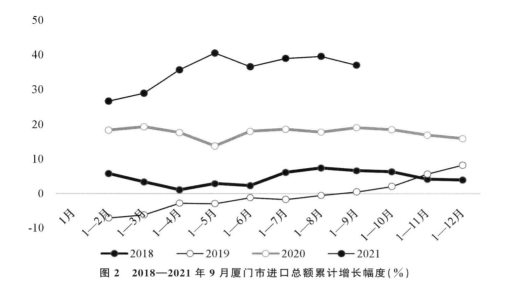

图 2　2018—2021 年 9 月厦门市进口总额累计增长幅度（%）

表 2　2019—2021 年厦门各年逐月累计进口额及年均增长率

进口额（亿元）	2019	2020	2021	2019—2021 进口额年均增长率（%）
1—2 月		469.71	592.91	
1—3 月	611.74	735.88	943.01	24.2
1—4 月	828.78	982.55	1324.68	26.4
1—5 月	1053.67	1206.45	1690.43	26.7
1—6 月	1282.44	1525.32	2093.11	27.8
1—7 月	1515.47	1809.3	2533.28	29.3
1—8 月	1786.75	2115.59	2980.08	29.1
1—9 月	2059.69	2463	3410.3	28.7

数据来源：根据厦门市统计局历年数据计算，空缺数据为厦门市统计局未公布。

二、厦门市对外经贸发展制约因素和存在的问题

（一）全球经济贸易持续稳定复苏呈不均衡态势

2020 年第三季度以来，受主要经济体疫情纾困措施和疫苗上市因素提振，世界经济明显改善，货物贸易恢复速度超出预期，但世界经贸复苏却呈现出分化态势。美国方面，随着疫苗广泛接种和经济刺激计划出台，美国经济加

速回暖,消费和企业投资大幅增长。2021年10月28日美国商务部公布的首次预估数据显示,第三季度美国实际国内生产总值(GDP)按年率计算增长2%,增幅收窄至2020年第二季度以来最低值。欧洲方面,欧盟委员会5月发布2021年春季经济预测,上调2021年欧盟和欧元区经济增长预期至4.2%和4.3%,经济增长前景显著改善。日本方面,疫苗接种进展缓慢,全国紧急状态期限延长,经济复苏乏力。日本内阁府5月公布初步统计结果显示,2021年一季度日本实际GDP环比下降1.3%,按年率计算降幅为5.1%。新兴经济体和发展中国家方面,多数国家面临疫苗分配不足、政策支持有限以及内需低迷等困难,部分新兴经济体还面临资本外流、货币贬值、国际收支形势严峻等风险挑战。[①]

（二）全球疫情发展面临较大不确定性,主要经济体宽松政策效应持续外溢

当前,全球疫苗接种进程有所加快,但各国接种进展不一,加之病毒变异,全球疫情有所反弹,威胁世界经济贸易稳定复苏基础。特别是印度疫情大规模暴发,拖累本国经济复苏,影响全球海运、医药、纺织、金融服务等行业供应链。同时,各国仍然采取多项贸易保护措施,法国、匈牙利等重启全国性封锁,人员、商品跨境流动受限。同时,美国、日本等主要经济体延续超宽松宏观政策,助推全球资产价格上行,金融市场表现与实体经济背离的潜在风险仍然存在,全球范围内资本市场动荡、债务风险上升。受全球经济回暖和流动性环境宽松等因素叠加影响,国际大宗商品价格维持高位。2021年5月末,CRB指数、道琼斯商品指数和标普高盛商品指数与年初相比分别上涨22.9%、21.1%和27.2%。[②] 世界银行10月发布的《大宗商品市场展望》报告预计,2021年能源价格比2020年高80%以上,2022年将继续居于高位;预计2021年原油平均价格(布伦特、西德克萨斯和迪拜原油平均价)为70美元,上涨70%;预计金属价格在2021年上涨45%。

（三）疫情持续影响,厦门对外经贸发展面临诸多不确定性

一是吸收外资稳中存忧。新冠疫情持续全球蔓延,国际人员交往、资金流动受阻,外资招引难度加大。在全球产业链供应链面临重塑的大背景下,高技术制造业实际使用外资增速低于整体,外资大项目储备不足,后续增长乏力。

---

① 商务部综合司,商务部国际贸易经济合作研究院.中国对外贸易形势报告(2021年春季)[EB/OL].http://zhs.mofcom.gov.cn/table2017//2021060912027654.pdf.

② 商务部综合司,商务部国际贸易经济合作研究院.中国对外贸易形势报告(2021年春季)[EB/OL].http://zhs.mofcom.gov.cn/table2017//2021060912027654.pdf.

二是对外贸易面临诸多不确定。厦门产业结构的局限性导致工业产业链缺乏下游终端配套,机电产品、高新技术产品出口占比低于全国。人民币升值、原材料上涨、货运紧张等因素削弱了传统劳动密集型出口产品价格竞争力,跨境电商等贸易新业态带动作用有待进一步增强。①

三、厦门对外经贸发展环境与预测

(一)有利的因素

首先,我国经济发展持续稳定向好。2021 年 1—9 月,我国国内生产总值同比增长 9.8%。世界银行 9 月 27 日发布报告称,预计 2021 年我国经济将增长 8.5%,比 4 月预测上调了 0.4 个百分点。其次,超大规模市场的吸引力不断增强。据调查,90% 以上的外资企业主要面向中国市场,"在中国、为中国"。我国拥有 14 亿人口、超 4 亿中产阶级,消费市场规模和成长潜力无可比拟。2021 年 1—9 月,我国社会消费品零售总额同比增长 16.4%。再加上我国产业配套齐全、基础设施完善、人力资源丰富等综合优势突出,我国对外资的"磁吸力"与日俱增。最后,外商在华投资预期和信心持续稳定。商务部近期问卷调查显示,3000 多家重点外资企业中,93.3% 的企业对未来发展前景持乐观预期。美、欧、日等外国商会近期发布的报告显示,近 2/3 的美资企业、59% 的欧资企业和 36.6% 的日资企业计划扩大在华投资。②

此外,2020 年 11 月 15 日,中国与东盟 10 国、日本、韩国、澳大利亚及新西兰正式签署《区域全面经济伙伴关系协定》(简称 RCEP),标志着约占全球 30% 的人口、经济总量和贸易总额最大的自由贸易协定正式达成。目前,中国、泰国、新加坡、日本已完成 RCEP 核准程序,其他各国也明确表示争取年内完成核准工作,预期正式生效实施时间为 2022 年 1 月 1 日。RCEP 的签署和生效实施,为厦门深度参与国际经贸合作带来更多的机遇,有利于促进厦门在新时期构建更高水平的开放型经济新体制。

(二)不利的方面

当前稳外资外部环境依然复杂严峻。主要有两大不确定因素:一是全球疫情仍在持续演变。招商引资跨境活动不便,既难"走出去",也难"请进来",

---

① 厦门市商务局.厦门市 2020 年商务工作情况和 2021 年工作计划[EB/OL].http://xxgk.xm.gov.cn/swj/bmndgzbg/202103/t20210326_2527429.htm.

② 商务部.商务部召开"十四五"利用外资发展规划暨稳外资工作专题新闻发布会[EB/OL].http://www.mofcom.gov.cn/article/zcjd/jdzhsw/202110/20211003210364.shtml.

线上招商成效有限,一些外资项目落地和建设进度放缓。二是国际产业链供应链深度重构。受疫情以及个别国家"脱钩""筑墙"等非经济因素影响,全球产业链供应链正在深度重塑,跨国投资呈现近岸化、本土化、区域化等趋势,而且各国引资竞争更加激烈。此外,从国内看,我国土地、资源等要素供求关系趋紧,成本不断增加,传统比较优势弱化。

对于厦门来说,也存在成本、投资、外贸压力加大等不利因素。首先,中下游企业成本分摊压力陡增。以芯片采购为例,中小企业采购价格普遍上涨200%~1200%;部分行业出现增产不增收,如 LED 产业上半年产值增长7.6%,但整体利润下降16%。厦门中下游企业面对竞争激烈的终端市场,通过涨价缓解成本压力的空间极为有限。其次,投资压力加剧,结构有待优化。随着技改高峰后回落叠加疫情影响,厦门技改投资表现疲软,工业技改投资增长 3.5%,低于全部投资 28 个百分点,低于工业投资 29.5 个百分点;技改投资占工业投资比重 21.3%,较 2020 年下降 6 个百分点,工业投资增长主要依靠新建、扩建等外延式扩大再生产的局面还未改变,升级式发展不足;项目储备不足,厦门全市上半年重大项目集中开工 58 个,总投资 497 亿元,分别仅占全省的 12.6% 和 11.9%。① 最后,外贸实现较快增长压力较大。2021 年前三季度,厦门进出口增速低于全省(33.7%),出口增速不仅低于全省(31.4%),也略低于全国(22.7%),而出口不仅直接关联厦门工业生产,还与批发零售业密切相关,若出口增幅长期低于全国和全省,将拖累整体经济增速的提升。

总体上,我们认为 2022 年厦门市对外贸易发展前景比较乐观。厦门的外贸增速仍将高于全国外贸增速,我们预计 2022 年厦门进出口总额增长 15% 左右,由于 2021 年基数较高,出口预计增长 10% 左右。而吸引外资方面,中国总体的外资流入趋势依然向好。联合国贸发会议 2021 年 10 月 19 日发布报告指出,2021 年上半年全球跨国投资显现反弹态势,其中,东亚和东南亚地区的外国直接投资同比增长 25%。报告还预计全年跨国投资将好于预期,有可能重新超过疫情前的水平。此外,2021 年 10 月,中国商务部编制发布《"十四五"利用外资发展规划》,从推进更高水平对外开放、优化利用外资结构、强化开放平台功能、提升外商投资促进服务水平、优化外商投资环境等 7 个方面明确了 23 项主要任务和具体举措。这些都有利于更加有效地吸引和利用外资,更好地服务构建以国内大循环为主体、国内国际双循环相互促进的新发展格局,因此,预计 2022 年厦门实际利用外资规模将继续稳步增长,增幅可达15% 以上。

---

① 厦门市统计局.经济运行稳中加固 质量效益持续提升——上半年厦门 GDP 分析[EB/OL].http://tjj.xm.gov.cn/tjzl/tjfx/202108/t20210813_2574517.htm.

四、促进厦门对外经贸可持续发展的对策和建议

在厦门对外经贸未来的发展过程中,政府应进一步加快政策兑现进度,指导企业用足用好年度及新增外贸政策,及时帮助企业解决海运困难、汇兑损失等现实难题,降成本、防风险、抓订单、拓市场,推动外贸稳定发展。此外,还应做好以下四个方面的工作:

(一)推进贸易创新,加强对外贸企业的引导和扶持

首先,优化贸易环境。充分发挥全市稳外资工作专班作用,完善重点企业监测机制,强化外贸政策的精准引导和合理扶持,加强出口信保、融资服务、关税汇合作,推动外贸创新发展,形成工作合力。扎实开展促进跨境贸易便利化行动,巩固压缩通关时间成效,降低进出口环节合规成本,持续优化口岸营商环境,实施优进优出。

其次,实施贸易产业融合计划,持续推动科技创新、专利申请、品牌培育、国际营销等建设,壮大机电、高新产品等出口规模,做强外贸转型升级基地,引导有条件的工贸企业向自营品牌出口企业转型。深化国家进口贸易促进创新示范区建设,用好中国国际进口博览会等平台,增加优质产品进口。

再次,推进外贸品牌打造和外贸业态创新。支持境外区域品牌展建设,加快国际营销网络布点,推动国际营销服务平台建设。支持外贸企业拓展内销市场,推动内销规模化、品牌化发展。同时,大力发展跨境电商,支持航空货运包机常态化运营,打造跨境电商国际物流新通道和跨境货物集聚中心,鼓励跨境企业多渠道拓展 B2C、B2B 出口业务。尤其是,发展外贸综合服务,培育布局全球价值链的、具有自主营销能力的新型跨国外贸综合型企业。

(二)利用 RCEP 协议签署的历史机遇,全面提升对外经贸的规模和质量

首先,根据首年零关税和 5 年内降税明显的商品及中日首次关税减让安排,巩固传统产品出口优势,扩大机电产品出口占比,依托位居协议国地理中间的条件优势,加快发展对东盟和日、韩的中转贸易,鼓励企业在 RCEP 国家建设"海外仓",加强"跨境电商＋海外仓"模式出口。

其次,加大招商引资力度。聚焦千亿产业链条,围绕"强链补链延链"开展精准招商,利用"9·8"投洽会、进博会等展会平台,推出合作项目,吸引日韩澳新健康养老、生命科学和再生医疗、生物制药、冷链物流等企业来厦开展项目合作。

再次,支持跨境投资。引导优势对外投资产业、行业向 RCEP 国家集聚,重塑国际产业链;支持供应链核心企业参与相关国家矿产资源开发、林业资源采伐合作;支持企业参与 RCEP 成员国基础设施建设,拓展境外工程承包市场;鼓励有条件的企业在成员国建设经贸合作区。

最后,拓展服务贸易。推进国家全面深化服务贸易创新发展试点、国家文化出口基地、国家数字服务出口基地、国家服务外包示范城市建设,加强与 RCEP 国家服务贸易合作;积极发展跨境电子商务、数字内容、云服务等数字贸易业态,加快培育数字化产业链条,加快建设数字自贸试验区。

(三)完善各项措施,推动服务贸易高质量发展

伴随着厦门服务贸易创新发展和服务业的不断开放,服务贸易所展现出的资源消耗低、环境污染少、科技含量高及不易引发贸易摩擦等特点,正与外贸转型升级相互作用,产生良好的"化学反应"。因此,在发展策略上,要坚持创新发展,加强服务贸易模式创新、技术创新、制度创新,全力抢抓数字贸易风口,塑造厦门服务业开放合作新优势;要做强市场主体,引进培育一批服务贸易领域的"大优强"企业,支持中小企业走"专精特新"发展道路,积极引导服务贸易领军企业在"一带一路"沿线国家开展跨国投资合作,打造一批具有较强国际影响力的服务品牌;要营造市场化、法治化、国际化的一流营商环境,迭代升级各方面政策体系,加快建设营商环境投诉举报中心和知识产权综合体等功能平台,为服务贸易发展创造良好生态。具体来说,厦门应做好服务贸易创新发展试点、国家数字服务出口基地、国家文化出口基地、服务外包示范城市等试点工作;巩固优化运输、旅游、展会等传统服务贸易,发展壮大航空维修、电信、计算机和信息服务、文化服务等特色服务贸易,培育引导专业和管理咨询服务、金融和保险服务、知识服务等新兴服务贸易;积极争取知识产权等特色服务出口基地。

(四)优化外商投资环境,着力提升利用外资质量

一方面,优化外商投资促进服务平台,提升外商投资信息服务水平,汇总、发布外商投资相关法律法规、政策措施、行业动态、项目信息等,为外商投资企业提供信息咨询、项目对接等服务。发挥投资促进机构和商协会作用,加强与外商沟通联系,了解并帮助解决项目考察、洽谈、签约过程中的困难问题。此外,还应优化外商投资企业登记注册和信息报告流程,提高外商投资企业登记服务质量,提升投资设立企业便利化水平。简化外商投资项目核准手续,提高外商投资项目备案便利化程度。

另一方面,提升招商引资工作效能。围绕产业链招商、重大项目招商发力,聚焦行业细分领域、新兴领域的高成长企业集中开展招商攻关。在此基础

上,推动集群式招商,充分发挥各类引资平台的产业集聚效应,进一步推动重点产业集群式招商,深挖项目资源,做好新项目引进和现有外商投资企业的增资扩产工作,突出招强引优,形成重点产业集聚效应,实现产业优势向项目集群优势转变。同时,加快研究设立市场化招商机构,完善市场化招商机构建设方案,探讨合作设立市场化招商机构的可行性。

集美大学财经学院　马明申　黄阳平

厦门市数字经济发展情况分析及预测

党的十八大以来,党中央、国务院高度重视数字经济发展,习近平总书记强调要"做大做强数字经济"。"十四五"规划和2035年远景目标纲要将"加快数字化发展建设数字中国"单列成篇,将"打造数字经济新优势"单列一章,要求"充分发挥海量数据和丰富应用场景优势,促进数字技术与实体经济深度融合,赋能传统产业转型升级,催生新产业新业态新模式,壮大经济发展新引擎"。

一、厦门市数字经济发展总体情况分析

自从习近平总书记擘画"数字福建"蓝图以来,厦门牢记嘱托,紧抓金砖国家新工业革命伙伴关系厦门创新基地建设和数字经济产业密集创新、高速增长的战略机遇,以落实国家数字经济创新发展试验区工作任务为重点,以数字产业化和产业数字化为主线,以数据要素高效有序流通和新型基础设施建设为支撑,加快推动数字经济创新发展。

(一)主要工作做法

1.加强组织保障

厦门市委、市政府高度重视数字经济发展,成立了市委主要领导担任组长的数字厦门建设领导小组,加快推动数字产业化和产业数字化。近三年实施了9个发展规划,持续推进数字经济高质量发展。今年,厦门市进一步组建了大数据管理局,进一步加强数字经济统筹协调推进力量。

2.完善生态建设

围绕打造万亿电子信息产业集群目标,深入实施千亿产业链群培育工程,做大做强平板显示、半导体与集成电路、计算机与通信设备、软件和信息技术服务四大核心数字产业,加快布局区块链、大数据、人工智能、卫星应用等新兴数字产业,催生培育共享经济、平台经济等数字化新模式、新业态,构建高效协同、智能融合的数字经济发展新生态。近三年出台5个专项政策,覆盖集成电路、工业软件、人工智能、信创等信息通信技术关键核心领域。设立产业投资基金22只,总规模2000亿元,重点扶持孵化新业态新模式新技术。发布82

个制造业创新发展赋能平台,培育 67 个产业创新与服务公共平台;集聚厦门国际动漫节、中国人工智能大赛、中国音数协动漫产业年会等一批产业集聚促进平台。

3.推进智能制造

开展重点工业企业数字化能力诊断评估,制定企业上云上平台实施指南,加快推进中小企业"上云用数赋智"。推进工业互联网标识解析综合型二级节点、星火·链网等数字化转型基础设施建设,持续培育特色型、差异化工业互联网平台,已培育引进华为等一批跨行业跨领域云服务平台,建设奥普拓、链石等一批优秀行业应用云平台,进一步提升工业互联网服务产业发展能力。围绕电子信息、机械装备等优势产业,发挥天马微、金龙汽车等一批标杆应用企业示范作用,加快智能制造规模化应用,加快特色产业集群数字化转型。

(二)发展总体情况

1.数字产业化提质增效

2020 年,全市数字经济规模 3650 亿元,占 GDP 比重 57%,全市规模以上数字经济核心产业企业数 619 家,其中,亿元以上 248 家,超 10 亿元以上 39 家,超百亿元 10 家。持续打造"芯—屏—端—软—智—网"产业生态体系,形成平板显示、半导体与集成电路、计算机与通信设备、软件和信息技术服务四大特色产业。半导体和集成电路产值 436.2 亿元,其中集成电路产业产值 266 亿元,实现超过 10% 的快速增长,集聚集成电路企业 200 多家,涵盖芯片设计、材料与设备、晶圆制造、封装测试、应用等主要产业链环节,获批国家"芯火"双创基地。平板显示产业产值 1500.7 亿元,涵盖玻璃基板、面板、模组、整机等上下游全产业链,是全国唯一的光电显示产业集群试点城市、全球触控面板屏组最大研发和生产基地。计算机与通信设备产值 1215.5 亿元,涵盖整机制造、通话终端、电子元器件、外部设备、IT 服务等产业链环节,整机品牌具全球影响力。软件和信息技术服务业营收 1972.6 亿元,占全省一半左右,是全国 13 个软件名城之一,在信息安全、智慧交通、智慧医疗、移动互联网、数字文创等细分领域具有领先优势。

2021 年 1—10 月,厦门计算机与通信设备、平板显示、半导体与集成电路、软件和信息技术服务等产业均保持较快增长。新落地算能科技、科华数据云、腾讯云、麒麟新型研究院等高能级项目,产业发展水平进一步提升。1—10 月,平板显示实现产值 1300 多亿元,比增 6.9%;计算机与通信设备产业实现产值 1100 多亿元,比增 14.9%;半导体和集成电路产业实现产值近 400 亿元,比增 17.8;软件和信息服务业实现营收 1100 多亿元,比增 6.82%。

2.产业数字化加快推进

制造业方面,截至 2020 年,厦门市 622 家企业通过两化融合贯标(占全省一半以上),95％重点工业企业通过工信部两化融合管理体系贯标,重点产业管理数字化率先达到100％,建成16座数字化样板工厂(车间),推动超3000家中小企业上云,培育工业互联网平台3个、各类工业App53个,有力支撑产业数字化转型。运动器材、卫浴橱柜等传统制造业"机器换工"趋势明显,平均提高工效近4倍。服务业方面,厦门市获批设立福建省首个跨境电子商务综合试验区,字节跳动、京东数科等一批营收超百亿元的优质项目签约落地。首店经济、夜间经济、直播经济等新商业模式蓬勃发展,数字化新模式新业态不断涌现。2020年网络交易额1805.2亿元,增长30％(全国10.9％);社区电商日均配送订单超100万单。远海码头建成全球首个5G全场景应用智慧港口,提升物流效率约20％。

3.数据价值化持续显现

成立市场化、公司化运作的厦门大数据有限公司作为市级公共数据资源一级开发机构,推动数据资源开发利用。建立公共数据资源目录发布机制和数据供给服务保障机制,强化公共数据供需对接,快速响应企业需求。已建成市民、法人、空间、信用、证照五大基础资源库,汇聚各类基础数据超10亿条。全市政务信息共享协同平台接入70个部门,提供服务接口1662个。全市大数据安全开放平台面向社会开放全市公共数据资源,现已梳理发布838条资源目录、994万条数据。

4.新基建支撑显著提升

信息网络基础设施方面,"千兆厦门"建设成效明显,厦门市固定宽带家庭普及率[①]155.2％、移动宽带用户普及率[②]165.84％,均为全省第一位。新网络领域:加快5G网络规模部署和应用,全市5G基站超过4000个,建成全球首个5G全场景应用智慧港口,提升物流效率20％。新算力领域:强化信息汇聚、分类引导、分层布局和互联互通,6个数据中心投入使用机柜超万个,全国首个鲲鹏超算中心落户厦门,国产化算力资源超过80％。新设施领域:加快建设嘉庚创新实验室,落地建设中国信通院东南分中心,积极引进IBM创新中心、SAP创新赋能中心,TCL华星光电等一批大院大所和名校名企项目,提升行业数字化转型能力。

二、厦门市数字经济发展存在的问题短板

(一)创新不足

关键核心技术缺乏、创新能力不足是制约厦门数字经济发展和技术进步

---

① 每百个家庭中有宽带接入的家庭数。

② 每百个人中使用3G/4G的用户数。

的短板。集成电路、软件信息企业体量偏小,在关键核心领域布局较少,缺少有影响力、带动性的综合型大企业。平板显示、整机制造等产业虽具一定规模,但缺乏产业链上下游配套,对本地产业带动作用有待加强。

（二）转型不快

厦门制造业结构以中小企业居多,以劳动密集型为主。中小企业普遍存在数字化基础弱、技术底子薄、改造资金不足等问题,难以承受智能化生产线投入及后续的运维服务成本。近年来虽已引入培育了华为等企业上云服务商,加快推广低成本、快部署、易维护的数字化转型产品和服务,但制造业转型步伐总体而言还不够快;电子信息、电力电器等自动化基础较好的离散型制造、家居卫浴等生产过程相对成熟的流程型制造行业,转型趋势较为明显,而食品医药加工等相对传统的行业则相对较慢。制造业与实体经济融合路径有待探索。

（三）人才匮乏

受本地高校少、薪酬与房价差距过大,以及国内各城市"抢人"力度加大,厦门在培育、引进和留住人才方面面临较大挑战。互联网、人工智能、大数据等高端人才缺口较大,技能型人才短缺,大部分企业缺乏既懂业务又懂数字技术的复合型人才。高端人才和复合型人才的结构性短缺已成为制约厦门数字经济创新发展的重要瓶颈。

三、厦门市数字经济发展环境与预测

（一）有利因素

厦门是全国较早开展信息化建设的城市之一,20 世纪 80 年代,将经济信息中心列为基础设施八大工程之一,为厦门数字经济发展奠定了坚实基础。主要优势:一是 2020 年促进工业增长和转型升级等 3 项改革举措获国务院通报表扬;平板显示、计算机与通信设备、半导体和集成电路、新材料、生物医药等产业管理数字化率达 100%。二是全市规模以上数字经济核心产业企业 619 家,亿元以上企业 248 家,其中超 10 亿元以上企业 39 家,超百亿元企业 10 家。三是全市建成 5G 基站 6000 个,实现了岛内室外区域基本覆盖,岛外中心城区及重要室外核心区域覆盖;建成全球首个 5G 全场景应用智慧港口,新型基础设施支撑产业发展能力进一步提升。四是基础数据库和专题数据库累计汇聚超 10 亿条数据和超 1300 亿条数据,可查询调用 13 类国家平台、59 类省平台汇聚的政务数据,总数据量达到 4300 余万条。

（二）不利因素

一是百年变局与世纪疫情交织叠加,全球关键核心技术领域竞争日益激烈,一些基础产品和技术对外依存度高,存在被"卡脖子"风险,疫情也导致芯片供应不足。二是国家高度重视数字经济发展,国内各大城市加大扶持发展数字经济,城市之间竞争激烈,资金和人才存在虹吸效应。三是厦门数字经济在核心产业、智能转型、人才培育等方面有待进一步加强。

（三）发展预测

根据厦门市"十四五"规划,未来厦门将加快经济社会各领域数字化、网络化、智能化转型,力争到 2025 年,数字经济核心产业增加值占生产总值比重提高 3 个百分点,关键环节全面数字化的规模以上制造业企业比例达到 70%以上,打造 3 家以上具有全国影响力的工业互联网平台,培育 50 家以上不同行业融合发展新模式新业态新标杆企业、50 个工业互联网 App 优秀解决方案,融合发展水平居全国前列。

四、厦门市数字经济发展的工作建议

（一）加强创新体系建设

充分发挥企业创新主体作用,围绕集成电路、平板显示、大数据、信息安全等基础软硬件关键核心领域推行揭榜挂帅,不断增强原始创新能力。构建一批数字经济创新发展平台,依托中俄数字经济研究中心、工信部国合中心厦门分中心及信通院东南创新中心,探索构建面向金砖国家的数字经济交流合作平台。完善创新平台体系建设,推进关键应用软件协同攻关中心、集成电路设计公共服务平台等建设。围绕人工智能、大数据、新型显示、集成电路等重点产业的基础研究及成果转化,加快引进、建设一批关键共性技术创新平台,进一步赋能产业创新发展。

（二）加快数字产业化

创新提升中国软件名城,大力发展人工智能、大数据、数字内容等特色产业,加强信创、工业软件等关键核心领域布局,支持工业互联网平台和应用软件开发,提升数字产业赋能作用。支持重点领域芯片、元器件、智能终端的自主研发、制造和应用,形成软硬件齐头并进的良好生态。培育引进一批有影响力的平台型企业,带动平台经济、共享经济等新业态发展。实施数字经济园区提升行动,依托火炬高新区打造数字经济创新发展的综合性载体,持续推进翔安数字经济产业园、同安新经济产业园等特色园区发展。

（三）提升产业数字化

大力发展智能制造,实施工业互联网提升工程。梳理制造业重点行业数字化转型需求,建设一批特色化、专业化工业互联网应用平台,鼓励大企业、大平台、应用服务商提供各类工业 App 服务,降低企业数字化门槛。深入实施企业"上云用数赋智"行动,推动更多中小企业工业设备上云、业务系统上云,加快数字化工具普及力度。促进服务业数字化发展,加快金融、物流、零售、旅游等生活性服务业和服务贸易数字化。围绕"城市大脑"项目建设和智能制造、智能交通、智慧物流、数字金融、数字商贸等产业数字化核心领域,策划生成各类应用场景,发布需求清单,开展"数据招商""场景招商",吸引行业龙头企业和本地优势企业积极参与,打造最佳应用实践,帮助本地企业发展,吸引外地企业落户,打造产业协同创新基地及生态联盟。

（四）发掘数据要素价值

加强公共数据资源的汇聚共享,进一步打破部门数据壁垒,提升公共数据资源质量。完善和丰富大数据安全开放平台功能,推动公共数据资源规范化开发利用,打造大数据开放生态体系。研究制定数据要素交易规则和监管体系,探索建立区域性数据交易中心,完善数据交易、结算、交付、安全保障等功能,构建市场化公共数据资源管理服务体系。深入挖掘社会数据价值,针对工业大数据、医疗大数据、交通大数据、教育大数据和信用大数据等领域,加快发展第三方数据服务。培育和发展数据清洗、建模、可视化、用户画像、行业分析、信用评价等数据服务产业。

（五）夯实基础设施建设

推进"双千兆"（千兆光网和 5G）光网城市建设,加快推动 IPv6 规模部署和系统应用,加速 5G 网络建设与行业应用,推动厦门国际互联网数据专用通道建设。推进工业互联网标识解析二级节点建设,形成面向重点行业的规模化解析服务能力,促进供应链管理、重要产品溯源、产品全生命周期管理等应用。支持数据中心、鲲鹏超算中心等新算力基础设施加快建设,持续保障算力需求,支撑政府、企业多样化业务应用和产业生态需求。

（六）加强人才服务保障

加大数字经济领域高层次人才、骨干人才的引进培育力度,支持厦门大学建设国家集成电路产教融合创新平台,与华为共建产业转型升级人才培养基地,多元化多形式合作培养数字经济应用型、技能型、复合型人才,为数字经济创新发展提供人才支撑。

中共厦门市委政策研究室　郑亚伍

厦门市影视产业发展情况分析及预测

电影实力直观反映综合国力。电影是彰显文化自信的重要载体,是深受人民群众喜爱的文化方式,在文化产业中具有引领作用。围绕学习贯彻落实习近平总书记有关推进电影事业发展的重要指示精神,厦门将紧抓中国电影"黄金时代"和金鸡奖每年评选一次并连续在厦门举办的历史机遇,办好中国金鸡电影节,讲好中国故事,擦亮"国家名片",坚持"以节促产、以节促城",努力把厦门建设成为新时代中国影视中心。

一、厦门市影视产业发展现状

厦门市紧紧抓住 2035 建成文化强国的时代机遇,发挥金鸡奖作为"国家名片"的品牌效应和平台优势,大力实施"以节促产"和"全域影城"的发展战略,按照"头部企业+扶持政策+产业基金+产业园区"的模式推动影视产业高质量发展,繁荣"厦门出品"影视精品,培育一批创作、拍摄、后期制作等领域的标杆性影视企业,凝聚一批领军型人才和完善多层次影视人才结构,做大做强影视节展产业,构建现代化电影工业体系,布局影视科技新赛道,力争将厦门打造成为新时代中国影视中心。

(一)产业规模稳步增长

2020 年,全市新增影视企业 480 家,落地项目 195 个,投资总额 123.32 亿元,名人工作室 36 个,影视企业达 1600 多家。2021 年 1—9 月,厦门共新增影视企业 223 家,新增注册资本 15.14 亿元,生成重大招商项目 12 个,涵盖影视产业各环节,影视氛围迅速浓厚,全国影视资源开始汇聚,厦门影视产业生态逐步形成。中影集团、华策影视、正午阳光等头部影视企业落户厦门。2020 年厦门市全市电影票房约 1.63 亿,全省排名第一,2021 年元旦假期(2021 年 1 月 1 日—3 日)票房 1018 万元,约占福建省 1/2。2021 年 1—10 月,电影和广播电视节目发行、电影放映营业收入分别增长 638.9%、152.2%。

(二)重点领域精准聚焦

政策和资源倾斜瞄准"厦门出品"、园区基地、产业人才、文化出口等厦门影视产业发展的重中之重,成效斐然。"厦门出品"影视作品全省领先,2020

年厦门影视企业通过电影备案 112 部,电视剧备案 16 部,重点网络影视剧规划备案 116 部,动画片 7 部,以上作品备案总数约占福建省的 1/2。《扫黑·决战》《山海情》《绝密使命》等"厦门出品"在全国热映热播,电视剧《变成你的那一天》相关话题总阅读量 77.8 亿,形成了厦门电影新气象。2020 年 11 月,"厦门出品孵化加速计划"正式启动,计划以电影投资基金矩阵扶持"厦门出品",引导、促进厦门电影精品的孵化。

(三)政策扶持效果显著

政策维度广,覆盖产业全链条。市政府多个文件涉及影视园区建设、影视企业落地、影视发行、影视剧出口、影视剧本创作和交易、影视后期制作、影视人才引进和培养、影视拍摄、影视交易、影视投融资等全链条多个环节,政策施行以来,影视产业招商引资成效显著,对影视产业的培育和发展起到了积极的作用。

扶持力度大,总体实施效果好。组织保障上,成立以市长为组长的厦门市影视产业发展工作领导小组,加强对影视发展的统筹领导;政策保障上,市政府出台政策涉及影视园区建设、影视企业落地、影视发行、影视剧出口、影视剧本创作和交易、影视后期制作、影视人才引进和培养、影视拍摄、影视交易、影视投融资等全链条多个环节,很大程度上对影视产业的培育和发展起到了积极的作用。同时,所辖区思明区、湖里区、集美区也相继出台了区级影视产业扶持政策,与市级政策形成配套(见表1)。

随着金鸡百花电影节长期落户厦门,全年在我市举办的影视活动越来越多,该条政策有力地支持各类影视活动在我市举办,"全城金鸡、全年金鸡"的氛围日益浓郁。2019 年至今,金鸡百花电影节期间我市累积举办了 162 场主体和配套活动。

表 1 2020 年厦门市影视产业政策兑现一览

扶 持 内 容	兑现数量	兑现金额(万元)
影视剧本交易奖励	12	154
引进和自主开发影视后期制作技术奖励	1	44
奖励优秀影视作品在传统平台播映	5	925
举办大型影视活动项目补助	8	311
影视产业园区运营奖励	1	47
为来厦剧组提供专业化服务奖励	1	28
影视企业贷款贴息补助	1	3
在厦影视剧组停拍期间补助	4	33
电影院补助	49	389

（四）营商环境不断优化

影视基地园区初具规模,初步形成了"全域影城""一园多区"和国有民营差异化发展的影视产业发展格局。厦门影视拍摄基地于 2020 年 11 月中旬建成投入使用。市区整合资源建设的集美集影视产业园区已发展成为省重点文化产业园区,入驻影视企业 684 家,2020 年实现产值 16.27 亿元,累计实现产值 35.77 亿元。中国(厦门)智能视听产业基地正式获得国家广电总局批复。中国电影资料馆厦门分馆设立工作有序推进。民营资本投资的东南国际影视中心、耀达影视产业园、未来电影世界等影视基地也在有序改造建设中,部分已投入使用。

值得一提的是,为应对新冠肺炎疫情对影视产业造成的冲击,厦门市主动作为,为影视企业雪中送炭,营造良好的营商环境。一是把以往下半年组织开展的影视产业扶持政策兑现工作提前到上半年完成,提前兑现周期。二是积极协调影视拍摄复工复产,如电视剧《深爱的家》《向风而行》等。2020 年上半年即使受疫情影响,仍有 16 个剧组在厦门拍摄,10 多个剧组在厦门勘景。三是制定出台支持影视企业抗疫情促发展的措施,为停工影视剧组提供补助。安排补助电影《阳光姐妹淘》等 4 个剧组因疫情停拍 32.88 万元、52 家电影院 388.5 万元,解决企业的燃眉之急。对厦门电影院根据 2021 年 9 月至 12 月期间的票房收入的 2.5% 予以补助。对向各区区委宣传部或经认定的厦门市影视产业服务机构报备的剧组,于 2021 年 9 月 13 日至 2021 年 10 月 13 日期间在厦停拍的剧组工作人员实际发生的住宿费用、餐饮费用,给予每人每天补贴 100 元。

（五）人才培养逐步健全

厦门市有包含影视相关专业的 15 所大中专院校,影视人才培养体系正在形成。2021 年厦门大学百年校庆期间,市校共建厦大电影学院正式揭牌,首批学生已于 9 月份入学。厦门理工学院于 2019 年依托多年的影视相关专业建设成立了影视传播学院,已开始影视学科教育招生,并与集美等影视产业园区及企业合作建立实训基地。集美大学已挂牌成立电影学院。

（六）影视国际化格局正在构建

注重发挥自贸区厦门片区的优势,注重与自贸区的政策联动,在海外发行、海外展会、国际影展、国际影视交流方面均有联动。纵观除好莱坞电影工业化体系以外的世界各地产业政策,厦门在产业政策支持上具有较好的前瞻性、产业化价值和国际视野,既侧重培育了本地影视产业的完整性协调发展,又相应兼顾了本地影视在文化宣传和意识形态上的社会功能。

二、厦门市影视产业存在的问题

（一）关键产业要素发展不均衡

与北京、上海、浙江等传统影视重镇相比，厦门市影视产业基础较为薄弱，需要在设备、资金、人才、技术等关键的产业要素上"补短板"。但目前，在影棚、器材等具有公共设施性质的设备投资，企业或项目融资、投资，人才的引进和培养，以及影视新基建、5G云技术、视效技术、VR、AR等新技术的投建和应用上，缺乏系统性、针对性的政策体系，市场导向不够鲜明。

（二）平台或类平台型企业发展动力不足

平台或类平台型企业，通常可以基于良好的空间资源、丰富的产业资源、雄厚的资本资源或优质的企业服务吸引一批影视企业入驻，在协助招商引资、推动产业聚集发展、助力本地企业壮大、打造政企沟通桥梁等方面发挥重要作用。但目前在厦门缺乏明确针对产业空间运营方特点的鼓励和扶持政策。

（三）对"厦门出品""厦门制作"关注不足

"厦门出品"的产业发展过于集中于影视剧本创作基地，且缺乏剧本基地认定办法。应鼓励各个产业环节中更多呈现厦门元素。建议对厦门元素的量化标准予以确立，可用于项目立项奖励的设定、取景拍摄的补助方式、作品播映和获奖的奖励等。

（四）网络视听领域聚焦不足

我国网络视听用户已超过9亿，网剧、网综、网络电影、纪录片等网络视听节目已深入生活的方方面面，而直播、短剧、微剧、互动剧等新的内容形态正蓬勃发展，5G技术、虚拟技术还将进一步开拓影视产业格局。网络视听是泛影视产业的重要组成部分，是影视产业发展的"底座"。但目前我市对网络视听产业的聚焦不够。

三、厦门市影视产业预测与展望

根据厦门影视产业发展规划（2019—2025年），未来厦门将以"全域影城"为方向，以重大影视项目为支撑，以科技创新为手段，以聚集国内国际资源为重点，吸引汇聚一批影视专业人才和领军人才，着力打造一批在国内乃至国际具有较大影响力的电影、电视剧、动画、网剧等影视作品，培育一批科技含量高、具有较强竞争力的影视科技企业，塑造一批国内一流并具有较强国际影响力的影视节展品牌。根据规划目标，到2025年，厦门或将成为新时代中国影视产业高质量发展的典范城市。

　　未来厦门影视产业发展的具体目标主要有以下几个:一是成为全国一流的影视拍摄基地,以影视工业化生产为目标,引进全球顶尖视觉预览、特效制作企业,推进影视制作标准化、流程化、专业化、规模化进程;二是成为全国领先的网络视听产业基地,推动影视产业数字化、网络化、智能化发展;三是打造全国前沿的影视产品交易平台,带动影视产业价值链的建立和完善;四是放大两岸影视产业合作效应,成为国内乃至东南亚地区最具规模和影响力的影视产业合作交流试验区;五是成为上海、香港、台北三大知名电影节的主要分会场,成为国际知名的影视节展中心。

四、厦门市影视产业发展的建议

(一)强化影视前期创作环节,重视"厦门出品"

　　一是作为主办城市,应充分利用中国金鸡电影节创投大会在项目聚集上的优势,为"厦门出品"储备优质项目,为厦门本地影视企业提供连接优质项目的优先机会。二是从创作源头就对"厦门出品"影视作品创作题材和内容的选择进行引导,在项目最需要扶持的前期创作阶段,对符合条件的精品项目给予项目申报上的"绿色通道"和启动资金的扶持。

(二)推进影视国际交易、展映活动

　　借助金鸡电影节国际窗口和厦门自贸片区改革高地的双重优势,将影视交易市场设立于自贸区内,充分发挥自贸试验区国家文化出口基地"保税+"和厦门设立电影局的优势,打造国际化影视版权交易中心,推动影视产业链的循环发展。在自贸区内设立影院,打造国际影视展映中心,全年展映全球最新,尤其是来自金砖国家和"一带一路"沿线国家的电影。通过电影展映推动中外电影的交流合作,推动中国与全球电影产业资源整合。

(三)丰富产业空间要素

　　影视产业的深入发展需要更多空间载体,在产业链条的各个环节均需要空间上的保障。除了重大影视产业项目一事一议的新增用地外,在不新增用地情况下,对现有存量场地如旧厂房的改造十分迫切。建议将影视产业纳入鼓励改造政策区内的工业(仓储)用地的门类,并出台明晰的改造政策和申报流程。

(四)完善人才培育体系

　　一是重视影视人才的培育和引进,充分发挥金鸡电影节的平台聚合作用,利用自贸区政策,在全球范围吸引、挖掘影视人才,建立健全厦门电影人才库可持续机制。二是制定系统性人才扶持政策,完善国内外高端影视人才的认

定标准。三是鼓励产学研合作机制的建设,完善多层次人才培育体系。

（五）加速产业的技术赋能

加快5G网络、数据中心、云平台等新型基础设施建设,为影视产业新业态发展备足马力。一是政府引导云平台面向全产业链开放,通过提供上云、产业数据化等补贴,引入软硬件厂商、电影制作公司、院线等相关上下游企业落地厦门。二是引导AI（人工智能）、AR（增强现实）、VR（虚拟现实）、CG（计算机动画）等先进技术赋能影视产业。

（六）鼓励金融资本深度参与

充分发挥金融杠杆作用,强化金融支撑,打造中国电影投融资的资金池。一是用好首支国家级文化产业母基金中文投二期基金,推进影视子基金设立工作,通过充分宣传,依托金鸡节国内外产业资源和要素汇聚的平台优势,发挥财政资金杠杆作用,吸引更多社会资本在厦设立基金,促进优质金融资源在厦聚集,打造中国影视产业的资金池。二是对以影视企业为主要服务对象的融资性担保机构给予政策和资金支持,引导融资性担保机构积极开发和提供针对电影产业融资需求的融资性担保业务。

厦门理工学院影视与传播学院　郭肖华　朴经纬

厦门市网络视听产业发展情况分析及预测

　　网络视听产业是指制作、编辑、集成并通过互联网向公众提供视音频节目或服务的网络娱乐产业形态。据《2021中国网络视听发展研究报告》统计,截至2020年12月,我国网络视听用户规模达到9.44亿,2020年网络视听产业规模破6000亿元。[①] 网络视听产业发展趋势正呈现融合式发展、智能全景化呈现、分众化传播、精品化制作四大特点。

一、厦门市网络视听行业发展现状

　　厦门网络视听产业由传统的影视动画产业转型而来,初步构建起全产业链、全业态发展格局,并形成了由厦门岛向厦门湾延伸的跨岛发展态势。目前该产业居国内中上水平,2020年12月底,国家广电总局正式批复在厦门设立中国智能视听产业基地,标志着厦门网络视听产业进入了新阶段。随着中国智能视听产业基地的落户,产业规模和行业聚集度有望实现跨越式发展,逐步打造成具有一定国内影响力的"厦门样本"。

　　(一)2020年厦门市网络视听产业发展情况

　　厦门网络视听产业初具规模,已汇聚年营业收入千万以上企业百余家,包括美图、4399、吉比特、美柚等中国互联网100强企业,大数据人工智能骨干企业美亚柏科、网宿科技等,咪咕、翔通等动漫领域龙头企业,国内领先的互联网游戏开发和运营商吉比特,网络直播行业全国十佳的泊瀚互娱、思凯传媒公司等。2020年以来,厦门网络视听产业在疫情背景下实现破局,跨境电商逆势增长,全业态产值超500亿元,不断增强对周边及金砖国家的辐射力、影响力。相关调查显示,绝大多数受访者对2021年厦门网络视听市场规模预期充满信心,仅有2.17%受访者认为"下降,降幅在25%"。

---

　　① 中国网络视听节目服务协会.2021中国网络视听发展研究报告[EB/OL].[2021-06].http://www.cnsa.cn.

（二）2021年1—9月厦门市网络视听产业发展基本情况

1.区域显示度较高

厦门网络视听产业具有国内显示度和省内引领力。截至2021年9月30日，厦门市持有广播电视节目制作经营许可证企业有728家，约占全省60%，2021年新增216家，显示出行业的强劲增势。

2.产业链基本健全

厦门网络视听产业大致形成覆盖内容生产、技术服务、平台运营、教育培训、终端产品制造等的产业链和囊括视、动漫、游戏、微电影、短视频、音频、直播、电竞、自媒体等的全业态，且每个环节均有领头企业，彼此形成共生关系。其中，十点读书、思凯、舞刀弄影等本土新锐企业成长性十分突出。具体而言，厦门市网络视听企业普遍存在多领域经营现象，呈现出以内容生产为主、技术配套为辅、散点式开花的发展格局。

3.新技术和需求引领发展

厦门市战略性新兴产业为网络视听产业发展提供技术支持和强劲动力，而智慧城市布局则为其提供了新需求、新机遇。一方面，人工智能、物联网、5G等新兴技术应用、智慧城市建设为视听产业智能化发展提供坚实基础。2021年5月发布的《福建省"独角兽""瞪羚"企业发展报告（2021年）》显示，厦门拥有1家"独角兽"企业、21家未来"独角兽"企业、90家"瞪羚"企业，合计112家，占全省的38%，可助力网络视听产业的"换道超车"。① 另一方面，网络视听产业成为厦门智慧城市建设的重要抓手。它可为智慧城市建设提供优质内容、公共服务和场景创新应用等，既满足人民群众对新时代城市美好生活的期待，又迎来自身发展千载难逢的机遇。

4.创新打造中国（厦门）智能视听产业基地

2020年年底，厦门市积极响应国家数字化发展和媒体融合战略号召，贯彻落实"建设东南区域网络视听产业高地"战略部署和引领厦门文化科技融合和高质量发展战略，打造中国（厦门）智能视听产业基地。2021年，中国（厦门）智能视听产业基地发挥产业聚集效应，以"融媒体、智能化、全链条"为基地定位，翻开了高质量发展的新篇章。第一，积极探索行业管理和企业运营双轨并行机制。成立由市委宣传部、市文发办、市网信办、市发改委、市文旅局、市工信局、火炬管委会、集美区、广电集团和信息集团等多单位部门组建的领导小组，下设办公室于市文旅局，建立办公会议制度，强化行业管理，审核入驻企业资质，统筹推进基地工作的重大事项。第二，基地实施企业化运营，由厦门文广传媒集团负

---

① 福建省经济信息中心研究编制.福建省"独角兽""瞪羚"企业发展报告（2021年）[EB/OL].[2021-04-22].http://fjnews.fjsen.com/2021-04/22/content_30708037.htm.

责基地招商引资、项目运营、平台建设、配套服务等。基地拟建立七大公共服务平台,囊括了教育培训、生产宣发、内容审核、版权交易、产业交流、金融服务、云服务这七大版块内容。第三,突出智能视听的融媒体属性。厦门视听产业在大数据、移动互联网、人工智能、量子信息、虚拟现实、5G等新技术以及经济社会发展强烈需求的共同驱动下,尤其是媒体融合发展大趋势下,智能视听产业基地与相关产业融合发展,扩大产业边界,拓展媒体外延性。第四,呼应技术革新引发网络生态变化与传媒业发展变革,厦门智能视听产业基地聚焦智能视听媒体、平台、渠道的变道提速和换道发力,促进基于5G和人工智能技术应用的新技术、新产品、新业态、新模式蓬勃发展。第五,厦门智能视听产业基地覆盖视听内容生产、视听技术服务、视听平台运营、视听教育培训、视听终端产品制造等环节构成的智能视听产业全链条。目前入驻基地的本土企业有229家,其中,小微企业218家(95.2%),高新技术企业37家(16.2%),高新技术类型的小微企业26家。调查显示,基地对在厦企业具有较高吸引力,愿意入驻者占比62.16%。

5.配套政策富有吸引力

厦门为培育网络视听产业制定并颁布了《关于促进智能视听产业发展若干措施》及《实施细则》,包括实际到账资金额的奖励、三年内办公用房实际租金补贴、支撑性平台建设补贴、优秀网络视听内容生产和传播奖励、行业标准制定奖励、人才引进个人所得税一定年限和比例的返还、台湾创客启动资金扶持等内容。2021年调查显示[①],绝大部分企业对配套扶持办法给予正面肯定,其中认为配套扶持办法"意义重大"(39.02%)和"较有帮助"(41.46%)的比例超过八成,如图1所示。

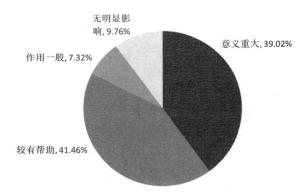

无明显影响,9.76%
意义重大,39.02%
作用一般,7.32%
较有帮助,41.46%

图1 基地扶持办法对产业发展的作用

---

① "福建省重点智库培育单位未来媒体智库"课题组。调研时间为2021年8月至10月,共发放问卷500份,回收率99.4%,其中网络视听企业占比66%(328家);访谈企业84家,其中网络视听企业占59家,占70.2%。总样本数量约占全市网络视听企业的55%。下同。

二、厦门市网络视听产业发展存在的问题

厦门网络视听产业已形成一定的生态气候,但从构成看,头部企业聚集度不高,中小型企业发展存在一定困难;从生态运行机制看,产业链尚不够健全,未能形成完美闭环;从生态环境看,政策优越性还不够突出。

1.国内头部企业聚集度不高

头部企业是产业生态的引领力量。厦门虽已聚集了美图、咪咕动漫、4399、西瓜视频、吉比特、翔通动漫、倍视、十点读书等网络视听内容生产领头企业,以及网宿科技、亿联网络、美亚柏科、云知声、瑞为、帝视等技术研发创新企业,诞生了美拍、《问道》手游、十点读书、绿豆蛙卡通形象等标志性产品,但是,目前厦门尚缺乏 BAT(阿里、腾讯、百度)、爱优腾(爱奇艺、优酷、腾讯视频)、字节跳动、快手、哔哩哔哩等国内顶级互联网企业的坐镇。厦门网络视听产业生态不及北京、上海、杭州、深圳、成都、武汉等地,应铆足干劲向全国领先的网络视听内容生产、制作与策源地之发展目标挺进。调查发现,73.17%的企业自我评价为"普通小型企业",14.63%的企业自我评价为"单领域独角兽企业",9.76%的企业自我评价为"中型企业",2.44%的企业自我评价为"其他",无"超大规模类型",如图 2 所示。

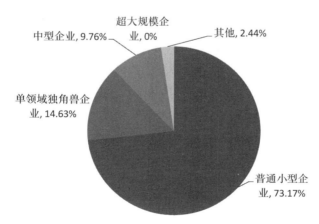

图 2　厦门网络视听企业自我评价

2.本土中小企业发展艰难

本土中小型企业存在三大发展难题:一是投入高于营收,盈利面偏小;二是融资困难,以自有资金为主;三是技术支撑不足,影响核心竞争力。

首先,中小企业面临发展快、盈利少的窘境。企业 2020 年主营业务盈利情况调查结果如下:尚未盈利(34.15%)、处于亏损状态(24.39%)、10 万元以

内盈利(9.76％)、100万元以内盈利(19.51％)、300万元以内盈利(2.44％)、500万元以内盈利(4.88％)、3000万元~5000万元盈利(2.44％)和其他(2.44％),如图3所示。

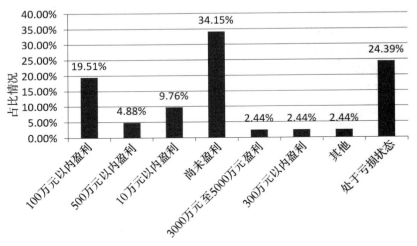

图3 网络视听企业2020年主营业务收入

其次,融资难题也普遍困扰网络视听中小企业。他们大多以智力、技术输出为主,为轻资产型企业,较难通过银行途径得到中大额贷款,也较难通过天使投资、基金项目等融资。50.85％的企业存在"融资困难",仅次于"人才缺乏";33.9％的企业认为"融资困难"是企业的核心难题,也仅次于"人才缺乏",其中,初创和快速成长期企业对资金的需求最为迫切,详见图4和图5。

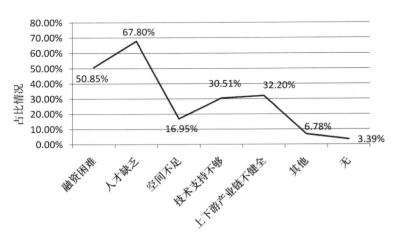

图4 厦门网络视听企业目前遭遇的困难

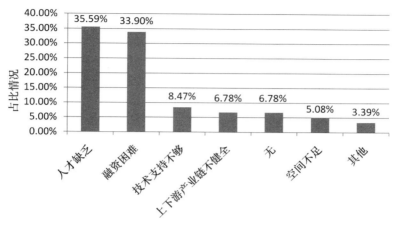

图 5　厦门网络视听企业面临的核心困难

最后,技术是摆在他们面前的第三大难题。超过半数的企业认为自身不具有行业优势,基本处于技术跟跑状态。其中,认为"一般,专注于市场能力"的占 59.32％,认为"落后,专注于低端市场"的占 5.08％,认为"不了解"的占 8.47％,如图 6 所示。

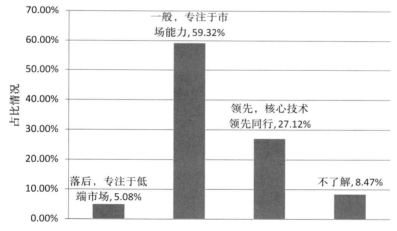

图 6　厦门网络视听企业对自身技术居行业水平的评价

3.产业链尚可深度优化

厦门网络视听产业链建构水平与国内一流城市相比仍有提升空间。如,上海成立网络视听产业基地已超过 10 年,目前已积聚超过千家企业,七成以上入驻企业从事网络视频、影视动漫、网络游戏、技术研发、信息服务等新兴文化企业,产业链更为完备。又如,武汉依托网络视听产业园汇聚各类文化创意类企业及关联企业 2000 多家(含网络视听类企业 200 余家),重点发展动漫、游戏、新媒体、VR/AR、直播电竞、大数据、创新设计等相关行业,园区聚集度更高些。

在"厦门发展网络视听产业的不利因素"调查中,"产业链不健全"和"人才缺乏"居于榜首(72.83%),远高于"技术水平较低"(30.43%)和"政策扶持力度不够"(30.43%),如图 7 所示。厦门网络视听产业链不够健全主要表现为:一是内容生产类企业多,版权交易服务类企业少,致使网络视听产品无法快速变现;二是引领产业生态的头部企业少,致使产业链规模体量和国内号召力不够大。

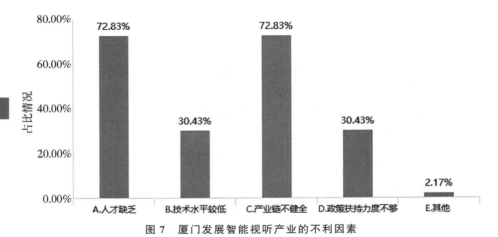

图 7　厦门发展智能视听产业的不利因素

4.政策环境有提升空间

厦门相关政策扶持力度和辐射范围还有局限。首先,政策扶持力度还不够,尤其是税收补贴、租金优惠、人才引进等方面的政策仍难满足国内头部企业的期望。从厦门和武汉两个基地企业经费补贴对比来看,厦门对实际到资金额达到 1000 万元(含)的,按单个企业最高 50 万元给予一次性奖励;武汉则对企业估值达 5 亿元,累计融资达 5000 万元,且近三年年均企业估值增长率在100% 及以上的"准独角兽企业",按其上年度对市区两级财力贡献总和给予研发及运营经费补贴,单个企业最高 2000 万元,可见,后者更看重企业的市场估值和成长性,且奖励的力度也更大,对国内头部或独角兽企业吸引力更强。

其次,扶持政策辐射面较窄,小微企业难受惠。调查显示,厦门网络视听企业存在"空间不足"困难的占比 16.95%。其中,对快速成长阶段企业制约较大(33.33%),初创阶段企业居其次(16.67%),而成熟稳定阶段和逐步衰退阶段企业不存在此问题。但是,有空间需求的初创或成长期企业却不一定能达到入驻门槛。

总之,厦门网络视听产业已有良好积淀,但在主体培育、产业链完善、环境塑造和政策完善上仍有很长的路要走。

三、厦门市网络视听产业发展预测

根据《中国(厦门)智能视听产业基地中长期发展规划》,基地建成 3 年后入园企业超百家、总产值超百亿元;到 2025 年,全市视听产业初具规模,厦门智能视听产业基地在国内逐步产生视听产业聚集示范效应;到 2030 年,将厦门基地建设成为网络供给全国领先、研发能力不断提升、行业应用深度融合、核心生态高度汇聚、产业聚集效应凸显、两岸合作日渐紧密的智能视听产业基地。

1.基地创建将助力全市产业布局

厦门智能视听产业基地是落实《厦门市文化产业高质量发展三年行动计划(2020—2022 年)》中提出的"国家级网络视听产业基地打造行动""推动文化科技融合发展,抢占 5G 时代文化产业发展制高点"指示意见的重要抓手,未来会逐步放大智能视听产业优势,引领厦门文化科技融合和高质量发展,成为文化产业发展新高地。问卷调查显示,大多数受访企业对智能视听产业基地落户厦门一事给予高度肯定,其中,71.74%的企业认为"影响城市产业发展布局,意义重大",其他依次为"略有影响,意义一般"(15.22%)、"影响小,微乎其微"(2.17%)、负面影响大(1.09%)、不了解此事(9.78%),详见图 8。

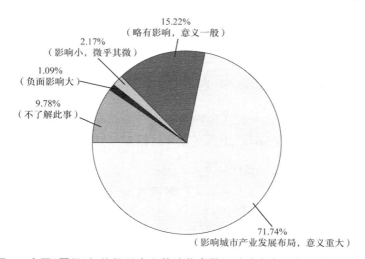

图 8 中国(厦门)智能视听产业基地落户厦门对城市产业布局的影响

2.智能定位将助力城市建设

厦门网络视听产业智能化趋势日益突出，与智慧城市、智慧社区、智慧家居、智慧出行等紧密交融。2019年厦门市发布了《厦门市新一代人工智能产业发展行动计划（2019—2021）》，对新一代人工智能产业在智能芯片、云计算能力、机器视觉等核心技术上做了重点布局，全面推进智慧城市建设，可为网络视听产业提供主流算法、5G传输、超高清显示、内容分发、多模态交互等技术支撑。随着新技术的聚变、场景应用的裂变、人民需求的跃变，网络视听产业对厦门生活的影响力、渗透力越来越强，最终达到"媒介即生活"（查尔斯·斯特林语）、"万物皆媒"、产业发展和智慧城市建设融为一体的状态。

3.区位特点将助力对台对外文化交流

厦门网络视听产业发展具有对台对外文化交流的区位优势，未来将进一步发挥文化传播前沿阵地的作用。闽南文化、台海资讯等相关内容创作、生产和传播是基地的重点战略和特殊使命。首先，对台区位助力两岸文化交流。基地聚焦闽南话及闽南文化网络视听内容生产，以全球6000万闽南话语系人群为目标客群，吸纳两岸闽南文化内容生产机构，发布短视频、微电影、直播、动漫等各类原创网络视听产品，运营大陆首个世界闽南文化传播网络（含移动端）全媒体服务平台。基地也创建国内最大的台海新闻资讯集成分发平台和两岸微电影、网络视听创意创业中心，依托"海峡影视季·两岸青年微电影展""美在两岸·青年网络视听作品创作大赛"等系列视听赛事、展演，激发两岸青年的创作热情，构建PGC、UGC和UPGC多元内容生产体系。其次，对外窗口作用日益凸显。厦门自贸区是全国自贸试验区中唯一的国家文化出口基地，4399、游力信息等一批网络视听企业先后获得"国家文化出口重点企业"称号，而福建省入选该名录的网络视听类企业总数为19家，厦门占比63.2%。①

四、厦门市网络视听产业发展建议

厦门的崛起显示出积极拓展网络视听产业版图的决心，但存在着中头部企业较弱、中腰部企业不足、小微企业发展困难等隐性问题。

（一）构建产业主体，延伸产业链

网络视听产业生态优劣取决于产业链的完备性。厦门网络视听产业应培育以少数顶尖头部企业来带动、大中小微企业协同共生的双主体结构，进而连接成完备的产业链。杭州、深圳等地的网络视听产业之所以能够走在全国前

---

① 商务部.公示：2019—2020年度335家国家文化出口重点企业和129个重点项目[EB/OL].[2019-08-16].https://www.sohu.com/a/334228210_120068103.

列，是因为它们拥有大量中腰部企业做支撑，为头部企业发展提供坚强后盾。而目前包括厦门在内的许多城市尚缺足够的中腰部企业和能够自我造血的小微企业，须进一步夯实产业链基础，才能真正筑巢引凤，也能从中培育出一批高成长性的瞪羚或独角兽企业。不少访谈企业呼吁"政府应像天使投资人那样，以做事业之心来培育产业生态，旨在植树造林，而不止于移植或栽培个别良木"。

（二）扩大技术应用，促进融合发展

网络视听产业生态培育有赖于新兴技术的驱动力。一是加大网络视听技术产业与文化创意产业融合发展。加强文化要素的渗透、技术创新的推动和文化消费的拉动，努力探索资源融合、技术融合、市场融合、产城融合等融合路径。二是加大网络视听产业和战略性新兴产业的融合发展，尤其是物联网、人工智能、区块链、5G＋4K/8K等新一代信息技术为网络视听内容生产、溯源和审核提供便捷渠道，可借力催发新业态、新应用。

（三）理顺运行机制，保障良性循环

厦门可依托第三方机构肩负着媒体意识形态把关人和数字经济高质量发展推手的双重使命，遵循政治和经济双重要求，因此需要有市场运营经验的国有企业来充当运营商。该运营商成为政府、企业、协会的重要纽带，在企业把关、内容审核、政策兑现、项目孵化、组织交流、配套服务等方面做好工作，并形成一套能够良性循环的运行机制，如图9。

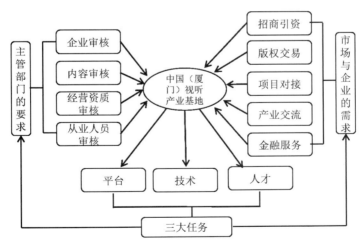

图9　中国（厦门）智能视听产业基地运行机制示意图

53

（四）加速产城融合，提升配套环境

网络视听产业生态培育的最佳状态是"以产促城，以城兴产，产城融合"。一方面，厦门网络视听产业成为智慧城市建设和经济高质量发展的重要抓手；另一方面，智慧城市建设为网络视听内容的多场景应用提供了物质保障。以中国（厦门）智能视听产业基地为例，可将其打造成厦门智慧城市建设标杆区和市民智慧生存体验区，助力厦门产业布局和智慧城市建设，展示行业动态、前沿技术和企业优质产品，营造网络视听高端体验情境，从而达到引领城市生活新风尚和传播智慧生存新理念的目的，也为外来产业人才提供宾至如归、和城市脉搏休戚相关的空间感受。

厦门理工学院文化产业与旅游学院　林朝霞　林小勇

厦门市现代物流业发展情况分析及预测

一、厦门市现代物流业发展总体情况

(一)2020 年厦门市现代物流业发展回顾

2020 年受新冠肺炎疫情影响,厦门市现代物流产业受到一定影响。但在市委、市政府的领导下,厦门市紧紧抓住发展新契机,借助加快构建以国内大循环为主体、国内国际双循环相互促进的新发展格局和 21 世纪海上丝绸之路核心区建设、自贸试验区创新、国际航运中心建设、港口型国家物流枢纽建设以及国际性物流枢纽建设的重大历史机遇,围绕"六稳"工作部署,坚定贯彻新发展理念,突出以供给侧结构性改革为主线,落实降本增效新举措,加快高质量发展,全市现代物流产业保持平稳发展态势。据厦门市物流办发布的《2020年厦门物流发展报告》数据显示,2020 年厦门市现代物流产业发展数据如下:

1.物流产业发展方面

全年实现物流业增加值 471.7 亿元,同比增长 1.18%;实现物流产业总收入为 1301.23 亿元,同比下降 5.02%;完成港口货物吞吐量 20749.54 万吨,同比下降 2.78%;完成港口集装箱吞吐量 1140.53 万标箱,同比增长 2.54%;完成铁路货物发送量 754.08 万吨,同比下降 8.75%;完成公路货运量 20712.92 万吨,同比下降 10.56%;完成水路货运量 12114.73 万吨,同比增长 4.49%;完成机场货邮吞吐量累计 27.84 万吨,同比下降 15.66%;实现快递业务量 54343.32 万件,同比增长 27.52%。

2.重点载体建设与运营方面

东渡临港物流产业集聚区完成物流总收入 325 亿元,物流业增加值 88 亿元;海沧临港物流产业集聚区完成物流总收入 350 亿元,物流业增加值 90 亿元;前场物流产业集聚区正有条不紊推进物流主要载体的开发建设;同安物流产业集聚区完成物流总收入 147 亿元,物流业增加值 36 亿元;翔安物流产业集聚区完成物流总收入 104 亿元,物流业增加值 22 亿元。

3.物流市场培育方面

随着厦门市十二大千亿产业链(群)支撑体系建设的进度加快,经济结构逐步优化,进出口贸易结构进一步完善,周边腹地经济实力增强等原因,加上大力推动制造业、商贸业及电子商务业等相关产业发展,城市配送市场逐步形成规模。2020年厦门市实现外贸进出口总值6915.77亿元,比上年增长7.8%,其中出口3572.92亿元,增长1.2%,进口3342.85亿元,增长16.0%。

(二)2021年1—9月厦门市现代物流业发展基本情况

2021年随着新冠疫情防控取得显著成效,厦门市现代物流业呈现恢复态势,物流需求结构进一步优化,特别是民生领域物流持续向好,物流市场规模水平持续提升,物流成本稳中有降。据厦门市物流办统计,2021年1—9月全市物流产业实现总收入1148.42亿元,同比增长23.88%。

1—9月份物流业发展数据为:港口货物吞吐量16923.90万吨,同比增长11.79%;集装箱吞吐量900.03万TEU,同比增长7.57%。空港货邮吞吐量22.69万吨,同比增长15.98%。铁路货物发送量590.36万吨,同比增长2.14%;公路货运量18829.62万吨,同比增长32.26%;水运货运量9431.32万吨,同比增长8.54%。1—9月份快递业务量累计45875.27万件,同比增长20.94%;业务收入完成61.28亿元,同比增长27.89%。其中,9月份快递业务量4117.06万件,同比下降20.42%;业务收入完成6.53亿元,同比增长9.17%。

二、厦门市现代物流业发展存在的突出问题及分析

(一)宏观层面

1.经济规模偏小,发展空间不足

厦门作为国家计划单列城市,是中国最早实行对外开放政策的四个经济特区之一,拥有"经济特区、自贸区、自创区、海丝核心区、综改试验区"等多区叠加优势,但是厦门市现有的经济规模与其应起到的引领作用尚不匹配。根据福建省统计局数据,2020年福建省GDP达43903.9亿元,其中泉州市实现GDP10158.7亿元,福州市实现GDP10020亿元,厦门市实现GDP6384.02亿元,仅占全省的14.54%,位居全国第52位,在全国15个副省级城市中排在倒数第二位。经济总量方面,厦门市在本省内落后于泉州、福州近40%,在副省级城市中内仅为深圳、广州的1/4。经济增速方面,厦门在本省内低于福州、龙岩、宁德,在副省级城市中低于济南、西安、长春。由于经济总量规模偏小、区域经济协作水平不高、周边产业结构有待优化等因素,进一步做大厦门市现代物流产业在客观上有一定难度。

2.经济腹地重叠,货源竞争激烈

厦门地处海西经济区前沿,所处的东南沿海及背靠的闽西经济腹地竞争

十分激烈。近距离经济腹地中的泉州、漳州、三明、龙岩距厦门 100～150 公里之内,货源受福州港、泉州港吸引,厦门港货源竞争力不足。中远距离经济腹地中的九江、赣州、鹰潭等中南地区和揭阳、潮州、梅州等粤东地区,经济总量不高,货源较少,同时厦门还要面临南昌、汕头、深圳等港口城市的竞争。超远距离经济腹地中的湖北、湖南、重庆、四川等地,货源较多采用铁路运输方式。此外,厦门及周边的福州、泉州、汕头等地的运输货物种类大多为酒类、钢材、矿石、电子产品等,货源结构同质化高,竞争激烈。

3.生产要素流失,用地用工困难

物流是国民经济发展的基础,同时也是生产要素集聚的产业,需要大量的土地和劳动力。但是厦门现有物流用地总量少,集聚度低,全市已批物流用地约 8.99 平方公里,仅占全市建设用地的 2%,规模和比重均低于其他同等城市。厦门物流用地规模小,也导致重大项目落地难,难以满足重大产业项目招商需求,不利于形成产业要素规模集聚,更难以列入国家级计划(200 亩以上)。人才是第一生产力,物流更是劳动力密集行业,全行业的发展离不开充足的人才与人力支持。据福建省厦门市第七次全国人口普查公报数据显示,2020 年 11 月 1 日零时,厦门市常住人口数为 516.4 万,其中流入人口 271.5 万,约占 52.58%;2019 年厦门新出生人口 6.1 万,而 2020 年厦门新出生人口 2.95 万,跌幅超过 50%。2021 年 7 月,据厦门市现代物流业商会统计,目前在厦门港从事海运集装箱运输的在职司机 9000 多人,拖车数量 10000 多台,驾驶员缺口约 500 人。如何将"流入"人口"留厦",对现代物流行业未来的发展有重要影响。

(二)微观层面

1.城配服务能力不足,交通疏导面临压力

厦门城配设施的空间保障不足,城乡规划建设缺乏配送中心和末端配送站空间保障;城配货运通道缺乏统筹,货流与客流交织严重,影响了城市交通和城市配送的效率;商贸企业物流外包率低,不符合社会化、专业化的发展趋势。商贸企业(含批发、零售、餐饮业)自营配送比例较高,配送社会化、专业化程度较低,不利于共同配送发展和降低社会成本;最后一公里末端配送服务效率不高。配套服务设施不足,存在停车难等问题,末端配送服务的便利性较差。

2.多式联运有待优化,无缝衔接尚未形成

厦门市港口、铁路物流基础设施较齐备,但物流基础设施衔接没有形成网络化格局,互联互通水平较低。水路、铁路之间的无缝连接还没有形成,公路、铁路进港区的"最后一公里"尚未真正打通,致使物流成本较高,货源流失较为严重,铁水、公铁水联运有待大力度推进。港区的铁路专用线规划欠缺,没有充分发挥社会服务功能。如何打通"海丝"与"陆丝"通道,大力发展海铁联运、公铁水联运业务,打造港口经济圈,是亟待解决的重大课题。

3.口岸功能不通用,跨境电商发展受限

厦门市港口的口岸功能(肉类口岸、粮食口岸等)不能为空港、陆港所用,如需要只能单独申请,资质资源不约约。厦门市空港没有快件处理中心,区域服务能力较低,导致跨境快件业务外流。跨境电商业务受限,订单多倾向于国企,民营企业经营发展困难。跨境电商发展配套环境需要完善,海关通关便利化服务还需进一步加强,跨境政策支撑力度不够。跨境出口结算问题突出,物流、贸易企业成本较高。

三、加快厦门市现代物流业发展的对策与建议

(一)梳理厦门周边贸易模式,定位高效物流服务网络

厦门地处东南沿海,是对台交流和对外贸易的桥头堡,作为"21世纪海上丝绸之路"支点城市的厦门,现代物流产业有机会借助外向型经济实现转型升级:通过做精做透核心腹地市场,拓展东南亚等新兴市场,成为区域全球化中间人和内外双循环的物流服务商;对周边城市,全方位推进厦漳泉一体化,深化陆路货运的无缝衔接;对核心经济腹地,加强闽西南、赣南、粤东北的货源组织,面向中西部布局中远距离服务网络。此外,通过加大厦门与福建、浙江、广东、广西等沿海城市的内支线联系,可强化厦门水运枢纽地位;并通过拓展对台、对东南亚的市场,发展中欧班列,可做大东南亚经厦门中转中亚和欧洲的海铁联运业务,做强转口物流和过境贸易。

(二)优化港区及后方空间布局,推进海铁联运枢纽建设

厦门是港口型国家物流枢纽之一,承担着促进区域均衡协调发展和全国统一市场建设的重要任务。一方面要配合城市空间布局调整,推动东渡港区职能转移和临港物流外迁,加快海沧港区和翔安港区建设,完善进港铁路与码头衔接线布设,增设集卡停车场地,提升集卡综合服务水平,积极推动冷链物流、粮食物流、机电和汽车进出口等专业化的设施设备建设。另一方面要完善前场陆地港口岸及多式联运综合服务能力,加强与铁路部门的良性合作,促进海铁联运为基础的物流产业聚集,控制招商项目类型,鼓励物流服务类项目落地生根。

(三)加快推动厦门新机场建设,打造公铁水空联运体系

应依托厦门新机场建设,研究通过双枢纽战略、第五航权路径,规划临空产业园区,改善航空货站设施建设,优化空港口岸通关环境,扩大航空物流网络,争取更加精准的航空运输产业扶持政策。借助沈海高速、厦成高速、海翔大道、机场高速、疏港高架等货运专线,强化东渡海沧翔安港区、前场陆港、高

崎机场、厦门新机场等公铁水空货运转换枢纽之间的通道建设。建议依托现有的物流园和工业园选择合理位置建立"公—铁""陆—空""海—空"货运中转站，提升多种运输方式之间的有效衔接。此外，持续推动"厦—台—欧—美"之间的海空联运和"台—厦—蓉—欧"之间的海铁联运，强化物流对产业的支撑作用。

（四）完善城市末端配送布局，优化物流空间供给机制

针对厦门物流企业配送服务能力不足的现象，建议完善城市配送布局体系和强化城市配送管理措施。进一步优化"3＋10＋N"城市共同配送（分拨中心、配送中心、末端共同配送网点）"三级网络体系"，创新共同配送、统一配送模式，大力推进现代物流技术应用、信息化系统和标准化建设，加强相关部门的协作联动，有效整合资源，完善县、乡、村三级网络节点体系布局。此外，应划定物流用地刚性管控线，逐步提升物流发展所需要的用地规模，统筹考虑邮政快递、社区网点、农村物流等用地需求，保障末端配送网点空间供给，将物流用地纳入新一轮的国土空间规划控制范围。

（五）支持物流公共信息平台建设，积极发挥行业组织作用

厦门市物流行业实行多部门共同管理方式，并由厦门市物流办统筹协调，不同业务形态之间的管理部门不同，导致厦门市现代物流产业缺乏一个强有力的领导和管理。因此，行业管理部门之间应建立和完善信息交流共享机制，消除行业中的信息不对称问题，促进各部门协调联动，形成政策合力。同时支持物流科技企业使用移动互联网等技术建设公共型信息平台、网络货运平台、智慧交通（枢纽）平台。此外，厦门市的物流企业超过 6400 家，按照业务形态分别成立了 8 个行业商协会，这些行业组织在厦门市现代物流业发展过程中占据重要地位，也发挥了重要作用。随着"放管服"的深入，建议进一步调动行业组织积极性，在政策制定和标准实施、行业监督与协调、诉求反馈与处理、政策评估与改进、行业信用建设与提升等方面充分听取行业组织的意见与建议，努力营造有利于现代物流业做大做强的良好环境。

四、2022 年厦门市现代物流业发展预测与展望

近年来物流业对国民经济的基础性、战略性及先导性作用越发突出。在以国内大循环为主体、国内国际双循环相互促进的新发展格局下，现代物流业的战略地位迅速提升，成为新一轮城市竞争的核心要素。当前厦门正在认真贯彻落实习近平总书记对福建、厦门工作的重要讲话重要指示批示精神，更高水平建设高素质高颜值现代化国际化城市，更好发挥特区在区域中的引领带动作用，在新发展格局中建立现代物流业的产业基础优势、政策环境优势和发展动能优势。

2022 年,预计在后疫情时代世界经济将逐步复苏,但是疫情的发展依旧存在较高不确定性,全球经济持续低迷;国内,随着疫情防控取得重大战略成果,消费市场将进一步复苏,消费需求持续释放,中小微企业不断加快复苏步伐。在此背景下,厦门市现代物流业发展可能充满挑战与机遇。

2020 年和 2021 年前三季度,厦门市 GDP 仍保持较高的增速。按照厦门市"十四五"规划分析数据,结合历史数据,综合趋势外推法、指数平滑法和多因素回归模型,综合平均得到:2022 年厦门市全市 GDP 约为 7531.07 亿元,工业增加值约为 2386.06 亿元,社会消费品零售总额约为 2305.09 亿元,进出口总额约为 7339.20 亿元。

厦门拥有国际性的海陆空立体交通网络,被定位为东南国际航运中心、全国性综合交通物流枢纽、国际性综合交通枢纽,厦门市现代物流业得到快速发展,并在 2016 年总收入突破千亿,成为全市支柱产业之一。按照厦门市"十四五"规划分析数据,结合历史数据,综合趋势外推法、指数平滑法和多因素回归模型,综合平均得出:2022 年厦门市货运总量约为 4.4278 亿吨,集装箱吞吐量约为 1268.3 万标箱、货物吞吐量约为 22093 万吨,铁路货运总量约为 1389.2 万吨,公路货运总量约为 26236.1 万吨,城市配送量约为 7870.83 万吨,航空货邮吞吐量约为 35.919 万吨,跨境电商快递业务量约为 1926.29 万件,快递业务量约为 59069.3 万件。综上所述,同样采用趋势外推法、指数平滑法和多因素回归模型预测,2022 年全市物流业总产值将超过 1400 亿元,物流业增加值约为 100 亿元。

作为我市的千亿级支柱产业,厦门现代物流产业服务能力强、区域效应强、物流市场发育充分。虽然 2021 年 7 月和 9 月,厦门遭受两次新冠疫情的影响,但在疫情被有效控制后,全市各产业将会迅速得到恢复。与此同时,"十四五"期间厦门市现代物流产业发展路线图也已基本确定,重点发展口岸物流,高端创新物流,城际、城乡配送物流,制造业、商贸业联动物流,区域联动物流五大类 17 个分类,并面向全球开启招商引资,吸引更多行业领军企业和机构落户,推动一批重大项目落地。2022 年厦门物流产业将贯彻新发展理念,立足新发展阶段,深度融入以国内大循环为主体、国内国际双循环相互促进的新发展格局,实现产业高质量发展。

厦门市现代物流业商会　　蔡远游　　上官伟

厦门市金融业发展情况分析及预测

一、2021 年厦门金融业发展总体情况

(一)2020 年厦门金融业发展回顾

习近平总书记指出,经济是肌体,金融是血脉,两者共生共荣。金融业既是厦门重点发展的 12 条千亿产业链群之一,同时也在支撑各实体产业链群发展和转型升级上,发挥着重要的血脉作用。2020 年 9 月 25 日,厦门市召开金融科技创新推进会,明确将金融科技和金融创新作为本市金融增长的"主引擎",持续推进区域金融中心建设,打造金融科技之城。厦门金融产业的创新创业活力得到进一步的激发。

2020 年,厦门金融业实现增加值 783.73 亿元,同比增长 5.3%,占地区生产总值(GDP)的比重从年初的 11.7% 提高到 12.3%。全市金融业累计实现营收 1721.92 亿元,同比增长 8.2%,金融产业能级和贡献能力持续增强。全年社会融资规模累计增加 2593.12 亿元,同比增长 13.2%,其中金融机构贷款增量在社会融资规模增量中占比为 64.3%。人民币存贷款余额首次突破 2.57 万亿元,增速达 14.0%。信贷不良率 0.83%,优于全国、全省平均水平。企业上市保持快速增长,全年新增境内外上市公司 14 家,创历史新高;境内上市公司达到 61 家,占全省 38%,排名全省第一;境外上市公司达到 29 家。

(二)2021 年 1—9 月厦门金融业发展基本情况

随着近年厦门市委、市政府大力推进区域金融中心建设取得初步成效,厦门市已形成金融"两区两高地"的核心竞争力(金融对外开放先行区、产融结合发展示范区、金融科技发展高地、财富管理创新高地),金融业增速得到明显提升,金融招商引资成效持续领跑全市各产业链群。上半年,本市金融业累计实现增加值 398.74 亿元,同比增长 8.4%,增速位居全国副省级城市第一。截至 9 月底,全市银、保、证持牌金融机构总数共 272 家,法人金融机构 19 家;现有小额贷款、融资租赁、融资担保、商业保理等各类地方金融机构 583 家;金融业总资产超 2 万亿元,形成较为齐全的特区金融机构体系。截至 9 月底,全市信贷不良率 0.85%,优于全国、全省平均水平,维持近十年低位,厦门也是中国人

民银行认定的全国无重大金融风险机构的地区之一。

1.金融科技发展高地建设

2021年发布的《厦门市金融科技发展规划（2021—2025）》是厦门首部金融细分领域的专项规划,提出到2025年基本建成结构合理、功能齐备、创新活跃、影响力卓越的金融科技之城,成为具有现代化、国际化特征的金融科技创新创业中心。通过规划的推动实施,厦门市金融科技产业的空间布局进一步拓展,新增扩围4个金融科技产业园区,推动一批金融科技头部企业、高能级项目、产学研平台落地。2021年厦门市首次面向全国举办厦门金融科技创新创业大赛,首次联合中国银行业协会举办金融科技师认证培训,打造了北辰山中小银行金融科技论坛、金融科技50人论坛·南方峰会等专业论坛品牌。厦门本土金融机构、科技企业加速发展金融科技板块,形成守正创新的良好氛围,"基于物联网技术的绿色供应链金融"项目获批中国人民银行金融科技创新监管试点,并入选全国金融科技创新优秀30佳案例;由中国科学院预测科学研究中心、厦门国际银行联合设立的北辰山中小银行金融科技联盟,成为国内首个支持中小商业银行金融科技发展的共享合作平台。

2.财富管理创新高地建设

厦门市财富金融集聚效应逐步突显,以杏林湾基金集聚区、古地石基金小镇为代表,思明区、湖里区、集美区、海沧区均启动了基金产业载体建设。截至9月底,厦门备案私募基金管理机构354家,管理基金1555只,全国排名第13位,在厦注册基金总规模3424.47亿元,私募基金成为厦门培育创新业态的重要力量。黄金珠宝加速全产业链条布局,逐步形成厦门海峡黄金珠宝产业园、厦门黄金交易平台"线上线下、一体两翼"的黄金产业模式,黄金珠宝产业园自2019年3月投产,累计产值已突破220亿元。文化影视金融稳步推进,成功引进中国文化产业投资基金二期等具有代表性的文化影视基金,有力助推本市文化影视产业发展。

3.金融对外开放先行区建设

厦门合格境外有限合伙人（QFLP）试点工作持续推进,先后落地首家境外基金管理公司、首支境外基金,着力吸引优质外资投向本市重点产业。厦门现有外资（合资）金融机构29家,其中台资金融机构12家,通过建立外资金融机构服务大使制度,对辖内外资金融机构实施专人、专业服务全覆盖。深化"金砖""金砖＋""一带一路"金融合作,截至9月底,共有82对厦门和境外银行机构签订了人民币代理清算协议,涵盖17个国家和地区;其中,有21家台湾银行机构在厦门开立了40个人民币代理清算账户,跨海峡人民币代理清算累计金额1880.31亿元。

厦门加快打造台胞台企金融服务第一家园,2021年设立了首支全国性台商基金——台商海峡两岸产业基金,并落地华鑫国家级两岸投教中心、复旦求是中国操盘手训练基地两岸中心等产学研合作平台。2020年以来,共有建霖股份、厦门银行、欣贺股份、宸展光电、东亚机械等5家本地台企实现上市,全市台资上市企业达到7家,厦门已成为全国台企上市发展的重要集聚地。厦门在全国首发台胞专属信用卡,累计发行超3000张,为台胞台企提供两岸速汇、线上支付等便捷服务。

4.产融结合发展示范区建设

2020年以来,厦门市产业金融增速明显,与实体产业紧密结合的产业金融模式正成为金融创新热点。其中,自贸区航空航运金融继续保持全国最大二手飞机融资租赁集聚区,共有16家全国性大型飞机租赁公司,累计租赁引进142架飞机,租赁金额达83.72亿美元。绿色金融特色明显,在国内率先建立绿色金融政策体系,全市绿色信贷余额达673.13亿元,推动设立百亿级"碳中和"基金、专业服务绿色产业中小微企业的绿色低碳增信子基金,绿色金融服务覆盖节能环保、清洁能源、绿色基础设施等多个领域。截至9月底,全市人民币存贷款余额首次突破2.82万亿元,增幅达到15.3%,2021年上半年和三季度的增速连续排名全省第一。厦门获得信贷指标也入选国家发改委"全国标杆"。"信易贷"平台厦门站已有45家金融机构驻点,注册企业5.4万家,累计撮合成功授信4.4万笔,涉及贷款金额850.54亿元。

新冠肺炎疫情发生以来,厦门市先后出台金融支持疫情防控28条措施、金融纾困10条措施,有力帮扶企业纾困和复工复产,累计支持受疫情影响行业企业融资48751家次,金额合计5045亿元;累计支持防疫与民生保障重点企业融资1740家次,金额合计1560亿元;累计支持重点复工复产项目和企业融资15734家次,金额合计4864亿元;累计为受疫情影响人员提供还款延期及减免28255人次,金额合计50亿元。

5.多层次资本市场建设

厦门市先后与上海、深圳、香港证券交易所建立战略合作,共建资本市场厦门服务基地,2021年起首次开展"企业服务日""厦门资本班"等系列合作,加快培育企业上市。推动设立厦门市企业上市培育中心,打造资本市场与服务实体专业平台。截至9月底,全市新增(含已过会待发行)上市公司11家(境内8家、境外3家),上市公司总数达98家,增量、总量均排名全省第一。其中,现有境内上市公司66家、占全省39.3%,境外上市公司32家,上市辅导备案及申报受理企业23家;新三板挂牌企业97家,占全省38.8%。厦门两岸股权交易中心现有挂牌展示企业4682家,其中"台资板"挂牌展示企业1360家,并与上海股权托管交易中心在全国首创台资企业"一地挂牌、两地展示"创新业务模式。

6.金融营商环境建设

近年来,厦门持续打造"1+1+N"金融政策体系,涵盖持牌金融、地方金融、金融科技、产业金融、财富金融、跨境金融等领域,进一步提升产业发展精准性,金融政策综合力度在第十二期中国金融中心指数(CFCI)报告中排名全国前三。在全国率先出台《厦门经济特区地方金融条例》,2021年起正式实施。成立厦门地方金融纠纷调解中心,这也是全国首创、依托府院联动的金融纠纷调解平台,地方金融治理体系和治理能力不断增强,金融风险有效稳控,金融营商环境显著提升。继2020年首次开展厦门高层次金融人才评选以来,2021年继续推动行业领军、高级精英、青年骨干等各类金融人才评选,首次启动了柔性引才、急需紧缺台湾金融人才、金融专业资格考试补贴等政策。设立厦门市首只10亿元规模"双百人才"基金,将重点投向"双百人才"创业企业。

二、厦门金融业发展存在的突出问题及分析

(一)缺乏具有全国影响力的大中型金融机构

厦门缺少国家级或区域级的金融市场,以及具有全国影响力的大中型金融机构,作为区域金融中心的地位还不够突显,金融业对经济发展的引领和支撑作用也还不够强。目前,全市共有19家法人金融机构,在主要金融牌照上较为齐全,但总体来看法人金融机构资产规模偏小,省域外辐射能力不足,核心竞争力和盈利能力有待提升。金融区域分支机构布局较为完善,但也存在专业度不高、同业竞争激烈等问题,缺少投资银行、资产管理、公司金融、保险精算等专业团队。地方金融机构缺少龙头企业,在确保合规经营的前提下,创新能力有待提高。

(二)支撑金融快速增长的创新动能不足

目前厦门重点布局的金融创新板块,包括金融科技、产业金融、财富金融、跨境金融等领域。其中,以技术驱动的金融科技产业和供应链金融、航空航运金融、科创金融、绿色金融等产业金融,均还处于培育阶段,规模效应和集聚效应尚未完全体现。财富金融方面,主要以私募股权基金为主,内涵有待进一步拓展。跨境金融方面,目前厦门本地金融机构跨境业务总体规模较小、受限较多,跨境资产配置与财富管理通道尚未完全打通,与北京、上海、深圳等金融中心城市存在明显差距。

(三)金融人才储备和梯队分布相对薄弱

金融人才是城市金融竞争力的核心,近年来厦门始终将金融人才引进培育、政策奖补、服务保障作为金融发展的重心,特别在金融人才政策方面保持

对标深圳等先进城市。但随着金融市场全面深化开放创新,金融科技的加速迭代升级,以及区域金融中心竞争日趋白热化,一方面,厦门金融人才储备和梯队分布相对薄弱的问题逐渐显现,特别是高层次金融人才的短缺,已成为制约厦门金融高质量发展和区域金融中心建设的瓶颈问题;另一方面,金融规模总量不足,也在一定程度上造成了金融人才的流失。

三、2022年厦门金融业发展预测

(一)国际国内经济形势分析

从国际看,新兴经济体的影响力和国际地位逐渐提高,上海、香港、北京、深圳等城市跻身国际金融中心排名前列,全球金融市场的重心逐步向亚太市场转移。从国内看,坚持金融服务实体经济、深化金融供给侧结构性改革、持续打好防范化解重大金融风险攻坚战成为新时期金融业发展的新要求,"十四五"时期我国经济社会进入新发展阶段,将进一步建立健全具有高度适应性、竞争力、普惠性的现代化金融体系,创新直达实体经济的金融产品和服务,增强多层次资本市场融资功能。

(二)金融产业发展趋势分析

金融科技通过技术手段推动金融创新对金融市场、机构及金融服务产生重大影响,未来还将重塑金融业发展格局,为后发城市通过金融科技创新实现赶超创造了良好机遇。顺应我国社会财富快速增长和保值增值需求扩大的趋势,财富管理行业将释放较大发展潜力,有望成为金融业新"增长极"。金融与产业融合发展形成的供应链金融、航空航运金融、科创金融、绿色金融等细分业务将释放较大发展潜力,构建产融结合发展的新模式。金融业对外开放进入全面提速阶段,更多外资金融机构进入国内市场,金融行业改革创新和国际化水平将进一步提高。

(三)金融市场布局分析

在金融严监管、防风险的背景下,金融行业进入稳健发展阶段。北京、上海、深圳等金融中心城市金融集聚效应明显,各地对优质金融资源项目竞争激烈。因此,在新一轮城市金融竞争中要赢得先机,除了学习借鉴先进城市经验做法外,厦门也需要找寻和坚持自身的特点与优势。厦门拥有经济特区、自贸试验区、"海丝"核心区、深化两岸交流合作综合配套改革试验区、国家自主创新示范区、两岸融合发展示范区等"多区叠加"的政策优势,正加快建设金砖国家新工业革命伙伴关系创新基地。厦门拥有特区立法权和独立完善的金融监管架构,金融产业基础较为完善,十分适合作为开展金融创新试点的"试验田"。应充分发挥优势,积极争取国家级政策试点机遇,努力推动厦门区域金融中心上升成为更高层次国家战略;同时,深耕特色金融赛道,强化产融结合能力,让金融成为助推城市经济社会高质量发展的强力引擎。

四、加快推进厦门区域金融中心建设的建议

金融是现代经济的核心。金融业既是本市的支柱产业之一,同时也发挥着支撑其他产业链群发展的作用,应聚焦服务实体经济本源,实现金融业做优、做大、做强。

(一)充分发挥产业金融赋能实体作用

围绕本市各产业链群发展,重点推动以下产业金融:一是推动供应链金融应用,支持金融机构根据各产业链群的行业特征,设计有针对性的融资产品和服务,加大对实体产业项目的信贷支持。二是深化绿色金融创新,按照碳达峰、碳中和目标提出绿色金融发展措施,支持开展绿色信贷、债券、保险、碳排放权交易业务创新,建立绿色项目库并实施动态管理,助力产业实现绿色转型和低碳发展。三是实施上市公司质量提升,依托各证券交易所资本市场厦门服务基地、厦门市企业上市培育中心等平台,推动企业利用资本市场直接融资,降低融资成本。加快培育区域股权市场,打造厦门两岸股权交易中心"台资板"等特色板块。四是提升金融普惠性,深化政银企对接,搭建中小微企业融资增信平台,推动普惠金融政策工具增量扩面。

(二)突出发展地方拥有自主权的特色金融

目前,金融牌照稀缺且审批难度大,但在财富金融、金融科技、地方金融机构等领域,地方政府具有较强的自主权,可重点培育发展。一是继续稳健发展私募股权基金、私募证券基金、公募证券基金等非持牌金融机构,培育黄金珠宝产业,发挥厦门面向闽西南及东南亚区域的财富管理作用,吸引资金要素在本市集聚,拓宽实体经济股权融资渠道。二是推动金融科技为核心的金融创新,引进培育金融科技技术领军型企业、新锐企业,吸引法人金融机构和大型互联网新经济企业设立金融科技子公司、前沿技术研发机构、数据共享平台等,构建金融科技创新"生态圈"。加快金融科技园区载体建设和专业人才引进,通过科技创新推动金融产业提升发展。三是发展小额贷款、融资租赁、融资担保、商业保理等各类地方金融机构,支持境内外知名企业和金融机构新设立(迁入)或收购控股地方金融机构,通过互联网等手段拓展业务,为实体产业提供多层次的融资支持。

(三)推动金融产业链强链扩链补链

紧盯金融产业链群各领域各环节,努力培育本土金融品牌,加强新设机构引进,推动金融同业协同与产业链协同,提升金融产业链能级。一是实施法人

金融机构个性化扶持,支持法人金融机构引进战略投资、增强资本实力,支持拓展牌照资质、设立异地网点,做强做大规模。二是着力引进境内外知名企业、金融机构来厦设立各类持牌金融机构、专业子公司、区域性分支机构。三是运用以商引商、基金招商、展会招商、中介招商等手段,策划举办金融展会活动,提升金融产业链招商视野和精准度。四是支持辖内优质国企申请金控公司牌照,突出国有金融资本引领作用和集聚效应,优化人才考核激励机制,打开直接融资通道,加快全国布局展业。

（四）加快推进跨境投融资便利化

加快推进跨境金融创新与投融资便利化。一是打通境外资金入境投资渠道,在推广合格境外有限合伙人（QFLP）基础上,进一步争取合格境内有限合伙人（QDLP）或合格境内投资者（QDIE）等试点,打造跨境资产配置与财富管理"双向通道"。二是深化市政府与各金融机构总行（总部）战略合作,积极争取金融总部结算清算中心与业务板块落地。加强金融与各产业链联动,依托各实体产业链的500强企业、央企、总部企业,打造总部跨境资金结算中心集聚地。三是支持中资银行离岸业务中心和外资银行机构拓展业务范围,发挥通道优势,面向全球客户做大离岸金融规模。四是以建设"丝路海运"为契机,进一步做强做优飞机船舶融资租赁,丰富飞机船舶融资和保险、资产转让、跨境海运资金结算等业务。

（五）持续优化金融发展营商环境

对标国内外一流金融中心城市,以全球化视野、国际化高度,全力打造区域金融中心,更高水平推动金融改革创新和高质量发展,加快塑造厦门金融业中远期发展竞争优势。强化金融智力支撑,充分发挥各类金融高端智库作用,为厦门金融发展建言献策。提升金融人才发展环境,积极引进和培养行业领军、高级精英、青年骨干等各类金融人才,构建支持金融家干事创业的全方位、高质量、有温度的服务保障体系。坚持金融创新的包容审慎监管,坚持政府监管与行业自律相辅相成,坚持金融与实体经济健康协调发展,持续提升金融法治水平和风险防控能力,牢牢守住不发生系统性金融风险的底线。完善厦门金融司法协同中心、国际金融仲裁中心、地方金融纠纷调解中心等机构运作,加快构建法制化、市场化、国际化一流金融营商环境。

厦门市地方金融监督管理局　黄毓鹏

厦门市做强做优实体经济情况分析及建议

实体经济是人类社会赖以生存和发展的基础,是一个国家的立国之本,是社会财富的根本来源。国家"十四五"规划将实体经济摆在突出的位置,明确"坚持把发展经济着力点放在实体经济上"。厦门市委关于"十四五"规划建议和厦门市第十五届人大会,把大力发展实体经济作为夯实高质量发展产业基础的重要举措加以突出。刚刚闭幕的中国共产党厦门市第十三次党代会进一步明确提出,要增强实体经济的韧性和活力。厦门更高水平建设"两高两化"城市,其核心和基础是实体经济保持可持续高质量发展,做强做优实体经济意义突出而重大。

一、实体经济的界定

实体经济没有统一规范的定义,一般是指直接进行物质的、精神的产品和服务的生产、流通等经济活动的部门。涉及的部门,包括农业、工业、交通通信业、商业、服务业、建筑业、文化产业等物质生产和服务部门,也包括教育、文化、知识、信息、艺术、体育等精神产品生产和服务部门。传统的观点认为,实体经济就是指那些关系到国计民生的部门或行业。

根据厦门统计部门的实际操作口径,厦门实体经济的统计主体为工业(约占 GDP30％)、建筑业(约占 GDP10％)、商贸批零(约占 GDP10％)、营利性服务业(类似于生产性服务业,主要是信息产业、商务服务,约占 GDP10％)、交通运输(物流业,约占 GDP5％)。上述五个行业是生产型、占 GDP 比重较高的,又是政府鼓励发展的。外地有的将农业纳入实体经济,但厦门农业在GDP 中的占比太低,故未予纳入统计。本报告结合厦门的产业结构,以统计部门的实操口径为准,按上述五个行业作研究分析。

二、厦门实体经济发展情况分析

(一)发展成效

厦门历来高度重视实体经济发展,特区建设以来就"始终坚持走以发展现代工业为重点的路子,促进三次产业协调发展",并将此作为推动特区持续健康发展的最主要的一条经验。表 1 从 5 个主体行业反映 2020 年实体经济发展状况;表 2 至表 6 及对应的柱状图(图 1)反映了各主体行业"十三五"期间发展状况和变化趋势(图表数据均来源于厦门市统计局)。

表 1 2020 年厦门市实体经济指标

行业	增加值(亿元)	增长(%)	产业占 GDP 比重(%)	产业对 GDP 贡献率(%)	产业拉动 GDP(个百分点)
工业增加值	1892.18	5.4	29.6	32.3	1.9
建筑业增加值	655.90	8.6	10.3	13.7	0.8
批发和零售业增加值	746.79	17.1	11.7	30.7	1.8
营利性服务业增加值	736.42	2.7	11.5	5.3	0.3
交通运输增加值	251.63	−7.4	4.0	−7.4	−0.4

从表 1 看,实体经济相关产业对 GDP 的贡献率达 74.6%(交通运输业因受疫情影响,增幅出现较大回落),反映出实体经济是厦门经济发展的主要引擎和强力支撑。

下面,以 5 组图表(表 2 至表 6、图 1 至图 5)说明工业等 5 个实体经济主体产业"十三五"期间的发展变化情况。

表 2 2016—2020 年厦门市工业经济指标

年份	增加值(亿元)	增长(%)	产业占 GDP 比重(%)	产业对 GDP 贡献率(%)	产业拉动 GDP(百分点)
2016	1450.50	5.4	35.2	24.5	1.9
2017	1594.23	7.8	34.6	35.6	2.7
2018	1788.17	8.5	32.7	38.6	3.0
2019	1848.94	4.7	30.7	21.3	1.7
2020	1892.18	5.4	29.6	32.3	1.9

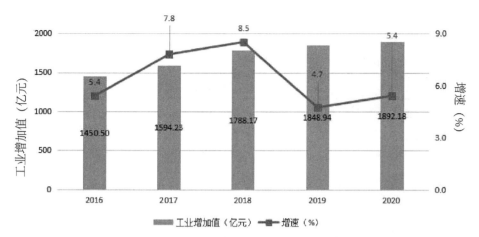

图1　2016—2020年厦门市工业增加值情况

表3　2016—2020年厦门市建筑业经济指标

年份	产值(总承包和专业承包)(亿元)	增加值(亿元)	增长(%)	产业占GDP比重(%)	产业对GDP贡献率(%)	产业拉动GDP(百分点)
2016	1456.14	351.51	7.0	8.5	7.8	0.6
2017	1852.59	413.87	4.0	9.0	4.6	0.4
2018	2157.94	501.40	5.9	9.2	6.6	0.5
2019	2486.23	613.99	17.8	10.2	19.1	1.5
2020	2816.98	655.90	8.6	10.3	13.7	0.8

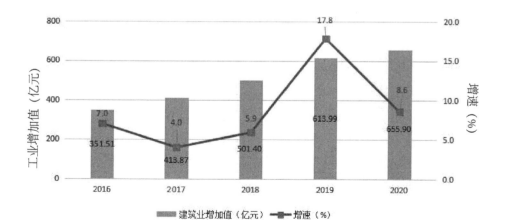

图2　2016—2020年厦门市建筑业增加值情况

表 4 2016—2020 年批发和零售业经济指标

年份	增加值（亿元）	增长（%）	产业占 GDP 比重（%）	产业对 GDP 贡献率（%）	产业拉动 GDP（百分点）
2016	472.70	5.3	11.5	7.2	0.6
2017	496.57	8.1	10.8	11.2	0.9
2018	554.13	2.8	10.1	3.8	0.3
2019	635.40	10.5	10.6	13.5	1.1
2020	746.79	17.1	11.7	30.7	1.8

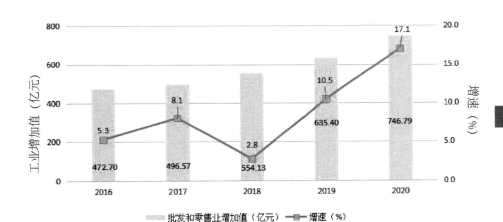

图 3 2016—2020 年厦门市批发和零售业增加值情况

表 5 2016—2020 年厦门市营利性服务业经济指标

年份	增加值（亿元）	增长（%）	产业占 GDP 比重（%）	产业对 GDP 贡献率（%）	产业拉动 GDP（百分点）
2016	407.81	14.2	9.9	17.8	1.4
2017	476.42	10.4	10.3	14.4	1.1
2018	626.46	12.4	11.5	17.4	1.3
2019	713.84	8.2	11.9	11.9	0.9
2020	736.42	2.7	11.5	5.3	0.3

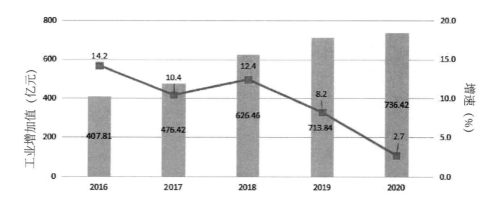

图4 2016—2020年厦门市营利性服务业增加值情况

表6 2016—2020年厦门市交通运输业经济指标

年份	增加值（亿元）	增长（%）	产业占GDP比重（%）	产业对GDP贡献率（%）	产业拉动GDP（百分点）
2016	221.27	9.5	5.4	6.3	0.5
2017	251.15	10.9	5.5	7.6	0.6
2018	272.81	10.5	5.0	7.5	0.6
2019	300.24	10.4	5.0	7.4	0.6
2020	251.63	−7.4	4.0	−7.4	−0.4

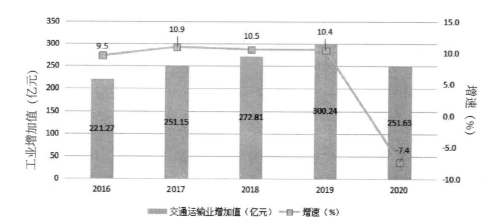

图5 2016—2020年厦门市交通运输业增加值情况

从上述图表看,"十三五"期间,工业、建筑、批发和零售业、营利性服务业、交通运输业等实体经济主体产业呈现健康平稳增长态势,有力推动了厦门经济总量的不断壮大和综合实力的全面提升。其中,交通运输业因受疫情影响,2020年增加值和增速回落幅度较大。

(二)存在问题

厦门实体经济在健康平稳发展的同时,也面临着挑战和制约,主要如下:

1.产业支撑后劲减弱

厦门电子、机械两大支柱行业近年增长趋缓,2020年工业总产值仅比上年同期增长3.4%。总部经济总体规模不大,龙头企业较少,价值链延伸不足。拥有国家级研发机构数偏少,与高端制造业相适应的科技服务等生产性服务业成长较缓,研究和试验发展、科技推广和应用服务业企业数徘徊不前,营业利润下降。产业集聚度有待提高,领军型企业规模小数量少,亿元以上产业项目接续不足,"高精尖"企业偏少,创新活力不足,核心竞争力不强。

2.投资接续动力不足

厦门第二产业投资比重持续降低,"十三五"第二产业投资比重比"十二五"低1.8个百分点,特别是工业投资比"十二五"低2.3个分点,常年维持在16%～17%左右,且近三年比2016年、2017年呈下降趋势,低于全国平均约10个百分点。科技研发投入不足,产业核心技术创新相对缺乏,制造业转型滞后。投融资机制不活,政府投资长期基本靠财政为主投入,国有投资占比达60%以上,民间投资不到30%,低于全国20个百分点以上,社会资本参与度较低。大项目储备少,据年初数据,"五个一批"项目中总投资10亿元以上的项目451个,占比16.9%;总投资100亿元以上的项目仅25个,占比还不到1%。

3.要素保障有待加强

厦门博硕士和中高端技术、管理骨干人才不足问题较为明显;人才流失现象相对突出,如2020年厦门联芯集成电路制造有限公司技术人才离职率达22%,约为同行平均离职率的2倍;工厂用工存在一定缺口,制造业中高级技术工短缺,如金龙旅行车有限公司招收机械、维修等技术人才较难。产业用地保障不足,存在"项目找地""项目等地"现象,用地门槛和地价、办公用房成本均高于全国大部分城市。金融服务能力与产业发展不匹配,产业基金体量较小,对前期投入周期长的项目倾斜较少,新型金融服务供给不足。公共服务能力不足,服务平台总量不足、覆盖面不广,重大科研基础设施和大型科研仪器共享机制不健全,创新驱动支撑不力。

三、做强做优厦门实体经济的对策

实体经济是强市之业、富民之基,是壮大厦门经济总量,提升厦门经济区域带动力辐射力的根本立足点,攸关更高水平建设"两高两化"城市大业。一定要坚定不移走实体经济优先发展的道路,明确发展方向,把住关键抓手,加大推动力量,实现厦门实体经济做强做优。

(一)持续提升实体经济主体产业发展层级

工业是实体经济的龙头,先进制造业是实体经济的龙头带动和中坚力量,要围绕我市机械、电子两大支柱,突出千亿产业链群发展重点,推进生物医药、集成电路、新材料等加快成长,实施制造业骨干企业增产增效、扶优扶先行动,大力推动高端制造业发展,加快传统工业转型升级,着力打造我国东南沿海先进制造业高地。建筑产业有较大的创新发展空间,要增强行业扶持和引导,扶持发展装配式现代建筑企业,推动企业多元化经营,调整优化建筑产业结构,推动建筑业高质量发展。批发和零售业与消费紧密联系,要优化商业网点布局,提升传统消费,培育线上消费等新型消费模式,拓宽消费功能,丰富消费内涵,改善消费环境,培育和扶持一批具有高品牌价值的商品和商业企业,加快建设国际消费中心城市。营利性服务业集中于生产性服务业,特别要重点扶持软件、电子商务、互联网、物联网、云计算、大数据等软件信息企业,做深做足商务会展旅游,加大旅游会展国际营销力度。交通运输业要以现代物流业为重点,着力发展口岸物流、高端创新物流、城际城市配送物流、制造业商贸业联动物流、区域联动物流,加快物流服务模式整合和业态创新,推动物流企业数字化转型,培育大型现代物流企业,打造港口型国家物流枢纽。着力推动互联网、大数据、人工智能和实体经济深度融合,改造提升传统产业,推进产业数字化和数字产业化,加快培育一批"专精特新"企业和制造业单项冠军企业。

(二)持续培育壮大根植型龙头企业

根植型龙头企业是做强做优实体经济的主力军,是壮大经济总量的主引擎,是保持经济稳定的"定海神针",要加大培育力度,不断增强产业的创新活力和发展后劲。与深圳相比,厦门产业整体上规模小、龙头企业少。如,同为两市主导产业的电子信息产业,2020年深圳的相关产值是厦门的7.2倍,且有华为、正威和腾讯3家世界500强企业,厦门一家都没有;在公开的两地百强企业数据中,工业企业营收超千亿规模深圳有5家、百亿规模有35家,厦门则仅有10家百亿规模企业,无千亿级企业。因此厦门要建立龙头企业培育库,从规划的12条千亿产业链中遴选一批系统集成能力强、市场占有率高、拉动作用大的骨干企业,作为产业链龙头企业加以重点培育。实施百亿企业成长计划,遴选一批未来三年内产值可达 50 亿元、100 亿元以上的企业,从资金、用地、人力、税收等方面加大支持力度,提升政策时效,及时跟进服务,扶持发展壮大,提升企业能级。持续实施"三高企业"倍增培育计划,全面实施惠企扶持政策和服务举措,助力企业提质增效,力推"三高"企业快速成长,鼓励支持企业做强做大。加强政策配套,支持企业将高端制造、研发、采购、结算等职能总部在厦扎根发展,建设企业总部及配套设施。

(三)持续优化产业投资结构

围绕实体经济主体产业,对接"十四五"规划及相关专项规划,加大投资布局和结构优化力度。推进制造业强基行动,引导投资向高端制造业倾斜,加强平板显示、计算机与通信设备、集成电路、机械装备、新材料与新能源、生物医药与健康、海洋高新等产业集群建设,超前布局柔性电子、第三代半导体、航空航天、智能制造装备等战略性新兴产业。推动大招商招大商,瞄准世界 500 强、中国 500 强、民企 500 强、独角兽企业、瞪羚企业、总部型企业、台湾百大等招优选优;把制造业强链延链补链扩链项目放在首位,加快推动新工业革命创新基地建设和打造万亿级电子信息产业。优化国有资本布局和结构,支持国有资本通过开展投资融资、产业培育和资本运作等方式向产业链上下游延伸,优化产业链,完善生态圈。加大科技研发投入,引导和支持龙头企业加大前沿技术研发力度,创办研发机构,建设重点实验室,共建行业技术创新中心,实施共性关键技术攻关,大力提升产业创新能力和核心竞争力。激发民间投资活力,进一步推动放宽民间资本市场准入,出台鼓励政策,吸引民间投资向制造业等实体经济领域倾斜。鼓励企业增资扩产,通过技术改造奖励、促进有效投资等政策手段鼓励企业强化投入,扩大规模。

(四)持续加大要素保障力度

狠抓要素保障"优先工程",加强统筹计划、组织协调、靠前服务,及时协调解决企业的困难和问题,有针对性地帮扶企业发展和推动项目建设。特别是在当前形势下,更要全力支持企业战疫情、稳发展。强化资源人力保障,围绕产业链布局人才链,深入实施"双百计划""海纳百川"计划,完善人才评价激励机制,创新科技人才管理体制机制,大力引才、育才、聚才;建立统筹调剂的用工平台,主动出击上门招工,配套解决用工住房问题,加大稳岗支持,提高薪酬待遇,着力满足企业用工需求。强化空间保障,优先将重点项目用地需求列入土地利用年度计划和建设用地供应计划;梳理产业园区用地,清理盘活闲置、低效企业用地,推动不同产业用地类型合理转换,探索增加混合产业用地供给,提高土地集约利用率;加大通用厂房建设力度,允许产业用房分割和转让,满足入驻企业需求;优化办公用房去库存的相关政策,通过出让价折扣、租金补助等手段,降低企业办公用房的租购成本。强化投入保障,加大对企业的财税支持,支持银行机构开展投贷联动,鼓励创业投资、风险投资、私募股权投资在厦发展,扩大基金规模,拓展多元融资渠道。强化公共服务保障,着力建设一批高水平新型研发机构和公共技术服务平台,加快科技成果转化应用,增强科技创新供给能力。

（五）持续打造一流营商环境

把持续优化营商环境作为一项常态化工作抓实抓细抓到位,努力打造市场化、法治化、国际化、数字化的国际一流营商环境。持续深化"放管服"改革,充分发挥经济特区改革创新、先行先试优势,对标一流,最大限度减少审批事项、优化审批流程、简化审批环节、缩短审批时限,推进直接取消审批、审批改备案、实行告知承诺制、优化审批服务等改革,构建职责明确、依法行政的政府治理体系。建设智慧政务,加强系统集成、信息共享和业务协同,建立健全"无人干预自动审批""马上办、网上办、一次办、秒批秒办"常态化机制。完善政策服务,分类梳理、整合归并现行企业扶持政策,强化涉企政策集成服务和精准化服务,推行有条件的惠企政策"免申即享"。优化监管模式,实施涉企经营许可事项清单管理,探索新型监管标准与模式,对"四新经济"实行包容审慎监管。强化信息支撑,健全和强化厦门大数据管理局职能,加快完善基础数据库,建设主题数据库,优先和重点保障营商环境配套信息化项目,加强政务服务数据互联互通,实现数据实时共享。提升公共服务,建立体系完整、岛内外均衡、全国领先的公共服务体系。健全法制保障,充分发挥经济特区立法先行先试的优势,加快健全法治体系,夯实优化营商环境的法治基础。贯彻落实好新出台的《厦门市包容普惠创新专项提升实施方案》,在要素配置、产业生态、城市空间、公共服务、法治环境等方面综合施策、聚势赋能,大力提升营商环境整体水平。

中共厦门市委政策研究室　钟锐辉

厦门市招商引资项目效益情况分析及建议

一、厦门市招商引资项目效益情况分析

近年来,厦门市紧紧围绕建设高素质高颜值现代化国际化城市目标,把"抓招商促发展、抓项目增后劲"作为工作主抓手,持之以恒推进大招商、招大商,有力推动厦门高质量发展。2021年1—9月,全市共有7770个在谈招商项目完成商事登记,计划总投资1.2万亿元;实际使用外资153.3亿元,增长18.3%。

随着厦门市招商引资工作不断推向深入,各层面也越发关注招商引资项目落地后产生的效益情况。2021年,厦门市招商引资工作领导小组办公室修订出台《招商引资实绩竞赛工作方案(2021版)》,首次将招商项目效益情况纳入考核指标,由各区、开发区分别筛选落地的100个招商项目,测算其固定资产投资、工业产值、服务业营业收入和税收情况。尽管仅是一部分招商项目的效益数据,仍可以从中看出近年来我市招商引资项目在效益方面的基本情况。

(一)招商落地项目效益初步显现

2021年1—9月,全市已落地的619个招商项目(经去重处理后)中,共计新增固定资产投资405.7亿元,其中第二产业产值287.2亿元,批发零售业销售额1602.0亿元,其他营利性服务业营业收入113.9亿元,税收22.7亿元。

1.拉动固定资产投资快速增长

2021年,1—9月,全市619个招商项目共产生固定资产投资405.7亿元,约占全市亿元以上项目完成投资额1196.1亿元的33.9%,拉动全市固定资产投资增长45.7百分点。其中火炬高新区最高(143.6亿元),其次为同安区、翔安区,显示招商有力拉动全市特别是岛外建设提速。平板显示、半导体、生物医药等高端制造业项目如天马第6代柔性AMOLED、士兰集科、中航锂电、海辰新能源、电子硝子三期、万泰沧海生物医药项目二期等高端制造业贡献最大;其次是产业园区建设项目,如特房新经济产业园、自贸片区创新智慧产业园、海沧半导体产业基地等,体现了厦门市战略性新兴产业和现代服务业的产业布局和基础设施正在不断完善。服务业方面,岛外商业综合体项目如同安

区宝龙商业综合体和集美区中粮大悦城等项目贡献较大,此外,健康养老、总部经济、教育、智慧城市建设也有一定贡献。

2.对工业产值的贡献得以充分体现

2021 年 1—9 月,619 个招商项目中共有 37 家制造业项目,贡献制造业产值 76.4 亿元,预计拉动全市规上工业产值增长约 1.1 个百分点。其中,火炬高新区最高,制造业产值 26.9 亿元,其次是翔安区、海沧区。新增制造业项目以新能源和新材料、服务器、平板显示、智能制造、集成电路、电子元件为主,突出反映了我市制造业高端化的发展方向。随着一些龙头项目的投产,招商对工业产值贡献预计还会有较快提升。建筑业同样在二产产值方面做出了较大贡献。2021 年 1—9 月 609 个项目中的建筑业项目产值 210.8 亿元,其中集美区最高(71.6 亿元),其次是思明区、翔安区,反映了我市在建筑业特别是对建筑业央企的区域总部和结算业务的招商富有成效。

3.拉动部分服务业营收较快增长

2021 年 1—9 月,619 个项目中批发零售业销售额 1602.0 亿元,拉动全市限上批发零售业额增长 12.4 个百分点,其中最高为海沧区(496 亿元),其次是思明区和同安区。619 个项目中其他营利性服务业营业收入 113.9 亿元,拉动全市其他营利性服务业增长 22.0 个百分点,其中最高为湖里区(43.4 亿元),其次是思明区和翔安区。新引进的人力资源、广告业对其他服务业的贡献较大,软件信息产业营收增幅减小,应引起重视。

4.服务业招商项目税收贡献相对较大

2021 年 1—9 月,619 个项目共贡献税收 24.4 亿元,其中有 478 个项目贡献增值税 13.8 亿元,328 个项目贡献企业所得税收入 5.3 亿元,说明 3/4 以上的招商项目实现收入,过半项目实现盈利。纳税 100 万元以上项目 116 个,500 万以上项目 54 个,1000 万元以上项目 33 个,5000 万以上项目 1 个。做出纳税贡献项目主要为贸易、零售、财务结算、人力资源等总部型项目,基金、融资租赁等金融类项目,产业园区项目、高端制造业项目和影视文化项目。由于制造业项目建设周期长,税收效益尚未体现,再加上税收汇算清缴,目前税收主要由现代服务业招商项目贡献,对全市服务业税收同比大幅增长 86.5% 起到了一定的助力作用。详见表1。

表 1　1—9 月部分招商项目效益情况

招商项目效益	金额(亿元)	全市增长(%)	招商拉动(个百分点)
固定资产投资	405.7	18.5	45.7
制造业产值	76.4	15.7(规上)	1.1

续表

招商项目效益	金额（亿元）	全市增长（%）	招商拉动（个百分点）
批零业销售额	1602.0	21.6（限上）	12.4
增值税	13.8	24.5	5.2
企业所得税	5.3	34.3	3

注：表中均为测算数据，非统计数据。

（二）重大招商项目产业带动效应明显

2021年1—9月，共有364个高能级在谈项目完成商事登记，总投资2753.9亿元，其中世界500强项目124个、中国500强项目158个，民企500强项目60个，独角兽企业项目22个，呈现如下特点：一是头雁效应愈发明显，宁德时代、字节跳动、理想汽车、中通快递、元气森林等行业龙头纷纷在厦设立重要项目，引发一定示范效应；二是新兴产业纵深发展，在新型平板显示、新能源、半导体、计算机终端和服务器等领域持续深耕，产业深度加大，引发资本市场关注，基金投资热度上扬；三是增资扩产步伐加快，营商环境和企业服务进一步改善，中航锂电、电气硝子等大项目紧接上一投资周期加大投资；四是总部经济、供应链等现代服务业投资形成热潮，产业生态正逐步完善。

二、招商引资工作存在的不足

2021、2022年，厦门连续两年招商项目年计划总投资超1万亿元，尽管受到疫情一定影响，项目产生效益也需要一个较长的周期，但从数据来看，目前项目效益还无法与招商规模完全匹配。其主要原因有：

1.招商理念仍须提升

从项目结构来看，能够给厦门带来长远效益和竞争力的项目仍然偏少。一些招商载体缺乏产业长远发展思路，对重点产业发展趋势和新一轮科技和产业变革的研究规划偏弱。竞争意识不够强，突破性的创新举措不够多，创新生态、人才生态不够完善，在激烈的城市招商竞争中有"小进则退"的危险。在重大产业项目引进中，财政性资金及其杠杆作用没有充分发挥。

2.招商重点不够突出

从项目质量看，引进重大产业项目仍然偏少，2021年以来引进投资额50亿元以上的制造业仅3个。一是产业梳理不够聚焦，主导产业、产业路线图和关键环节不够明晰，招商针对性需要加强。二是招商层级仍需提升，市级部门在主动策划引进、提升项目能级作用还需增强；一些区把招商任务下放镇街，招商层次偏低。三是专业招商亟须加强，市区两级仍然但缺少专业精能力强素质高的招商人员。

3.项目落地不够快速

从项目进度看,目前仍有不少项目进展偏慢,流程过长、环节过多、供地偏慢,落地进度不及预期。市级部门在开放应用场景、主动服务招商载体、有效推进项目落地等方面的作用还须加强。一些项目依然存在"重招商、轻服务"现象,对企业诉求回应处理不够及时。

三、未来招商引资情况预测

近年来通过"招大商、大招商",厦门市招商引资起势良好,形成了浓厚氛围,为构建现代产业体系和高质量发展打下了较好基础。尽管存在很多问题与不足,但作为扩大增量的重要方式,厦门仍将毫不动摇地继续推进招商引资力度。未来将进一步聚焦重大产业项目开展招商引资,在重点产业培育方面投入更多资源,在招商机制和引资方式创新方面争取更大突破。预计2022年,厦门市有望在重点产业项目引进和增资扩产方面取得更为突出的成绩。

四、进一步提升招商引资项目效益的建议

要全面贯彻落实厦门第十三次党代会"毫不动摇抓招商促发展"的要求,创新招商理念,突出科学精准专业化招商,加强产业链群重大项目引进,进一步提升厦门市招商引资的质量效益。

1.提升招商层次

要加大对国家发展战略和重点产业发展趋势的研究规划,瞄准新一轮科技和产业变革的趋势,超前谋划布局一批引领产业变革的新技术、新产业、新业态,大力引进新一代信息技术、集成电路、医药健康、智能装备、新能源、新材料、人工智能、海洋产业等高精尖产业,从更高层次策划和引进重大项目。加大财政对重大产业项目的支持力度,强化基金招商、国企招商、校友招商,打造以制度创新为核心的招商引资新优势。

2.聚焦专业化精准招商

把培育和壮大产业放在首位,开展产业链招商图谱梳理与动态调整,主动策划生成大项目。强化市级行业部门和各招商载体招商策划和编辑能力,进一步充实完善专业招商团队。针对产业链发展重点,以政策创新支持产业发展,推动重大重点项目的洽谈、研判和服务,为一线招商提供强有力的支撑和保障。

3.加强项目推进与后期服务

加快项目的推进,促进项目早开工、早投产、早见效。在市级最高层面建

立重大项目统筹调度会议,统筹调度全市资源推进重大项目进展。建立重大项目专班工作机制,实行一项目一专班,集中力量进行重大项目的研究、决策和统筹推进。强化咨询评估机制,组织专业力量进行分析研判和风险评估,提供评估论证和决策支持。强化项目后期服务,为投资者提供全要素、全流程、全周期、一站式专业服务。

4.完成招商考核与效益评估机制

发挥考核"指挥棒"作用,通过招商引资实绩竞赛和绩效考核,聚焦实体经济和产业项目,注重市区联动、条块结合,加强正向激励,形成招商合力。建立招商项目效益统计体系,通过部门信息共享和大数据手段,全面跟踪项目的经济贡献度与科技贡献度,为招商引资工作方向提供重要依据与决策参考。

厦门市商务局、厦门市招商办　陈见锦

厦门市推进岛内大提升、岛外大发展
情况分析及建议

2002 年 6 月,时任福建省省长的习近平同志来厦调研,创造性提出"提升本岛、跨岛发展"的重大战略,精辟论述了"四个结合"的战略思路,即提升本岛与拓展海湾相结合、城市转型与经济社会转型相结合、农村工业化与城市化相结合、凸显城市特色与保护海湾生态相结合。这一战略思想,为厦门发展指明了前进方向,提供了科学指南。2002 年以来,厦门历届市委市政府牢牢把握战略内涵和城市发展规律,一张蓝图干到底,有力推动了厦门城市化进程,形成了城市格局跨岛拓展、产业结构跨岛优化、公共服务跨岛覆盖、人文内涵跨岛提升、生态文明跨岛建设的良好发展态势。

一、岛内大提升、岛外大发展主要进展

2021 年以来,全市深化"提升本岛、跨岛发展"战略,坚持岛湾一体、区域协调发展,岛内立足"扇头"提升主体功能,岛外围绕"扇面"全面展开,加快产城人融合、一体化发展。

(一)坚持规划引领

锚定厦门市"十四五"发展规划和 2035 年远景目标,对标新加坡、香港、雄安新区等地规划,强化"集约高效、产城融合、职住平衡"等科学理念,各区各指挥部进一步优化提升对自身的目标定位、产业重点、人口规模、空间布局、管控标准的规划研究,找准各自的发展思路、动力机制、发展路径、载体抓手,真正使规划成为加快高质量发展的"成长坐标"。高水平做好岛内外重点片区规划的编制提升,科学合理设置城市天际线、建筑物高度、地上与地下空间、片区容积率等管控指标,加强城市设计和修补,让城市在错落有致中扮靓变美,做到既彰显外在颜值又体现内在价值,实现可持续发展。确定短期目标,力争到2022 年,岛内主要经济指标保持全国全省领先,每平方公里生产总值提高至25.5 亿元,城区品质大幅提升,建成区域创新中心的核心区、区域金融中心的聚集区、全国文明典范城市的标杆区;岛外生产总值占全市比重超过 55%,固投、工业增加值占比超过 80%,新城片区迅速崛起、功能品质比肩岛内、人气

商气快速集聚;厦门城市能级和核心竞争力全面跃升,为加快建设高素质高颜值现代化国际化城市打下坚实基础。

（二）坚持提升产业

依托厦门大学、嘉庚创新实验室、同安"三谷"等创新资源,加快厦门科技城等重大载体建设,截至 2021 年 9 月,厦门市共有国家级高新技术企业达 2282 家,约占全省 35%。推进数字产业化、产业数字化、数据资源化,推动大数据局实体化运作,打造全国数字经济发展示范区;岛外规划建设 12.9 平方公里的厦门海洋高新产业园区,重点发展生物医药与制品、海洋高端装备与新材料、海洋种苗业等海洋经济。梳理形成 12 条重点产业链并由市领导担任"链长",强化科学精准招商,梳理形成 12 条重点产业链并由市领导担任"链长",强化科学精准专业化招商,引进世界 500 强项目 84 个,新增落地项目 6129 个,总投资 1.1 万亿元。全市平板显示、航运物流、金融服务等 9 条产业链产值或营收突破千亿元。

（三）坚持项目带动

立足高起点规划、高水平招商、高标准建设,营造国际一流营商环境,全力推动项目落地落实,加快高质量发展,湖滨片区改造等项目进展顺利,岛外新城片区加快成型成势。按照三年（2020—2022 年）行动方案,岛内亿元以上项目共 252 个,计划总投资约 7290 亿元,三年内投资力争超过 3100 亿元;岛外亿元以上项目共 972 个,计划总投资约 1.15 万亿元,三年内投资力争达到 5000 亿元。加快征拆的进度,深化"批而未供、供而未用"土地清理,确保未来若干年可用于招商的净地不少于 45 平方公里。金砖创新基地建设正式启动,聚焦"八个一"工程,已开展首批 30 项市级工作。

（四）坚持改革创新

在前期已成立的两岸区域性金融中心片区、马銮湾新城片区、同翔高新城片区、轨道交通、机场片区、东部体育会展新城片区、环东海域新城片区、集美新城片区等指挥部、专项工作组基础上,对 14 个已策划生成且具备启动实施条件的"岛内大提升"重大项目推动成立 11 个片区指挥部、9 个专项工作组,以实现"提速、增量"。进一步理顺指挥部、区、市直各部门的关系,优化完善对指挥部的干部调配、绩效考核、基层减负等工作,让指挥部集中精力抓项目、促发展。健全完善项目决策推进机制,简化决策流程,提高审批效率。针对盘活低效用地、用好农村集体发展用地、旧厂房改造、引进大型央企民企社会资本参与老旧小区改造、自贸区扩区等方面,借鉴上海、深圳等地经验,大胆试、大胆闯,推动"岛内大提升、岛外大发展"打开新局面。

（五）坚持一体化发展

集美、海沧、同安、翔安四区城市建成区由 30 平方公里增加到 275 平方公里，占全市增量的 81%。海沧隧道、轨道 1、2、3 号线通车，连接岛内岛外之间的交通干线网络将更加完善，逐步形成全市多层次、一体化交通网，打造市域内"半个小时"交通圈指日可待。推动科技中学、外国语学校、双十中学、实验小学等岛内名校到岛外建设实质性分校，提升岛外基础教育水平。2020 年全市新增中小学和幼儿园学位 4.3 万个，其中 85% 以上布局岛外。

二、岛内大提升、岛外大发展存在的问题

（一）工作推进机制需进一步完善

岛内大提升、岛外大发展各个专项工作组的协同推进、重大项目的推进落实机制有待健全，统筹协调和激励约束机制有待完善，市区两级联动沟通工作机制尚未形成。

（二）岛内外发展不平衡依然存在

岛内以全市 10% 的面积，集中 50% 的人口，密度远高于岛外；城市核心功能仍集聚本岛，教育、医疗、文化等方面优质资源以及高端商业主要集中在岛内。岛外中心等级不高，多中心格局尚未形成。

（三）岛内功能品质、城市管理有待提升

本岛目前建设用地空间已经基本饱和，功能集聚、人口集中使得本岛过度开发建设，腾挪空间有限，加上交通拥挤，城市居住、景观品质下降。

（四）岛外产城融合深度、人气商气培育不足

岛外产业园已成一定规模，但城区建设相对滞后，产业园配套不足、生活居住区空置率相对较高、交通市政等基础设施配套不够完善等问题一定程度上制约着新城的发展。

三、推进"岛内大提升、岛外大发展"的建议

（一）聚焦城市更新，立足扇头推动岛内大提升

1.拓展城市空间。一是加快旧城旧村改造。重点推进滨北总部、何厝岭兜、开元创新社区等片区重大项目建设，加快推进危房改造，通过城市更新，优化发展空间，带动产业项目落地，扩大有效投资。二是突破体制机制瓶颈。加大放权赋能力度，完善片区开发运作机制，探索创新市场化运作机制，引入有实力、有信用的市场主体。促进土地利用集约高效，借鉴先进城市理念，鼓励

有条件的片区充分利用地下空间,提高空间利用效率。三是做好项目谋划储备。抓紧谋划一系列老旧片区有机更新方案,适时启动运作。加快梳理解决历史遗留项目,加大已收储地块项目策划和招商力度,节约集约用好岛内每一寸土地。

2.提升产业能级。一是大力发展战略性新兴产业。积极培育生物医药、半导体集成电路、新能源、新材料、高端装备等战略性新兴产业,加快发展知识技术密集、空间利用集约的新业态,打造科技创新高地。二是大力发展现代服务业。提升发展航运物流、文化旅游会展、现代金融、总部经济等现代服务业,积极引进国内外知名企业总部和功能性机构落户。三是大力推进产业更新。加快腾笼换凤,推进岛内老旧厂房改造,盘活闲置工业厂房。创新政策措施,支持利用闲置楼宇发展专业化孵化器、创客空间,为企业发展提供发展载体。

3.完善功能品质。一是抓好教育提升。科学规划、合理建设一批中小学、幼儿园项目,补齐学位紧缺短板。注重基础教育质量提升,引进国内外优质教育资源,巩固拓展现有优势。二是抓好健康提升。启动实施一批高端特色医疗设施建设项目,加快补齐公共卫生短板。加快发展高端养老产业,打造综合高端医养社区,满足多样化社会需求。三是抓好交通提升。完善和提升骨干路网,加强本岛对外联系通道建设。根据产业发展与人口布局,合理推进地铁延伸段规划建设。打通"断头路",完善片区路网。四是抓好市政提升。加快城市智慧市政建设,加强供水、排水、燃气安全、污水处理等保障能力建设,完善健康步道、慢行系统及人行过街设施。适度建设公共停车设施,弥补停车短板。

4.凸显城市特色。一是提升生态建设水平。抓好筼筜湖片区提升,持续改善流域水质;加快推进东坪山片区发展提升,建设城市生态公园,强化本岛生态屏障、生态廊道建设,把本岛建设成为人与自然和谐共处的美丽家园。二是挖掘历史文化内涵。做好鼓浪屿历史国际社区品质提升工作,深入推进中山路等片区改造提升,注重对面、势和环境的保护,着力守住文化之根、留住历史记忆,彰显厦门特色,充分展现文化之美、体现历史底蕴、呈现现代气息,争创国家历史文化名城,加快打造文化中心、艺术之城、音乐之岛。三是塑造城市精神品格。大力传承弘扬嘉庚精神、海堤精神等厦门城市精神,持续擦亮厦门的城市精神底色。着力提升城市文化品位,充分发挥"金鸡"效应,利用优质影视资源和要素汇聚时机,聚合电影、时尚、创意设计等产业形态,打造文化艺术之都。

(二)聚焦新城拓展,立足扇面推进岛外大发展

按照"一年有突破、两年见成效、三年大变样"的目标,不断完善新城功能、基础设施和公共服务配套,加快形成以高端制造业和现代服务业为主体的产

业体系。

1.拓展新格局。 推动岛外大发展,必须有大思路、大格局,坚决破除新城建设中的路径依赖。一是加快推进岛内外功能一体化。统筹本岛和岛外城市功能,加快基础设施、产业布局、公共服务跨岛覆盖和有序转移。推动新机场、高铁、轨道交通等重大交通枢纽设施,软件信息、生物医药等高新技术产业,教育、医疗、文化等优质资源加速向岛外布局。二是加快推进产城人融合。加强对产业集中区、人口集聚区、综合服务区、生态保护区等各功能分区的统筹规划,推动产业发展、城市建设、生态优化和人口集聚相互促进、融合发展。加大力度建设人才公寓等保障性住房,提高新城人口质量和密度,汇聚新城人气商气。三是加快推进城乡统筹和区域协同。着力补齐民生短板、完善公共服务配套,推动城乡公共服务、社会保障等实现更高水平均等化。主动融入全省区域协同发展战略,加快形成基础设施互联互通、产业配套协同推进。

2.打造新形象。 坚持基础设施先行,强力推动交通、市政和5G等新老基建,加快打造国际一流新城。一是构建便捷高效的现代交通网络。加快推进翔安机场、福厦高铁建设,推动东站、渝长厦高铁等规划实施,构筑对外交通新通道。统筹地铁沿线综合开发,做好与公交、慢行系统及商场开发等衔接。二是建成一流的市政基础设施。加强岛外市政道路和市政管网的规划建设,推动岛外海绵城市和综合管廊跨岛、跨区域联通,大力提升供水、供电及燃气保障能力,加快建设世界一流配电网。三是布局创新融合的新型基础设施。以系统提升城市功能和产业基础为重点,推动信息技术与城市公共设施深度融合。扩大5G、大数据中心、工业互联网、充电桩等供给数量,提高供给质量。

3.集聚新动能。 以产业布局和集聚发展为先导,通过招商引智加快吸引城市发展资源、汇聚发展动能、做大经济增量。一是聚焦产业前沿。持续提升平板显示、计算机与通信设备、集成电路等产业集群现代化水平。引导数字经济、平台经济等在岛外优先布局、加速发展,打造新经济发展高地。加快促进岛外生产性服务业向专业化和价值链高端延伸,构建错位发展、优势互补、协作配套的现代服务业体系。二是建设产业平台。做强做优软件园三期拓展区、生物医药港、机械工业集中区、临空经济区、新经济产业园等园区载体,在能源与环境材料、生物医药等领域争取落地国家级、省级重大科研基础设施。加快杏林湾营运中心、环东海域新城等总部集聚区和丙洲、美峰现代服务业基地建设,提升服务业集聚辐射力。三是推动产业融合。加强与长三角、珠三角地区的产业链和供应链融合,着力打造产业、科技、人才、高教四个区域性中心,加速区域产业一体化发展。

4.激发新活力。 以优美的生态环境吸引人,以优质的公共服务留住人,加快聚集新城人气。一是打造优美的人居环境。注重保护生态与凸显特色相结合,持续推进生态修复和环境整治,高标准建设郊野公园和山地公园,完善岛外绿道和步道系统。坚持"建、管、养"结合,确保新城公建配套、市政设施、公园绿化等高标准建成、高水平管理。二是提供优质的公共服务。着力提升岛外义务教育阶段学位供给能力,持续推进"名校跨岛"行动,促进优质教育资源均衡配置。加快建设国家区域医疗中心,引进国内外高水平医疗机构、研究机构和高层次医疗专家、管理团队,加快推进岛外文体事业和产业发展。三是提高群众的获得感。大力实施乡村振兴战略,妥善解决好被征地农民和海域退养渔民转产就业以及生活环境等问题,不断完善社会保障体系。

中共厦门市委政策研究室　郑亚伍

厦门市建设消费城市情况分析及建议

厦门市建设消费城市正当其时。现阶段,我国从中等偏上收入国家正在走向高收入国家,中等收入群体规模超过 4.5 亿且持续壮大;城市化水平超过 60%,以大型中心城市为核心的都市圈或城市群发展成为主导;开放程度不断提高,入境游客数量位居世界前列,国内外消费联动格局加快形成。消费创新在中国是极为重要的发展动力,消费结构升级已成为经济增长与结构升级的新动能,为建设消费城市提供强大支撑。从区位、交通、基础设施、生态环境、文化等条件来看,厦门市具有建设消费城市的良好条件。

一、厦门市建设消费城市的基本情况

从消费品市场总体情况来看,2021 年前三个季度,厦门市实现社会消费品零售总额 1957.53 亿元,增长 17.2%,高出全省平均水平 5.1 个百分点,增速继续保持全省首位;限额以上与限额以下企业分别实现零售额 1126.43 和 831.10 亿元,分别占社会消费品零售总额的 57.5% 和 42.5%,其中,限额以上比去年同期增长 19.4%,拉动社会消费品零售总额增长 11.0 个百分点,高出限额以下 4.7 个百分点。

从消费商品类别看,2021 年前三个季度,夏商民兴超市、元初和永辉等重要民生主体全方位确保供应有序,满足市民生活必需,限上粮油食品类零售额增长 5.9%;改善性消费增长较好,限上服装鞋帽纺织品零售额增长 50.3%,限上化妆品零售额增长 1.79 倍,限上体育、娱乐用品零售额增长 84.6%,限上家用电器和音像器材零售额增长 40.9%。

从消费形态看,线上网络消费热情不减。企业针对疫情防控形势要求,积极拓展线上销售,朴朴等生鲜电商积极保障群众生活需求,2021 年前三个季度,限上网上零售额 409.03 亿元,拉动社零总额增长 4.2 百分点;实现线上餐费收入 14.92 亿元,增长 14.6%。

从消费基础条件看,厦门市拥有免税店 2 个,退税商店 18 个,中华老字号 12 个,众多国际国内知名品牌集聚。拥有鼓浪屿历史国际社区 1 项世界文化遗产,11 个 4A 级景区、1 个 5A 级景区,目前已有 62 家世界 500 强外资企业在厦投资 112 个项目。众多国际重大活动、展会、赛事在厦举办。根据《全球城市竞争力报告 2020—2021：全球城市价值链—穿透人类文明的时空》，中国共有 15 个城市跻身经济活力全球前 100，厦门位列其中。同时，厦门市拥有经济特区、自贸试验区、自主创新示范区、两岸综合配套改革试验区、21 世纪海上丝绸之路核心区等多区叠加优势，已成为两岸新兴产业和现代服务业合作示范区、两岸区域性金融服务中心和两岸贸易中心。

二、厦门市建设消费城市的短板不足

厦门市建设消费城市，存在一些短板不足，比如，中山路步行街的业态比较低端，与国内十大步行街还有很大差距；厦门本岛虽然不大，但各大商业体各自为战，形不成品牌的消费合力，对外来游客的吸引力还有很大提升空间；今年两次疫情对厦门市消费行业带来了较大冲击，同时全国疫情防控形势依然严峻，消费需求受到一定程度的抑制。

三、厦门市建设消费城市的规划展望

根据厦门市商务局制定的《厦门市加快建设国际消费中心试点城市实施方案》，力争到 2022 年，全市消费规模稳步提升，消费品质日益升级，消费模式创新发展，消费环境显著改善，基本建成立足海西、辐射东南亚，具有侨台海湾文化特色的消费城市。具体目标如下：

消费规模稳步提升。广泛吸引和汇集国内外消费者，进一步巩固和提升区域消费中心地位，扩展全国及国际消费影响力。消费性服务业规模进一步提升，未来三年，力争实现社会消费品零售总额增速排名全国副省级城市前列。

消费品质日益升级。消费集聚效应进一步增强，形成 3 个以上具有地域影响力的消费商圈、特色街区、夜间经济消费街区。消费结构不断优化，培育壮大新消费形成新供给新动力，形成一批康养、文创、家政、旅游、体育、会展等服务消费龙头企业。消费品牌影响力持续提升，形成区域时尚消费展示发布中心和新兴消费体验输出中心。

消费模式创新发展。创新技术应用水平不断提升，线上和线下、流通和生产、商品和服务消费不断融合发展，消费新业态、新模式加快涌现。培育一批商旅文体联动项目，形成 3 个以上国际知名消费类会展品牌，培育发展艺术品线上交易、健康服务、生活服务、跨境电商等一批新消费平台。

消费环境显著改善。消费者对城市消费综合环境、企业诚信规范经营等方面满意度明显提升。消费国际化水平进一步提升，城市消费多语种标识进一步规范，跨境消费、口岸消费便利度显著提升。

四、厦门市建设消费城市的思路举措

（一）建设新型消费商圈

1.打造国际影响力的消费中心。贯彻落实《厦门市商业网点布局专项规划（2016—2035）》，进一步完善城市商业网点布局。按照"岛内提升一批、岛外培育一批"推进岛内商圈大提质、岛外商圈补短板，高标准布局具有品牌影响力的大型消费商圈。鼓励老城区现有商圈加快向场景化、体验式、互动性、综合型消费场所转型，努力打造融合销售、体验、休闲、娱乐等多业态集聚的综合性商业地标。支持火车站、SM、中山路等核心传统商圈优化服务消费功能、提升业态品质，建设具有城市知名度的核心商圈。培育发展会展观音山、枋湖五缘湾等新兴高端消费商圈，形成集滨海、休闲、文化、购物为一体的岛内东部新城区高端商业消费中心。加快推进岛外城区商圈改造升级，同步规划建设新机场片区、马銮湾新城、环东海域新城、集美新城、集美北站等区域特色商圈。

2.打造特色消费街区。加快推动中山路高品位步行街改造提升，通过加强规划布局、优化环境设施、提高商业质量、彰显文化特色、建设智慧街区、完善街区管理机制，努力争创具有特色的国家级步行街，把中山路打造成具有侨台、闽南特色的城市厅堂。各区要依托文化特色、旅游、美食及自然生态资源等，规划建设1条以上业态互补、凸显特色的商业消费街区（步行街）。

3.加快推进智慧商圈建设。完善"互联网＋"消费生态体系，推进"智慧商圈"和技术创新建设。鼓励利用大数据、云计算、移动互联网、人工智能等新兴信息化手段建设以数据为核心的"互联网＋"商圈。积极发展数字商务，促进线上线下深度结合的"新零售"，推动发展无人商店、近场支付等新服务。鼓励建设"智慧商店""智慧街区""智慧商圈"，积极推动商圈、商街、商业综合体智慧化转型。推动建设一批线上线下融合的新消费体验馆，促进消费新业态、新模式、新场景的普及应用。

（二）加快消费融合创新

1.加快推动消费业态融合。引导传统购物中心、百货店等完善商业设施，加快新理念、新技术、新设计改造提升，向场景化、体验式、互动性、综合型消费场所转型。鼓励经营困难的传统百货店、大型体育场馆、老旧工业厂区等按规定改造为商业综合体、消费体验中心、健身休闲娱乐中心、商业演出中心等多功能、综合性新型消费载体。搭建多种形式消费促进平台，打造一批商旅文体会联动消费示范项目。鼓励挖掘特色消费节庆资源，利用节假日、黄金周组织购物节、美食节、汽车下乡、家电以旧换新等消费促进活动。大力拓宽假日消费空间，定期举办文化和旅游惠民消费季，开展剧目展演、电影联展、文创品展销、民俗体验等文旅消费活动。

2.拓展服务线上消费新模式。加快推进养老、家政、文旅、体育、医疗健康、教育等服务消费线上线下融合发展。大力发展智慧养老新模式,运用大数据、智能化手段,提供更加便捷高效的养老服务。依托商务部家政服务信用信息平台、家政企业垂直细分领域服务平台,促进家政服务业与平台经济融合发展,大力发展家政电商、"互联网＋家政"等新业态。加强与阿里巴巴、携程等平台合作,推出更加丰富的旅游产品。推动健身休闲和体育竞赛表演业等体育产业开发新商业模式,鼓励体育用品制造业建立或引进体育运营机构、中介服务机构、专业服务机构和体育社会组织,加快形成"制造＋服务"发展模式,推进体育用品制造业和现代服务业深度融合发展,形成集聚效应。

3.深化供应链创新协同发展。深化供应链创新与应用试点,培育一批供应链创新与应用示范企业,打造供应链公共服务平台,建立一批行业供应链综合服务平台,将厦门打造成全国供应链创新与应用重要中心城市。推进高效物流配送体系建设,完善城乡一体、高效协同的商贸物流配送体系。推动商贸冷链物流发展,落实扶持冷链发展政策,推广厦门冷链标准运用。加强闽西南协同发展和商务协作,健全闽西南协同发展联席会制度,加强商贸交流,深化菜篮子市场应急保供、农产品产销对接、建立批发市场战略联盟等方面合作,促进区域消费协同发展。

(三)打造消费时尚风向标

1.融入国际消费新潮流。做强一批新品发布专业平台,支持举办新品集中发布会的国际展会、商业节庆等活动。整合城市消费资源,鼓励国内外重要消费品牌发布新产品、新服务,及时发布和更新旅游、娱乐、文化、体育等消费信息。促进时尚、创意等文化产业新业态发展,培育一批有国际影响力的网站、期刊、电视、广播等时尚传媒品牌,打造具有国际影响力的时尚产业集聚平台。

2.大力发展创意设计。进一步丰富闽台(厦门)文化产业试验区业态,依托海峡两岸龙山文创园、特区1980创意产业园、沙坡尾文化创意港、红点设计博物馆等文创设计园区,对接台湾创意设计人才和商业模式,重点引进时尚设计、工业设计、建筑设计等知名企业和人才落户。注重文创赋能,打造创意设计产业展示交流平台,办好厦门国际时尚周、厦门国际设计周、当代好设计奖、国际设计营商周、海峡工业设计大赛等创意设计活动,用文化创意带动消费新业态,推动厦门创意之城建设。发挥自贸试验区优势,推动博乐德艺术品保税平台、海丝艺术品中心等项目建设,引进更多境外优质高端艺术展览和保税拍卖。

3.大力发展假日经济。拓宽假日消费空间,鼓励各区发挥重点特色街区消费集聚作用,充分利用开放型公共空间,开设节假日步行街、周末大集、休闲文体专区等常态化消费场所。全面落实带薪年休假,鼓励、引导用人单位安排职工错峰休假。鼓励有条件的单位根据实际情况实施弹性作息制度,依法依规优化调整作息安排。优化景区与周边道路交通的衔接,督促各区在节假日期间加强交通管理,增加公共交通运力、及时发布景区拥堵信息。

4.繁荣发展夜间经济。突出闽、侨、台特色,围绕食、购、娱、游、健、养等消费业态融合发展,打造国家级夜间文旅消费集聚区。培育夜间文旅消费集聚区、深夜食堂餐饮区、特色精品夜市区等一批综合夜间消费集聚区。鼓励各区深入挖掘闽台特色美食,打造美食一条街;积极引进和打造夜间大型旅游演艺节目,鼓励支持艺术团体推出优质音乐剧、舞台剧,提升夜间文化娱乐活动;进一步完善夜间经济服务配套,完善大型多功能文体中心、综合性体育场馆等夜间消费设施建设。支持各区在夜间消费集聚区,试点临时摆摊夜市。鼓励商圈和公共文化场所等延长夜间营业、服务时间。优化调整夜间公交线路和运营班次。通过丰富夜间经济供给品类,提升夜间消费供给质量,完善配套设施和公共服务,打造具有闽南风情、厦门特色、时尚潮流的"夜厦门"地标、商圈和生活圈。

(四)加强消费环境建设

1.提升城市国际化水平。提升A级景区、餐饮住宿、购物娱乐、机场车站等场所多语种服务水平。在机场、码头、车站、酒店、游客咨询中心等重点窗口设置和配备多语种交通指示牌、安全警示牌、交通地图、旅游推介手册等。加快实现商圈、景区(点)、机场、车站、宾馆等主要消费场所免费WIFI和云闪付受理全覆盖。以A级景区、星级饭店、文艺院团、公共文化设施等文化和旅游消费场所为试点,继续扩大推广云闪付等移动互联网新兴支付方式,做到互联网售票、二维码验票全覆盖并优先部署5G网络,打造5G应用场景。完善无障碍设施、母婴设施、医疗设施的配置;设置旅游集散中心或游客咨询服务网点,为游客提供交通换乘、线路产品销售、旅游信息咨询等一站式服务。提高国际信用卡支付便利度,增加社会外币兑换服务点。扩大外币银行卡的使用范围,在主要A级景区、宾馆饭店、便利超市、商贸中心、特色街区等消费场所逐步实现外币银行卡刷卡消费和国际移动手机支付。

2.完善便捷高效交通网络。加快推进公共交通枢纽建设,畅通国内外旅客抵离通道,优化城市商业设施布局,结合轨道交通建设,实施交通及空间环境提升、市容环境优化等行动。促进大型商业设施与市政交通互联互通,建立健全高效物流配送体系。加快岛内环岛滨海步道、八山三水步道、岛外滨海浪漫线等健康步道系统建设,完善自行车专用道等骑行通道网络,丰富游客休闲旅游的多元体验。在核心商业区推广智能停车引导系统,解决商业集聚区停车难问题。

3.推进社区综合生活服务中心建设。合理规划建设社区生活服务设施，按照"多规合一"以及"建、管、用"相统一的原则，支持新建和改造一批便民市场、便利店、新零售自助服务站、书信报刊、文体教育、老年活动中心、停车场、充电桩等社区生活服务设施；完善医疗、养老、托幼、家政、维修、助餐等延伸便民服务，打造便民消费服务圈。大力发展连锁化、品牌化便利店将智能化、品牌化连锁便利店纳入城市公共服务基础设施体系建设。简化便利店证照办理流程，精简审批环节，压缩审批时限，优化社区便民商业网点布局，打造"15分钟便民服务圈"。

4.优化提升消费环境。完善商品质量监督抽查结果公示制度，实行经营者产品和服务标准自我声明公开和监督制度，严格落实经营者三包制度和缺陷消费品召回制度。推进餐饮服务"明厨亮灶"建设。强化网络交易平台责任，加强网络订餐、外卖配送食品安全监管，及时检查处理网络餐饮食品安全问题。加强重要产品质量追溯体系建设，完善厦门市重要产品追溯统一平台，实现跨部门、跨环节的追溯信息互联互通统一通道。加快建设以信用监管为基础的消费诚信体系，建立完善厦门市公共信用信息大数据库，推广"i厦门"等公共服务App，为公众提供信用信息"一站式"查询和消费预警提示服务。

（五）完善消费促进机制

1.促进入境旅游消费。继续用足用好公安部深化支持福建自贸区创新发展出入境政策、国家移民管理局12项移民与出入境便利政策、厦门空海港口岸外国人144小时过境免签政策等，便利外籍人员的入出境和停居留，开发一批适应外国游客需求的旅游线路、目的地、旅游演艺及特色商品。将"外国人144小时过境免签畅游卡"内容拓展至文化消费领域，推出在限定时间内，免费畅游景区，免费乘坐全市公共交通，在文化消费场所和加盟商户消费享受优惠等措施。

2.打造区域文旅消费中心。落实在厦台湾同胞享受市民同等文化和旅游公共服务与消费优惠待遇。落实经厦门口岸赴台湾（含金门、澎湖）旅游组团奖励、厦台双向旅游节事活动奖励等措施。持续发挥在台湾设立"旅游形象店"宣传平台的作用，深入拓展台湾来厦客源市场特别是青少年研学旅行市场。不断深化厦金澎旅游合作，与金门、澎湖在联合办节、联合推广、联合办展等方面建立更加紧密顺畅的交流合作机制，推动成立厦金澎旅游联盟，持续打响"来厦门 游金门 玩澎湖"旅游品牌。

3.推动免退税业务发展。完善市内免税店政策，创新免税店监管模式，做优做大中免集团市内免税店业务。积极争取国家支持，在五通客运码头、大嶝岛、邮轮码头等重点口岸增设进境免税店，支持在机场口岸免税店为市内免税店设立离境提货点。鼓励在免税店设立一定面积的国产商品销售区,将免税店打造成为扶持国货精品、展示自主品牌、传播民族传统文化的重要平台。支持设立离境退税商店,鼓励开发适销对路商品,优化购物离境退税服务。

4.打造国际一流营商环境。 率先实施国际贸易"单一窗口"标准版新项目,进一步丰富国际贸易"单一窗口"本地特色功能,延伸海港、空港、物流、金融、税务、政务等服务,打造口岸公共信息服务生态圈。对标国际一流水准,着眼推动营商环境市场化法治化国际化,深化重点领域改革,大力支持民营经济发展,制定与国际接轨的行业标准化体系。

5.加大金融支持消费力度。 鼓励金融机构通过渠道创新、大数据营销和产品服务创新等,不断创新消费信贷产品和服务。鼓励金融机构加大对新消费领域金融支持力度,对居民购买新能源汽车、绿色智能家电、智能家居、节水器具等绿色智能产品提供信贷支持,促进绿色智能消费,推动消费升级。积极运用金融科技,改进服务方式,优化审批管理流程,有效控制风险。

中共厦门市委政策研究室　郭可立

厦门市推进金砖基地建设情况分析及建议

2020 年 8 月，金砖国家第四次工业部长会议上，中方提出了在中国建设金砖创新基地的倡议。2020 年 11 月 17 日，金砖国家领导人第十二次会晤举行，在本次会晤中，习近平主席宣布将在福建省厦门市建立金砖国家新工业革命伙伴关系创新基地，开展政策协调、人才培养、项目开发等领域合作。2020 年 12 月 8 日，厦门启动金砖国家新工业革命伙伴关系创新基地建设。2021 年 9 月 9 日，习近平总书记在金砖国家领导人第十三次会晤上强调，要坚定信念、加强团结，推动金砖务实合作朝着更高质量方向前进，在推进金砖合作的道路上，要顺应时代变化，做到与时俱进。

一、2021 年厦门金砖基地建设情况

厦门市围绕"国家所需、厦门所能、金砖国家所愿"，聚焦政策协调、人才培养、项目开发三大重点任务，按照高质量、高标准、高起点建设要求，实施"八个一"工程，各项工作不断走实走深。

（一）完善工作机制，持续推进基地建设

为更高效推进金砖创新基地建设，厦门市建立了一支工作队伍，搭建一个平台，持续完善部省市工作机制。2021 年 4 月 8 日，厦门市金砖创新基地建设领导小组及办公室（以下简称"厦门市金砖办"）正式挂牌。截至目前，市金砖办开展金砖创新基地建设前期调研，开展了金砖未来创新园、金砖新工业产业基金、金砖工业创新研究院、金砖国家工业能力提升培训基地等重点项目前期筹划工作等；8 月 18 日，正式推出厦门市金砖办中英文网站（jzb.xm.gov.cn）及厦门市金砖办微信公众号（厦门市金砖办），共同打造金砖创新基地资讯门户和信息发布平台。9 月 7 日，工信部、福建省以及厦门市三方签署部省市共建金砖国家新工业革命伙伴关系创新基地合作协议，共同赋能金砖创新基地建设。

（二）加强联合研究，促进政策沟通与交流

金砖基地在开展智库合作、联合研究、政策协调等方面进行了积极探索，搭建交流思想、汇聚智慧、对话合作的重要平台。中联部在厦门举办 2021 金砖国家智库国际研讨会，来自金砖五国智库及工商界、金融界的 260 多位代表围绕金

砖创新基地建设展开深入探讨。福建省委政研室设立金砖创新基地建设专项课题,组织专家学者开展专题研究。厦门市金砖办与华侨大学、福建师范大学签订智库合作协议,开展了 11 项专项课题研究,完成 4 期《厦门金砖研究专报》,推出《金砖及"金砖+"国家动态资讯》,联合举办 3 场线上线下学术研讨会和专题讲座。

多措并举,为金砖创新基地建设创造良好的政策环境。厦门市出台《关于加快金砖创新基地建设的若干措施》,推出 26 条举措。中央驻厦金融监管部门联合推出金融支持金砖创新基地 20 条措施。厦门市工信局与专业研究机构合作,编制《金砖国家标准化研究报告》,推动开展金砖国家新工业革命领域标准制定及互认。厦门海关与南非德班海关开展通关便利化、智慧海关等政策交流,开展与俄罗斯"经认证经营者(AEO)"互认课题研究。厦门市税务局面向辖区企业印发《中国居民赴金砖国家投资税收指南》。

（三）组织人才培养,吸引人才聚集

建设金砖国家工业能力提升培训基地,开展系列培训活动。厦门市金砖办围绕"进入中国市场的实用策略""科技园区管理""中国金融科技发展治理与趋势""金砖国家投资中国的相关法律问题""金砖国家企业知识产权提升"等金砖及"金砖+"国家关注的议题展开五期线上人才培训,参训学员超 2 万人次,覆盖金砖五国及德国、荷兰、乌克兰、巴基斯坦、哈萨克斯坦、智利等十余个国家。举办 6 期金砖创新基地干部云课堂和 3 期"千人学堂"专题讲座,参训学员超 14 万人次。成立厦门金砖新工业能力提升培训基地联盟,厦门大学、华侨大学、厦门技师学院等 5 所院校获首批授牌,开发针对金砖国家发展需求的多语种线上线下培训课程。出版《金砖国家新工业革命伙伴关系创新基地培训课程汇编》,提高人才培养的计划性与针对性。

以赛引才,创新人才服务模式。厦门设立了金砖未来技能发展与技术创新研究院,承接金砖国家技能发展与技术创新大赛。2021 年 6 月启动的"2021 厦门金砖创新基地人才赛道暨留学人才创新创业大赛"专门开辟"金砖人才赛道",来自 21 个国家的 104 名留学人员注册报名,共 57 个项目入围决赛。建立全国首个外国人才服务站与移民事务服务站联动平台,为金砖国家人才提供便利化服务。以"金砖+"国家人才为试点,借助大数据平台,首创外籍人才专业水平评价机制,进一步畅通金砖国家专业技术、技能型人才来厦创新创业渠道。

（四）搭建招引平台,项目签约成果丰硕

厦门市政府先后发布两批 60 项重点任务清单,建设 7 个新工业革命领域赋能平台,推出首批 39 个新工业革命领域示范标杆项目,积极对接国内外项目资源,推进金砖项目务实合作。市金砖办通过合作论坛、建立产业基金、启动建设金砖创新基地展厅等活动全力开发项目。9 月 8 日举办的俄罗斯-中国投资合作论坛,吸引了 80 多位企业代表参会,线上参与人数超 14 万。为拓宽金砖国家间产业项目融资渠道,2021 年上半年,厦门市发起设立规模 100 亿元的金砖产业基金。

继 2020 年成功签约 5 个项目后,在 2021 年 9 月 7 日金砖国家新工业革命伙伴关系论坛中,28 个项目通过线上线下相结合方式签约,总投资金额达 130 多亿元人民币,进一步夯实了金砖创新基地的建设。本着走深走实的建设理念,金砖创新基地建设取得阶段性的成效,金砖效应正在被持续放大。2021 年 1—7 月,巴西、俄罗斯、印度、南非四国在厦门新设立企业数为 2020 年同期的 3 倍,厦门与金砖国家海运航线、空运航班以及中欧班列稳定运行,集装箱吞吐量同比增长 65%。2021 年 1—9 月,厦门与金砖国家进出口总额达 72.64 亿美元,同比增长 32.6%。

二、厦门金砖基地建设存在的问题分析

(一)政策赋能不足,智库力量较薄弱

厦门金砖创新基地聚焦在创新能力、工业化、数字化等专门领域,国家层面赋予厦门的先行先试政策力度不够强,赋能厦门发展需要一定的时间周期。此外,政策的发力点在哪里,相关的研究还很不足。厦门市金砖办已着手与复旦大学、厦门大学、福建师范大学、华侨大学等高校建立合作关系,但这些高校专门开展金砖研究的时间都不长,对金砖国家政策规划、产业发展、区域发展有持续深入研究的专家团队较缺乏;真正以研究厦门地方经济社会发展、为地方谋划的智库较为缺乏;既具有国际视野,又能够开展地方性应用研究的专家人才较为稀缺。

(二)经贸往来不够密切

金砖国家在厦门市的贸易投资规模较小,目前项目以中方主办的会议论坛为主,各方参与度和获得感不强。2020 年厦门对金砖国家进出口 604.60 亿元,占全市进出口总值的 8.7%。厦门海关的数据显示,2021 年 1—7 月,厦门对金砖国家进出口 394.1 亿元,同比增长 27.5%,占全市比重 9.64%,贸易额有增长,但整体规模仍明显低于东盟、欧盟和美国三大主要贸易伙伴。1—7 月,厦门市对东盟、美国和欧盟(27 国,不含英国)分别进出口 868.8 亿、646 亿和 537.5 亿元,分别增长 32%、35.5%和 27.5%,三者合计占厦门市进出口总值的 41.9%。2020 年厦门港仅有金砖国家集装箱班轮航线 4 条(全港 157 条),完成吞吐量 12.70 万标箱。厦航暂未开通至金砖各国的定期客运航班。

(三)人文交流不够绵密

人文交流上不够绵密,且临时活动多,缺乏前期规划和目的性、持续性。

金砖国家人才落户厦门的少,2017年以来,金砖国家外国人(C类)来厦就业共132人,引进金砖国家留学人才125人。文化交流方面,"走出去"多、"请进来"少。对外交流活动以政府部门团组"走出去"举办推介会、参加会议会展等形式为主,来厦门进行交流合作的国外文化团组、国际性文化交流活动数量偏少。厦门市已有21个国际友城和12个国际友好交流城市,金砖国家仅有俄罗斯符拉迪沃斯托克、巴西伊瓜苏2个城市。教育交流方面,北京、上海、武汉、广东、南京、西安等大城市高校相对密集,而厦门高校数量少,在全国大中城市中排在第27位,同时,高水平大学仅有厦门大学一所,受限于这些因素,厦门高等教育对外合作总体上不太活跃,次数不多,层次不高、范围有限。

(四)科技创新能力有待提高

"十三五"期间,厦门市研发经费投入占GDP的比重为2.96%,远低于"十三五"规划的预期目标(4.0%)。关键核心技术创新能力有待增强,5G、人工智能等关键核心技术研发水平不高,以金砖国家视野谋划科技开放合作还不够,科技成果转化能力不强。人才发展体制机制还不完善,激发人才创新创造活力的激励机制还不健全,顶尖人才和团队较缺乏,高校院所对本地产业的技术供给不足,缺乏有源头创新能力的一流工科。科技管理体制还不能适应建设金砖创新基地的需要,科技创新政策与经济、产业政策的统筹衔接还不够,全社会鼓励创新、包容创新的机制和环境有待优化。

三、厦门金砖基地建设的展望和预测

(一)不利因素

2021年9月厦门疫情来势凶猛,跨境贸易和投资活动急剧萎缩,经济社会遭受一定创伤。印度、巴西等国也处于疫情中,一些国家继续采取封锁措施应对疫情,经济活动恢复受到阻碍,疫情将在今后一段时间内继续阻碍金砖国家之间的往来。2021年上半年,为应对疫情,美欧日等发达国家延续宽松货币政策和财政刺激政策,美国、欧元区等通胀率均有所上升,金砖国家包括俄罗斯、巴西央行均提高利率,率先开启加息周期,以应对大宗商品价格快速上涨带来的高通胀和资本外流双重压力。此外,美国等西方国家拉拢印度、巴西,离心力加大。特别是近期印度加入美日印澳"四方对话"机制,给金砖国家之间的合作带来隐患。

(二)有利因素

新一轮工业革命的到来意味着工业将大量引入信息技术,业务流程将大规模自动化和智能化,形成新的秩序,这一趋势为金砖国家提供了实现技术突破的绝佳机遇。金砖各国都有着加强新工业革命领域合作的共同愿望,建设新工业革命伙伴关系已成为金砖国家的共识和深化合作的新领域、新亮点与新方向。新一轮工业革命所带来的发展机遇,以及中国经济持续向好的引擎作用,加上中央的高度重视和省部的大力支持,将为金砖基地的建设持续注入强大动力。《厦门市国民经济和社会发展第十四个五年规划和二〇三五年远景目标纲要》把建设金砖国家新工业革命伙伴关系创新基地作为"五中心一基地"建设中的重要组成部分,也彰显了厦门高标准建设金砖基地的决心。

四、推进厦门金砖基地建设的对策

在厦门金砖基地建设的初始阶段,宜以政策研究为先导,加强政策服务的提供,以人才集聚为重要引领,推动优质项目的引进和落地。

(一)汇聚智库力量,加强金砖国家合作研究

推进面向金砖国家的智库平台建设,为金砖合作贡献智慧,为厦门金砖创新基地建设争取更多机遇和更大空间。一是争取国家级智库落户厦门。依托外事部门向上对接外交部国际经济司,建立与厦门驻金砖各国使领馆的沟通联络机制,积极对接国务院发展研究中心、国家宏观经济研究院等高端智库,借鉴亚洲博鳌论坛的运作机制,推动金砖国家经济智库论坛永久落户厦门。二是培育具有全国影响力的地方智库。推动厦门本地高校进入金砖国家网络大学,依托金砖国家大学联盟和金砖国家智库合作中方理事会成员单位厦门大学搭建国家智库对话交流与合作平台。海南的"中国改革发展研究院"为海南获得自贸港政策起到了重要作用,厦门可以借鉴该研究所的做法推进马銮湾新城金砖研究院的建设,持续为金砖合作出谋划策、奔走发声。借鉴宁波发布的"海上丝路贸易指数""16+1贸易指数",探索发布"金砖国家贸易投资指数",助力金砖国家的信息预判和决策。

(二)加强政策协调,提供全方位的服务

一是争取金砖基地建设更开放的政策。建设金砖创新基地是国家层面的行为,厦门要争取中央同意设立高于部委层面的领导机构和协调机制,集合部委力量在国家层面直接研究解决基地所需政策,要主动加强与国家部委的联动对接,积极争取省委省政府的支持,形成加快推进金砖创新基地建设的合力。争取涉金砖国家部分审批及配额权限下放,比照海南自贸港政策,赋予厦门土地转用政策支持、面向金砖国家零关税政策等,吸引各国客商落地厦门。二是优化制度设计,提供优质服务。借金砖之势,促进新旧动能转化,提供人才、管理、金融、市场、产业政策等软硬件服务,重点推进面向金砖国家的投资安全保障体系建设,将厦门市打造成为进入金砖国家市场的重要窗口城市和综合服务平台。

(三)打造人才集聚新高地,促进人才共育共用

立足金砖创新基地建设,培育一批掌握先进技术、具有国际视野的创新型人才和适应新工业革命需求的技能人才,促进金砖人才共育共用。一是借鉴

深圳、海南、浙江等地的招才引智政策,建立国际人才港,探索实施技术移民政策,改革现有的出入境与移民管理、境外人员就业管理、国外人才管理上多头管理的现象,协调建立一套有利于境内境外人才流动的完整机制,建立面向金砖国家的国际人才服务体系。在金砖国家建立"人才驿站",为高层次人才来厦创新创业建立快速通道,提供"一站式"服务,不断壮大人才库。二是探索联合办学,建立金砖创新基地国际科教区。引进金砖国家知名高校到厦门联合或独立开办与厦门产业发展高度相关的应用型学科院所。扩大厦门大学、华侨大学、集美大学、厦门理工学院等高校面向金砖国家招收留学生规模和专业,开展学生交换项目。三是围绕与金砖国家发展合作需求和重点领域,有计划地开展面向金砖国家全方位、多层次的人才交流培训活动。积极承办、举办各类"金砖＋"国家人才交流峰会、人才创新创业大赛,促进人才集聚交流。挖掘金砖各国产业特色,有计划、有针对性地开展培训活动。比如,厦门拥有国内最大的一站式航空维修基地(占全国航空维修业总产值的1/4)和行业最高等级的维修业务,可以从航空维修产业切入,以点带面逐步扩大人才培养范围。

（四）加大招商引资,提高有效招商率

一是规划先行,利用厦门与金砖国家产业的耦合性,有计划地招商引资。吸引印度的生物医药、软件外包产业来厦门投资,吸引俄罗斯的航空航天、新材料等产业布局厦门,推动与南非在天文学、清洁能源、卫生直播、先进传感器等领域的合作,与巴西在航空工业等领域加强合作。二是搭平台,全方位培育项目。建设面向金砖及"金砖＋"国家的跨境电商和贸易公共服务平台,探索建设离岸贸易先行示范区、金砖国家大宗商品交易中心等,对接金砖国家农产品、油气、矿产等资源优势。联合昆明加快建设金砖国家技术转移中心网络,搭建中国-金砖国家工业创新技术转移平台和企业孵化中心,全方位加强国际科技创新合作;建立金砖国家新工业革命公共技术服务平台,吸引跨国公司、海外科研机构在厦门设立研发中心和创新中心。三是强引资,推动项目落地。结合推进滨北超级总部基地建设,加快吸引中国机械工业集团、中国商飞、中国联通等金砖国家工商理事会中方央企以及柳工、三一重工、北汽等已投资布局金砖国家的国内行业领军企业来厦门布局面向金砖的投资运营总部、贸易中心等前沿基地,推动厦门市成为我国企业投资布局金砖各国的主要门户。厦门市贸促会(厦门国际商会)在其他金砖四国均设有海外联络处,要依托厦门市侨界与南非、俄罗斯、巴西等金砖国家华侨华人社团已建立的联系渠道,加强金砖创新基地招商推介,引导海外侨胞返乡投资。

厦门工学院　王阿娜

社会篇

厦门市人口发展情况分析及预测

人口问题是经济社会发展的基础性、全局性和战略性问题。党的十八大以来,以习近平同志为核心的党中央高度重视人口问题,党的十九大报告中明确提出要"加强人口发展战略研究"。厦门市政府 2018 年发布的《厦门市人口发展规划(2016—2030 年)》指出:进入 21 世纪后,厦门市人口发展的内在动力和外部条件均发生了显著改变,人口发展进入关键转折期,准确把握全市人口阶段性、趋势性变化特征,系统研究人口变化对人口安全和经济社会发展带来的挑战,科学谋划人口长期均衡发展战略规划,对于促进全市人口、经济社会、资源环境协调健康可持续发展具有重大意义。本文结合第七次全国人口普查的成果,对 2020 年厦门人口发展总体情况进行回顾,指出厦门人口发展当前存在的问题;运用科学方法对厦门人口中长期发展进行预测,并就如何促进厦门人口健康发展提出对策建议。

一、2020 年厦门人口发展总体情况

(一)2020 年厦门人口发展回顾

2020 年厦门市常住人口突破 500 万,达 518 万人,居全省第三,全市 6 个行政区中有 3 个区常住人口突破百万。数据表明,外来人口净流入是厦门市人口快速增长的主要原因。厦门城市的高素质高颜值和现代化国际化,源源不断吸引着外来人口的净流入。厦门市经济产业的发展吸纳了更多的就业,人口流动更趋活跃。与 2010 年第六次全国人口普查相比,全市常住人口中,拥有大学(指大专及以上)文化程度的人口为 139.12 万人,占常住人口的 26.86%;15 岁及以上人口的人均受教育年限由 10.29 年提高到 11.17 年,远高于全国和全省的平均水平。全市人口平均年龄 36.8 岁,比全省人口平均年龄年轻 0.5 岁。与全省相比,厦门的人口年龄结构最年轻,60 岁及以上老年人口占比为 9.56%[①],尚未达到 10% 的老龄化社会标准。从以上几项可以看出,

---

① 厦门市统计局.厦门市第七次全国人口普查公报[EB/OL].http://tjj.xm.gov.cn/tjzl/ndgb/202105/t20210527_2554550.htm.

厦门仍然处于"人口红利期"。[①]

(二)2010—2020年厦门人口发展特点

1.人口总量增长较快

与2010年第六次人口普查相比,全市常住人口增加163.26万人,增幅为46.2%,年均增长率为3.9%;全市户籍人口从177万人增加到273万人,年均增长4.4%。10年来全省人口增量为464.59万人,厦门市人口增量占全省增量的35.14%,位居全省第一。常住人口占全省比重从2010年的9.6%,提高到12.4%,居全省第3位,与2010年第六次人口普查相比前移1位,超过漳州市。[②]

2.人口素质显著提升

常住人口受教育程度不断提升,高层次人口占比增长较快,2020年全市常住人口中大学教育程度人口占比为26.86%,较2010年提升9.06个百分点;15岁及以上人口的人均受教育年限由10.29年提高到11.17年,较2010年提高0.88年;文盲率由2010年的2.5%下降为2.0%。

表1　2010—2020厦门市常住人口受教育程度情况

单位:%

教育程度占比	2010年	2015年	2019年	2020年
大专以上(%)	17.8	28.9	24.79	26.86
高中(含中专)(%)	18.9	17.0	17.53	16.12
初中(%)	34.7	25.0	31	27.73
小学(%)	16.8	16.8	22.01	18.56

资料来源:2010年数据源自《厦门市2010年第六次全国人口普查主要数据公报》;2020年数据源自《厦门市2020年全国人口普查主要数据公报》;2015年、2019年数据源自厦门市统计局。

3.劳动年龄人口占比下降但人口红利仍在

2010—2020年,厦门市15～59岁劳动年龄人口占比与2010年相比总体下降6.94个百分点,但2019—2020年数据有所回升,上升了2.21个百分点。60岁以上人口占比从2010年的6.9%上升到了2020年的9.6%,上升了2.62个百分点,虽然老龄化人口占比与2010年相比增加了,但尚未达到10%的老

[①] 许经勇.人口结构优势助推厦门高质量发展[N].厦门日报,2021-06-07.

[②] 厦门市统计局.厦门市10年来人口发展变化主要特点——厦门市第七次全国人口普查专题分析之一[EB/OL].http://tjj.xm.gov.cn/weixin/zxfb/202106/t20210601_2555310.htm.

龄化社会标准,人口红利仍然存在,将继续为厦门经济社会持续健康发展提供丰富的劳动力资源保障。

表2 2010—2020年厦门市人口年龄结构情况

年龄	2010年	2015年	2019年	2020年
0~14岁人口占比(%)	12.84	14.93	18.1	17.16
15~59岁人口占比(%)	80.22	76.11	71.07	73.28
60岁及以上人口占比(%)	6.94	8.96	10.83	9.56

资料来源:厦门市统计局

4.流动人口增速有所放缓

2010—2020年厦门市流动人口从132万人增加到292万人,增加了160万人,增长121.2%。其中在2010—2012三年间出现了暴发式增长,年末流动人口总量在2012年达到最高峰327万人。之后有所下降,在2014年回落至263万人,之后逐步回升但增速有所放缓,流动人口稳定在300万人左右。

表3 2010—2020年厦门市流动人口情况

指标	2010	2011	2012	2013	2014	2015	2016	2017	2018	2019	2020
年末流动人口总量(万人)	132	225	327	286	263	283	300	297	315	322	292
增速(%)	32.3	65.2	45.3	−12.5	−8.0	7.6	6.0	−1.0	6.6	2.2	−9.3

资料来源:《厦门经济特区年鉴》(2010—2020)

5.城镇化率稳步提升

2010—2020年城镇化率稳步提升,与2010年相比,厦门市城镇化率提高了1.1%。2020年厦门市常住人口中,居住在城镇的人口为461.73万人,占89.4%;居住在乡村的人口为54.67万人,占10.6%。人口城镇化率高出全国25.52个百分点,高出全省20.66个百分点,稳居全省第一。

表4 2010—2020年厦门市城镇化率情况

指标	2010	2011	2012	2013	2014	2015	2016	2017	2018	2019	2020
城镇化率(%)	88.3	88.5	88.6	88.7	88.8	88.9	89.0	89.1	89.1	89.2	89.4

资料来源:《厦门经济特区年鉴》(2010—2020)

6.家庭户规模变小,男多女少进一步扩大

第七次人口普查数据显示,2020 年平均每个家庭户的人口为 2.33 人,比 2010 年第六次人口普查减少 0.09 人,家庭户的规模缩小主要是受人口流动日趋频繁、人户分离更加普遍、住房条件改善和年轻人婚后单独居住等因素的影响。

厦门市常住人口中,常住人口性别比(以女性为 100,男性对女性的比例)为 111.34,比全省水平高出 4.4,比全国平均水平高出 6.27,与 2010 年相比提高 3.51,全市"男多女少"的态势不断加大。性别比提高的主要原因是跨市流入人口中男性所占比重升高。全市跨市流入人口性别比为 128.16,比 2010 年提高 12.09。

7.人口分布逐步向岛外扩展①

随着厦门市"岛内外一体化"发展战略的稳步推进,尤其是基本公共服务均等化的实施,岛内外差距逐步缩小,促进了厦门岛外人口的快速增长。

一是岛外人口增长快于岛内。2020 年岛内常住人口为 211.03 万人,比 2010 年增加 24.9 万人,增长 13.4%;岛外常住人口为 305.37 万人,比 2010 年增加 138.36 万人,增长 82.9%。岛外人口增速约为岛内的 6.2 倍。岛内 2 个行政区中,思明区常住人口 107.33 万人,比 2010 年增加 14.33 万人,增长 15.4%;湖里区常住人口 103.7 万人,比 2010 年增加 10.57 万人,增长 11.4%。数据显示,思明区、湖里区是全市人口增长最少的两个区,分别低于全市增速 30.82 个和 34.88 个百分点。岛外常住人口高速增长。岛外 4 个行政区中,海沧区常住人口 58.25 万人,比 2010 年增加 29.38 万人,增长 101.75%,成为人口增速最快的区;集美区常住人口 103.7 万人,比 2010 年增加 45.61 万人,增长 78.53%,成为人口增长最多的区,也是岛外第一个突破百万人口的行政区;同安区、翔安区常住人口分别为 85.59 万人、57.83 万人,比 2010 年分别增加 35.98 万人、27.39 万人,分别增长 72.52%、90.01%。岛外 4 个区增速均在 70% 以上。

二是人口占比岛外人口超过岛内。从全市人口占比来看,岛内人口占比 40.87%,比 2010 降低了 11.84 个百分点;岛外人口占比 59.13%,比 2010 年提高了 11.84 个百分点。人口结构由原来的"岛内高于岛外"转变为"岛外高于岛内"的格局。其中,思明区、湖里区分别占比 20.78%、20.08%,比 2010 年分别降低了 5.55 个、6.29 个百分点;集美区、同安区、海沧区、翔安区分别占比 20.08%、16.58%、11.28%、11.20%,比 2010 年分别提高了 3.63 个、2.53 个、3.10 个、2.58 个百分点。

---

① 厦门市统计局.厦门市岛内外常住人口结构变化显著——厦门市第七次全国人口普查专题分析之二[EB/OL].http://tjj.xm.gov.cn/zfxxgk/zfxxgkml/tjsjzl/tjfx/202106/t20210609_2556792.htm.

二、厦门人口发展存在的问题

（一）实现适度生育水平压力较大

厦门市总和生育率仅维持在 1.5 左右，处于更替水平以下，虽然实施全面二孩政策后生育率出现短期回升，但受群众生育意愿降低等因素影响，从长期来看厦门市生育水平仍存在持续走低风险。

表 5　2010—2020 年厦门市出生人口情况表

指标	2010	2011	2012	2013	2014	2015	2016	2017	2018	2019	2020
总出生人口数（万人）	3.25	3.99	5.39	7.1	10.7	10.9	9.2	10.4	7.89	6.6	5.09
户籍出生人口数（万人）	1.96	2.07	2.62	2.71	3.23	3.54	3.48	4.5	3.8	3.4	2.83
二孩出生人口数（万人，户籍）					1.18	1.57	1.71	2.79	2.17	1.76	1.40

资料来源：数据源自厦门市卫健委，此处户籍为计生口径，具体包括：（1）户籍在厦门市；（2）户籍在福建省其他城市但丈夫户籍在厦门市的育妇；（3）扣除户籍在厦门市但丈夫户籍在福建省其他城市的育妇。

（二）家庭小型化带来人口安全问题和养老风险

厦门每个家庭户的人口为 2.33 人，比全国平均值 2.62 人还要小。厦门家庭户正向小型化发展。家庭小型化的主要表现在：一是家庭户规模呈逐步缩小趋势；二是以两代户为主要特征的小型化核心家庭占主体。2.33 人平均家庭户规模"背后隐伏着三人户、二人户、一人户和多人户几种类型的家庭，值得注意的是其中存在着大量的单身家庭户和独居家庭户，这些家庭户离健全的家庭结构都有一定距离，都有较高的脆弱性、风险性和不完整性"[①]。此外，独居老人数量增长是家庭户进一步缩小现象背后一个基本的人口学事实。在家庭小型化的过程中养老及日常照料资源不足问题较为突出，"空巢老人"精神慰藉严重缺乏，中国几千年来的家庭养老这一传统模式逐步消亡，养老风险进一步放大。

---

① 穆光宗.当前中国家庭户小型化的社会意涵[J].人民论坛,2021(21):68-71.

（三）人口与资源环境、公共服务承载力不平衡

人口发展与资源环境协调问题是推动区域经济社会发展的重要问题，资源环境承载力不超载是区域发展的重大前提。厦门市颁发的《厦门市人口发展规划（2016—2030年）》指出：人口与资源环境、公共服务承载力不平衡问题将长期存在。比如，厦门人均水资源占有量仅为全省平均水平的10％，城市自来水供应量80％依靠区域外调水①，人口与水资源短缺的矛盾等问题需要高度关注。近年来岛内外一体化发展进展迅速，但岛内外发展仍然极不均衡，本岛功能仍高度集中。此外，厦门全市土地面积约1700平方公里，但岛内面积仅有158平方公里，常住人口高达211.03万人，人口密度达到每平方公里13528人，超过了香港和新加坡，158平方公里要解决如此高密度的人口居住、教育、医疗、商业等问题，城市空间承载能力接近饱和。同时，流动人口的增加使得随迁子女和户籍适龄入学入园人数持续增加，全市基础教育学位供需矛盾日益突出，教育资源供给压力不断增加。

（四）人口结构不合理

当前厦门市人口结构性矛盾较为突出。一是岛内外分布不平衡，虽然岛外人口目前已经超过岛内人口，但岛内外人口分布结构持续失衡，岛内人口密度与岛外人口的密度差距依然很大。经济发展和人口增长互相影响，经济发展需要人口支撑，而经济发展也会促进人口的增加。2020年，岛内经济密度21.83亿元/平方公里，岛外仅为1.9亿元/平方公里，二者相差超过10倍。因此，进一步疏解岛内人口，引导人口向岛外聚集仍然任重道远。二是老龄化现象不断加重。厦门市60岁以上人口占比从2010年的6.9％上升到了2020年的9.6％，距离10％的老龄化界限非常接近，且有逐渐上升的趋势。人口老龄化带来的社会保障和公共服务压力，使老年问题更为突出。同时，人口老化将使劳动力有效供给减少，人口红利减弱，影响城市社会活力、创新动力和经济增长。

三、厦门人口中长期发展预测

人口预测是指根据现有的人口状况并考虑影响人口发展的各种因素，按照科学的方法，测算在未来某个时间的人口规模、水平和趋势，其数据作为国家决策经济改革与人口发展等政策的重要依据越来越受到人们的重视。本部分主要是在对城市人口现状分析的基础上，根据厦门市统计局、卫健委等部门

---

① 厦门市人民政府.厦门市人民政府关于印发厦门人口发展规划（2016—2030年）的通知[EB/OL].http://zfgb.xm.gov.cn/gazette/6212.

提供的基础数据和 2000—2020 年历年厦门经济特区统计年鉴、统计公报及"六普""七普"等统计资料,运用科学的预测方法,对厦门市人口发展趋势进行分析研判。

(一)常住人口规模预测

本研究对厦门人口规模的预测主要采用综合增长率法进行研究。综合增长率法是经济社会发展指标预测中最常用的一种方法,一般以人口较为稳定的最近一段时期年平均增长率作为人口综合增长率,模型公式为:

$$P_t = P_0 \times (1+r)^t$$

其中,P_t 是第 t 年的常住人口数,P_0 是当前城市人口规模现状,r 是人口规模综合增长率。根据第七次人口普查的统计数据,厦门市常住人口在 2000—2020 年的平均增长率为 4.7%,2010—2020 年的平均增长率为 3.8%,考虑到近年来厦门市人口出生率持续走低等因素,取 2.5% 作为 2021—2035 年厦门常住人口的综合增长率。以此计算,厦门市常住人口规模将在 2025 年将达到 586 万人,在 2035 年将达到 750 万人。

表 6   厦门市常住人口综合增长率法预测值

年份	常住人口（万人）	年份	常住人口（万人）
2021	531	2029	647
2022	544	2030	663
2023	558	2031	679
2024	572	2032	696
2025	586	2033	714
2026	600	2034	732
2027	616	2035	750
2028	631		

(二)人口结构预测

2016 年全面二孩政策实施以及 2021 年全面三孩政策的实施,都将对今后一定时期内新增出生人口、总人口、少儿年龄人口(0～14 岁)、劳动年龄人口(15～64 岁)以及老年人口(65 周岁及以上)的规模和比例产生不同程度的影响。同时,人口生育政策可能进一步调整也将对厦门市人口结构的中长期发展增加不确定因素。

1.厦门将逐步进入老龄化社会

从普查数据来看,厦门劳动年龄人口占常住人口比例比2010年下降6.98个百分点,与全国、全省情况趋同,显示有逐步老龄化趋势。未来劳动人口也有逐渐减少的趋势,预计到2030年劳动年龄人口占总人口的比例将降至73%左右。[①] 与10年前相比,全市60岁及以上人口的比重上升2.63个百分点,65岁及以上人口的比重上升1.61个百分点,未来10年厦门人口老龄化程度不断加深将是大趋势,从老龄化到高龄化,居家养老和社区养老服务需求将不断增加。

2.人口城镇化水平稳步提高,人口分布趋向合理

2020年,厦门市城镇化率已达到89.4%,长期处于较高水平,岛内思明、湖里两区的城镇化率早已达到100%,海沧区也早已超过90%。随着岛外集美新城、环东海域新城、马銮湾新城集聚态势的形成,以人为核心的新型城镇化和重大项目不断推进,集美、同安、翔安的城镇化率将进一步提高。根据厦门市政府发布的《厦门市人口发展规划(2016—2030年)》,到2030年厦门市的城镇化率将达到91%以上。与此同时,人口流动合理有序,人口空间分布更加合理,人口分布与区域发展、主体功能布局、产业集聚的协调度达到更高水平。[②]

四、促进厦门人口健康发展的建议

(一)加强人口发展战略研究

人口问题是关系到一个国家或地区的基础性和全局性问题,因此要进一步加强人口发展战略研究,加强顶层设计,将人口问题纳入国民经济社会发展的总盘考虑之中。随着经济社会的不断发展,影响人口发展的内外部条件都在不断变化,要审时度势,科学建立促进人口长期均衡发展的工作机制,健全人口发展问题重大决策制度。在经济、交通、投资和产业布局等重大决策中,充分考虑人口因素。结合现有数据和预测,科学研判人口与其他要素的互动发展,提早防范和综合应对潜在的人口安全问题和挑战。努力构建生育友好型社会,打造政府主导、社会各界参与的人口发展格局。

(二)推动适度生育

适度生育水平是维持人口良性再生产的重要前提。要针对人口变动态

---

① 厦门市人民政府.厦门市人民政府关于印发厦门市人口发展规划(2016—2030年)的通知[EB/OL].http://zfgb.xm.gov.cn/gazette/6212.

② 厦门市人民政府.厦门市人民政府关于印发厦门市人口发展规划(2016—2030年)的通知[EB/OL].http://zfgb.xm.gov.cn/gazette/6212.

势,科学研判,处理好人口规模和结构的关系。注重分析生育意愿的城乡差异、区域差异等,积极发挥群团组织作用,引导群众负责任、有计划、按政策生育。根据当前结婚数量减少、生育意愿下降以及生育能力不足等问题,增强政策联动,采取行之有效的措施,创造宜婚宜育的良好条件。稳妥实施好全面三孩政策,跟踪评估全面三孩政策效果,密切监测生育水平变动态势,科学评估经济增长、社会发展对群众生育意愿、生育行为的影响,做好政策储备。

(三)完善生育服务体系

提升育龄人群的生育意愿还需要配套的生育支持政策,要完善生育服务体系,保做好生育服务保障工作,引导生育水平提升并稳定在适度区间,保持人口总量势能优势。构建以生育支持、儿童发展、家庭照料和社会保障等为主要内容的家庭发展政策体系,为推动适度生育奠定良好的家庭基础。健全妇幼健康生育服务体系,加大妇女儿童常见疾病筛查、普查、普治力度,逐步扩大免费检查覆盖范围,落实综合干预措施,提高妇女儿童健康水平。探索妇女孕前准备与孕期及哺乳期的生育支持政策。重点做好儿童学前期和教育期的生育服务体系。强化公共服务资源支持,优质均衡发展义务教育,积极扶持面向大众、收费较低的普惠性民办幼儿园,推进公办义务教育学校标准化建设,改善民办义务教育学校设施,保障适龄儿童接受有质量的学前教育和中小学教育。

(四)提升资源环境承载力

疏解岛内过于集中的城市人口,平衡岛内外的资源需求。按照资源环境承载力、现有开发强度和未来发展潜力,确定优化提升区、重点发展区、协调发展区、生态保护区等不同主体功能空间分布,科学确定可承载的人口规模和人口政策导向,实行差别化人口调节政策。积极推进产业结构升级,发展绿色经济,合理规划土地提高利用率。大力发展绿色经济,以传统产业升级改造为支撑,以发展绿色新兴产业为导向,在保持经济稳定增长的同时,促进技术创新,推动节能产业发展,降低经济社会发展对资源能源的消耗以及对生态环境的负面影响。

(五)重视新时代老龄工作

贯彻落实2021年10月习近平总书记对老龄工作的重要指示以及《中共中央 国务院关于加强新时代老龄工作的意见》的文件精神,高度重视并做好老龄工作。贯彻落实应对人口老龄化国家战略,把积极老龄观、健康老龄化理念融入经济社会发展全过程,加大制度创新、政策供给、财政投入力度,健全完善老龄工作体系,着力提升广大老年人的获得感幸福感安全感。制定基本养老服务清单,分类提供养老服务,对健康、失能、经济困难等不同老年人群体,分类提供养老保障、生活照料、康复照护、社会救助等适宜服务。拓展教育资源和就业机会,促进老年人社会参与。充分认识老年人力资源开发的意义,摒弃老年人传统的居家退休的旧观念,通过宣传重塑社会对老年人力资源开发价值的认识。发展老年人才市场。建立老年人才资源系统和数据库,搭建服务平台,拓宽老年人参与社会的渠道。积极稳妥推进渐进式延迟退休年龄政策,逐步完善职工退休年龄政策。建立老年人力资源再就业的制度保障。结合厦门市的养老政策、退休政策以及老年人的从业状况,统筹考虑制度设计,建立老年人再就业的相关保障制度。

(六)优化人口空间布局

引导人口合理聚集。依托海陆空间、山水格局,合理布局、优化城镇空间格局,构建"一岛一带多中心"和"山、海、城"相融的城市空间结构。进一步推进岛内外一体化建设,加强各产业园区和新城的配套设施建设,实现以产业聚人才,优化人口空间布局。加快岛外新城建设,推进岛外产城融合,完善市政设施、公共服务配套,集聚人气,推动岛内人口向岛外疏解,促进岛内外人口均衡发展。坚持集约高效,提高土地利用效率,适度提高公共服务设施用地、绿化用地比例,改善人居环境,提高对农业转移人口的吸引力。

集美大学工商管理学院　吴江秋　张立君

厦门市科技创新情况分析及预测

一、厦门市科技创新情况分析

（一）2020年科技创新情况回顾

2020年，厦门市科技创新工作扎实做好疫情防控和经济社会发展系列工作，持续营造良好创新创业创造生态环境，各项工作取得新进展新成效。厦门市推动"双创"发展、促进工业稳增长和转型升级、培育发展战略性新兴产业等方面工作再次获得国务院办公厅通报激励；福厦泉自创区考核评估厦门片区连续三年居全省第一；全年R&D经费投入强度为3.08%；净新增国家高新技术企业354家，资格有效总数超过2280家，占全省35.08%；重大创新载体平台加速落地建设，嘉庚创新实验室签订市校共建协议，新引进落地中科院苏州医工所、广州呼吸研究所、微软人工智能及虚拟现实公共服务平台等6个大院大所名企项目；每万人有效发明专利拥有量超过37件；厦门生物医药港、海峡两岸青年就业创业基地、厦门大学入选国家双创示范基地；火炬高新区入园企业数突破10000家，综合排名提升至全国第16位；技术合同交易额突破百亿元。

（二）2021年前三季度厦门科技创新情况

2021年，厦门市科技创新工作深入贯彻习近平总书记对福建、厦门工作的重要讲话重要批示精神，紧紧围绕"两高两化"城市建设，建设厦门科学城和高能级创新平台，持续营造良好创新创业创造生态环境，各项工作取得新进展新成效。

1.加强顶层设计引领

2020年12月29日，厦门市委十二届十二次全会审议通过《厦门高素质高颜值现代化国际化城市发展战略（2020—2035）》。该发展战略科学清醒地分析了厦门市新发展阶段面临的机遇、挑战和城市独特优势，立足服务国家战略，强化特区使命担当，前瞻展望了厦门2035年目标定位，明确提出了未来15年厦门发展思路和总体要求，系统勾勒了发展路径，创新谋划了发展平台，深入研究了空间支撑，将对厦门未来发展起到重大导向牵引作用。

编制并率先启动实施全方位高质量发展超越科技创新行动计划,明确未来5~15年阶段工作目标,推出"厦门科学城""未来产业培育工程""厦门国际技术转移中心"等一批标志性、抓手型工程,全面提升城市发展能级。

2.全面推进厦门科学城建设

科学编制战略发展规划,明确空间布局。厦门科学城发展及空间规划已经市规委会研究通过并备案,总体规划面积34.12平方公里,拟打造"一湾联动,两区先行"的空间发展格局,目前正进一步编制用地规划及概念性城市设计方案。加快制定配套政策,优化创新发展环境。牵头起草《关于全面建设高素质创新名城的若干意见》《关于加快推进厦门科学城建设的若干政策措施》等配套政策。加强重点项目建设,建立项目储备库并完成入库项目114项。在同安区银城智谷策划建设科学城Ⅰ号孵化器,总孵化面积约10万平方米;在翔安区、集美区积极策划Ⅱ号、Ⅲ号孵化器。推进中关村大学科技园联盟成果转化基地落地,首批16家企业预计10月入驻。

3.加快培育发展未来产业

开展未来产业创新态势分析,编制形成《厦门市人工智能产业创新态势研究》和《厦门未来产业精准招商地图》,成为精准招商引智的工具书。开展未来产业骨干企业备案,首期备案69家骨干企业。优化生物医药与健康产业发展政策,兑现生物医药政策1.15亿元,筹建厦门国际生物经济研究院,加大力度推进厦门中医药产学研协同创新试验区建设。1—8月,全市生物医药与健康产业实现产值601亿元,同比增长16.69%。以新冠病毒检测为代表的体外诊断细分领域产值继续暴发式增长,部分企业呈现高速增长态势。其中宝太生物自主研发的新冠抗原检测(POCT)试剂盒获海外大量订单;波生生物新冠抗原试剂被列入欧盟各成员国均认可的"欧盟通用清单",全球第一家获得公告机构颁发的自测CE证书。

4.布局建设高能级创新平台

围绕产业链部署创新链,加快布局重大创新载体。嘉庚创新实验室落成世界第四座、亚洲第一座无噪音实验室,首批布局氢能与燃料电池等七大项目群,正在开展"卡脖子"半导体光刻抗反射涂层材料等近30项科技攻关项目,攻克铜抗氧化防腐等近10项关键技术,形成锂电池铝塑膜等60余项科技创新成果,吸引聚集科技人才队伍750多人。生物制品省创新实验室已通过专家论证,推进用地规划、建设方案及项目可行性研究,争取尽快开工建设。引进落地并加快建设国家新能源汽车技术创新中心厦门分中心、国家政法智能化技术创新中心东南分中心、中科院西安光机所厦门卫星产业基地、德国SAP、TCL集团等大院大所及高能级创新平台,促进厦门市研发机构量质齐升。组建厦门市网络空间安全技术创新中心,推动厦门市第一批临床医学研究中心建设,启动建设厦门市细胞治疗研究中心。新增市级新型研发机构 3 家、省级新型研发机构 13 家。

5.促进高新技术企业发展

进一步优化高新技术企业扶持政策,提高奖励力度,兑现国家高新技术企业奖励金 3520 万元,修订市级高新技术企业备案办法,营造高新技术企业发展的良好环境。1—8 月,厦门全市资格有效的 2282 家高新技术企业实现工业产值 1898.37 亿元,同比增长 34.79%;实现营收 2078.55 亿元,同比增长 35.22%。236 家企业被认定为省级科技小巨人企业。推动双创孵化载体转型升级,新增"厦门两岸集成电路产业园"等 2 家国家科技企业孵化器,全市国家级孵化器达到 9 家;新增 1 家省级科技企业孵化器、3 家省级众创空间;举办第十届"中国创新创业大赛"、第六届"创客中国"中小企业创新创业大赛(厦门赛区)暨第七届"白鹭之星"创新创业大赛,培育壮大科技型中小微企业。

6.推进科技投入机制创新

拨付企业研发费用补助 3288 家次资金共计 6.04 亿元,立项支持市科技计划项目 567 项 4455 万元,配套支持国家科技计划项目 43 项 4204 万元,发放科技贷款 13.88 亿元,科技成果转化基金投资 9 家企业 2260 万元,有力支持企业创新。在社会公共需求、高端装备、集成电路和第三代半导体等领域试点"揭榜挂帅"新型研发组织模式。科学研判疫情发展态势,聚焦冷链消杀、大规模筛查及高并发处理系统、新冠病毒快速检测设备与试剂、中医中药防治应用、疫苗免疫研究等疫情防控急需方向,采用"绿色通道""简易立项""事前资助"组织开展疫情防控应急科研攻关,以经费"包干制"方式支持 13 项应急攻关项目。创新医工结合机制,实施医疗机构与企业合作的"医工结合"指导性项目 213 项。

7.打造科技成果转移转化高地

创新设立中科院 STS 计划厦门专项,11 个项目获省中科院 STS 计划配套项目立项。与中北大学、西北工业大学、福建省中医药大学签订合作协议,建设技术转移机构,推动科研成果来厦落地转化。推进金砖创新基地技术转移转化,共建"嘉庚高新技术研究院",争取清华大学中俄航天航空创新技术国际联合研究中心来厦设立中俄国际创新中心,服务金砖国家创新基地建设。推进技术交易和成果转化,新认定高新技术成果转化项目 326 项、注册登记技术交易机构 283 家;1—9 月全市共登记技术合同 4422 项,合同金额 93.79 亿元,分别同比增长 25.23%、10.65%。

8.营造创新创业良好环境

编制《厦门市"十四五"科技创新发展规划》,启动修订《厦门经济特区科学技术进步条例》。布局建设科技特派员服务平台,组建全国首支外籍科技特派员队伍以及"碳汇＋"女科技特派员联盟厦门小分队,推进科技特派员典型示范。评选2020年度市科技技术奖59项,2个团队入选省"高端外国专家团队引进计划",2名外国专家入选省"外专百人计划",6人入选第二批省"创业之星""创新之星"。持续推进外国高端人才服务"一卡通"等便利化试点,推广外国人才薪酬购付汇便利化试点,新设官任社区外国人才服务分站,试点开展外国人才专业技术、技能评价工作。以"科普＋公益"的形式开展形式多样的科技人才服务活动。

二、存在问题及分析

建设现代化经济体系、增强国际竞争力,迫切要求科技创新发挥更直接更强劲的驱动作用。厦门虽然在创新驱动高质量发展超越中跑出了"加速度",但与更高水平建设"两高两化"城市的要求还有差距。

(一)创新核心地位认识不够到位,创新意识还不强

从全市战略定位看,虽然厦门市相关文件、战略规划对科技已有很多着墨,但真正在实际工作中把科技创新置于"核心位置"、成为"首位战略"、放在"重要工作"的局面还较弱势,氛围不浓、抓手不够。尚未像深圳、广州、南京等城市成立(科技)创新委员会,缺乏区域创新中心建设的顶层设计,未能有效发挥统筹协调作用。纳入科技统计的6722家企业,近六成无任何研发活动;有开展创新的2925家企业中,大型企业占比较低,创新水平和质量也不高,缺乏高能级科技领军企业。

(二)厦门科学城建设面临诸多困难

北京(中关村科学城、怀柔科学城、未来科技城)、深圳(光明科学城、西丽湖国际科教城)、广州(广州科学城、南沙科学城)、合肥(滨湖科学城)、重庆(西部科学城)等10余个城市纷纷统筹加快科学城(科技城)建设,争取国家战略资源布局,集聚高端创新资源,打造城市高质量发展新"引擎"。厦门科学城起步较晚,虽已写入省市政府工作报告、列入"十四五"规划等重要文件,尹力书记讲话也多次提到,同翔两区积极响应并参与策划,工作正在加快推进中。但仍面临不少困难:一是市级层面还没有建立强有力的建设推进协调机制,二是部门在意识和定位上还不统一,三是高标准高层次的整体规划急需形成。

(三)缺乏原始创新集聚区,高能级创新资源相对不足

北京、上海、深圳、合肥正大力建设综合性国家科学中心,在近年的各地报告中,已经有成渝(合办)、杭州、武汉、南京、郑州、沈阳、济南、兰州、西安等十个城市或地区,提出要争取"综合性国家科学中心"的位置。厦门缺乏国家级科研院所,未布局大科学装置,应用型研发机构的数量和质量也不足,科技成

果源头供给能力较弱。目前,全国各大城市均在大张旗鼓争相引进培育基础型研究机构和新型研发机构,加快布局争夺大科学装置等高能级创新平台,着力塑造新优势、培育新动能。厦门若不奋起直追,必然会被进一步拉开距离。

（四）国际创新资源集聚能力有限

作为改革开放的前沿,厦门"桥梁"和"窗口"优势天然存在,但创新资源密度不高、创业赛道缺乏等问题一定程度上影响到厦门对海外人才、国际资本、国际科技合作机构的吸引力。国家创新型城市创新能力监测报告显示,厦门国家国际科技合作基地数量 6 家,低于武汉（29 家）、杭州（22 家）、大连（20家）等地,对国际人才吸引力有明显差距,对全球创新资源的利用能力尚需进一步提升。新时期,厦门必须找准产业与创业新赛道,增加城市辐射力、集聚力、吸引力,提升现代化国际化发展水平。

三、2022 年厦门科技创新预测

（一）国际科技竞争趋势

当前世界正经历百年未有之大变局,新一轮科技、产业变革和突发的新冠肺炎疫情都正在加速推动全球经济、科技、文化、安全、政治等格局发生深刻的变化和调整,大国竞争已成为当今时代无法回避的主旋律。而大国竞争的核心不仅是军备力量和国内生产总值的竞争,更是新兴技术和高新产业之间的较量。

拜登政府仍然将中国列为最重要的竞争对手,重点关注人工智能、量子技术、半导体、5G 等未来工业技术领域,并通过强化对华多边出口管制、建立民主国家技术联盟、主导科技规则话语权等形式,体系化地加强对华科技竞争或遏制力度。

（二）科技发展趋势方面

基础科研稳步推进,颠覆性技术日渐成熟。数字世界与物理世界加速融合,数字经济成为复苏新动能。伴随着新一轮科技革命和产业变革的深入发展,以大数据、物联网、云计算、区块链、人工智能等为代表的数字技术日新月异,全球经济数字化转型已是大势所趋。在新冠肺炎疫情影响下,远程办公、无人配送、智慧工厂等新技术加速落地,数字技术在疫情监测、在线医疗、线上消费、复工复产等方面得到广泛应用,各国经济数字化转型步伐显著加快。

（三）厦门科技创新发展预测

创新驱动是国家命运所系和世界大势所趋,是厦门发展动力再造的关键所在。

2022年,厦门有望成立市级协调机构"厦门市科技创新委员会",统筹发展规划编制、体制机制政策创新、创新资源布局、重大事项协调等,在全市营造浓厚的科技创新氛围,落实创新驱动的"核心战略"地位,持续强力推进。

厦门科学城建设将取得突破性进展,按照"强科学、育产业、优服务、建新城"的基本原则和"国际化、智慧化、集约化、专业化、特色化"思路,突出"湾区滨海、海峡金砖"特点,集聚省创新实验室、新型研发机构、大型企业研发总部等高能级创新平台,依托国家自主创新示范区,系统化、集成化推进关键领域重大改革创新。

以数字技术和生物医药产业为代表的未来产业加快发展。人工智能在智能制造、无人驾驶、社会管理等方面得到更广泛应用;第三代半导体、集成电路、柔性电子、新型显示等微电子制造业加快发展,提升厦门电子信息产业第一支柱和经济增长"助推器"的地位。生命健康在疫情防控的大背景下,继续高速发展。

四、推进厦门科技创新发展的对策建议

(一)全力推进厦门科学城建设

对接福厦泉科技创新走廊,依托同集、莲河两个片区,进一步完善厦门科学城建设规划,出台专项扶持政策,聚焦重点科学技术领域,布局重大科技基础设施、国家级创新平台等一批高能级创新载体,吸引人才和项目落地,力争打造高水平创新策源地,集聚一流新型创新主体,在全市范围内培育一批价值链高端、原始创新突出的未来产业集群,高标准建设"科、产、城、人、用"高度融合、宜创宜业宜居的厦门科学城,将厦门打造成为"具有全球影响力的湾区科创中心"的科学之城。

(二)深化科技体制机制创新

在科技成果转化激励、创新资源优化配置、新产业新业态包容审慎监管等重要领域关键环节策划推出一批重大改革创新举措,形成一批可复制推广的创新成果。强化"双自联动",促进创新政策制度的系统集成,做强做大集成电路双创平台等联动平台,探索"平台＋基地＋产业"等新型联动协作机制。改革科技项目生成机制,推行"揭榜挂帅""赛马"等制度,实施一批具有前瞻性、战略性的关键核心技术攻关项目,推动产业链技术自主可控。探索项目管理"负面清单",探索建立颠覆性技术创新项目库。

(三)加快集聚高能级创新资源

加快嘉庚创新实验室、生物制品省创新实验室建设,争取纳入国家实验室布局;策划建设生物医药、海洋等省创新实验室,在稀土、应急防控等领域策划

建设国家技术创新中心或分中心;积极谋划重大科技基础设施。加快中科院苏州医工所、国家新能源汽车技术创新中心厦门分中心等一批已落定研发机构的建设,争取早出成效。强化科技招商引智工作,推动一批大院大所名校名企项目落地。支持在厦高校院所、市属国有企业集团按"一校(企)一院(所)"模式建设新型研发机构。

（四）加速培育发展未来产业

加快发展柔性电子、第三代半导体、新一代人工智能、海洋高新等未来产业,有针对性地开展补链强链扩链行动。健全产业推进机制,市区共同谋划建设高能级未来产业园,配套新建一批产业急需的公共技术服务平台;设立"未来产业首席科学家专项",加快突破一批"卡脖子"关键技术难题,构建"未来产业—战略性新兴产业—主导产业"的产业发展梯次。大力发展生物经济,谋划建设"厦门国际生物经济研究院",争创国家中医药产学研协同创新试验区。推进国家新型功能材料等战略性新兴产业集群建设。

（五）完善高新技术企业发展环境

大力培育发展专业化众创空间、科技企业孵化器等创业孵化载体,加快国家双创示范基地建设,培育科技型中小微企业。加强高新技术企业培育库建设,力争国家高新技术企业家数有较大提升。完善科技投入机制,强化科技金融扶持,引导企业持续加大科技投入,提升技术创新能力,助力加快实现营收规模晋级,推动高新技术企业数量优势转化为发展优势。

（六）拓展国际国内开放交流合作

主动融入全球创新网络,以金砖创新基地建设为契机,探索搭建金砖国家技术转移与交易平台,鼓励与"一带一路"沿线国家和地区、金砖国家共建联合实验室和工程研发基地,探索共建开放共享科创孵化平台。推进闽西南创新合作,组织实施一批带动能力强的协同创新平台项目。持续优化外籍人才管理服务,推广外国人才专业技术、职业技能水平评价工作。促进产学研深度合作,支持组建创新联合体,探索"科学家＋企业家＋投资人"的新型研发形态,推动产业链上下游融通创新。

厦门市信息科技研究院　　彭顺昌

厦门市就业形势分析及预测

一、2021年厦门市就业总体情况分析

（一）2020年厦门市就业情况回顾

2020年年初，疫情对厦门市经济造成重大影响，GDP自2009年金融危机后再次出现负增长。下半年厦门市疫情防控和经济发展成效显著，主要指标增速加快，全年实现GDP 6384.02亿元，比上年增长5.7%，与上一年比较有所下降。厦门市城镇新增就业人数35.65万人，城镇登记失业率3.8%，基本控制在目标线以内。

2020年厦门市公共职业介绍机构共受理用人单位登记岗位需求590508人次，同期通过各种求职平台求职人数为449995人次，求人倍率为1.31（求人倍率是劳动力市场上需求人数与求职人数的比率，求人倍率越高，表示劳动力需求越旺）。

截至2020年年末，厦门市登记用工企业19.48万家，就业登记在岗职工251.15万人（其中来厦务工人员177.29万人），分别比上年增长21.3%和10.1%。兑现各类促进就业创业优惠政策4.31亿元。国家市场监督管理总局公布全国公共服务质量监测结果，厦门市公共就业以90.15的得分居全国第一。2020年全市新增登记就业困难人员4327人，发放毕业生求职创业补贴4969人993.8万元、待就业毕业生见习补贴1165.29万元。2020年发放失业补助金6212人1233.65万元，发放本市失业人员失业保险金3.81万人3.54亿元、外来失业员工一次性生活补助金8.55万人5687.08万元，提升企业职工职业技能补贴5.43万人7859.68万元。

2020年，厦门市第三产业从业人员62.31万人，增加2.58万人，增长4.3%，占49.2%，比重提高2.1个百分点，"宅经济""云经济"逆势崛起，拉升第三产业就业吸纳能力，使就业较快恢复至"疫情"前的正常水平。

从重点用工企业登记缺工情况来看，截至2020年12月20日，厦门市登记用工500人及以上的重点用工企业共308家，登记在职职工43.96万人，其中缺工企业211家，登记缺工2.38万人，登记缺工率5.13%，同比增长0.94%。

详见图1。

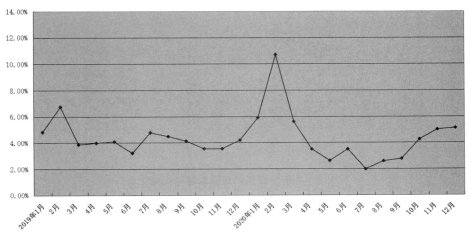

图1　2020年重点用工企业缺工率变化情况

缺工最严重的是在2020年2月,和疫情有很大关系。2020年厦门市人力资源市场克服了疫情影响,下半年以后用工形势明显好转。

（二）2021年1—9月厦门市就业情况分析

2021年1—9月厦门市经济总体保持平稳增长态势,实现地区生产总值5294亿元,同比增长10%,发展质量总体较高。其中上半年GDP增长率达15%,第三季度受到疫情影响,经济增长率有所下降。厦门市产业结构更趋优化,第三产业比重超过六成。三次产业结构为0.3：38.5：61.1,第三产业占GDP比重较上年同期提高1.8个百分点,其中批发业、营利性服务业等增速较快,新经济领域加快成长。经济主要指标表现良好,厦门市的就业形势具体情况分析如下:

1.新增就业人数稳步增长,在职职工主力是外来务工人员

2021年1—9月厦门市城镇新增就业29.35万人,失业人员实现再就业8.22万人,困难人员实现就业1.13万人,城镇登记失业率3.67%,比上年同期下降0.17个百分点。非本市户籍在职人数占70%左右,外来务工人员省内外各占一半。

截至2021年9月20日,在厦门市登记在职职工264.26万人,本市户籍登记在职人数为77.3万人,占29.25%,同比增加7.06%。非本市户籍登记在职人数(即来厦务工人员)为186.95万人,占70.75%,同比增加8.91%。在来厦务工人员中,省内占49.2%,省外占50.8%。详见图2、图3。

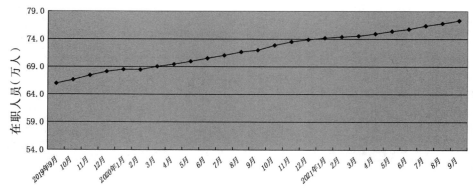

图 2 本市户籍登记在职人数变化趋势图

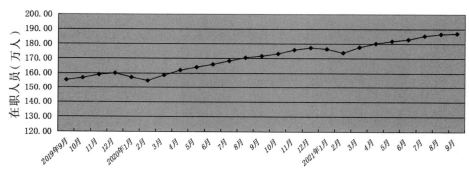

图 3 非本市户籍登记在职人员变化趋势图

2.各类企业用工情况

（1）规模用工企业用工情况

截至 2021 年 9 月 20 日，厦门市登记用工 300 人以上的企业 892 家，登记在职职工 93.02 万人（其中劳务派遣企业 109 家，登记在职职工 22.79 万人）。

（2）重点工业企业用工情况

2021 年厦门市重点工业企业 151 户、207 家（企业名单由市工信局提供），2021 年 9 月登记在职职工 26.36 万人，较 2020 年年末的 26.96 万人减少 0.6 万人，减幅 2.23％。

（3）台资企业用工情况

截至 2021 年 9 月 20 日，共有 3,576 家台资企业办理就业登记，登记在职职工 14.93 万人，较 2020 年年末的 15.48 万人减少 0.55 万人，减幅 3.55％。受疫情和两岸关系紧张的影响，台资企业用工减少。

（4）受中美贸易摩擦影响工业企业用工情况

根据市工信局提供的受中美贸易摩擦影响企业名单，厦门市受影响规上工业企业共 514 家，2021 年 9 月共有 507 家办理就业登记，登记在职职工 23.25 万人，与 2020 年年底登记在职职工 23.91 万人相比，登记在职职工减少 0.66 万人，减幅 2.76％。

按照产业链（群）划分，从受影响规上企业数量看，新材料产业、机械装备产业、计算机与通信设备产业等产业链（群）受影响企业较多，分别有 105 家、81 家、40 家企业；从登记在职职工减少数量看，平板显示与光电产业、机械装备产业、旅游会展等产业链（群）受影响较大，登记在职职工数量分别减少了 0.86 万人、0.17 万人、0.12 万人。企业 12 条千亿产业链（群）受中美贸易摩擦影响规上企业用工情况如表 1 所示。

表 1　12 条千亿产业链（群）受影响企业用工情况表

产业链（群）名称	受影响企业数（家）	2021 年 9 月 20 日登记在职职工人数（万人）	2020 年 9 月 20 日登记在职职工人数（万人）	登记在职职工增减人数（万人）	登记在职职工增减幅度（％）
新材料产业	105	6.17	5.81	0.36	6.2
机械装备产业	81	5.1	5.27	−0.17	−3.23
计算机与通信设备产业	40	1.95	1.85	0.1	5.41
生物医药与健康产业	29	1.24	1.35	−0.11	−8.15
平板显示与光电产业	27	4.44	5.3	−0.86	−16.23
旅游会展	17	0.64	0.76	−0.12	−15.79
金融商务服务业	7	0.07	0.08	−0.01	−12.5
软件和信息服务产业	7	0.43	0.42	0.01	2.38
文化创意产业	5	0.1	0.11	−0.01	−9.09

续表

产业链（群）名称	受影响企业数（家）	2021年9月20日登记在职职工人数（万人）	2020年9月20日登记在职职工人数（万人）	登记在职职工增减人数（万人）	登记在职职工增减幅度（％）
半导体和集成电路产业	3	0.27	0.34	−0.07	−20.59
现代都市农业	2	0.06	0.06	0	0
现代物流产业	1	0.01	0.01	0	0

3.用工企业产业分布分析

截至 2021 年 9 月 20 日,厦门市登记在职职工人数排名前 6 位的行业依次是制造业,批发和零售业,租赁和商务服务业,信息传输、计算机服务和软件业,建筑业,居民服务和其他服务业,这六个行业登记在职职工 202.9 万人,占厦门市登记在职职工的 76.78％。详见图 4。

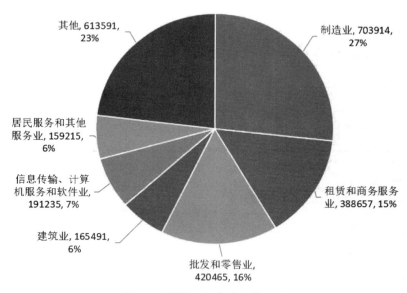

图 4 在职职工行业分布情况图

4.劳动力市场需求分析

2021 年 1—9 月份,厦门市劳动力市场需求登记 623142 人,求职登记509206 人次,求人倍率 1.22。

（1）按行业分组的需求人数（见表2）

表2　2021年1—9月厦门市按行业分组的需求人数

行　　业	需求人数（人）	所占比重（%）
农、林、牧、渔业	29152	4.68
采矿业	8	0.00
制造业	207297	33.27
电力、煤气及水的生产和供应业	285	0.05
建筑业	10707	1.72
交通运输、仓储及邮政业	3337	0.54
信息传输、计算机服务和软件业	9998	1.60
批发和零售业	68287	10.96
住宿和餐饮业	36769	5.90
金融业	1311	0.21
房地产业	33464	5.37
租赁和商务服务业	40105	6.44
科学研究、技术服务和地质勘查业	13223	2.12
水利、环境和公共设施管理业	740	0.12
居民服务和其他服务业	124963	20.05
教育	3358	0.54
卫生、社会保障和社会福利业	397	0.06
文化、体育和娱乐业	20178	3.24
公共管理与社会组织	19563	3.14
国际组织	0	0.00
合　　计	623142	100.00

按行业的需求人数看,需求量最大的是制造业、居民服务和其他服务业、批发和零售业。

（2）用工需求率分析

在320家用工100人及以上企业中,用工需求率较大的行业分别是制造业,科学研究、技术服务和地质勘查业,批发和零售业,交通运输、仓储和邮政业,住宿和餐饮业等。具体数据见表3。

表3　2021年1—9月厦门市各行业用工需求率情况表

序号	所属行业	企业家数（家）	在职职工数（人）	用工需求企业家数（家）	用工需求人数（人）	用工需求率（％）
1	制造业	204	136666	171	10592	7.19
2	科学研究、技术服务和地质勘查业	25	7761	19	822	9.58
3	批发和零售业	20	7368	13	557	7.03
4	交通运输、仓储和邮政业	11	6994	8	342	4.66
5	住宿和餐饮业	12	3872	11	340	8.07
6	租赁和商务服务业	14	7544	9	245	3.15
7	居民服务和其他服务业	3	1227	2	210	14.61
8	房地产业	12	4728	8	153	3.13
9	建筑业	7	2942	2	100	3.29
10	信息传输、计算机服务和软件业	4	1632	1	20	1.21
11	卫生、社会保障和社会福利业	2	2019	2	15	0.74
12	电力、燃气及水的生产和供应业	2	665	1	10	1.48
13	公共管理和社会组织	1	164	1	1	0.61
14	农、林、牧、渔业	1	513	0	0	0
15	金融业	2	800	0	0	0
	合计	320	184895	248	13407	6.76

（3）重点用工企业缺工情况

截至2021年9月20日，共102家用工500人及以上的重点用工企业登录系统填报，登记在职职工14.73万人，其中缺工企业80家，登记缺工1.09万人，登记缺工率6.87％。

从图5可见，2021年的缺工率总体高于2020年，尤其是2021年下半年，厦门市受到疫情影响，9月份缺工率6.87％，比2020年12月缺工率5.13％高了不少。

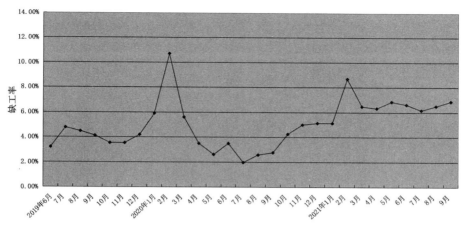

图5　2021年重点用工企业缺工率变化情况表

5.企业员工流动情况

根据厦门市就业管理信息系统数据统计,2021年1月1日—9月30日,厦门市用工企业办理就业登记1335768人次,办理解除劳动关系1183709人次,就业登记净增加152059人次,厦门市企业员工流动率为44.91%,其中:320家填报企业办理就业登记115393人次,办理解除劳动关系111010人次,企业员工流动率60.04%,比厦门市企业员工流动率高15.13个百分点。

表4　2021年1—9月厦门市登记用工企业员工流动情况表

企业类别		办理就业登记(人次)	办理解除劳动关系(人次)	净增减(人)	累计流动率(%)
厦门市用工企业		1335768	1183709	152059	44.91
100人以上企业	320家填报企业	115393	111010	4383	60.04
	其中:登记用工需求企业	84434	82422	2012	61.55

可见厦门市企业的人员流动率较高。

二、厦门市2021年就业形势的问题分析

(一)疫情变化造成企业经营压力,对就业市场影响不可避免

疫情扩散持续冲击全球产业链供应链,国际海运价格、大宗商品价格一直保持高位运行,部分企业因原材料上涨停止或减少接单;且根据当前能耗"双控"特别是限电工作要求,对厦门市工业生产也造成一定影响。疫情背景下许

多企业面临库存积压、产量不足、延期交货等诸多问题。电访调查显示,厦门市 25％工业企业预计 2021 年产值比上年下降,85.2％的住宿餐饮企业对第四季度的经营状况预期不乐观,疫情影响企业生产经营,因此企业用工需求受到影响,企业富余人员裁员压力增大。

(二)疫情影响劳动力流动,劳动力市场供求波动大

厦门市外来务工人员占 70％,因为疫情,人力资源供给受到影响,劳动力市场供求波动大。当前厦门市人力资源市场方面就业人口最多的三个行业为制造业、居民服务业、批发和零售业,主要集中于劳动密集型产业;招聘市场主要仍以技术工人、普工和第三产业从业人员为企业主要需求工种。受疫情影响,许多企业出现短暂的缺工现象。

(三)人力资源市场的结构性矛盾

大学生就业难的问题将更加突出,厦门市是各地大学生青睐的就业城市,随着大学毕业生人数高峰时期到来,大学生就业问题相比其他城市会更加严峻。从结构上看,无论是个人择业还是企业择人均存在一定的差距,反映出市场上“求职难、招聘也难”的现状。

(四)工资待遇水平不高,缺乏竞争力

尽管工资待遇水平较往年有所上涨,但目前厦门市的工资水平与国内发达地区长三角、珠三角等地相比仍然偏低。山西、河南、贵州、云南等劳务输出大省最低工资标准也与厦门大致相当。近年来,厦门市企业工资增长速度低于其他地区,已丧失劳动薪酬水平方面的竞争优势。相较于厦门市较高的生活成本,造成厦门市企业到外地招工难。

三、2022 年厦门市就业形势预测

(一)疫情影响仍然存在,招工难和就业难现状仍然并存

疫情估计在 2022 年缓解,预计经济增速平稳,但是对经济和就业形势的影响仍然存在,就业市场供求波动较大。疫情继续影响劳动力流动,某些企业招工难。疫情同样会影响某些行业经营(旅游、实体店等支柱产业),造成就业问题。厦门市用工形势将呈现困难和希望并存的态势,招工难和就业难现状仍然并存。

(二)厦门市劳动力就业将进一步由岛内向岛外转移

由于岛内外人口密度差距太大,劳动力向岛外转移是必然趋势。根据人口普查数据,2020 年岛内常住人口为 211.03 万人,比 2010 年增加 24.9 万人,增长 13.4％;岛外常住人口为 305.37 万人,比 2010 年增加 138.36 万人,增长

82.9％。岛外人口增速约为岛内的 6.2 倍。

从目前情况来看,岛外的交通、居住、商业环境正在迅速改善,随着岛外新城建设加速,岛外劳动力需求将迅速增长。

（三）厦门市人口素质进一步提高,有利于发展高科技等新兴产业

厦门市常住人口中,2020 年与 2010 年相比,15 岁及以上人口的平均受教育年限从 10.29 年提高至 11.17 年,每 10 万人中拥有大学文化程度的从17799 人上升为 26940 人,两项指标远高于全国、全省平均水平,稳居省内第一。厦门市劳动力素质整体处较高水准,人口红利向人才红利转变具备良好基础,有利于发展高科技等新兴产业。

厦门市劳动力市场需求总体趋势是制造业减少,服务业上升,尤其是软件信息业、旅游会展业、文化产业以及教育卫生、养老事业会有较大增长。可能出现高学历技术人才需求增加,某些专业人才的短缺。

四、厦门市就业工作的对策与建议

（一）建立应对疫情的就业政策,解决重要节点的企业招工难和就业难问题

密切跟踪疫情变化对劳动力市场的影响,政府要与专家学者合作,加强就业市场的研究与预测。及时在网上发布企业缺工登记直通车,对紧缺工种的招聘给予补贴和支持。引导企业充分利用好用工调剂网络平台,促成企业间实现淡旺季用工调剂。重点做好困难企业的用工服务,对大学毕业生面临的就业困难,要优先解决本地生源大学毕业生就业保障问题。

（二）改善企业劳动报酬和就业环境

进一步提高劳动者的工资待遇,增强厦门在全国人力资源市场中的竞争力。厦门市最低月工资标准应该进一步上调,达到临近两省广东和浙江一类城市的水平。改善就业软环境,尤其岛外生活服务设施薄弱,应加强岛外商业与文化设施建设和公共交通建设。加强厦门市保障性住房建设,解决职工住房问题。

（三）完善疫情条件下等就业各类优惠政策

因为疫情造成企业用工问题,完善各项服务企业优惠政策。通过社会保险补贴、补差及岗位补贴等政策,推进本市就业困难人员、农村劳动力和高校毕业生实现就业。通过劳务协作奖励金政策和一系列就业服务如专场招聘会等,增强厦门市对外来务工人员的吸引力。

（四）加强职业培训，改善职业教育

厦门市的职业教育相对薄弱，还要大力改善和发展职业教育，努力构建终身学习体系。要引导因为疫情等原因造成的企业富余人员参加各类技能提升培训和转岗、转业培训，落实各类职业培训补贴政策，加强职业资格证书的考证培训和补贴。采取"政府搭台、校企唱戏"的办法，实现企业与相关院校之间的深层次合作。

（五）提升人力资源市场的信息化、智能化水平

加强厦门市人力资源市场的信息化、智能化建设，实现就业服务平台的电子化。丰富网上招聘求职手段，可以开发针对厦门市人力资源市场的手机App，如"厦门就业通"。厦门市最大的人力资源网站"厦门人才网"，必须优化手机版和微信公众号的建设，适应移动互联网的迅速发展。

（六）建立多层次跨地域统一人力资源市场

要实现厦门市人才市场和劳动力市场的整合，推进多元化区域人力资源市场体系建设，建立多层次跨地域统一市场。推进厦漳泉三地同城化网络虚拟人才市场形成。利用自贸区的有利条件，积极引进台湾人才服务机构入驻厦门，加强与台湾人力资源市场对接，使厦门市成为海峡两岸人力资源市场对接的桥头堡。

厦门华厦学院　黄业峰

厦门城乡居民收入情况分析及预测

2021 年以来,厦门市委市政府立足新发展阶段、贯彻新发展理念、服务和融入新发展格局,科学统筹疫情防控和经济社会发展,经济运行稳中向好,民生保障有力有效,居民收入持续恢复性增长。

一、厦门城乡居民收入情况

（一）2020 年厦门城乡居民收入情况回顾

2020 年是"十三五"的收官之年,也是极其不平凡的一年。面对复杂多变的环境,厦门市国民经济与社会发展实现"双稳双进",不仅经济持续回升向好,居民收入也稳步增长,其中城镇居民及农村居民人均可支配收入水平及增幅均居全省第一。具体来看:

2020 年厦门全体居民人均可支配收入 58140 元,比全国平均水平高 25951 元,比全省平均水平高 20938 元。分城乡看,城镇居民人均可支配收入 61331 元,分别比全国、全省高 17497 元和 14171 元;同比增长 3.9%（以下无特别说明,均为同比增长）,增幅分别比全国、全省高 0.4 个和 0.5 个百分点。农村居民人均可支配收入 26612 元,分别比全国、全省高 9481 元和 5732 元;同比增长 7.3%,增幅分别比全国、全省高 0.4 个和 0.6 个百分点。

（二）2021 年前三季度厦门城乡居民收入情况

抽样调查资料显示,2021 年前三季度厦门全体居民人均可支配收入 50691 元,增长 12.9%,扣除价格因素,实际增长 11.8%;比 2019 年前三季度增长 16.6%,两年平均增长 8.0%。

分城乡看:前三季度厦门城镇居民人均可支配收入 52562 元,增长11.6%,扣除价格因素,实际增长 10.5%;比 2019 年前三季度增长 14.8%,两年平均增长 7.1%。其中,思明区 62210 元,增长 12.0%;海沧区 49100 元,增长11.9%;湖里区 51218 元,增长 11.8%;集美区 49610 元,增长 11.3%;同安区 45029 元,增长 10.8%;翔安区 39675 元,增长 11.7%。

前三季度厦门农村居民人均可支配收入 25040 元,增长 14.9%,扣除价格因素,实际增长 13.8%;比 2019 年前三季度增长 21.6%,两年平均增长

10.3%。其中,海沧区 30694 元,增长 14.3%;集美区 29916 元,增长 15.5%;同安区 23623 元,增长 14.9%;翔安区 22425 元,增长 15.1%。

二、厦门城乡居民收入的主要特征分析

(一)收入水平及增速均居全省第一

从收入水平来看,2021 年前三季度厦门全体居民人均可支配收入 50691 元,分别比全国、全省高出 24426 元和 18910 元。其中,城镇居民人均可支配收入分别比全国、全省高出 16616 元和 11986 元;农村居民人均可支配收入分别比全国、全省高出 11314 元和 7867 元。城乡收入水平居全国全省前列。

从收入增速来看,2021 年前三季度厦门全体居民人均可支配收入增长 12.9%,分别比全国、全省高出 2.5 和 2.4 个百分点。其中,城镇居民人均可支配收入增长 11.6%,分别比全国、全省高出 2.1 和 2.0 个百分点,在全省位居第一;农村居民人均可支配收入增长 14.9%,分别比全国、全省高出 3.3 和 2.6 个百分点,在全省位居第一。

(二)四项收入稳步齐增

从收入构成来看,前三季度厦门居民人均可支配收入的四项收入构成稳步齐增(具体见表1)。其中,工资性收入依旧是居民增收的主要支撑,前三季度厦门城乡居民人均工资性收入增幅分别为 10.4% 和 10.0%,占人均可支配收入的比重分别为 71.0% 和 62.9%,对收入增长的贡献率分别为 64.4% 和 43.9%,拉动居民收入分别增长 7.4 个和 6.6 个百分点。

表 1 2021 年前三季度厦门居民收入构成情况

指标	全体居民			城镇居民			农村居民		
	收入(元)	增幅(%)	占比(%)	收入(元)	增幅(%)	占比(%)	收入(元)	增幅(%)	占比(%)
可支配收入	50691	12.9		52562	11.6		25040	14.9	
(一)工资性收入	35840	11.7	70.7	37306	10.4	71.0	15748	10.0	62.9
(二)经营净收入	4097	14.3	8.1	3956	14.4	7.5	6034	22.6	24.1
(三)财产净收入	6839	18.8	13.5	7243	16.7	13.8	1304	21.4	5.2
(四)转移净收入	3914	13.2	7.7	4057	11.2	7.7	1954	32.7	7.8

(三)城乡收入差距继续缩小

近年来,厦门大力推进乡村振兴,坚持农业农村优先发展,通过促进一二三产业的融合,带动农民增产增收。"十三五"期间,厦门农村居民人均可支配

收入累计增加 9054 元,增长 51.6%,年均增长 8.7%,比城镇居民收入增速高 1.1 个百分点,城乡收入倍差从 2016 年的 2.45 逐年下降至 2020 年的 2.30(以农村居民收入为 1)。

2021 年以来,厦门农村居民人均可支配收入继续保持增长优势,一季度、上半年及前三季度分别增长 19.3%、18.6% 和 14.9%,增幅分别比城镇高出 6.2%、5.1% 和 3.3%。可明显看出,农民收入恢复情况好于城镇,城乡收入差距继续缩小。

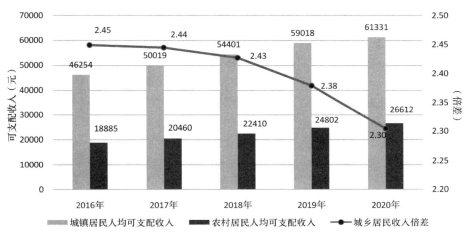

图 1 "十三五"时期厦门城乡居民收入倍差变化情况

(四)岛内外发展更为均衡

从分区情况来看,2021 年前三季度各区全体居民人均可支配收入分别为:思明区 62210 元,增长 12.0%;湖里区 51218 元,增长 11.8%;海沧区 48851 元,增长 13.1%;集美区 49036 元,增长 12.7%;同安区 39930 元,增长 12.2%;翔安区 32992 元,增长 13.1%。

由于区位经济发展的优势,思明区和湖里区的居民收入水平略高于岛外四区。但随着跨岛发展战略的纵深推进,岛外四区居民收入的增长速度要快于岛内,岛内外居民收入差距逐渐缩小,总体区域发展更为均衡。

三、厦门居民收入增长主要支撑因素分析

2021 年前三季度厦门居民收入保持恢复性较快增长,其原因除了疫情影响带来上年同期的"低基数"效应外,更多的还是地区经济运行形势、企业经济效益、城乡居民就业状况以及政府相关政策实施效果等因素的共同推动和综合反映。具体来看,其主要支撑因素有:

(一)地区经济高质量运行

2021 年前三年季度厦门经济稳定增长、结构趋优,地区生产总值、固定资产投资、社会消费品零售总额、地方一般公共预算收入等主要经济指标居全省前列。其中,前三年季度全市实现地区生产总值 5294.27 亿元,增长 10.0%,增速实现连续三个季度居全省前 2 位;前三季度全市实现社会消费品零售总额 1957.53 亿元,增长 17.2%,连续 8 个月蝉联全省首位。平稳增长的地区经济是居民增收的基本支撑。

(二)企业效益持续回稳

2021 年 1—8 月,厦门全市规上工业企业利润总额同比增长 69.3%,增幅比全国高 19.8 个百分点,其中,医药制造业、计算机通信和其他电子设备制造业利润总额分别增长 8.8 倍和 66.6%;规上工业营业收入利润率 9.0%,为全省最高,比全省平均水平高 2.7 个百分点;规模以上服务业企业营业利润增长 30.4%,其中卫生和社会工作、文化体育娱乐业营业利润均增长 1.4 倍。企业经济效益持续回稳是居民增收的重要基础。

(三)就业形势稳中向好

厦门市人力资源和社会保障局资料显示,截至 2021 年 9 月底,全市登记用工企业 21.53 万家,同比增长 14.8%,全市就业登记在岗职工 264.26 万人,同比增长 8.4%;全市城镇新增就业人数 29.35 万人,完成任务数的 225.8%;失业人员再就业人数 8.22 万人,完成全年任务数的 205.5%;期末城镇登记失业人数 9.23 万人,城镇登记失业率为 3.67%,在年度控制目标 5% 以内。积极稳健的就业形势是居民增收的主要推动。

(四)民生政策覆盖全面

自 2021 年 1 月 1 日起,厦门进一步提高困难群众基本生活保障标准,由每人每月 800 元提高到 850 元,增长 6.3%,调整后的低保标准占全市最低工资 47%,占 2019 年度厦门农村居民人均消费支出的 49.3%,保持全省领先;自 2021 年起,厦门城乡居民养老保险基础养老金标准由 290 元提高为 310 元,2020 年 12 月底前,共约 3.8 万城乡居民养老保险待遇领取人员收到一笔补发的调整款项;自 2021 年起,厦门继续提高企业和机关事业单位退休人员基本养老金,总体调整水平按照 2020 年 12 月退休人员月人均基本养老金的 4.5% 确定,并于 7 月 1 日前发放调待补发金额。覆盖全面的民生政策是居民增收的有力保障。

(五)乡村振兴战略有力有效

近年来厦门大力发展都市现代化农业,不断加强新兴职业农民培训,通过促进一二三产业的融合,推动农民持续增产增收。2020年厦门都市现代农业产业集群营收突破千亿元,成为厦门第九条千亿产业链。2021年是"三农"工作重心转为全面推进乡村振兴的关键之年,上半年厦门都市现代农业产业集群实现销售收入580亿元,增长12.9%;强力推进农业招商引资,新增入库农业招商项目89个,总投资227.92亿元,增长98.0%;在原来的基础上,继续择优推进30个试点示范村、推动8条乡村振兴动线。有力有效的乡村振兴战略是居民增收的重要引擎。

四、厦门城乡居民持续增收存在的问题

2021年前三季度厦门居民收入实现恢复性较快增长。与此同时应注意到,受同期基数"前低后高"影响,前三季度厦门城镇居民收入增速分别比一季度、上半年回落1.5个和1.9个百分点,农村居民收入增速分别比一季度、上半年回落4.4个和3.7个百分点,"低基数效应"正逐渐消退。此外,转型期经济下行压力依然很大、疫情影响使得国内外不确定因素增多,市场的变化对外向型经济高度发展的厦门所带来的影响要远大于其他地区,居民持续增收面临许多实际问题。具体来看:

(一)工资持续增收面临着一定的压力

工资性收入是厦门城乡居民收入的最主要来源,工资性收入的持续较快增长是居民增收的必要保障。但应注意到:

1.经济下行压力较大。疫情持续扩散冲击全球产业链供应链,目前国际大宗商品价格高位运行、国内原材料价格普遍上涨、能源供应偏紧,加剧了企业特别是中小企业的生产经营风险,不利于企业用工及劳动者工资增长。

2.就业质量有待提升。近年来厦门全力发展12条千亿产业链,成效显著,但相比国内一线和部分二线城市,仍存在产业链链条较短、成熟度不够等不足,优质企业聚集度不高,市场高端高薪岗位不多,多数依然是中低端劳动岗位,工资水平不高,且这部分群体抗风险能力不强,其持续增收受到挑战。与此同时,由于经济总量偏小,新兴产业规模效应不明显,人才高质量就业择业机会少、流动上升通道窄,人才来厦、留厦意愿不高。中低端"就业难"与中高端"人才荒"现象并存,厦门居民就业质量有待提升。

(二)经营持续增收面临诸多阻碍因素

1.城镇居民经营净收入恢复不够。作为热门旅游城市,厦门个体经营户多分布于批零、餐饮、运输业,抗风险能力不强,受疫情冲击尤为明显。2020年厦门城镇居民人均经营净收入同比下降4.3%,是四项收入构成中唯一的负增长。2021年以来虽有所增长,但仍未恢复到2019年同期水平。2021年前

三季度厦门城镇居民人均经营净收入比2019年同期下降2.4%。而9月份的疫情反弹,又适逢中秋、国庆及传统的"金九银十"旅游消费旺季,使得批零、餐饮、运输业雪上加霜,不利于经营净收入的增长。

2.农村居民经营净收入冲击较多。 2021年前三季度厦门农村居民人均经营净收入6034元,占可支配收入的比重为24.1%,是农村居民收入的第二大主要来源。但应注意到:一是近年来牛蛙退养、海域整治、砂石厂清退等环境提升工程给农民收入带来一定影响。同时随着城镇化进程以及农业种植产业化进程的推进,农户种植经济作物的面积和从业人员也逐步减少;二是近来饲料等生猪养殖成本高企,生猪价格低位运行,家禽、家兔、牛羊的生产效益也一般。农产品价格低迷使得养殖户生产积极性不高,不利于农民增产增收;三是本轮疫情对农业主产区同安区的冲击最大,将直接影响第四季度农村居民经营收入的增长。

(三)居民持续增收的渠道有待开发

收入来源的多元化,是居民持续增收的有效助力。2021年前三季度厦门全体居民人均工资性收入占可支配收入的比重为70.7%,经营、财产、转移三项净收入的占比分别为8.1%、13.5%和7.7%,合计仅为29.3%。可见居民收入来源相对单一,居民持续增收的渠道有待拓宽,增收潜力仍有待开发。

五、促进厦门城乡居民稳步增收的建议

(一)优结构、聚人才,提升就业质量

地区经济的稳健、有活力,是居民增收的基础保障。推动城乡居民增收关键在于地区经济和产业结构的优化发展。一是加快构建现代产业体系,着力推进产业转型升级,增强新经济发展动能,通过优化产业结构、提升产业增加值,使劳动者获得更高的劳动报酬,真正达到经济增长的同时实现居民同步增收;二是减负援企稳定就业岗位,通过落实好各项减税降费、金融支持等政策,"真金白银"切实降低企业生产经营成本,尤其是就业吸纳能力强的第三产业,通过助力企业"轻装上阵",推动地区居民充分就业;三是紧贴产业链、创新链布局人才链,进一步创新人才培育载体和平台、完善人才激励保障机制,通过建立更加务实、有竞争力的人才体系,进一步提升居民就业质量。

(二)激活力、挖潜力,拓宽增收渠道

通过鼓励自主创业带动就业,不断拓宽居民就业和增收渠道。一是高质量推动营商环境优化升级,通过完善创业服务体系,加强创新创业人才队伍建设等方面为企业的经营发展保驾护航;二是探索信贷平台市场化创新应用,完善创业融资担保政策,推动企业信用资产变现,缓解中小企业和个体工商户融

资难、融资贵的问题;三是进一步探索促消费的政策机制,释放消费潜力,结合疫情催生的新经济模式,促进企业改变传统经营模式和服务理念,激发企业发展新动能。

(三)优政策、强保障,持续改善民生

一是持续织密织牢基本民生兜底网,将财政支出向社会保障方面倾斜,继续提升医保补贴、低保标准,完善弱势群体的帮扶制度,加大转移支付力度及覆盖范围,切实保障低收入困难群体基本生活;二是随着岛外新城建设、翔安机场建设的提速和征地拆迁工作的加快,要进一步优化被征地群体的社保保障政策,解决他们的后顾之忧。

(四)促融合、强帮扶,推动乡村振兴

一是因地制宜发展特色乡村旅游业、品牌农业,加快促进一二三产融合发展,同时推动小农户和现代农业发展的有机衔接,拓宽农民增收渠道;二是加强就业帮扶指导,开发适合农渔民从业的行业、工种,支持和鼓励被征地农民和海域退养渔民转岗就业、自主创业,促进农村富余劳动力转岗转业;三是深化农村集体产权制度改革,推动资源变资产、资金变股金、农民变股东,增加农民收入。

六、2022 年厦门城乡居民收入展望

"十三五"期间,厦门经济运行总体稳健,民生改善成绩斐然,居民收入实现较快增长,为"十四五"期间的居民增收奠定良好基础。但也应看到,当前国际环境不确定因素增多,国内经济恢复仍不稳固,疫情影响仍在持续。展望2022年,厦门地方各级政府部门将继续坚持以习近平新时代中国特色社会主义思想为指导,坚持稳中求进工作总基调,完整准确全面贯彻新发展理念,加快构建新发展格局,抓好常态化疫情防控,促进经济持续健康发展,城乡居民收入有望继续保持增长态势,但随着基数水平的回升,增速将有所放缓。

国家统计局厦门调查队　黄雅颖

厦门市推进"爱心厦门"建设
情况分析及建议

一、"爱心厦门"建设总体情况

(一)2020年"爱心厦门"建设情况回顾

厦门市从2019年12月开始全面部署推进"爱心厦门"建设工作,提出"爱心厦门"建设要动员全市上下更加自觉地奉献爱心、关爱他人、服务社会,为推进治理体系和治理能力现代化、建设高素质高颜值现代化国际化城市提供有力的"爱心"支撑。"爱心厦门"建设的总体目标是提升和强化对社会困难群体的整体帮扶水平,培养社会互敬互爱、相互帮助的氛围,提升厦门的温馨和谐度。2020年围绕"爱心厦门"的主题,全市部署了"助残""敬老""济困""扶幼""关爱特殊岗位工人"五大行动和四大机制,全面提升厦门"爱心"建设的高度与人文温度,确保全体厦门市民共享"爱心厦门"建设的新成果。

2020年厦门在实施系列"爱心行动"方面成果显著,具体表现在:

1.加强规划引领,不断优化爱心厦门建设引导和政策服务环境

厦门市出台《厦门市"爱心屋"建设实施方案》《厦门市"爱心屋"建设运营服务指南》,推动建立了"爱心屋"长效运营机制。加强规划引领,通过《"爱心厦门"建设专项基金管理办法》切实加强基金管理和使用。启动厦门市"善心善行365""阳光1+1牵手计划""雨露育青苗""药品援助""新春慈善快车""慈善助学"等品牌项目,相继制定出台《"爱心厦门"建设先进典型褒扬办法》《关于开展爱心厦门"暖心行动"的实施意见》,整合出台《厦门市困难群众基本生活保障办法》等举措,不断优化完善爱心厦门政策"工具箱",持续指导"爱心厦门"建设。

2.多项服务项目落实,成效显著

2020年厦门市获得全国文明城市六连冠,城市文明程度得到整体提升。在人流量较大或商贸较发达地段建设"爱心屋"超过40家,覆盖全市大部分街(镇)。2020年完成同安区新民镇、汀溪镇、莲花镇及翔安区内厝镇4个残疾人职业援助中心建设,全市各街(镇)残疾人辅助性就业机构全覆盖。全市共设置 507 个环卫工人爱心驿站,初步统计能够满足 90％ 的一线环卫工人工间休息需求。改造完成 52 个"交通一家亲"爱心驿站,面向快递小哥开放。为老年人开设厦门市老年人幸福安康险,每年仅 50 元,最高可赔偿老年人因意外伤害导致的身故、伤残、骨折产生的医疗费用 10 万元。"志愿厦门"网站上新增志愿服务项目 935 个。

3.在全社会营造爱心文化氛围

厦门将白鹭洲西公园集中打造成爱心主题公园,在筼筜湖打造爱心雕塑,增强城市空间环境的爱心氛围。将首辆台胞个人名义捐赠的已退役"宏和号"采血车保留改造成"爱心采血屋",作为"爱心厦门"建设宣传载体,并打造以其为主体的"爱心小公园",续写善行义举。组织开展"爱心厦门"十佳歌曲、十佳歌词等征集活动,共收到参赛歌曲 150 首,歌词 375 首,获奖作品收录成盘。组织开展"爱心厦门 你我同行"征文活动,征集文章 312 篇,遴选出 60 篇优秀作品编印成书,共有 30 篇作品获奖,形成了强大的正能量。建立爱心褒扬机制,制定了《"爱心厦门"建设先进典型褒扬办法》。为扩大关注度和讨论量,积极与融媒体相结合,在全省、全市广泛推出爱心厦门事迹相关宣传报道,排播"爱心厦门"公益宣传片,刊发有关爱心厦门图文、视频。截至 2020 年 11 月,各主流媒体新媒体发布的各类"爱心厦门"报道累计阅读量超 1490 万,总阅读量超过 1000 万,爱心主题微博话题讨论量超过 6900 条。

(二)2021 年 1—9 月"爱心厦门"建设基本情况

1.大力促进残疾人就业工作

一是持续推进"爱心屋"建设,打造残疾人就业增收的阵地。为确保"爱心屋"能够良性运营,市爱心办协调爱心企业为"爱心屋"提供优惠货源,发动爱心企业为"爱心屋"捐赠物品,鼓励物流公司提供爱心物流保障,植入烟草、福利彩票等增加收入的项目。同时号召各级党组织和党员结合"双报到"到"爱心屋"开展精准帮扶活动,在全社会掀起助残消费奉献爱心热潮。截至 2021 年 11 月,全市建成"爱心屋"47 家,实现营业总收入 8630.79 万元,在"爱心屋"工作的残疾人每个月能增加 2000～3000 元左右的收入。

二是加大对特殊岗位工人的关爱力度。首先,对现有设施进行提升改造,统筹安排具备配建或提升改造条件的用地,增设环卫、养路倒班宿舍。其次,积极落实环卫、养路工人福利待遇。积极向相关部门争取资金和政策支持,保障养路合同制工人的基础工资(不含奖金、津贴、补贴、加班加点工资)不低于我市最低工资标准的 130％。按照基础工资的 12％ 给予在外租房居住的环卫、养路工人发放租金补贴。再次,将养路工人爱心驿站纳入公建配套内容,爱心驿站配备休息、用餐设备,提供饮用茶水、加热饭菜、避风遮雨等便利服务。到 2021 年年底已挂牌投用"交通一家亲"爱心驿站 287 个、环卫工人爱心驿站 521 个。大幅解决环卫工人、养路工人、公交司机等特殊岗位工人工间休息、饮水等实际问题。

三是多部门沟通协作,构建全市残疾人友好环境。首先,开展市无障碍环境建设督导工作。市爱心办联合市财政制定《厦门市无障碍环境建设督导工作制度》,明确督导办法、督导内容、督导要求、经费及车辆保障等。以厦门电视台二套特区新闻广场舆论新闻监督调查的形式,反映我市无障碍环境建设方面存在的问题以及有关单位的整改情况。市政府残工委下发《厦门市"爱心助残"行动"完善无障碍设施"工作举措任务分解》,将无障碍设施建设责任清单化。与市广电集团合作对无障碍设施建设进行宣传,提高全社会无障碍环境意识和无障碍知识宣传。

四是完善"一对一"爱心结对机制。2021 年全市有 7823 名党员干部、3911 个党支部与困难群众开展爱心结对帮扶,慰问帮扶金额累计超过 1200 万元。2021 年更加完善了爱心结对动态调整机制,对党员干部和结对对象一方或双方出现异动的情况,第一时间调整到位。为确保信息沟通畅通,建立了联络员机制,组建爱心结对联络员微信群,收集基层党组织和党员在爱心结对工作中发现的问题,通报好的经验做法,挖掘弘扬暖心事迹,打造联络员信息中枢队伍。同时将爱心结对工作纳入各级党组织书记抓基层党建述职评议考核内容和各级党内表彰重要参考依据。

五是关爱一"老"一"幼",推进暖心行动。在"助老"方面,2021 年 7 月正式实施《厦门经济特区实施〈中华人民共和国老年人权益保障法〉若干规定》,将各类养老服务资源、资金投入下沉到基层,解决失能老人照护问题等解决方案写进了法规,社会保障体系得到进一步健全。加强老年人健康管理服务,确定首批 5 家市级医养结合试点单位,12 家二级以上综合性医院开设老年医学科门诊。全市有 6 个国家兼省级老年人心理关爱项目点,121 张安宁床位。落实老年人家庭医生签约服务,为签约的 65 岁以上老年人提供日常随访、VIP 诊疗服务、用药指导、健康咨询等健康管理服务。创新形式解决社区老人日常生活照料问题。依托社区兴办"深田近邻小食堂",湖里区吕岭敬老餐厅携手爱德基金会发起"爸妈食堂"项目,让老年人感受到满满的幸福感。在"扶幼"方面,创新策划开展了"放飞童心 让爱传递"系列精品活动,关爱少年成长。持续巩固"厦门春华希望成长基金""厦门路桥一路随行关爱行动""向阳花青少年助梦计划""厦门豪客来希望小学""凤凰花劲飞"等品牌项目,持续助力青少年全面发展。

六是整合兜底,牢织救助帮扶密网。按照"兜底线、织密网、建机制"和"三个聚焦"的要求,不断整合资源,加大投入"保"住困难群众最基本生活。2021 年 1 月起实施《厦门市困难群众基本生活保障办法》,在不能自理特困人员生活标准由每人每月 1200 元提高到 1275 元的基础上,半护理、全护理的照料护理标准,增幅分别达到 16.7% 和 20%。配套修改完善《家庭经济状况核对办法》,放宽了低收入家庭的金融资产条件,更多的低收入家庭可纳入保障范围。全年爱心济困总投入金额达 4.25 亿元,特困人员供养资金增加约 310 万元,帮扶对象 6.4 万人(户)次,为特困群众和家庭送去更多实实在在的关爱。

七是助力疫情防控阻击战。疫情期间成立市爱心关怀工作专班,由市爱心办、市民政局、市总工会、团市委、市妇联等部门组成,设置 24 小时爱心服务热线,做好集中隔离观察群众的医疗和生活保障,尤其是为其中的老人、婴幼儿、孕妇、残疾人搭建帮扶沟通渠道。出台《关于印发"爱心厦门"助力"战疫"五项行动的通知》,发出《"爱心厦门"助力战"疫"爱心捐款倡议书》,让"爱心厦门"更好发挥暖民心、聚人心作用,更好地围绕中心、服务大局。收集和推广爱心主题歌曲 38 首,收到各类文艺作品 856 组。其中爱心歌曲《让爱点燃希望》被中国音协评为"全国优秀抗疫公益歌曲"。运用全市约 1.4 万块户外视频开展"爱心抗疫"、复工复产公益宣传,张贴爱心厦门和抗疫主题宣传海报近 40 万份,发放防控疫情宣传单近 80 万份,推送防控知识短信 1000 万余条,制作悬挂防控疫情宣传标语 2 万余条。全市各区爱心办参与"一对一"关爱一线医务人员及其家属的志愿者达 844 人,慰问一线医务人员及其家属 1808 人次。

八是营造关心关爱的城市氛围。首先依托市慈善总会设立"爱心厦门"建设专项基金,全市 6159 家社会组织、4000 多支志愿服务队、各宗教力量积极行动,共建"爱心厦门",2021 年"爱心厦门"专项基金累计接收捐款 2372.7 万元。其次,从 3 月 5 日开始正式实施《厦门经济特区志愿服务条例》,用制度保障为厦门的志愿服务精神保驾护航。再次,注重宣传发动,传播爱心理念,营造向上向善的浓厚氛围,汇聚更多爱心力量参与"爱心厦门"建设。组织开展"雨露育青苗""药品援助""新春慈善快车""慈善助学"等项目,鼓励支持慈善组织慰问帮扶各类特殊、困难群体。培育打造"善心善行 365"等品牌项目和白鹭志愿联盟、义务交警队等一批品牌项目,推荐评选"爱心厦门"先进个人和先进集体,让市民群众跟着学、照着做。厦门日报社、厦门广电集团开设"爱心厦门"专题专栏,在重要时段、重要版面加大对"爱心厦门"经验做法的挖掘和宣传报道力度,刊播各类爱心稿件超 2.4 万条(次),推评首届十大最美爱心人物,组织开展"爱心厦门"征歌征文活动,讲好"爱心厦门"故事。

二、"爱心厦门"建设存在的问题及分析

(一)高质量、专业化的爱心服务项目不足

目前大多数爱心帮扶仅开展简单、低端的爱心捐款捐物、打扫送餐等服

务,对失能、孤寡老人、残疾、孕产妇、婴幼儿等受助群体的特殊需求,比如心理咨询、帮助翻身换被褥、饮食搭配、摔倒急救、科教启蒙等的满足能力不强,爱心志愿服务人员缺少专业准备或技能训练,爱心捐赠品无法满足特殊对象的服务需求。

（二）爱心服务组织活动经费有限,经费来源渠道单一

对于民间组成的爱心志愿服务组织,志愿者个人的捐献和义卖也是相当有限的,没有可持续的经费来源,所以不能进行持续的、更大规模的志愿服务活动,经费问题是爱心志愿服务组织拓展服务项目、举办爱心活动的主要瓶颈。

（三）"爱心厦门"服务范围略显狭窄

回顾近三年来我市"爱心厦门"的诸多举措,主要是以残疾人、老人、青少年、特殊岗位工人和困难群众为重点服务对象。帮助弱势群体固然很重要,但是如果"爱心厦门"的举措仅仅只是针对弱势群体,那么"爱心"的内涵与外延就容易被缩窄了。习近平指出:"人民对美好生活的向往,就是我们的奋斗目标。""爱心"即针对全体公众的爱,"爱心厦门"建设内容应该要基于全体公众的全生命周期照顾基础上的重点人群的关怀,只有这样才能有利于解决"人民日益增长的美好生活需要和不平衡不充分发展之间的矛盾"。现有"爱心厦门"服务范围过于狭窄,需加强对全民健康、教育以及精神生活的投入。比如外来务工人员子女教育问题、公众健康素养提升等问题理应纳入"爱心厦门"建设之中。

（四）社会大众主动融入"爱心厦门"建设机制尚未建立

目前厦门爱心服务过于依赖行政推动,落实到"进社区"的常态化爱心服务项目还有所欠缺,爱心服务还没有成为大部分市民的自觉行动和生活方式。广大市民参与爱心活动的渠道和了解参与信息的手段不足,存在爱心服务与受助者需求不相匹配的情况,可能导致服务效果不甚理想。

（五）整体发展特色不够突出

爱心城市建设主要包括"助残""敬老""济困""扶幼""关爱特殊岗位工人"等五大行动。政府的精力、人员和预算有限,很难同时兼顾爱心建设的方方面面,且往往会与已有部门职能有所重叠,难以凸显"爱心"特色。比如"爱心屋""爱心驿站"等建设在杭州、上海等多个城市均有建设,并不能凸显厦门城市自身特色的发展道路。这就会导致厦门爱心建设看似多方发展,呈现蓬勃的生机,但实际上每个部分的建设都未深入,整体发展特色不突出。

三、促进"爱心厦门"建设的建议

基于厦门市爱心城市建设的问题,结合厦门市"十四五"规划对2021年"爱心厦门"建设形势提出如下建议:

(一)加强组织保障,持续推动各项工作落实

2019年以来厦门市成立由市委主要领导任组长的市"爱心厦门"建设工作领导小组,共同统筹协调"爱心厦门"建设工作。可见厦门市强化顶层设计指导,建立专门的领导小组,将集中全市力量,统筹推进"爱心厦门"五大行动、四大机制、五新领域等工作,全方位推动爱心城市建设。一是要把资源和力量投向最急需的人群、最迫切的领域,打造爱心资源扁平化对接平台,补齐民生短板,共享发展成果。二是要注重提档升级,探索"爱心厦门"建设与维护全生命周期健康、创新社会治理体系、提升基层社区治理有机结合,从帮扶对策、实施主体、工作领域、功能作用等方面拓展深化,提升"爱心厦门"建设工作层次与质量。

(二)打造"爱心厦门"特色项目

注重发挥厦门陈嘉庚、林巧稚、陈清洲等独特的爱心资源,弘扬爱心精神。注重发掘厦门本地典型做法和符合厦门发展特点的爱心举措,健全完善"爱心屋"长效运营模式、"医疗保障+慈善捐赠"重特大罕见病爱心救助机制、"环卫驿站+公寓"建设等全国领先示范经验做法,着重打造"爱心"亮点,培育爱心工作品牌,建设友爱互助充满爱心的美好城市,树立全国标杆,将厦门打造成为具有国际影响力的"爱心之城"。

(三)建立健全公民爱心参与机制,让更多的"凡人善举"在"自觉付出"中逐步成为社会普及的精神时尚

一是扩宽群众爱心参与渠道。鼓励高校、研究院所的专家学者为"爱心厦门"建设建言献策;建立线上、线下爱心事迹墙,全体市民可发布身边遇到的暖心事件。二是举办常态化的爱心参与活动,可借助网络或电视平台,将政府部门的主要负责人、专家学者、百姓代表等齐聚一堂,共同商讨应对问题之策。三是建设"爱心社区""爱心村庄"。激活居委会、业主委员会、社区其他非正式组织等社区资源,成立社区爱心工作小组,定期举办爱心帮扶,推动"爱心超市""爱心捐助""爱心照护"进社区。四是统筹现有爱心资源平台,编制厦门本地"爱心组织名录"和"爱心工作者实用手册",分别指导全体市民积极了解目前厦门已有的南普陀寺"同心志业""厦门蓝天救援队""流浪动物救助站"等爱心组织的项目、加入方式、必备的专业救助知识及培训方式等,帮助民众开展具有实效的爱心服务。五是重视基础教育阶段对孩子爱心回报社会的教育。由市教育局统筹规划,将培养孩子的服务意识、关怀他人课程加入低年级教学

和亲子互动教学内容,将原有户外运动课丰富成多种形式的爱心户外实践课程,既锻炼身体又培养爱心意识。

"爱心厦门"建设离不开全体社会的努力,在"爱心厦门"建设中,各类志愿者组织、社工组织、社会团体、慈善基金会、民办非企业等非营利组织均是其中重要的组成部分,政府要为这些社会组织的合理定位和独立运作创造良好的社会环境,理顺社会组织的参与机制,指导市残联、慈善总会、侨联等各单位开展工作。

(四)完善爱心激励制度,健全完善爱心褒扬机制

探索建立生活"点滴爱心行为"认证制度,将垃圾分类、公共交通让座、帮助他人、衣物捐赠等生活中的点滴小事纳入"爱心行为"的论证范围,定期为爱心奉献高的个人颁发专门定制的感谢信或小徽章、电子感谢信发送到爱心服务者的微信和邮箱中,增加爱心荣誉的获得感和使命感,鼓励日常献爱心,人人献爱心。对在爱心事业发展中做出突出贡献的主体,通过创建税收优惠政策体系、慈善表彰奖励、优先健康关怀、优惠待遇的方式进行激励。依托多种媒体手段进行宣传,凝聚爱心力量,使爱心成为一种全社会共同遵守的公约和个人主动作为的生活自觉。

(五)拓宽多元化基金渠道,保障"爱心厦门"建设经费的可持续性

"爱心厦门"涉及城市建设的方方面面,是一个需要长期不懈奋斗的过程。建议鼓励和支持社会各界的爱心参与,打通并拓宽"爱心厦门"建设的资金通道,建立多元化的社会融资渠道。一是尝试成立社区爱心基金,由业委会管理,更好开展社区扶老、助学、济困等公益活动。二是激活和调动社区丰富的公益慈善资源,搭建社区慈善平台,打通政府、自治组织、社区、居民需求对接渠道。三是动员主流媒体、企业家、名人明星共同参与推进爱心公益行动,借助现有的品牌效应,例如厦门马拉松,号召现场参与者和社会各界为"爱心厦门"建设进行捐赠。

(六)构建"爱心厦门"大数据系统

奉献爱心是一个双向互信的过程,最便捷的路径是实现双方信息的真实透明。一是构建公开透明的反馈机制,建设公众爱心诉求信息管理平台,使爱心服务实现便捷的线上认领、线上追踪。将全市现有的爱心服务平台联网,"爱心超市""需求清单"纳入社区网络平台,开发送医送药、辅助设备租赁、宠物领养、临时看护、应急救援、法律咨询等功能,做到最大限度的信息资源共享,使爱心项目的影响力越来越大。

厦门市社会科学院　马健囡

厦门市建设高水平健康之城
情况分析及建议

一、厦门市卫生与健康事业发展情况

(一)2020年厦门市卫生与健康事业发展回顾

2020年,全球遭遇百年未遇的最严重传染病——新型冠状病毒肺炎(COVID-19)疫情大流行。厦门作为疫情防控期间全国第三大入境口岸城市,全市上下坚决贯彻落实党中央、国务院和省、市党委、政府疫情防控的部署要求,抓紧抓实抓细各项防控措施。在全国首创了"14＋7"的监测管理模式(14天集中医学观察＋7天居家医院观察)。应急研发了"厦门市新冠肺炎监测溯源信息系统",形成利用大数据平台信息实现疫情联防联控的"厦门模式"。全年累计报告本地确诊病例35例(其中危重症患者7例),累计报告境外输入确诊病例145例,无症状感染者159例。3月4日实现本地确诊病例全部清零,确诊患者"零死亡"、医务人员"零感染"、境外输入疫情"零扩散"。构筑保障城市公共卫生安全坚固防线。

在做好新冠肺炎疫情防控工作的同时,本市积极实施《"健康厦门2030"行动规划》,颁布了《推进健康厦门行动实施方案》,开展了全方位干预健康影响因素、维护全周期生命健康、防控重大疾病的17个健康专项行动。完成创建2个国家级卫生乡镇,5个省级卫生乡镇。2020年全市人均基本公共卫生服务经费达到85.66元。居民健康素养水平达26.4%。医疗卫生资源总量与岛内外均衡发展进一步提升,10月22日复旦中山厦门医院成为首批国家区域医疗中心首个挂牌试点单位,批准在集美新城片区设置四川大学华西厦门医院。

(二)2021年1—9月厦门市卫生健康事业发展情况

1.各项卫生健康发展指标持续向好

厦门市居民主要健康评价指标继续保持在发达国家和地区较好水平,平均期望寿命81.04岁(其中男性78.71岁,女性83.63岁),孕产妇死亡率3.65/10万,婴儿死亡率1.9‰,5岁以下儿童死亡率2.89‰,妇幼卫生指标位居全国、全省前列。

根据第七次人口普查统计数据,本市常住人口 60 岁以上老年人占 9.56％,常住人口 65 岁以上老年人占 6.17％,均未达到国际通用的老龄化社会标准。全市人口平均年龄为 36.8 岁,比福建省人口平均年龄年轻 0.5 岁,比全国人口平均年龄年轻 2 岁,人力资本较为充裕。但与 10 年前相比,全市 60 岁及以上人口的比重上升 2.63 个百分点,已接近 10％轻度老龄化社会标准,处在老龄化社会的临界点。

截至 2021 年 9 月,全市医疗卫生机构拥有床位共计 25642 张,千人均床位数为 4.97 张;千人均卫生技术人员 7.46 人,千人均执业(助理)医师数 3.12 人,千人均注册护士数 3.27 人(按常住人口 516.4 万计),卫生健康发展指标持续提升。

2.不松懈做好新冠疫情防控工作

大力度开展社会组织动员。采取大型临时接种点、巡回接种队、移动接种车等多种形式推进新冠病毒疫苗接种,日审能力达到 10 万剂次以上。截至 9 月 30 日,全市累计接种超 802 万人次。各年龄段人群全程接种覆盖率均位于全省前列。

强化重点人群管理。发布《关于加强高风险岗位人员"N＋7＋7"闭环管理的通知》,明确集中隔离闭环管理对象及工作周期、集中隔离期、居家健康监测期闭环管理要求。加密高风险人员核酸检测至每 2 天一次。制定《厦航国际/地区航班闭环运行实施方案》,按照"三闭环"要求,对所有国际/地区航班机组人员均实施"14＋7"封闭管理。

强化口岸防控工作。将高崎机场 T2 航站楼改造为第二国际到达通道,实现国际、国内旅客入境通道的完全物理隔离。在高崎机场 Z5 站坪建成了厦航国际机组安检通关专用方舱通道,确保厦航国际机组人员与国内机组人员及旅客分开,实现了机场防疫与生产双统筹。规划建设专门用于入境人员集中医学观察的健康驿站,一期建设 3115 间隔离房、840 间工作人员宿舍和全部配套设施,预计 2022 年 3 月建成投用。

强化院感防控工作。对定点医院高风险岗位人员(包含与感染者有直接接触的医护人员及相关重点环境保洁人员),实行"N＋14＋7"闭环管理,在集中隔离期第 1,4,7,14 天检测核酸。严格落实医疗机构各类人员特别是高风险岗位人员核酸检测频次要求,持续开展新冠肺炎疫情院感防控知识培训,强化重点人员院感防控培训考核上岗机制。

坚持"动态清零"防控策略,高效快速有力处置"7.30"厦航境外输入病例关联本土新冠疫情和"9.12"本土新冠疫情,妥善应对境外输入新冠肺炎病例疫情。完善"三公(工)融合"流调溯源工作机制,提升疫情全过程信息化水平。细化完善核酸检测"采、送、检、报"环节,引进 6 个方舱实验室,提升检测能力至每日 80 万管。全市共开展 6 轮全员核酸检测,截至 9 月底共筛查 3446.5

万人次,报告核酸阳性 236 例,截至 10 月 29 日,定点医院收治的 243 例新冠肺炎确诊患者(含泉州 4 例、漳州 3 例)已全部治愈出院。

3.医疗资源建设步入高质量发展轨道

继续推进医疗资源"岛内外一体化"均衡发展。1—9 月 3 个市重点在建项目完成序时计划的 111.88%,完成年度总计划的 79.05%。川大华西厦门医院项目主体结构封顶,市儿童医院科研楼项目立项,3 个社区卫生服务中心新址投入使用。

全面提升建设国家区域医疗中心。复旦中山厦门医院 120 余名上海专家长驻厦门,疑难复杂手术占比近 60%。复旦儿科厦门医院、川大华西厦门医院入选第二批国家区域医疗中心建设试点项目。厦门大学附属心血管病医院入选国家卫健委、福建省政府共建国家心血管病区域医疗中心。

柔性引进全国知名高水平医疗专家。全市已开设名医工作室 39 家(其中院士名医工作室 5 家),柔性引进国内知名专家团队 200 余人;聘请特聘主任89 名,其中通过"双主任"制柔性引进专家 16 名。全市三级医院外埠患者占40%,初步实现厦门及闽西南协同发展区等周边百姓就近享有一流医院顶级专家的高水平诊疗服务。

传承提升中医药技术与服务能力。全市现有 3 个国家级名老中医工作室。所有社区卫生服务中心、镇卫生院均能够提供中医药服务。与北京中医药大学东直门医院合作创建国家中医区域医疗中心。7 月 21 日,市委、市政府印发实施《厦门市促进中医药传承创新发展若干措施》。

加快提升厦门医疗水平和科研能力。获批 1 个国家临床医学研究中心分中心、2 个福建省首批临床医学研究中心。与厦门大学共同推进厦门大学医学院临床医学专业学系建设。第一医院、中山医院进入《CCHRPP 全国 GCP机构药物临床试验量值》综合榜。

4.深化医改贴近民意深得民心

2021 年,在公立医疗机构试行推广"信用就医"模式和诊间结算,改善群众就医体验。联合钟南山院士和广州医科大学附属第一医院国家呼吸系统疾病临床医学研究中心开展"厦门市慢阻肺早期干预及规范化管理项目",着力提升本市慢性呼吸系统疾病防治能力和水平。建设 16 个基层医疗机构智慧药房,实现签约居民的慢性病用药、常见病用药等自助取药。截至目前,本市家庭医生签约服务 80.5 万人,签约覆盖率 30%。居民在签约基层医疗机构的首诊意愿达 86.89%,签约居民对签约机构的综合满意度为 95.08%。积极探索"互联网+医疗健康"服务模式,实现医疗卫生信息互联互通及区域共享。厦门市全民信息平台入选国家卫健委组织编写的"互联网+医疗健康"示范服务优秀案例集。制定厦门市卫生健康轻微违法行为不予行政处罚实施办法及清单,卫生健康行政审批事项全程网办占比达88%。

5.公共卫生体系建设开创新局面

加强公共卫生人才队伍建设,核增市区两级疾控中心人员编制302人,市疾控中心提高高级职称人员聘任率,编内专业技术岗结构比例从3.1∶3.8∶3.1调整为3.7∶3.8∶2.5,区属疾控中心可在原标准的基础上上浮0.5。组建4支市级卫生应急队伍和8支区级卫生应急队伍。市级应急储备医疗物资规模达2934万元。本市成为全国首批15个"健康中国行动创新模式首批试点城市"之一。2021年基本公共卫生服务经费达到人均93.15元,高于国家和省里人均79元标准。开展区域职业病危害严重企业和非医用放射性职业病危害专项治理,在省内率先出台7部现行职业健康相关法律法规的行政处罚自由裁量标准。

6.开展"一老一小"服务积极应对人口老龄化

出台《厦门经济特区老年人权益保障规定》《厦门市贯彻〈国家积极应对人口老龄化中长期规划〉实施方案》。4个社区获评"全国示范性老年友好型社区"。建设6个国家兼省级老年人心理关爱项目点。13家医院设立老年医学科,已有医养结合机构41家。依法组织实施"三孩"生育政策,提升优生优育服务水平。全市拥有母婴室526家,建设多性别使用母婴室16家,基本实现公共场所母婴室全覆盖。现有托育机构271家,省、市两级共10个普惠托育服务试点进展顺利,累计为群众提供至少1500个普惠托位。

三、存在的问题

(一)公共卫生应急体系仍存在短板弱项

突发本土新冠疫情的处置过程,暴露出本市公共卫生应急管理体系在应对较大规模疫情时,存在平急转换不够顺畅、疾控人员缺口较大、部门间信息连通不足等短板弱项问题,亟须进一步加强公共卫生应急体系建设,优化完善疾控机构职能,充实稳定疾控人员队伍,强化流调溯源能力,加大各项投入保障,建立统一高效的应急指挥体系,从而提升本市应对突发重大公共卫生事件的能力和水平。

(二)优质医疗资源总量和结构性短缺依然突出

医疗资源岛内外分布尚不均衡,基层医疗卫生机构人员普遍不足,中医、精神、康复等专科床位存在缺口。医疗能力和技术水平与发达国家和地区还存在一定差距,医学科研能力还需要加强。

(三)全社会"大健康"理念仍需进一步强化

深化医改、健康厦门建设、婴幼儿照护服务等多项工作需要加强组织领导和多部门协同,缺乏相应的考核指标体系和强有力的工作推进机制。

四、对策与建议

"十四五"期间,要以中共厦门市第十三次党代会提出"更高水平建设高素质高颜值现代化国际化城市"和"加快建设高水平健康之城"为目标,构建与城市发展定位相匹配的现代化卫生健康服务和保障体系。一方面积极应对人口老龄化和应对出生人口数量逐年减少的趋势,促进人口长期均衡发展;另一方面深化"三医联动",加快卫生健康事业治理变革,提高行业管理水平,促进卫生健康事业更高质量发展。

(一)加快构建现代化公共卫生体系

加快推进疾病预防控制体系改革,建设医防融合、运转高效、响应及时的疾病预防控制体系。对标国家区域公共卫生中心建设标准,建设福建省具有示范引领作用的区域性公共卫生中心。探索建立与居民健康结果挂钩的公共卫生和社区卫生服务激励机制。统筹各类健康教育资源,在医疗机构建设健康科普基地,引导市民积极参与健康促进活动。鼓励公立医院体检中心向健康管理中心转型发展,加快推进医防融合的疾病综合防治服务管理体系建设,将健康科普工作纳入医疗机构绩效考核和医务人员职称评定的重要内容。落实国民营养计划实施方案,实施重点人群营养干预。构建覆盖全人群全生命周期的心理健康服务网络,打造医防融合、市区协同的精神疾病综合防治服务网络和应急处置心理援助与心理危机干预工作机制。推动爱国卫生运动从环境卫生治理向全面社会健康管理转变,推动将健康融入所有政策,推广健康影响评估应用,把全生命周期健康管理理念贯穿于城市规划、建设、管理全过程各环节。

(二)提高突发公共卫生事件应急处置能力

构建统一领导、权责匹配、权威高效的公共卫生应急管理体系。健全突发公共卫生事件应急响应制度,完善应急预案并组织对各级党政领导干部的培训考核制度。以新发突发传染病、食源性疾病、不明原因疾病为重点,完善监测哨点布局,强化症候群、疾病、危险因素和事件的监测和分析,加强公共卫生基础数据整合共享,推进以人为核心的多元信息汇聚与疾病风险评估预警,建立数字化、信息化、智慧化风险预警多点触发机制。推进二级以上公立综合医院标准化发热门诊建设。在住院医师规范化培训中强化感染性疾病、呼吸与急危重症专业诊治能力,开展面向临床医师的流行病学、传染病临床救治和风险警觉意识教育。强化应急医疗救治,加强传染病医院、综合性医院和儿科、妇产科、精神科等专科医院传染病区建设。推进按国家标准新建市传染病医院。加强重症医学、感染、战伤创伤急救、护理能力建设,强化院感防控。健全院前急救转运体系。加快公共卫生应急救治能力储备,建立后备定点医院整体转换机制,完善应急状态下医疗卫生机构动员响应、人员调集、征用腾空和区域联动机制。健全应急状态下保障基本医疗卫生服务的机制。

(三)建设高水平的医疗服务体系

以建设国家区域医疗中心为抓手,打造一批区域领先、特色鲜明的优势重点专科,提高危重疑难病症诊疗水平。支持二级医院建设,完善医疗服务体系。把社区卫生服务中心打造成为政府履行基本卫生健康服务、全科医生执业、市场资源整合、医养结合支持的综合性平台。优化多元办医格局,推进社会办医与公立医疗机构协同发展。根据统筹服务区域与保障本地居民就医,以及应对较大规模突发公共卫生事件应急救治需要,适当提高医疗资源规划冗余量,在继续扩增总量的基础上,着力推进优质资源扩容和均衡布局,岛内原则上以整合现有资源、提升水平、提高运行效率为主,重点加强优势学科能力水平建设,合理配置各类专科医疗机构。岛外根据人口增长进程,适度超前配置基本医疗卫生资源,重点加强优质医疗资源建设,推进市级优质医疗资源向岛外延伸发展,支持建设高水平综合性医院。鼓励和支持发展康复和长期护理机构。开展社区卫生服务机构功能提升与建设优化,打造社区康复中心、护理中心与健康管理中心,强化医防融合、全专结合的全生命周期健康服务。固化政策支持,进一步畅通双向转诊通道,促进具有厦门特色的"急慢分治、上下联动、双向转诊、基层托底"的分级诊疗制度定型。促进"互联网+"医疗便民惠民服务,支持发展互联网医疗,支持互联网医院品牌化、特色化发展。推动"社区卫生服务中心+互联网"发展,开展面向居民的家庭医生签约、健康管理、健康照护、药品配送等智能化服务。鼓励医疗机构与国际商业健康保险公司开展合作,探索国际医疗保险结算,强化商业健康保险对国际化医疗服务的支撑,培育与国际接轨的高端家庭医生服务市场,满足多层次健康服务需求。

(四)优化重点人群健康服务

按照国家统一部署,完善支持家庭生育的经济社会政策和公共服务体系。完善以托幼一体为主、以普惠性资源为主导的婴幼儿托育服务体系。优化妇幼和儿童青少年健康服务。进一步完善危重孕产妇、新生儿会诊抢救网络。加强生殖健康服务,完善产前诊断(筛查)、新生儿疾病筛查网络。加强更年期、老年期妇女健康管理服务。加强儿童青少年常见病和健康影响因素监测与干预,实施儿童青少年近视综合防治行动。落实儿童口腔健康基本公共卫生服务。拓展特殊儿童医教结合服务领域。发展老年健康服务。推动二级以上综合医院、中医医院、中西医结合医院设立老年医学科。推进老年友善医疗机构建设。加快康复护理床位建设,鼓励社会兴办老年康复护理机构。深化发展医养结合服务,探索社区居家医养结合模式。加强老年健康管理,实施重点疾病早期筛查和健康指导。开展老年失能失智预防和干预试点,强化失能失智社会认知教育和早期筛查评估。完善长期护理保障制度,规范长期护理服务有效供给。鼓励商业保险机构提供多层次长期照护保险产品并参与经办相关服务。开展安宁疗护服务,普及安宁疗护文化理念,营造良好社会氛围。

(五)加强医学科研能力建设

以严重危害本市居民健康的疾病为重点,聚焦癌症、心脑血管疾病、内分泌代谢疾病等,继续实施重点学科和专科建设计划,接轨国际临床研究标准和规范,推进市级临床研究平台建设。以川大华西厦门医学研究院、复旦中山厦门医学研究院等为试点,搭建合作与转化平台,加快心脑血管疾病、癌症、内分泌代谢疾病、出生缺陷、老年性疾病等重大疾病研究成果转化,探索建立"临床诊疗－临床研究－技术研发－成果转化"一体化机制和服务平台。加强传染病防控和公共卫生科技攻关体系和能力建设。培育跨学科、跨领域的科研团队,推进医教研产协同和国内外科研协作。优化数据、平台等科研资源共享和开放机制。加快公共卫生科技成果转化,推动创新药物、疫苗、检测产品和医疗器械应用,推广公共卫生安全防控技术和临床应用经验。

(六)推动卫生健康服务整合协同

健全公共卫生机构、医疗机构和社区卫生服务机构协同合作制度机制,依托家庭医生制度,整合公共卫生、医疗和健康管理服务,推动医防融合、全专结合、医养结合,将家庭医生制度打造成支撑整合型卫生健康服务体系的基础。完善家庭医生签约服务激励机制和绩效考核,探索家庭医生管费用的激励约束机制。加强三级医院对社区家庭医生的技术支撑,提升家庭医生服务质量。推进专科专病联盟建设,促进医疗服务同质化和分级诊疗。

(七)全面加强卫生健康人才队伍建设

推进公共卫生人才队伍提质扩容,当前要重点培养病原学鉴定、疫情形势研判和传播规律研究、现场流行病学调查、实验室检测等疫情防控人才,强化感染性疾病、呼吸系统疾病、重症医学、急救创伤及医院感染控制等医疗救治人才队伍建设。加强公共卫生与临床医学复合型人才培养。进一步创新人才培养和引进机制,培养和引进医学科技交叉融合领军人才、优秀学科带头人和复合型创新人才队伍。优化人才考核、评价和激励政策。聚焦重点领域、重点专科、前沿技术,对引进的高层次、创新型人才和团队给予具有卫生健康行业特点的资助,对高峰人才实施行业个性化政策。允许公立医院对高层次人才可自筹经费、自定薪酬,超过部分不计入单位绩效工资总量。健全医院与卫生健康、医保部门人员轮岗、交流机制,提升行业管理能力与水平。

厦门市卫生健康委员会　吕惠栋

厦门市高等教育服务地方发展
情况分析及建议

随着人类社会步入知识经济时代,高等教育进入普及化时代,高等教育与区域经济社会发展的关系愈发紧密,服务地方社会经济发展成为时代赋予高等教育的重要责任。区域高等教育融入区域经济建设,既可以提高高等教育的质量,又能促进区域经济快速健康发展,实现地方高校与区域经济的互动发展。① "十三五"期间,强化高校服务发展能力建设,深化产教融合、科教结合,是厦门市高等教育发展的重要任务。

一、厦门市高等教育服务地方发展的总体情况

厦门目前共有普通高等院校 17 所,另有一所福州大学在厦门办学的二级学院(福州大学厦门工艺美术学院),以及能提供研究生学位教育的厦门国家会计学院。这些高校主要通过提升区域人口素质、培养输送适用人才、支撑科技创新发展、助力经济社会建设等为厦门市的发展提供服务。

(一)提升区域人口素质

作为高层次人才的聚合地和高等教育资源的提供者,高等院校的存在能在很大程度上提升区域人口素质。每十万人口各级教育平均在校生数是评价一个地区教育水平和人口素质的重要指标。经测算,2020 年厦门市每十万人口高等教育平均在校生数为 3651 人②(不包含成人高等教育),高于福建省每十万人口高等教育平均在校生数为 2866 人③(包含成人高等教育)的水平。2020/2021 学年初,厦门市高校研究生在校生为 24419 人,在福建省各城市中

---

① 张维梅,刘树忠.地方高校与区域经济互动发展研究——以长株潭"两型社会"试验区为例[J].国家教育行政学院学报,2017(2):45-50.

② 数据来源:根据 2020 年厦门常住人口和普通高等学校在校生数测算而得,其中常住人口数据来自"厦门市第七次全国人口普查公报",普通高等学校在校生数来自《厦门经济特区年鉴 2021》。

③ 数据来源:《中国统计年鉴 2021》。

排名第二,仅次于福州市 35522 人①的水平。高等院校的教师群体是一个地区高端人才的主要组成部分。2020 年厦门高等院校专任教师共有 10092 人,其中,拥有正高级职称的有 1668 人,副高级职称的有 3187 人,中级职称的有 3651 人。经统计,厦门市专任教师和在校大学生总数达到 198674 人,占常住人口的 3.85%。

厦门市高等院校还集合了一批国家级、省部级领军人才和顶尖专家。以厦门大学和集美大学为例,目前厦门大学有两院院士 21 人、文科资深教授 1 人、国家重点研发计划项目负责人 27 人、中国医学科学院学部委员 1 人、"长江学者奖励计划"特聘教授和青年学者 38 人、国家杰出青年科学基金获得者 52 人、国家高层次人才特殊支持计划(简称"万人计划")各类领军人才 49 人、国家"百千万人才工程"入选者 26 人、中宣部"四个一批"人才工程入选者 8 人、教育部新(跨)世纪优秀人才 136 人、国家优秀青年科学基金获得者 48 人、国家创新研究群体 10 个,集美大学有包含 10 名院士(全职 2 名)在内的国家级人才 29 人次、省部级人才 177 人次。② 2018—2020 年厦门市高层次及骨干人才类型拟确认人员名单中高校人员的占比(见表1)也能在一定程度上反映厦门市高等院校对厦门市高素质人口结构的贡献。

表 1　厦门市高层次及骨干人才类型拟确认人员名单中高校人员的占比

单位:%

年份	A 类人才	B 类人才	C 类人才	骨干人才
2018	—	26.9	44.1	74.1
2019	36.7	34.5	41.1	23.3
2020	45.0	23.4	55.4	7.8

注:表中数据由笔者根据厦门市人力资源与社会保障局公布的 2018 年、2019 年和 2020 年厦门市高层次及骨干人才类型拟确认人员公示名单统计而得。

除此之外,高等院校还为当地居民提供了再教育的机会和资源。厦门大学、集美大学、厦门理工学院、厦门工学院、厦门城市职业学院等高校都设立了继续教育学院或继续教育中心以满足厦门地区居民继续教育的需要,并显著地提升了厦门市人口受教育水平。

(二)培养输送适用人才

人才培养是高等教育的核心任务,为地方培养专业人才是高等教育服务地方最主要的方式。首先,高等院校毕业生本地就业能够对地方经济社会形

① 数据来源:福建省教育厅网站。
② 数据来源:厦门大学和集美大学学校网站信息。

成有效的人才支撑。目前,厦门市用人单位的人才需求绝大多数为本专科以上学历人员。《厦门市 2019 年大中专毕业生需求分析报告》显示,2019 年度厦门市用人单位对本专科毕业生的需求为 89442 人,占需求总人数的 82.3%,对硕博研究生需求为 3049 人,占需求总人数的 2.8%。厦门市高等院校毕业生是满足厦门市用人需求的主要力量。2019 年和 2020 年厦门市普通高等院校本专科毕业生分别为 36946 人、37294 人,研究生毕业生分别为 4398 人、4508 人。[①]

其次,高等教育围绕区域经济社会发展需要设置专业能够输送更多适用人才。目前,厦门市各高等院校均在积极改造或创办地方特色专业,为厦门市发展培养和输送各类高层次实用性复合型人才。例如,集美大学形成了航海、水产等面向海洋的学科专业特色;厦门理工学院紧密对接厦门市"双千亿"工程和重点打造的 12 条千亿产业链群,布局发展电子信息类、装备制造、软件与信息服务、材料应用技术、城乡建设与环保、文化产业、创意与设计、商贸及金融服务等 8 个学科专业群;厦门海洋职业技术学院全面对接福建省海洋产业链构建"大海洋"特色专业体系,布局海洋生物技术、海洋工程技术、港口物流、海洋信息技术、国际商贸、轮机工程技术和滨海旅游专业群等七大重点特色专业群;厦门城市职业学院加入厦门金砖新工业能力培养基地联盟,积极开发契合金砖及"金砖+"国家政府和企业培训需求的培训课程;厦门华厦职业学院以区域支柱产业和战略性新兴产业为导向,重点构建了信息与智能机电类、环境与公共健康类、商务与管理类、人文类四大应用型专业群。

(三)支撑科技创新发展

高校是地方科技发展的主力军,能够依托科学研究和技术创新优势引领区域经济产业创新发展。厦门市高等院校主要通过开展科技创新研究、开展校政企合作、设立创新实验室或大学科技园等方式支撑厦门市科学技术创新发展。

第一,开展科技创新研究。"十三五"期间,厦门市共有 16 项成果获得国家科学技术奖,其中由高校主持或参与完成的有 6 项,占比 37.5%。经统计,"十三五"期间厦门市科学技术进步奖获奖项目中高校参与比例约为 38.1%,2017 年度、2018 年度和 2020 年度的"一等奖"获奖项目中 60%项目为高校主持,具体见表 2。2020 年厦门市科学技术进步奖 59 个获奖项目中,有 33 个项目由高校主持或参与,占比 55.9%。另外,厦门市部分达到世界领先水平的科技成果也是由高校主持或参与完成的。如"国家一类新药重组戊型肝炎疫

---

① 数据来源:《厦门经济特区年鉴 2021》。

苗"、国内外首个获批的双抗原夹心法总抗体检测试剂"新型冠状病毒（2019-nCoV)抗体检测试剂盒（化学发光微粒子免疫检测法）"就是由厦门大学、养生堂旗下厦门万泰凯瑞公司联合研制的。

表2 "十三五"期间厦门市科学技术进步奖获奖项目高校占比

单位:%

年份	一等奖	二等奖	三等奖
2016	20	15	13
2017	60	31.6	32.3
2018	60	45	42.4
2019	40	45	36.7
2020	60	52.6	56.7

注:表中数据由笔者根据厦门市人民政府网站公布的历年厦门市科学技术奖获奖情况资料整理统计而得。

第三,开展校政企合作。近些年来,厦门市各高校均在探索校政企合作路径,例如,与政府、企业签订合作协议或共建创新研发平台（见表3),成立校政企合作联盟。2019年,翔安区政府、火炬管委会和厦门海洋职业技术学院联合成立校企合作联盟,共有8所院校和14家企业参加,涵盖厦门大学翔安校区、翔安文教园区高校以及冠捷科技、ABB开关、友达光电、天马微电子、三安光电等重点企业。2020年6月,厦门市集美区"高校产业技术联盟"正式启动。该联盟由集美大学、厦门理工学院、华侨大学等6所高校发起,致力于推动产学研深度融合,促进产学研合作迈向政府搭台、企业出题、高校攻关的"组织化""常态化"阶段。该联盟成立后陆续促成多项校企合作项目,如2021年4月在集美区委组织部、福州大学厦门工艺美术学院和集美区高校产业技术联盟联合主办的"艺术设计助力产业发展"校企项目对接会上,有12个校企合作项目签约成功。

表3 2019—2021年厦门市部分校政企合作项目

学校（学院）	合作对象	项目	时间
厦门大学电子科学与技术学院	厦门市海沧区人民政府、三安光电股份有限公司	签约共建国家集成电路产教融合创新平台协议	2019年
厦门大学化学化工学院	厦门柔性电子研究院（厦门市政府、弘信电子推动）	成立联合研发中心	2020年
集美大学机械工程学院	厦门华润燃气	签署校企合作协议,搭建产学研交流平台	2019年

续表

学校(学院)	合作对象	项 目	时间
厦门理工学院	厦门盈趣科技股份有限公司	共同搭建"实践教学基地""研究生联合培养基地"	2021年
厦门工学院	招商局芯云谷	签署校企合作协议,助力区域产业转型升级	2020年
厦门海洋职业技术学院	厦门港口管理局	签署了战略合作协议,服务厦门国际特色海洋中心城市建设	2021年
厦门城市职业学院	阿里巴巴、厦门国际商会	签署合作协议,推进跨境电商、数字经济发展	2021年
厦门医学院	厦门瓷小燕健康科技有限公司	签署研发合作战略协议,促进健康领域产品研发	2020年
厦门华夏学院	国科科技	联合培养"智能制造、鲲鹏生态、大数据"领域的人才	2020年

第三,设立创新实验室或大学科技园,促进科技成果转移转化。2019年9月,由厦门市政府与厦门大学共同举办的嘉庚创新实验室成立。该实验室是厦门大学服务地方产业发展的重要科技创新平台,以解决"卡脖子"问题为重点,将在支撑厦门区域产业经济发展中发挥重要作用。大学科技园是高校科研成果转化、促进地方经济产业升级的重要场所。目前,厦门大学、厦门理工学院等高校设立了大学科技园。厦门理工学院《大学科技园管理规定》要求,大学科技园要紧贴厦门市的产业结构,通过校内科技成果孵化转化、校企协同创新、技术引进等方式推动厦门市重点产业转型升级,培育战略性新兴产业,成为产业结构调整的润滑剂、科技成果转移转化的孵化中心、先进项目(高优新项目)进驻厦门的落脚点,进而辐射厦门市乃至福建省的企业和高校,成为厦门市乃至福建省战略性新兴产业培育、科技成果孵化转化及创新创业人才培养高地。2020年12月,厦门市政府出台了促进科技成果转移转化的若干规定,激励包括高等院校在内的各部门单位加强科技成果的转移转化,促进经济发展提质增效。

（四）助力经济社会建设

高校通过围绕区域经济社会发展问题开展社会科学研究,为政府和企事业单位提供决策咨询服务等方式可以对地方经济社会建设提供智力支持。每年厦门市社科联、社科院都会以厦门经济社会发展中的热点难点问题和具有全局性、战略性、前瞻性的重大理论和实际问题为重点面向社会各界发布立项课题。经统计,在厦门市社科联、社科院发布的厦门市社会科学立项课题中,来自高校的课题负责人占据较大比例。2019—2021 年度社会科学立项课题中来自厦门市高校的负责人在重大项目、重点项目、一般项目、青年项目中的占比分别达到 84.2%、65.6%、76.9%、66.7%,具体见表 4。

表 4　厦门市社会科学立项课题承担单位高校占比

单位:%

年份	重大项目	重点项目	一般项目	青年项目
2019	66.7	65.2	70.4	60.0
2020	100.0	72.7	83.8	70.0
2021	83.3	57.9	74.1	70.0
2019—2021	84.2	65.6%	76.9	66.7

注:表中数据由笔者根据厦门市社科联、社科院历年发布的厦门市社会科学调研课题立项通知信息整理而得。

在提供决策咨询服务方面,厦门市高校亦发挥了重要作用。由厦门市社科联、社科院打造的厦门市人文社会科学研究基地大部分是与高校合作。例如,与厦门大学联合设立的"鼓浪屿国际研究中心""厦门台情研究中心",与集美大学联合设立的"厦门产业与区域经济研究中心""两岸美术社科研究中心""厦门金融管理与资产配置研究中心",与厦门理工学院联合设立的"21 世纪海上丝绸之路与厦门发展研究中心",与华侨大学联合设立的"华人华侨与厦门发展研究中心",等等。这些研究中心紧扣厦门经济社会发展实际,以对策建议研究为导向,完成了多项课题研究项目。

二、厦门市高等教育服务地方发展存在的问题

(一)人才供需存在落差

从人才供需关系来看,厦门市高等教育培养的人才总量还不能满足当地用人单位的需求。2019 年,厦门市普通高等院校本专科毕业生总数不及当年用人单位需求量的 1/3,而研究生毕业生数虽然大于人才需求量,但其本地就业比例较低。以拥有最多研究生毕业生的厦门大学为例,厦门大学 2019 届硕士毕业生为 2838 人,博士毕业生 404 人,而与厦门市企事业单位签约的硕士毕业生有 464 人,占硕士毕业生总数的 16.3%,博士毕业生有 66 人,占博士毕业生总数的 16.3%。[①] 从人才供需结构来看,厦门市用人单位的专业需求与

①　数据来源:厦门大学学生就业创业指导中心网址公布的《厦门大学 2019 届毕业生就业质量年度报告》。

高等院校专业人才供给之间也有差距。例如,2019 年厦门市用人单位对计算机科学技术类毕业生的需求量是 5625 人,毕业生最多的厦门大学和集美大学相关学院的毕业生分别只有 812 人、739 人;用人单位对临床医学专业研究生的需求量是 220 人,厦门大学医学院研究生所有专业的毕业人数加起来只有 214 人(厦门医学院目前还没有研究生毕业生)。由此可见,厦门市高等教育在人才供给方面与地方经济社会发展的需求存在较大的落差。

（二）科技支撑力量不足

从厦门市高校的结构来看,高水平大学不多,本科院校偏少,工科力量不足,在引领厦门市科技创新、产业技术升级方面能够发挥的作用十分有限。厦门市目前仅有厦门大学一所"双一流"大学,含华侨大学厦门校区在内仅有 7 所本科院校,其中民办 2 所,本科院校中以工科见长的学校仅有 3 所。因此,近几年厦门市教育主管部门正通过推动厦门理工学院、厦门医学院创建高水平应用型本科高校,引进南京理工大学合作共建数字信息研究院等方式提升高等教育对地方科技发展的支撑力。从高等职业教育来看,厦门市高等职业院校虽然数量不少,但办学规模有限,总体办学水平不高,中职、高职、应用型本科以及专业硕士等多级培养的现代职业教育体系尚未建立起来。这些问题在一定程度上限制了高等教育促进地方产业技术转型升级的能力。

（三）服务地方机制不全

高校教师是高等教育服务地方的主要动力来源,高校教师参与地方服务的积极性直接决定着高等教育服务地方的水平。然而,厦门市高校教师参与地方发展建设的总体意愿并不高,其主要原因在于高校内部的激励措施不够,高校外部的促进力量不足。有高校教师反映,高校教师的评价制度中并未将服务地方作为重要指标,以促进地方社会发展为主题的课题研究或咨询服务大多不在绩效考核内,也不能作为职称晋升的成果,在教学和科研压力普遍较大的情况下,教师们很难抽出精力参与到地方建设之中。从政府层面来看,还未建立起针对高等教育服务地方的有效机制,政府部门、企事业单位的需求还不能通畅地传达到高校,高校也还不能及时地对这些需求进行回应,政府需求与高校供给意愿之间仍然缺少共同交叉点。

（四）科研成果转化不够

高校的科研成果转化程度直接决定着其服务地方经济社会水平的高低。从科技成果转化率来看,我国高校的整体水平不高,而厦门市高校科技成果转化率在全国范围来看也不高。中国科技成果转化年度报告显示,2019 年高校转化科技成果合同金额前 100 名中,厦门市高校仅有厦门大学上榜,排名第 58 位。在地方产业经济转型升级的强需求下,科研成果的转化速度显得尤为不足。除了转化量不够,厦门市高等教育的科研成果转化还面临着质量不高的问题。据企业人员反映,高校科研成果转化的效果与企业需求之间还存在差距。也有政府部门人员表示,高校提交的对策建议类成果或报告理论性较强,实践性却较弱,难以真正应用到实践当中。

三、厦门市高等教育服务地方发展预测与展望

从"十四五"规划布局来看,厦门市高等教育服务地方发展的基础将增加。在高校办学水平方面,厦门市将加快一流高校、一流学科建设;在职业教育方面,厦门市将实施国家职业教育创新发展高地建设试点,培育一批省级高水平职业院校和专业,畅通职业教育人才成长通道,不断提升职教人才培养水平;在对接地方发展需求方面,厦门市将高标准规划建设科教园区,大力引进境内外优质高校来厦门开办应用型学科院所,强化工科建设,加快培养产业发展紧缺高层次人才。

从近期的国家政策和地区政策来看,厦门市高校科技成果转化的外部环境或将得以改善。2020年2月17日,科技部印发《关于破除科技评价中"唯论文"不良导向的若干措施(试行)》的通知,提出对于技术研发类机构,注重评估在成果转化、支撑产业发展等方面的绩效,不把论文作为主要的评价依据和考核指标。2020年2月19日,教育部、国家知识产权局、科技部发布《关于提升高等学校专利质量促进转化运用的若干意见》,期望更好地发挥高校服务经济社会发展的重要作用。2020年5月13日,科技部、教商部印发《关于进一步推进高等学校专业化技术转移机构建设发展的实施意见》的通知,进一步完善高校科技成果转化体系。2020年12月11日,厦门市政府发布《厦门市促进科技成果转移转化若干规定》,规范科技成果转化过程,明确科研成果转化激励规则。

从厦门市发展战略规划来看,其对科学技术创新的需求十分强劲。为加快实施创新驱动发展战略,厦门市科技局近期陆续发布重大科技计划和"揭榜制"重大技术攻关需求榜单。根据发布的最新计划,在工业及信息化领域,厦门市将重点支持集成电路和第三代半导体、高端装备、新一代人工智能等产业领域的科研项目,对于开展这些研发项目的单位将给予丰厚的扶持资金。通过发布明确的需求计划和激励保障措施,厦门市地方经济产业发展需求与高校科研力量供给之间的壁垒或将打破,高校服务地方科技产业发展的积极性或将提高。

四、厦门市高等教育服务地方发展的对策建议

(一)构建地方性人才培养与供需机制

为地方经济社会发展提供足够的、适合的专业人才是高等教育服务地方

的首要任务。要解决长期存在的人才供需矛盾,就需要从全局出发构建起一套地方性人才培养与供需机制。这套机制应涵盖以下三个部分:一是地方性人才需求预测系统。高校人才培养的时间跨度较长,而社会经济产业发展需求却瞬息万变,要规避人才培养的滞后性就需要对区域经济产业发展的人才需求进行前瞻性预测,建立起跟踪调查、及时更新的预测系统。二是高等教育地方性人才培养方案。由政府、高校以及企业共同合作,根据地方经济发展对人才的要求设计出适宜的人才培养方案。三是人才留厦保障机制。积极开展研究调查厦门高校毕业生本地就业流失率高的原因,查缺补漏,继续完善人才留厦保障机制。

(二)布局适应区域发展的高等教育体系

从现状来看,厦门市高等教育无论在人才供给还是科技支撑方面都还不足以满足地区发展的需求。从政府层面,应将高等教育规划融入地区发展顶层设计当中,对高等教育体系进行前瞻性布局。从厦门市的发展需求来看,高等教育体系布局主要可以采取以下策略:第一,应进一步扩大高等教育规模,积极筹建高水平应用型大学,提高高等教育人才供给量。第二,应优化高等教育结构,扩大研究型大学办学规模,提高应用型本科大学的比例,明确高职院校的目标定位,构建起多层次、全方位对接地区发展需求的多元化高等教育格局。第三,应促进高等教育整体水平的提升。质量是高等教育发展的生命线,亦是高等教育服务地方的前提条件。没有高质量的人才培养和科学研究,高等教育就没有服务地方的资本。厦门市高等教育应坚持内涵式发展战略,积极构建和完善质量保障体系,不断提升自身的办学水平。

(三)搭建校政企一站式沟通合作平台

高校、政府、企业是高等教育服务地方发展最重要的三个主体,要解决科研成果转化不够的问题,应从这三个主体的沟通合作入手,搭建起一站式服务平台。该平台应包括以下几个板块:第一,三个主体的信息发布板块。由高校及时发布毕业生信息、专业规划与调整信息、科研成果信息等;政府部门发布地方经济社会发展待解决的重难点问题、战略规划信息等;由企业及时发布用人需求信息、技术难题攻关需求信息等。第二,主体沟通互动版块。各主体能够根据发布的信息和问题进行沟通讨论。第三,合作服务与保障版块。科技成果转化工作流程复杂,环节较多,涉及面广,存在各类尤其是合法合规的风险,因此,应加强对校政企合作的服务和保障,如可提供法律咨询服务、设置风险防控机制等。

(四)健全优化高校服务地方保障机制

要提高高校服务地方发展的积极性,就要在现有基础上进一步健全和优

化高校服务地方的保障机制。首先,应按照习近平总书记在全国教育大会上的要求,

积极推动高等教育评价改革,深化高校科技体制机制改革,努力破除"五唯"难题。第二,应完善高校社会服务评价机制,建立科学性、系统性的社会服务评价指标,定期进行总结评估。第三,应进一步加大激励力度,通过人才认定、项目补助、媒体宣传等形式对社会服务质量高、效果好的单位或个人进行奖励,激励高校参与地方建设、服务地方发展。第四,应加大对厦门大学、集美大学等非市属高校的扶持力度,进一步提升这些学校的知名度和科研实力,改善教师住房和工资待遇等问题,增强在厦高校对高层次人才的吸引力。

厦门市社会科学院　易梦春

厦门市法治厦门建设情况分析及建议

一、厦门市法治厦门建设情况

（一）2020年厦门市法治厦门建设情况

2020年以来,中共中央先后印发《法治中国建设规划（2020—2025年）》《法治社会建设实施纲要（2020—2025年）》和《法治政府建设实施纲要（2021—2025年）》。2021年9月,围绕贯彻落实《法治中国建设规划（2020—2025年）》《法治社会建设实施纲要（2020—2025年）》以及《法治福建建设规划（2021—2025年）》《福建省法治社会建设实施方案（2021—2025年）》精神,厦门市委印发《法治厦门建设规划（2021—2025年）》和《厦门市法治社会建设实施方案（2021—2025年）》,就推进法治厦门和法治社会建设进行了总体部署和任务安排。其中,《法治厦门建设规划（2021—2025年）》作为第一个关于法治厦门建设的专门规划,围绕宪法实施和强化法规规范、法治实施、法治监督、法治保障、党内制度等相关体制机制建设,以及推进涉台涉外法治工作和加强党的领导等提出相关改革举措,提出了"把厦门建设成为具有国际影响力的法治中国典范城市"的总体目标,是新时代推进全面依法治市的纲领性文件,是"十四五"时期推进法治厦门建设的总蓝图、路线图、施工图。当前,《厦门市法治政府建设实施方案（2021—2025年）》正在起草过程中,该方案出台后将同《法治厦门建设规划（2021—2025年）》和《厦门市法治社会建设实施方案（2021—2025年）》一起构成厦门市"十四五"期间推进法治厦门、法治政府、法治社会一体建设的法治规划体系顶层设计。

（二）2021年厦门市法治厦门建设情况

2021年,厦门市委、市政府深入贯彻落实习近平法治思想,围绕建设法治中国典范城市的总目标,全面统筹法治厦门建设各领域工作,推动法治厦门建设各项工作取得一系列成就、实现一系列突破。

一是地方立法水平稳步提升。厦门市积极运用双重立法权优势,充分发挥特区立法"试验田"作用,坚持立法上先行先试,自2020年10月以来共制定了7部经济特区法规,其中包括《厦门经济特区地方金融条例》《厦门经济特区公共法律服务条例》等一批具备开创性和先进性的经济特区法规。适应改革前沿需要,厦门市采取暂时调整部分地方性法规适用等法治措施以保障各项改革措施顺利推进。立足闽西南协同发展区,厦门市还积极探索各领域区域协同立法,于 2020 年 12 月牵头并协调漳州、泉州、龙岩三市通过《关于加强九龙江流域水生态环境协同保护的决定》,成为福建省开展协同立法工作的首次尝试。

二是政府治理能力切实增强。厦门市按照中央改革要求,全面深化放管服改革,推进"强区放权",在全市六个区公布"属地管理"事项 428 项。大力推进基层综合行政执法改革,推动执法重心向基层下移,全面推行"镇(街)一支队伍管执法"改革,在试点镇梳理城市管理、文旅等领域 1005 项执法事项,试点街道梳理城市管理、安全生产等领域 990 项执法事项。同时,厦门市还探索推行在城市管理、市场监管、生态环境、文化市场、交通运输等行政执法领域应当按照本规定全面推行轻微违法行为不予处罚制度。包容审慎监管执法机制,不断创新政务服务方式,起草《厦门经济特区优化营商环境条例》等规范,为优化营商环境提供坚实法治保障。

三是司法领域改革持续深化。厦门市两级司法机关充分发挥对台优势,积极推动制度创新,在司法活动中推出了一系列全国首创全省首创的先进做法。其中,厦门法院在全国首创金融司法协同中心的做法入选"中国改革 2020 年度 50 典型案例"和《福建省司法体制改革优秀案事例选集》,翔安法院"构建全区在线纠纷化解网络打造诉非联动解纷新模式"入选最高人民法院发布的《人民法院司法改革案例选编(十一)》。同时,厦门法院深入推进诉源治理工作,于 2020 年 8 月成立全国首个市级诉非联动中心,至 2021 年 10 月厦门市两级诉非联动中心共委派委托调解纠纷 61905 件,成功调处化解纠纷 31660 件,同比增长 156.3%,化解成功率 51.1%。截至 2021 年 10 月,厦门市万人成讼率同比下降 9.7%,降幅居全省首位,预防和化解社会矛盾风险能力切实提升。

四是法治社会建设全面展开。厦门市聚焦建设最具安全感城市目标,深入开展扫黑除恶专项斗争,努力建设更高水平平安厦门。2021 年 1—9 月,厦门全市检察机关共批准和决定逮捕涉黑恶犯罪 60 人、决定起诉 81 人,对黑恶势力"保护伞"提起公诉 2 人。在福建省委政法委组织的 2021 年上半年福建省各市、县(区)平安"三率"调查测评中,厦门市群众安全感率 99.3%,位居全省第一。围绕提升法律服务现代化和国际化水平,厦门市主动融入"一带一路",积极探索海丝中央法务区建设,并于 2021 年 11 月举办首届海丝中央法务区论坛,打造具有国际影响力、知名度的一流法律服务高地。

二、法治厦门建设存在的主要问题及分析

2021年,厦门市在推进科学立法、严格执法、公正司法、全面守法中取得了积极成效,法治厦门建设局面总体呈现良好态势。但同时,由于政策、历史等原因,相较于国内先进地区的法治实践,法治厦门建设也存在一些短板。

在立法层面,厦门市人大及其常委会在运用经济特区立法权与地方性立法权中尚不能有效对两者的权限范围作明确区分,特别是立法中倾向于对经济特区立法权作扩张性解释,较易出现以经济特区立法取代地方性立法权限范围内事项的情形,例如《厦门经济特区城市综合管理条例》不属于改革开放需要而属于城乡建设与管理类别立法,应当采用地方立法形式而非经济特区立法;区域协同立法尚处于起步探索阶段,尚未建立区域协同工作机制,相比长三角、成渝等融合度较高地区仍有不少距离。

在执法层面,监管方式缺乏充分创新,在运用互联网、大数据、人工智能等新兴技术进行监管的制度创新上相较于先进地区仍有差距,分级分类监管模式尚未在各领域推广普及,相较于杭州等地建立重点关注对象警示制度的实践,厦门市在执法监管模式上仍需要更多的制度创新;突发事件应对体系有待完善,应急管理体制尚不健全,应急管理资源配置特别是岛内和岛外公共卫生资源配置不均衡,在应对公共卫生等突发事件中治理能力仍然有待提升。

在司法层面,司法精品战略未能持续推进。厦门市法院于2016年初提出精品战略,启动"办精品案,评精品庭审、精品文书"活动,然而据公开资料显示,当前该活动实际上已经中止。近年来最高人民法院已连续开展三届全国法院"百篇优秀裁判文书""百场优秀庭审"评选活动,最高人民检察院也开展了精品案例评选活动,对比之下厦门市相关实践未能很好地开展。此外,在注重审判阶段制度创新的同时,对解决执行阶段困境的重视程度仍然不足,执行难问题仍然在一定程度上存在。

在守法层面,法治社会建设实践中的突破多为相关实施主体进行手段创新而产生,缺乏完备的规范体系和统一部署。纵观国内其他地区,2020年6月深圳市通过了《深圳经济特区平安建设条例》,2021年3月南京市通过了《南京市社会治理促进条例》,此外浙江省于2020年12月通过《浙江省法治宣传教育工作规定》。就厦门市而言,除了通过不久的《厦门经济特区公共法律服务条例》以外,平安建设、法治宣传、法治文化建设等领域缺乏相应法规规范的支撑或更高层面的统筹部署,难以为法治社会建设提供有力的规范支撑。

三、2022年厦门市法治建设展望

2022年是《法治厦门建设规划(2021—2025年)》《厦门市法治政府建设实

施方案(2021—2025年)》《厦门市法治社会建设实施方案(2021—2025年)》以及《关于在全市开展法治宣传教育的第八个五年规划(2021—2025年)》全面实施的开局之年。落实法治厦门建设系列规划、方案,是2022年厦门市法治建设的重点任务。中共厦门市第十三次代表大会提出要"坚定不移推进全面依法治市,加快建设法治中国典范城市"的要求。当前,聚焦加快建设"法治中国典范城市"目标,厦门市正积极贯彻落实习近平法治思想,在法治轨道上统筹推进疫情防控和经济社会发展,努力在推进治理体系和治理能力现代化上走前头、作示范,建设更高水平的法治厦门。

在新冠肺炎疫情常态化防控背景之下,坚持依法治市、依法执政、依法行政共同推进,坚持法治厦门、法治政府、法治社会一体建设,推进城市治理体系和治理能力现代化,仍然存在着诸多挑战。随着法治水平的不断提高,法治在经济社会发展中的作用愈发突出,已经成为高质量发展的核心竞争力。在法治厦门建设取得积极突出成就,特别是入选首批"全国法治政府建设示范市"以后,2022年又面临行政复议体制改革、司法综合配套体制改革、海丝中央法务区建设等重要契机。因此着眼全方位高质量发展超越和建设高素质高颜值现代化国际化城市大局,2022年厦门市法治厦门建设应当坚持以习近平新时代中国特色社会思想为指导,深入学习贯彻习近平法治思想,抓住一系列政策机遇,积极迎接挑战,不断开创法治厦门建设新局面。

四、推进法治厦门建设的对策与建议

(一)加强和改进地方立法

一是充分运用双重立法权优势。根据全国人大及其常委会的授权,经济特区立法权应当限于推进经济发展和对外开放需要;而根据《中华人民共和国立法法》对地方性立法的规定,其立法范围限于城乡建设与管理、环境保护、历史文化保护等方面。作为经济特区的厦门,双重立法权的运用既要充分发挥先行先试优势,同时也应当严格遵守上述立法权限范围,特别是应当注意防止经济特区立法权扩大化,避免使用经济特区立法名义对城乡建设与管理、环境保护、历史文化保护等事项进行立法。

二是推进立法与改革相协调相促进。暂时调整或者暂时停止适用法律部分规定是《立法法》所明确规定的一项制度。随着改革的全面深化,未来根据国家改革安排或者地方先行先试探索,可能出现需要暂时调整或者暂停适用法律法规的情形,对于需要全国人大或国务院授权的,应当及时向有关机关提出相关建议,对于涉及本市法规的调整或暂停适用,应当及时由市人大及其常委会做出授权决定。

三是完善区域协同立法工作机制。近年来,随着区域协调发展战略的推动,诸如长三角地区、成渝地区双城经济圈等一体化发展区域内部开始不断加强立法协作。厦门市作为闽西南协调发展区的中心城市,应当立足于闽西南协同发展区,稳步推进区域内部协同立法工作机制的建立健全,其内容应当包括了从立法规划计划到立法的起草、论证、审议以及立法后的评估、清理等环节。

(二)加强政府治理体系建设

一是推进乡镇综合执法改革。推动执法重心下移和实现基层一支队伍管执法党中央的决策部署。乡镇"一支队伍管执法"是贯彻执法重心下移和综合执法的重要改革举措。随着修订后的《中华人民共和国行政处罚法》赋予乡镇行政处罚执法权限,下一步工作中有必要逐渐铺开镇(街)"一支队伍管执法"改革,不断优化镇(街)执法模式,不断完善基层综合执法制度体系。

二是提升基层政府治理能力和治理水平。在行政执法权力下放的同时要增强镇(街)行政执行能力,推动"双随机、一公开"监管模式向镇(街)全覆盖,全面推进基层政府政务公开标准化规范化。同时考虑到镇(街)政府接近基层的特征和了解基层情形的优势,建议围绕基层民主协商制度进行创新,镇(街)政府在制定和执行有关政策时要注意听取群众意见,可以探索建立社会公众列席镇(街)有关会议的制度。

三是推进分级分类监管。分级分类监管一方面可以有效利用监管资源,提高监管效率;另一方面可以减轻对正常经营活动的干扰,最大限度地优化营商环境。就国内其他地区实践而言,分级分类监管的主要以企业的信用状况为基准,通过配套建立"正面清单"和"重点关注对象名单"制度,落实分级分类监管。因此,建议厦门市在逐步扩大分级分类监管的覆盖范围,同时探索建立完善相关配套制度。

四是全面建设数字法治政府。建设数字法治政府是推进国家治理体系和治理能力现代化的重要组成部分,是数字时代技术创新与治理创新相结合的重大探索。因此厦门市应当充分运用互联网、大数据、人工智能等技术手段促进依法行政,加强各类信息化平台开发建设和资源整合,深入推进"互联网+"监管执法,积极创新执法方式。同时也应当积极开放政府数据,积极拓展政府资源的社会利用,不断提升政府服务水平。

(三)推进司法公正高效权威

一是持续推进司法精品战略。近年来,最高人民法院已连续开展三届全国法院"百篇优秀裁判文书""百场优秀庭审"评选活动,最高人民检察院也开展了精品案例评选活动。从全国范围内来看,各级法院、检察院均有开展精品案例和优秀文书评选的案例。因此从规范审判行为、提升审判能力的角度考虑,建议厦门市继续落实审判精品战略,完善优秀裁判文书和案例评选机制,推动优秀文书和精品案例评选常态化,同时积极探索在检察领域实施精品战略,组织优秀检察文书和案例评选。

二是深化执行体制机制改革。深化执行改革是落实党中央解决执行难问题决策部署的重要举措,是维护司法公信力的必然要求。落实最高人民法院关于深化执行体制改革的部署,厦门市应当健全切实解决执行难源头治理、综合治理机制,加强执行信息化、规范化、标准化建设,在执行中充分利用社会信用体系、现代信息科技等手段,综合运用强制执行措施,切实解决执行难问题。

(四)加强法治社会建设

一是完善法治社会建设规范体系。健全完善的规范体系是推进法治社会建设的有力支撑。当前,正值厦门市推进市域社会治理现代化和平安厦门建设的重要时期,因而有必要推进平安建设、社会治理、法治宣传等领域地方法规制定,将实践中形成的先进经验以立法形式固定下来。同时建议出台加强社会主义法治文化建设的意见,统筹全市法治文化建设工作。

二是更高起点建设海丝中央法务区。中央法务区在我国的实践时间较短,厦门市建设中央法务区也仍处于起步阶段。因此建议借鉴成都市天府中央法务区建设在功能定位、空间布局和产业生态圈上的成功经验,同时参考西安"一带一路"国际商事法律服务示范区等法务区建设项目,利用现有经验尽量避免少走弯路。同时,厦门市作为自贸区和海丝战略支点城市,中央法务区建设也应当具有地方特色,特别是紧扣海丝元素,面向"一带一路"沿线国家,打造高端法律服务产业集群,为建设国际一流营商环境和高素质高颜值现代化国际化城市提供坚实法治保障。

三是加强社区治理水平。建议从社区物业管理入手,创新物业管理机制,积极推行"大物业"管理服务模式,充分发挥发挥物业服务企业在基层治理中的作用。同时出于加强对物业管理的指导与监督的考虑,建议赋予社区居委会参与社区物业管理的必要权限,发挥社区居委会在资源和代表性上的优势,促进社区居委会与物业服务公司在社区治理种的互动合作。

厦门大学法学院　孙丽岩

厦门市智慧城市建设情况分析及建议

一、厦门市智慧城市建设总体情况

(一)2020年厦门智慧城市发展回顾

2020年厦门入围中国智慧城市十强,加强规划引领,通过启动厦门市新型智慧城市(数字厦门)顶层设计项目,相继编制出台《厦门市促进共享经济健康发展实施方案》《厦门市推进平台经济加快发展三年行动方案》《厦门市数字经济发展规划》等举措,不断优化厦门信息化创新发展和政策服务环境,持续推动厦门智慧城市建设发展。

2020年厦门市智慧城市管理平台建设成果显著,入选"重点城市数字政府服务能力优秀级"。首先,"i厦门"平台共整合50多个政府公共服务系统,集成348项应用及服务,在线可预约办理事项超3000项,覆盖14大类便民服务领域,为市民和企业提供政务、生活、健康、教育、文化等全方位在线服务。其次,市民卡App已对接16个部门,提供32类事项、60种功能,实现12张卡的虚拟化接入,不断深化"一码多用""多卡合一""虚卡实用"的服务模式。2020年厦门市着力建设大数据平台,利用大数据助力智慧城市建设。"大数据安全开放平台"入选省会及计划单列市级十大优秀创新案例。其中,"厦门市口罩预约登记服务系统"入选工信部"支撑疫情防控和复工复产复课优秀大数据产品和解决方案"。

为更好地开展城市更新、健康感知与智能医疗等领域的前沿科学研究和技术创新,厦门市依托高校平台,聚集研发资源。2020年10月,由厦门大学信息学院负责,建筑与土木工程学院、国际关系学院、公共事务学院等联合共建的"福建省智慧城市感知与计算重点实验室"被评为福建省优秀重点实验室。

(二)2021年1—9月厦门市智慧城市建设基本情况

1.多举措引导企业信息化建设,培育具有地方特色的企业

一是积极培育具地方特色的互联网服务企业。积极贯彻"数字中国"和"数字福建"发展战略,深化"数字厦门"建设,通过推动数字政府和数字社会建设,吸纳本地软件企业积极参与开发建设,助力企业打造典型案例,拓展全国市场,从智慧安防、智慧医疗、智慧交通、智慧城建等方面多管齐下,涌现出美亚柏科"城市公共安全平台"、易联众"社保卡和医保平台"、智业软件"区域医疗协同系统"、卫星定位"公交运营大数据"、威尔软件"建设工程联网审批平台"等。

二是引导传统行业企业加强信息化建设和转型升级。首先,开展两化融合贯标工作。积极推进工信部两化融合贯标工程,全市已有622家企业通过两化融合贯标,重点工业企业贯标率90%以上,推动工业企业两化融合水平不断提升。其次,为广大中小企业提供数字化应用解决方案。在厦门软件园三期建设华为厦门创新中心,依托平台建设引入数十家行业应用解决方案供应商,打造"智能制造云"和"软件开发云",加快推进企业"上云用数赋智"。最后,出台上云补贴政策,鼓励企业使用云上数据服务、平台服务或软件服务。对新使用该类云服务的制造类企业,根据上云费用的比例给予不同的补贴额度,最高可获得一年50万元的上云补贴。上云补贴已累计支持500余家企业,有力地推动了传统企业转型升级。

2.与头部互联网企业合作,构建"政府—企业"二元合作模式

2021年4月,厦门市人民政府与腾讯签署战略合作协议,双方将在社会治理、民生服务、跨境合作创新等多方面进行深度融合,合力打造"厦门城市大脑",实现厦门整体产业经济结构数字化跨越式发展。

在社会治理方面,厦门将打造市域社会治理服务中台,构建城市级全时域、多层级、多领域的综合安全防护能力网,为数据安全"上保险"。在城市管理方面,腾讯将依托"一图多景、城市体征、有呼必应、运行管理"四大能力,为厦门提供"城市综合管理一张图"综合城市管理新手段。在公共服务层面,腾讯将以打通各部门之间壁垒、构建政务整体协调性为目标,利用数字化工具助力厦门各部门推进"全程网办""智能秒办"等政务服务能力升级。

在民生服务方面,聚焦智慧医疗领域,以"互联网+医疗保障"为核心,双方将打造鹭岛医养融合数字化生态,建设数字健康应用创新示范中心,共同推进医疗服务管理数字化升级,保障人民医疗无忧。聚焦教育领域,腾讯将与厦门市教育局合作,打造厦门智慧教育赋能中台,提升智慧化教育服务质量,打造数字化教育新形态。

厦门市同安区携手腾讯云,打造区级WeCity智慧城市新样本,深入诠释智慧城市运行之道。围绕同安区经济和产业特点,依托腾讯云的技术积累以及丰富的落地经验,从民生服务、城市治理、产业经济三大领域,为同安区搭建数字化城市治理体系提供支撑,带动厦门现代化经济体系和生产方式加速向数字化智能化演进。

3.数字化平台用户数量不断增加,功能建设逐渐完善

从用户数量来看,增幅显著,更多市民享受到了智能便捷的公共服务。2019 年 12 月,"i 厦门"平台实名认证用户数为 310 万,2020 年 12 月达到 559 万,2021 年 9 月突破 710 万,可见该平台的用户覆盖面逐年增加。

从平台功能来看,各平台功能不断完善,有效推动了智慧厦门城市诚信体系创新升级,打造服务汇聚、线上线下相结合的新型服务体系和便民生态。厦门借助腾讯云技术能力全面升级"i 厦门"综合民生应用,共汇聚网页应用 290 项,移动应用 130 项,微信应用 110 项,多管齐下,让市民体验到足不出户办理业务、一键办理业务等优质服务,全面升级智能化便民服务。2021 年 2 月,厦门市各平台上线公积金线上办理功能。市民只要通过厦门公积金综合服务平台、厦门公积金 App、支付宝、微信、闽政通、"i 厦门"App 等网上办理渠道,就可足不出户实现公积金提取、住房公积金贷款审批、外地户籍职工离职离厦销户提取公积金等 15 项高频事项"秒批"。2021 年 4 月,"i 厦门"统一政务服务平台在福建省内率先上线了电力服务专区。2021 年 5 月,湖里区政府联合"i 厦门"平台再次推出 9 项全新"掌上办"审批服务事项,从"减材料、减录入"入手,努力为企业群众拓宽办事渠道、简化办理手续。厦门市"慧企云"政企协同服务平台正式上线,平台还与"i 厦门"打通,减少企业重复注册认证。

4.数据汇聚共享成果显著,数据安全开放得到保障

第一,汇聚海量数据。厦门市目前累计汇聚超 10 亿条有关人口、法人、信用、证照、自然资源和空间地理等方面的基础数据,超 1300 亿条有关公共安全、交通等方面的数据。

第二,实现各部门数据共享。厦门市开发 1618 个共享数据目录(如人口基本信息、个人社保信息等),各部门累计调用超 12 亿次。

第三,数据安全开放。从数据来源看,目前厦门已有 37 家政府单位通过平台进行数据开放,有 114 家高校、企事业单位、科研机构等单位加入大数据生态,申请使用开放数据。从数据去向看,厦门市通过大数据安全开放平台向公众开放 23 个领域主题、20 个行业的近千万条数据记录,涵盖信用服务、交通运输、市场监管、生态环境、地理空间、生活服务等数据内容。

二、厦门市智慧城市建设存在的突出问题及分析

(一)缺乏科技企业的支持

1.缺乏专业能力强的智慧城市建设和运营主体

智慧城市涉及经济社会的方方面面,需要有一批实力雄厚、专业化服务能力强的智慧城市建设运营主体。尽管厦门市政府已经和腾讯签订合作协议,

借助腾讯先进的技术共同打造未来的智慧城市建设，然而，腾讯转型智慧城市解决方案供应商的时间不长，对政府意图和市民需求的领会程度有待商榷，且腾讯仅擅长于大数据技术和人工智能技术领域，对智慧城市产业链上下游资源集成能力较弱，仅依靠腾讯一家企业难以实现智慧城市的规划。

2.智慧城市项目服务属性和商业模式不清晰

当前，厦门智慧城市建设多以面向大众的民生服务类项目为主，在这些项目的实际操作中会遇到一系列问题：第一，项目费用的承担问题，如哪些该由政府承担，哪些由消费者承担，边界和标准尚不明晰；第二，哪些项目可以开展增值服务，开展何种增值服务，盈利点如何设计，这些问题仍需要进一步思考与探索；第三，如何保护市民的隐私安全问题，如涉及信息安全、个人隐私的增值服务项目，主体该选择国有企业还是民营企业，仍然没有相关规定。

（二）边缘人士尚需得到关注

在大力推进"智慧城市"建设的今天，"i厦门"平台已经拥有710万用户，用户覆盖面广，取得了一定的成就。厦门中老年人口已占城市人口很大的比例，一些老人因为年龄大、文化程度不高、收入低，或是视力、听力有障碍，正逐渐成为信息化社会的"边缘人"。目前智慧平台存在的问题是，一方面，功能上忽略中老年"边缘"用户的需求。中老年用户对民生、医疗、政府信息等的需求更多，需要办理的各项民生类业务也更多，实际上他们相对年轻人更是移动政务的需求者，而这些需求往往没有被很好地满足。同时，目前存在部分功能操作过于复杂的情况。对于年轻人而言，上手新平台是一件非常容易的事情，但由于中老年群体学习新知识速度较慢，过于复杂的操作使其摸不着头脑，无法正确地使用相应的功能。另一方面，界面上忽略中老年用户的需求。对于中老年用户来说，许多平台存在字体过小、页面过于花哨的情况。由于年纪渐长，中老年人的视力水平逐渐下降，对于年轻人来说正常的字体往往不适合他们使用，年轻人喜欢的"高大上"的界面也不是他们所中意的风格。

（三）整体发展特色不突出

智慧城市建设主要包括交通、治安、消防、医疗、教育和环保等方面。政府的精力、人员和预算有限，很难同时兼顾智慧城市建设的方方面面，往往会根据本地发展状况有所侧重，根据自身特点优先解决重点问题。比如山东济南着眼于智慧交通，投资2万亿开展"交通大脑"项目；三亚市则与华为、商汤和平安等多家科技公司合作，重点打造智慧旅游项目。

厦门目前智慧城市宏观规划上存在定位不清晰的问题，并未找到自身特色的发展道路。厦门在智慧医疗、智慧交通、智慧教育等多个方面都投入了大量人力物力财力，但基于厦门的经济实力，并没有办法同时兼顾每个部分，这就会导致厦门智慧城市建设看似多方发展,呈现蓬勃的生机,但实际上每个部分的建设都未深入。并且,忽略对本地市民需求和城市发展的关注,整体发展特色不突出。

三、2022 年厦门市智慧城市建设发展预测

基于厦门市智慧城市建设的问题,结合厦门市"十四五"规划,本文对未来厦门智慧城市建设趋势做出如下判断:

2019 年以来,通过加快推进"千兆厦门"建设、实施网络基础设施 IPv6 改造等,厦门市信息网络基础设施主要指标水平已经跃居全省第一。作为全国第一批 5G 预商用城市,目前已实现岛内密集城区、岛外核心城区和重要园区 5G 信号基本连续覆盖。未来,厦门市将继续系统布局建设 5G、工业互联网、大数据中心等新型基础设施,实现 5G 信号全域覆盖,构建"城市大脑"中枢系统,在全国范围内率先开展智慧港口、智慧公交、智慧医疗等 5G 典型应用,打造新型基础设施融合应用典范城市,建设国内领先的新型智慧城市。

2020 年,厦门市成立由市委主要领导任组长的"数字厦门"建设领导小组和促进大数据发展工作领导小组,共同统筹协调"数字厦门"建设工作,研究全市信息化重大问题,制定信息化发展战略、总体规划和重大政策。可以预见,厦门市强化顶层设计指导,建立专门的领导小组,将集中全市力量,统筹推进数字化发展、信息化推进、软件和数字产业以及数据资源管理等工作,紧密围绕 2035 年建成全球领先的智慧城市这一目标推进工作实施,全方位推动智慧城市建设。

四、促进厦门市智慧城市建设的建议

(一)加强制度建设,解决智慧城市建设中的制度问题

制度性问题是厦门市智慧城市建设过程中的重点和难点,应正确认识治理理念在智慧城市建设中的运用,建立健全以市场为主导,政府、企业、第三部门、公众多方充分参与的建设模式。第一,优化智慧城市建设的政策环境,完善系统的政策支持体系。明晰政府的角色定位,在智慧城市的建设中改变基础设施或服务领域政府垄断供给的局面,提升社会资本的作用,为智慧城市治理提供基础和重要支柱。第二,改善绩效评估体系,设计良好的智慧城市绩效评估指标,形成良好的建设成果预期,增强社会资本进入的积极性,同时,增强政策规划的执行力,避免项目不可持续性带来的资源浪费。第三,健全智慧城市建设相关主体的利益均衡机制,有效协调相关的政府职能部门,改进政府、企业、研究所、社区、公民之间合作的利益分配机制,优化资源共享和互助政

策,例如完善智慧一体化的医疗信息平台,发挥医疗联合体的积极作用,促进产业链优化整合。

（二）把握关键,持续完善数据安全体系

明确安全体系的日常管理机制,要研究安全体系的技术支撑,组织全市各部门的信息技术人员开展培训,形成工作网络,推动信息化工作的落实。全面梳理信息化领域的法律法规规范,向社会宣传推广,形成数据开放规范。修订出台项目建设和数据安全管理办法,在医疗数据、医疗数据上率先试点,形成可推广的模式。

（三）加强智慧平台功能建设,关注边缘群体的使用情况

平台设计者在改进移动政务服务系统的工作上,应该尽量朝向简单化、人性化的方向发展,并加强系统安全管理与保障措施。第一,在智慧平台功能设计方面,尽量简化操作步骤,增加清晰易懂的解释信息,甚至可以加上便捷的语音指示,优化边缘群体使用智慧平台的体验。第二,在智慧平台个人信息验证方面,强化个人数据安全的维护措施,以增加使用者的安全感与信任度。牢固树立"城市管理要像绣花一样精细"的理念,提升城市综合管理数字化水平,完成智慧城市建设工作从粗放到精细、从纯人工管理到数字化应用的转变,提升城市管理科学化、智慧化、人性化水平。

厦门大学公共事务学院　徐国冲

厦门市生态文明建设情况分析及建议

一、厦门市生态文明建设现状

生态文明建设是"五位一体"总体布局中的重要组成部分,是贯彻新发展理念、推动经济社会高质量发展的必然要求,对于建设人与自然和谐共生的美丽厦门和美丽中国具有重要意义。2021年是厦门开启美丽中国建设新征程、向生态文明建设实现新进步目标迈进的开局之年,也是"十四五"规划和建设更高水平的高素质、高颜值、现代化和国际化城市的起步之年。厦门坚定不移地推进国家生态文明试验区建设,实现了生态文明建设领域高质量发展新进步。

(一)生态文明建设稳步推进

2021年1月,厦门在福建省2020年度党政领导生态环境保护目标责任书考核荣获第一,连续六年获得优秀,生态环境质量创"十三五"最优。2021年1—9月,厦门市空气质量综合指数为2.63,在全国168个重点城市中持续保持前列;集中式生活饮用水水源地、主要流域国控断面、主要流域省控断面、小流域省控断面水质实现"四个100％"达标。6月,厦门市委市政府印发《厦门市湾(滩)长制实施方案》,构建以党政领导负责制为核心的海洋生态环境保护长效管理机制,为全面改善海洋生态环境质量、保障海洋生态安全提供政策支撑。8月,国家发改委印发《国家生态文明试验区建设成效和制度成果的调研报告》,厦门市搭建"多规合一"平台和政府推动、全民参与、城乡统筹、因地制宜的生活垃圾分类模式两项重大成果得到全国推广。9月,厦门市人民政府印发《关于加快建设"海洋强市"推进海洋经济高质量发展三年行动方案》,将海洋生态文明建设纳入海洋事业总体布局,妥善处理好海洋资源开发与生态保护的关系,将深化海洋生态综合治理作为重点任务。10月,厦门市修订并通过了《厦门经济特区生态文明建设条例》,将推动碳达峰碳中和写入立法目的,完善生态保护补偿机制改革制度设计,为深入推进生态文明建设提供了坚实有力的法制保障。同月,厦门市湖里区和集美区双双入选《第五批国家生态文明建设示范区名单》,获评国家生态文明建设示范区。

(二)"双碳"目标创新行动取得新进展

2021年3月,厦门产权交易中心碳中和服务平台发布全国首份《个人助力碳中和行动纲领》,运用"平台支撑、专家支招、市民支持"的创新模式,鼓励厦门市民作为社会个体主动为碳中和提供助力,形成厦门市企业、市民积极参与碳中和行动的良好社会氛围。5月,厦门供电公司深度挖掘电力大数据在碳排放核算中的价值应用,打通"电—碳—能"数据链条,到6月已完成厦门地区1811家规模以上工业企业的电碳生态地图编制,实现基于电量看碳排放的全景、动态地图展现,高效服务于政府决策施策和社会用能转型。8月,厦门市首个试点示范低碳园区——后溪工业组团低碳工业园创建正式启动,围绕"绿色低碳、智慧集约、安全高效"的目标,通过信息共享、资源集约等举措,将绿色低碳建设融入工业园区生产管理,打造厦门市节能降碳、绿色低碳建设品牌。在碳金融实践方面,厦门市先试先行采用由厦门大学自主研发的我国第一个红树林海洋碳汇方法学,测算完成了厦门产权交易中心的首宗海洋碳汇交易,并设立了全国首个"蓝碳基金",开创了全国蓝碳金融先河,实现厦门创新陆海联动增汇新模式、抢占海洋碳汇制高点的实质性突破。

(三)环境污染防治与生态修复深入推进

厦门市坚持陆海统筹生态环境治理,不断推动陆海环境污染防治和生态修复工作。2021年3月,筼筜湖实施15年来最大规模的清淤工程计划,生态环保清淤工程覆盖水域范围1.5平方公里,总清淤量约100万立方米,提高湖区的防洪调蓄能力;10月,筼筜湖生态修复案例被纳入自然资源部发布的《中国生态修复典型案例集》。6月,市生态环境局推动实施《厦门市近岸海域污染防治专项整改工作方案》,扎实推进同安湾污染综合整治,助力高质量绿色发展;8月,全市农村雨污分流工作199个项目已开工,年底前预计实现871个项目全开工,推进农村小流域水质提升,持续提升流域治理水平。9月,厦门市下潭尾滨海湿地公园项目在自然资源部办公厅印发的《海洋生态修复技术指南(试行)》中被列为海洋生态修复工程成功实践案例,该地区种植红树林78公顷,通过提升红树林物种多样性重建红树林生态系统,修复区内鱼类、贝类和虾蟹类的物种数提高了2.4倍,生物量提高了3.6倍,生态系统功能全面提升。10月,厦门市自然资源和规划局发布《厦门市国土空间生态修复专项规划(2021—2035年)》,加强对重要生态空间的保护和修复,构筑区域生态安全格局,对保障生态安全、增强生态功能和提升生态品质具有积极意义。

(四)生态环境保护执法得到进一步加强

2021年以来,厦门市自然资源和规划局成立厦门市自然资源保护和生态修复系统治理工作领导小组,研究制定《厦门市自然资源和规划局行业管理专项整治方案》,开展行业专项行动,紧盯重点海域、重点地区、重点环节,发现涉海非法盗采海砂违法案件 3 起,做出行政处罚决定 10 起;恢复耕地面积 536 亩、基本农田 8.21 亩。6 月,厦门市生态环境保护委员会办公室印发关于《厦门市"静夜守护"城市夜间噪声污染整治专项行动实施方案》的通知,重点整治城区范围内的建筑施工、社会生活、交通运输、工业生产等夜间噪声扰民问题,开展噪声"测管联动",营造安静、舒适、文明的人居环境。7 月,市生态环境局制定了《2021 年厦门市生态环境保护执法计划》以"减污降碳、源头治理"为目标,坚持"严"的主基调,坚持问题导向,紧盯重点地区、重点领域、重点行业,敢于亮剑,形成严格执法的倒逼效应,助力深入打好污染防治攻坚战。

（五）生态系统价值核算开拓出"厦门样本"

生态系统价值核算是《国家生态文明试验区（福建）实施方案》赋予厦门的重要试点改革任务。自 2017 年起,经过四年探索和三轮实践,厦门构建了富有特色的生态系统价值核算"沿海样板",成为我国首个由地方政府自主开展生态系统价值业务化统计核算的城市。在开展生态系统生产价值年度业务统计核算的过程中,厦门市不断完善核算技术体系,并正式对生态系统生产价值核算技术体系进行地方标准立项,加快核算工作标准化和规范化进程,于 2020 年 12 月发布《厦门市生态系统生产价值统计核算技术导则（2020 年修订）》。《生态系统生产总值（GEP）统计核算技术导则》目前已结束征求意见阶段,进一步完善后将启动报批程序。该导则首创涵盖陆域和海域全要素生态系统核算标准,形成生态系统价值核算基础理论框架、核算技术体系、业务核算能力和成果应用机制等试点改革成果,通过科学分析各类生态系统生产价值变量情况和潜在发展空间,为生态系统价值核算的技术推广和政策应用提供了宝贵的"厦门经验"。

（六）生态环境智能化建设日趋完善

厦门市着力推进"三线一单"信息管理平台建设,实现"三线一单"成果落图共享和动态管理。2021 年 7 月,由 188 个图层、48 个管控单元、207 个准入清单形成的全要素"三线一单"生态环境分区管控空间数据体系,全面接入"多规合一"平台,连通全国环保验收系统、排污许可证管理系统数据、污染源普查数据等环保专项系统。实现业务协同平台互联互通,形成多部门协同管控格局,强化源头预防和环境准入管控机制,实现生态环境准入的数字化应用,使生态环保决策变得更智能、精准、高效。

二、厦门市生态文明建设中面临的挑战

(一)全域生态文明建设发展不充分不平衡问题有待进一步解决

目前,厦门市海沧区、思明区、湖里区、集美区四个行政区已先后获得了国家生态文明建设示范区荣誉称号,实现了厦门市生态文明建设示范创建的新突破。同安区、翔安区的生态文明建设示范创建已经摆上全市生态文明示范区建设的重要议程。随着岛外大开发的不断推进,产业和人口负荷对岛外区域生态环境和公共服务压力不断加大,厦门全域生态文明建设发展不充分不平衡问题亟待解决。翔安、同安等区进入高速开发期,资源能源需求不断增加,地表水资源开发强度、土地开发强度持续加大,区域生态安全面临挑战。同时,岛外区域农村与城市、山区与沿海在产业结构、基础配套和综合管理等方面差距明显,经济调整和产业升级压力较大,统筹这些区域经济高质量发展和生态环境高水平保护是厦门生态文明建设的一大挑战。

(二)驱动双碳目标实现的减排降碳路径有待进一步明晰

我国"30·60碳达峰碳中和"目标为经济高质量发展和生态环境保护带来了新机遇和新挑战。厦门市作为国家低碳试点城市之一,在近零碳排放区示范区工程建设、低碳工业园区、低碳社区、低碳景区和碳数据管理、蓝碳交易等方面具有工作基础。然而,厦门市碳排放总量仍受制于生产建设活动中的能源消费量及厦门市整体能源结构。厦门市当前正处于岛内外老旧城区改造、新空港建设、环湾经济带建设以及配套基础设施建设的动态扩张发展阶段,建设工程导致厦门市能源需求总量不断攀升。全市能源消费以传统化石能源为主,煤炭消费占能源消费比重较高,能源供给很大程度上依赖外来能源,通过调整能源结构来降低能源消费产生的碳排放量难度较大,需要进一步深挖能源结构调整潜力,寻求切实可行的减排降碳路径,驱动双碳目标的实现。

(三)生态文明建设的陆海统筹发展水平有待进一步提升

随着厦门市大力发展海洋经济,环湾经济带、新机场建设等系列开发项目落地,海洋空间资源开发加速,临港、临海产业进一步向海岸带地区集聚,对近海生态环境造成威胁,制约了海洋经济的健康可持续发展。目前,厦门市已基于陆海统筹管理途径,通过水体修复、生态治理等综合整治手段阶段性实现了筼筜湖片区、五缘湾片区的生态修复和生态产品价值,但仍然存在生态产品价值实现路径较单一、区域间生态产品价值实现成效差距较大等问题。因此,进一步加强陆海统筹生态文明建设水平,提高海岸带开发利用承载和服务能力,探索海岸带景观提升和生态价值实现路径,推进美丽海湾建设和蓝色经济发

展,是厦门实现人海和谐共生、陆海统筹生态文明协调发展的重大挑战。

三、厦门市生态文明建设发展的建议

(一)推动全域创建国家生态文明建设示范区

为进一步促进厦门市全域生态文明建设水平的提升和均衡性发展,建议加快助力翔安区、同安区创建国家生态文明建设示范区。翔安、同安二区作为岛外大开发的主阵地、主战场,需要统筹经济发展动能与生态环境保护,推进绿色城镇化和生态城区建设,保障经济发展与生态保护协同并进,加强对区域开发项目环境监管评价,优化国土空间开发保护格局,加强受损生境的生态修复、景观优化,提升生态系统服务功能。同时,加快"补短板",推进生态环境治理能力现代化建设,细化二区各级各部门的生态环境保护工作职责,形成责任明确、分工协作、整体联动的生态环境监管格局;注重改善和提升农村、农业生态环境,发展生态经济,促进农业产业化,推广农业生产生态化,发挥岛外生态优势,推进区域生态产品价值的实现;推进乡村振兴,大力营造美丽乡村,加快农村公共基础设施和环境设施建设,构建宜居宜业的农村人居环境。以国家生态文明建设示范区创建行动推进全域生态环境现代化治理进程,让生态文明建设贯穿于城乡的协同发展中。

(二)加强降碳减排工程示范和持续创新动能

厦门已在福建省率先建成了首个近零碳排放示范区——东坪山近零碳排放示范区工程,并形成了低碳工业园区、社区、景区等系列验收技术规范。建议深入总结示范经验,在能源、建筑、交通、垃圾减量、生态系统碳汇等方面进一步挖掘减碳潜力,开发系列减排降碳示范项目,推动构建全方位、多层次的低碳示范体系。建议以厦门大学碳中和创新研究中心为依托,从以下四个方面着手推动减排降碳实践示范:一是加速推动海洋"负排放"技术研发,结合厦门的海域环境,实施陆海统筹负排放生态工程,建立可持续发展的海水健康养殖模式,并在此基础上研制海洋负排放路线图;二是加强碳金融、碳市场建设研究,充分发挥金融服务业在经济碳减排中的作用,对标国际标准开展可持续金融实践,试点建设碳金融产品服务体系,探索开发碳排放配额履约、交易、增值等创新碳金融产品,推动经济社会绿色低碳转型发展;三是以厦门的蓝碳、绿碳资源为基础,充分挖掘生态系统的"去碳空间",从生态增汇和生态价值的角度,构建"碳汇+"旅游模式的核心碳汇生态区,打造全国碳汇工程的"厦门样板";四是持续推动减污降碳协同治理技术储备库建设,充分发挥企业创新性和能动性,实现企业科技创新联动,在开展减污降碳示范企业培育行动的过程中,把通过实践检验的减污降碳技术纳入技术储备库,为实现碳中和目标提

供技术支撑。

(三)提升科技支撑陆海统筹生态文明建设的水平

强化科技创新在高质量发展中的核心作用有助于提升陆海统筹的生态文明建设水平。建议加强面向陆海生态环境质量改善的科技创新能力,提升陆域源头污染和海域环境协同整治科技水平,探索陆海源头污染协同减量、陆海一体化污染监控管理及陆海统筹治理体系的科技工程建设;开展红树林、滩涂湿地等重要生态系统和中华白海豚、文昌鱼等珍稀物种保护网络建设,研发推进流域环境监测预警体系的智能化应用技术,推动陆海统筹生态文明建设领域治理能力现代化。同时,增强海洋生态文明建设的科技创新驱动能力,推动海洋科学与技术福建省创新实验室(海西实验室)、南方海洋研究中心等国家级和福建海洋可持续发展研究院(厦门大学)等相关省(部)级智库和重大研发平台落地建设,加强海洋信息与数字化、船舶及港口航运等海洋领域的学科建设,整合海洋环境污染控制与整治、海洋生态环境智能化等方面科学研究和技术攻关,助力厦门市 2035 年建成国际性海洋科技创新高地。

(四)促进典型生态产品价值实现机制落地生根

建议厦门市坚持推进生态产品价值实现机制探索,促进生态产品价值在陆域、海域上的统筹实现,通过明晰陆海生态产品覆盖范围及政府职责、建立健全生态产品价值评估机制等措施夯实价值实现基础,通过积极推进生态经营开发、生态保护补偿、生态资源指标交易等途径拓宽陆海生态产品价值实现渠道。坚持生态治理与生态产业并重发展,将"三线一单"作为重要依据,探索生态环境导向的开发模式:在海域上,以提升自然岸线及海湾、海岛的生态保护为基础,加大海岸带如沙滩等生态系统的修复力度,加强海岸带生物多样性及系统多样性的保护,构建"人海和谐"的蓝色海湾;在陆域上,以五缘湾片区和筼筜湖片区为示范,积极建设岛外生态低碳公园,持续推进"生态＋特色产业"的绿色发展模式,促进陆域生态产业与海洋生态产业的融合,实现陆海资源的保护和有序开发。坚持优化产业空间结构,实现区域协同发展,深入贯彻"陆海统筹"理念,从低碳生态工业、都市生态农业和生态旅游业等方向探索生态产品价值实现的路径,通过在岛内建设滨海旅游产品体系,岛外建设现代海洋生态产业体系,拓展厦门全域陆海蓝绿生态产业高质量发展新格局。

参考文献

[1]中国人民大学重阳金融研究院,中国人民大学生态金融研究中心.[R]."碳中和"中国城市进展报告2021.

[2]潘家华,庄贵阳,等.厦门市低碳城市创新发展研究.[M].北京:社会科

学文献出版社,2018.

[3]焦念志.2021.研发海洋"负排放"技术支撑国家"碳中和"需求[J].中国科学院院刊,36(02):179-187.

厦门大学环境与生态学院　李杨帆　张雪婷　严欣恬

李　彤　黄暄皓

厦门市保障性住房建设情况分析及建议

2021年厦门市委市政府立足新发展阶段、贯彻新发展理念,坚持"房住不炒"的定位,认真贯彻执行房地产市场长效机制工作方案和2021年住宅用地供应分类调控工作要求,率先探索多主体供应、多渠道保障、租购并举的住房保障制度,在保障性住房建设方面大胆创新,逐渐形成了适合厦门发展特点的住房保障体系。

一、厦门保障性住房建设情况

近年来,厦门积极探索"地铁站点＋保障性住房"全新模式,打造三个高品质保障性住房地铁社区一期项目,已全面竣工并交付使用,成效显著,成为全国保障性住房建设领域的亮点工程。

(一)2020年厦门保障性住房建设情况回顾

1.土地供应及开工建设。全年累计供应居住用地502公顷,建筑面积1570万平方米,其中商品房、保障房、安置房占比分别约40％、40％、20％。全年计划新开工保障房8000套,实际开工9726套,完成年度建设任务的121％。[①]

2.保障性租赁住房筹集。全年筹集保障性租赁住房项目73个,约9.2万套(间),建成24个项目,提供房源约3.1万套(间)。

3.人才住房保障。全年面向各类人才提供精准保障,累计配售约2万套;首批推出地铁社区房4000套,613家"三高"企业1887户获得购房资格并于年底交房。全年发放各类人才住房补贴824人9529万元。完成高层次及骨干人才确认1103人,受理审核人才住房404人和保障性商品房410人,发放人才购房补贴233人、人才住房补贴56人。

4.新市民及其他各类住房保障。一是面向新市民提供优惠配租,累计解决3.47万名无住房新市民的过渡性、阶段性居住需求;二是重点解决城市基

---

① 本文数据资料如未特别说明,均来源于厦门市建设局、厦门市住房保障和房屋管理局、厦门市统计局官方文件和网站。

本公共服务领域一线职工居住问题,优先保障 2748 名公交、环卫等城市公共服务人员;三是着力解决户籍"双困"家庭住有所居,配租 3.57 万套保障性租赁房,1169 户本市住房困难城镇低保家庭发放廉租住房租金补助。全年新增低保家庭住房救助 624 户(实物+货币),保障性租赁房在保的低保家庭 1396户,低收入家庭(含低保家庭)19596 户,廉租住房租金补助家庭 3904 户次,补助金额 2682,423 元。

截至 2020 年 12 月底,累计分配各类保障性住房约 9.31 万套(间),解决 21 万人的住房困难问题。

(二)2021 年前三季度厦门市保障性住房建设情况

2021 年厦门市围绕本市户籍"双困"家庭、各类人才、新市民等不同群体的住房需求,统筹各类房源,分层次提供精准保障,加快配租配售,住房保障力度进一步加大。

1.土地供应及开工建设。2021 年度计划供应租赁住房用地 9 宗、土地面积约 21.3 公顷,占年度住宅用地计划供应量的 10.9%。截至 9 月底,市级项目保障房在建项目 12 个,计划推进竣工保障房房源 10000 套,已竣工 12883套,提前超额完成任务。

2.项目筹集。截至 9 月底,厦门市已筹集项目 73 个、9.27 万套(间),预计年内可竣工项目 24 个,提供房源 3.17 万套(间)。

3.配租配售。2021 年计划面向本市户籍无住房家庭、各类人才、在厦稳定就业无住房职工安排房源约 1.5 万套(间),包括已面向本市户籍中低收入住房困难家庭安排房源 4500 套,面向在厦稳定就业无住房职工安排房源2000 多套(间),面向高层次人才、骨干人才安排 450 套,两批次保障性商品房8000 套。截至 9 月底,全市已累计分配各类保障性住房约 9.53 万套,保障人数超过 21 万人,有效改善住房困难群众居住条件。

4.项目房价。厦门保障房(商品房)原则上优惠 55%。购买者只需要出45%,可以公积金贷款,具体首付比例、利率参照银行。详见表 1、表 2。

表 1　2021 年社会批次保障房售价

小　区	市场评估价(元/m²)	销售均价(元/m²)
翔安区新店保障房地铁社区一期	30724	13826
翔安区新店保障房地铁社区二期	31373	14118
翔安区林前综合体	32118	14453
同安区祥平保障房地铁社区一期	28241	12708
海沧区马銮湾保障房地铁社区一期	32468	14611
注意:销售均价为市场评估价的 45%,楼层调节价差为每层 50 元/m²。		

表 2　2021 年"三高"批次保障房售价

小　　区	市场评估价（元/m²）	销售均价（元/m²）
翔安区新店保障房地铁社区一期	30724	13826
翔安区新店保障房地铁社区二期	31373	14118
同安区祥平保障房地铁社区一期	28241	12708
海沧区马銮湾保障房地铁社区一期	32468	14611

注意：销售均价为市场评估价的 45%，楼层调节价差为每层 50 元/m²。

在人口净流入量大、房价高企的厦门，相对低廉的保障房价格较好地满足了新市民、青年人群体住房需求。

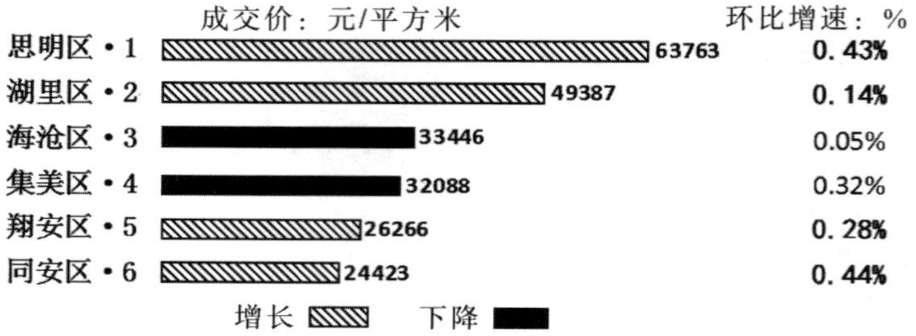

图 1　2021 年 9 月厦门六个市辖区房价

5. 在建项目进度。2021 年计划推进竣工房源 10000 套。截至 9 月底，厦门在建市级项目 12 个，进度如下：

（1）集美区项目。集美区项目 1 个，项目名称为集美区洪茂居住区一期。

集美区洪茂居住区一期：项目位于集美区软件园三期，地铁 4 号线集美软件园站西侧，总用地面积 6.79 万平方米，总建筑面积 31.2 万平方米，建设公共租赁住房 5744 套，配套建设商业、公共社区用房等设施。截至 9 月底，项目正进行地下室工程施工。

（2）海沧区项目。海沧区项目 2 个，项目名称为马銮湾地铁社区二期和新阳三期。

马銮湾地铁社区二期：项目位于海沧区孚莲路东侧，地铁社区一期工程西侧，总用地面积约 10.5 万平方米，总建筑面积约 35.9 万平方米，建设保障性住房 3030 套，配套建设幼儿园、小学、生鲜超市、商业等设施。截至 9 月底，项目正进行主体工程施工。

新阳三期：项目位于厦门市海沧区孚安路以北、东孚西二路以南、东孚南路以西、孚中央东路以东。项目总用地面积约 9.1 万平方米,总建筑面积约 38.88 万平方米,建成后将提供保障性住房 2900 套。截至 9 月底,项目正进行基坑支护及土方开挖工程施工。

(3)同安区项目。同安区项目 5 个,项目名称为祥平地铁社区二期、龙秋公寓、龙泉公寓一期、同安城北小区 A 地块、祥平地铁社区三期。

祥平地铁社区二期:项目位于同安区祥平街道同集北路以东卿朴路以南,总建筑面积 53.4 万平方米,建设保障性住房 4902 套,配套建设商业、幼儿园、社区服务中心、生鲜超市等设施。截至 9 月底,项目正进行分户验收。

龙秋公寓:项目位于同安区高新技术产业基地起步区中部,城中东路西侧,总用地面积约 3.1 万平方米,总建筑面积约 15.2 万平方米,建设公共租赁住房 2700 套,配套建设商业、社区服务等设施。截至 9 月底,项目正进行主体工程施工。

龙泉公寓一期:项目位于同安区同翔高新产业基地,城东中路东侧、郭山南路南侧,总用地面积约 6.15 万平方米,总建筑面积约 24.1 万平方米,建设保障性住房 3252 套,配套 12 个班的幼儿园、商业、公共社区用房等服务设施。截至 9 月底,项目正进行桩基及上部主体工程施工。

同安城北小区 A 地块:项目位于同安区朝洋路与新丰路交叉口西北侧,总建筑面积约 18.5 万平方米,建设保障性住房 1690 套,配套建设社区服务中心、老年人日间照料中心、幼儿园、生鲜超市等设施。截至 9 月底,项目正进行主体工程施工。

祥平地铁社区三期:项目位于同安区西湖路以东,同丙路以西、卿朴中路以南、卿朴路以北。共 4 个地块,总用地面积 86557 平方米,总建筑面积 378198 平方米。主要建设保障性住房约 3188 套,一所 12 个班的幼儿园,以及社区商业、生鲜超市、邮政中心、社区服务中心、物业等配套用房。截至 9 月底,项目正进行地下室结构工程施工。

(4)翔安区项目。翔安区项目 4 个,项目名称为浯家公寓、洋唐居住区三期、珩边居住区、东园公寓一期。

浯家公寓:项目位于翔安西路以北、洪钟大道以东,总用地面积 6.18 万平方米,总建筑面积 30.75 万平方米,建设公共租赁住房 4520 套。配套建设幼儿园、生鲜超市、社区服务中心、商业等服务设施。截至 9 月底,项目正进行装修工程施工。

洋唐居住区三期:项目位于翔安区新店镇翔安南路与洪钟大道交叉处西南侧,总用地面积 9.97 万平方米,总建筑面积 48.99 万平方米,建设保障性住房 4646 套。配套建设幼儿园、社区商业、社区服务中心、物业等配套用房。截至 9 月底,项目正进行装修及室外工程施工。

珩边居住区：项目位于翔安南路以南、城场路以北，项目总用地面积 14.7 万平方米，总建筑面积 59.3 万平方米，建设保障性住房约 4888 套，配套建设社区服务中心、老年人日间照料中心、幼儿园、生鲜超市、商业等设施。截至 9 月底，项目正进行地下室和上部主体结构工程施工。

东园公寓一期：项目位于翔安区东园村南侧填海区域，总用地面积约 1.8 万平方米，总建筑面积约 7.7 万平方米，建设保障性住房 544 套，配套建设商业配套及物业用房等。截至 9 月底，项目正进行土方开挖工程施工。

从房源位置上可以看出，厦门保障房分布地点虽然都在岛外，但大多都毗邻地铁站点，交通方便。目前厦门关注度较高的 3 个地铁保障房社区是位于翔安的新店地铁保障房社区、位于海沧的马銮湾地铁保障房社区以及位于同安的祥平地铁保障房社区。

三、主要措施、取得的成效及存在的问题

近年来，厦门积极探索"地铁站点＋保障性住房"全新模式，打造三个高品质保障性住房地铁社区一期项目，并全面竣工交付使用，成为全国保障性住房建设领域的亮点工程，保障性住房建设成效显著。

（一）主要措施及取得的成效

1.政策先行、配套到位。2021 年，厦门出台了《厦门市扩大租赁住房供给促进市场平稳发展工作方案》《存量非住宅类房屋临时改建为保障性租赁住房实施方案》《厦门市人民政府办公厅关于加快发展保障性租赁住房的意见》《厦门市加大新就业大学生等青年群体租赁住房保障工作的若干意见》等一系列文件，以解决新就业大学生、城市公共服务群体等新市民的住房困难问题为重点，加快保障性租赁住房供应。

2.摸清底数、规划到位。在人口净流入大、房价高企的厦门，高房价是厦门新市民、青年人最关心、最直接、最现实的利益问题。厦门一方面通过多部门信息联动，全面摸清住房困难群体的租赁住房需求，另一方面，结合土地和房屋资源情况，统筹考虑住房租赁市场供需以及地铁、BRT（快速公交系统）交通网络。

3.多渠道供给、多主体参与。积极探索增加房源供给路径，在存量房源筹集转化、利用集体预留发展用地建设、非居住类房屋改建、鼓励企事业单位自建等方面，探索出"厦门路径"。培育 15 家国有住房租赁企业，鼓励国有企业参与集体发展用地建设保障性租赁住房、盘活闲置可用房源、通过公开出让取得租赁用地建设运营保障性租赁住房，采用配建、盘活自有房屋等方式增加保障性租赁住房供给，促进"职住平衡"。

4.强化监管,完善机制。厦门市强化制度监管、平台监管、过程监管,通过完善机制、建立平台,构建全周期闭环监管体系。

(二)厦门保障性住房建设存在的问题

厦门保障性住房建设取得了一定的成绩,但也存在着一些隐忧和突出的问题。

1.岛内外发展不平衡,保障性住房覆盖率低。2021年厦门12个在建保障性住房项目全部集中在岛外,从"岛内大提升,岛外大发展"决策部署看,将厦门产业和人口向岛外引导无疑是正确的。但目前厦门人口岛内外分布明显失衡,第七次人口普查数据显示,岛内思明区、湖里区常住人口都超过100万人(思明区107.33万人,湖里区103.6974万人)。目前厦门人口聚集在岛内,许多政府部门、行政企事业单位办公场所也在岛内。保障性住房建设离办公地点远,虽为地铁社区,但离地铁口还比较远。公交车跨越岛内外,班次偏少,上下班高峰期经常堵车,增加了交通压力和群众出行成本,不方便群众生产生活。

2.居住用地、租赁类用地供应不足。厦门市第七次人口普查数据显示,厦门流入人口达2715022人,占全市人口的53%。近年来,厦门人口净流入量急速增大,且大部分是新市民和青年人群体,大多亟须通过保障性住房解决住房难问题,因此,加快保障性住房建设和加大保障性住房供应力度,乃是当务之急。但从2018—2020年度土地供应计划看,分别为:1461公顷、1636公顷和1767.5公顷,住宅用地分别占12.4%、23.6%和10.7%,低于全国平均水平35%左右。2017年以来市场化"只租不售"用地供给量不足10公顷,而国内同类城市"只租不售"用地供给量占住宅类用地成交面积已接近或超过20%。作为国家第一批开展利用集体建设用地建设租赁住房试点城市,全市已批发展用地约531公顷,占规划用地42%,但因用地分散、选址不合理等原因,实际开发利用率较低。

3.管理体制机制不够完善。保障性住房在配租配售过程中有时存在保障群体错配、轮候时间较长、住房供给不足、信息共享管理系统建设滞后、共有产权房缺失、住房保障体系中共有产权政策缺失、住房管理手段创新不足等问题。

三、2022年厦门住房发展展望

2022年,厦门市将继续贯彻"房子是用来住的、不是用来炒的"这一定位,坚持租购并举,优化住房供应,提升居住品质,完善配套设施,促进住房高质量发展。2022年厦门计划新竣工交付使用保障性住房10000套,出台厦门市保障性住房中长期建设专项规划,以产城融合为理念,职住平衡为原则,确保项目建设与群众需求及产业发展更加契合。2022年,厦门共有产权住房政策有可能实施,未来厦门住房保障体系将以公租房、保障性租赁住房和共有产权住房"三种房"为主体,每一种房对应着每一种不同的收入群体,无缝对接解决城市不同收入群体的住房问题。

四、促进厦门市保障性住房建设持续、稳定、健康发展的建议

(一)加强土地要素保障,强化住房规划引导

一是科学制定住宅用地年度供应计划和滚动开发计划,加大居住用地保障力度,优化保障性住房空间布局,在轨道枢纽、产业园区周边建设保障房,落实保障房项目和周边配套"同步规划、同步建设、同步交付"原则,提高保障房居住便利度。二是完善保障房分配与管理机制,缩短保障房审批轮候时限,提高保障房分配效率。三是支持利用集体建设用地按照规划建设租赁住房,用地供给要适当集中连片,开发一片、成熟一片,通过时间和空间传导,将住房专项规划指标落实到近期建设规划和年度住房建设计划。

(二)加大保障房建设力度,多渠道筹集房源

一是要加快保障房和公租房建设,做好岛内外不同区域、不同群体、不同类型住宅的市场细分。二是将2016年开始实施的竞配建房源在竣工备案后统一移交给市住房保障行政管理部门或政府指定的专营企业,纳入住房保障体系。三是加快对短期无安置需求的岛内存量安置房和近岛各区地铁、BRT站点周边等租赁需求旺盛区域存量安置房的梳理转化。四是筹集机关事业单位存量闲置住房、保障性住房、直管公房和岛内已收储土地上可供转化房源。五是充分挖掘国企现有存量房源,加快对闲置、效率低下和不合理使用房源进行改造转化,力争在较短时间内投入使用。

(三)加快推进共有产权房政策实施

2021年7月,住建部提出,要加快完善以公租房、保障性租赁住房和共有产权住房为主体的住房保障体系。2021年7月26日,厦门市人民政府办公厅发布《关于加快发展保障性租赁住房的意见》提出,要扩大保障性租赁住房供给,满足新市民、青年人等住房困难群体的租房需求,加快构建以公租房、保障性租赁住房和共有产权住房为主体的住房保障体系。多年来,厦门住房保障体系中保障性商品房、租赁房、公租房占主体地位,而共有产权房缺失。加快建设共有产权房,有助于解决新进入城市的务工人员、大学生等"新市民"住房问题。

（四）完善保障性住房价格定价及监管机制

1.建立成本监审制度。在厦门市保障性住房定价中，价格主管部门应建立成本监审制度，对代建开发企业上报的成本会同建设、财政、审计等部门进行合同审查，对虚高的水分予以剔除。

2.规范价格审核审批程序。物价职能部门应发挥价格成本调查和价格认证机构的作用，依法参与，主动介入，加强成本监审、价格认证，对保障性住房价格审定过程中的咨询、申请、受理、审核、审批等内容，特别是对保障性住房基准价格构成中的各项费用进行逐项审核，对虚高的水分予以剔除。

3.建立工程造价咨询数据库。对未开工建设的保障性住房项目，在审核定价前必须委托工程造价咨询机构审核，对专业性强的建筑安装工程费等进行审核把关，全面掌握保障性住房成本与利润变动情况，确保保障性住房质价相符，加大保障性住房建设和销售过程的各种价格违法行为的整治。

（五）建立全市统一的住房管理信息平台

优化住房保障管理系统，推进数据深度融合，建立全市统一的住房管理信息平台，全面推进部门间数据信息融合共享，推进系统集成。增强保障性住房建设与管理信息公开的完整性、连续性和时效性，完善信息公开制度。加强动态监测住房保障对象家庭人口、住房和经济状况变化情况。构建房屋管理信用体系，建立房屋管理信用信息数据库，支持信用体系建设。

集美大学财经学院　　李友华

厦门市对台交流合作情况分析及建议

一、厦台交流合作的基本情况回顾

(一)2020年厦台交流合作情况回顾

2020年以来,厦门市继续发挥对台战略支点作用,探索海峡两岸融合发展新路,不断促进厦门对台交流合作。两岸交流融合稳步推进,全年新批台资项目577个,合同使用台资金额增长88.1%。全年对台进出口贸易总值402.36亿元,同比增长2.4%,其中对台出口125.16亿元,同比增长14.5%,进口277.21亿元,同比下降2.2%。对台贸易优势突出。厦台海运快件物流通道更加顺畅,2020年共出运货物123.8万件、货值5.1亿元,分别增长17%、63.6%;进口台湾水果4.94万吨,连续13年保持全国最大进口口岸地位。厦金合作更加紧密,厦金直航贸易出口1.2万吨,进口7.4万吨,金门"海外仓"建设进一步加快,金门逐步成为厦台货物的中转集散中心。

2020年是厦门市发展极不平凡的一年。面对新冠肺炎疫情的严重冲击,厦门市在第一时间出台《关于帮扶在厦台港澳人士、台资企业应对新冠肺炎疫情的工作方案》等多项举措,积极帮助台企有序复工复产,推动台企转型升级、增资扩产。举办"台资企业拓内销线上推介对接会"等系列活动,出台《进一步促进两岸经济文化交流合作的若干措施实施细则》,支持厦门自贸片区银行业金融机构办理跨境人民币账户融资业务,在大嶝对台小额商品交易市场实施正面清单管理。获批建设海峡两岸集成电路产业合作试验区、海峡两岸数字经济融合发展示范区和厦门同安闽台农业融合发展产业园等两岸经贸合作平台。两岸首家全牌照合资证券公司金圆统一证券开业。将冠捷科技、正新轮胎等10多家台企在厦产品列入《地产工业品推荐目录》。设立大陆首个国家级台湾地区标准研究中心"台湾地区标准化(厦门)研究中心"。

(二)2021年1—9月厦台交流合作情况

2021年厦门市对台经贸合作持续稳定发展。截至2021年9月,厦门对台进出口总额达到370.51亿元,同比增长26.08%,其中,对台出口101.65亿元,同比增长10.80%,对台进口268.86亿元,同比增长33.02%。相比2020

年同期,厦门市对台进出口规模都得到大幅度的增长,台资工业企业产值继续稳居全市工业总产值 1/3 左右。这也表明,厦台经贸合作已经开始逐步恢复正常。厦门市在对台政策上继续进行积极探索和实践创新,先后出台《关于进一步鼓励和支持台湾青年来厦实习就业创业的若干措施》,打造台湾青年登陆第一家园的"第一站"。举办台籍实习生计划。打造全省首个两岸融合发展中心——集美区两岸融合发展中心等。

二、厦台经贸合作存在的问题与挑战

当前,厦台经贸合作依然面临着产业结构调整、企业转型升级、外部环境复杂等一系列问题与困难,使得厦门对台经贸合作面临不小的挑战。

(一)厦台产业合作面临新挑战

厦台产业合作升级依然面临新的压力和挑战。当前,厦门市大力推动建设"两高两化",全方位加快高质量发展超越,构建现代产业体系。其中,加快集成电路、新能源、新材料、生物医药、高端装备等战略新兴产业发展,打造 12 条重点产业链群成为实现全方位高质量发展超越的关键。以集成电路为代表的产业合作为厦台经贸合作奠定了良好的发展基础,厦门两岸新兴产业与现代服务业合作示范区也取得一定的积极成果。不过由于中小台企比例较大,集中在传统制造业领域,缺乏来自台湾地区高科技龙头企业的带动,产业转型升级困难,导致厦台产业合作难以在高端产业形成一定的集聚和规模效应。

当前,民进党当局"反中"立场日益明显,对大陆采取"去中化"脱钩政策,台湾当局更是妄图推动岛内以及大陆台企向东南亚等地区转移,甚至采取限制措施阻碍岛内企业赴大陆投资,部分台企出于政治压力与经济因素的考虑,不得不减缓进入大陆市场的步伐,这也延缓了台湾地区先进制造业等高端产业链进一步向厦门转移的趋势。同时,厦台产业合作除了面临长三角、珠三角等地区的市场竞争外,也受到台资逐步向中西部地区转移的压力,这些都是使得厦门在推动两岸新兴产业合作上面临更大挑战。

(二)厦门市中小台企面临较大的经营风险

1."征信难、融资难、融资成本高"问题没有得到根本改善

厦门市台企主要以中小企业为主,长期以来,台企都普遍面临"征信难、融资难、融资成本高"问题,这也是很多在厦中小型台企面临转型升级困境、缺乏稳定的融资渠道、难以做大做强的重要原因。同时,传统制造业市场竞争激烈,一部分中小台企缺乏更多可拓展的市场空间。

2.外部形势变化增加经营压力

疫情的常态化进一步加剧了中小台企的经营风险。由于受到国内防控政策的影响,中小台企的生产、销售容易波动,资金链紧张的情况普遍存在。同时,厦门市台资企业多数是以出口导向型为主的中小企业,生产经营的产业领域和所处的产业链环节较为集中和单一,海外出口市场地区分布也较为集中。由于受到疫情的阶段性影响,国内市场消费又普遍不足,造成部分中小台企难以适应新经济形态的变化,经营压力普遍较大。

3.先进制造业和现代服务业依然占比不高

当前厦门市全力打造12条千亿产业链群,高新技术产业以及现代服务业的产业比重日益提升,"三高"企业成为厦门重点培育和发展的对象,但是台资企业占"三高"企业的比例不高,部分台企难以适应厦门市打造现代产业体系的要求。

(三)厦台经贸合作易受外部因素的冲击

1.全球疫情形势依然存在不确定性

疫情防控造成两岸人员与货物往来大幅紧缩,双方主要通过线上沟通、大陆台商和第三方机构洽谈和推动项目,使得正常的厦台经贸合作难以在短时间内得到恢复。疫情使得经济环境出现新变化,台资企业参与全球供应链方式也在面临新考验。

2.中美关系对两岸产业合作带来冲击

随着拜登新政府的上台,美国对华政策提出了"对抗、竞争与合作"的处理模式,这意味着中美关系的竞争对抗性会逐步常态化。台湾地区相当多的高端制造业都与美国产业供应链存在密切联系,美国政府正在加快构建一个由美国主导的全球供应链安全联盟,并将台湾地区纳入其中,引导台湾地区高科技产业供应链向美国等其他地区转移。一些岛内高端制造企业考虑政治以及经济因素的影响,不得不将产业供应链外移,这些外部因素都会使厦台在推进两岸高科技产业合作中面临一定的压力。

3.岛内政治因素对厦台经贸合作的影响

蔡英文当局在对内政策上继续坚持"反中"路线,否定"九二共识",不断加剧两岸关系的紧张局势,并以疫情因素为借口,拒绝两岸恢复"小三通",阻挡岛内高端人才、技术进入大陆,阻碍两岸经贸合作正常发展。在对外政策上配合美国对华的遏制施压战略,通过开展美台经济对话,推动美台供应链合作,减缓或降低台商对大陆投资,逐步调整两岸产业供应链格局,并严格管控台湾地区高端制造业向大陆转移。而且,蔡英文当局还妄图加入"全面与进步跨太平洋伙伴关系协定"(CPTPP),台湾当局的"反中""去中"政策严重冲击两岸经贸交流,也使得厦台经贸合作面临的不确定性和困难有所增加。

三、2022 年发展预测与展望

作为"21 世纪海上丝绸之路"建设支点与对台交流合作战略支点,厦台经贸合作正进入一个新的发展阶段。当前厦门市以"五中心一基地"建设作为推动厦门城市发展的重要抓手,推进国际航运中心、国际贸易中心、国际旅游会展中心、区域创新中心、区域金融中心和金砖国家新工业革命伙伴关系创新基地建设,聚焦航运、贸易、旅游会展、金融、创新等资源要素。站在新的历史起点上,厦门要深入贯彻落实习近平总书记关于对台工作的重要论述和习近平总书记在福建考察时的重要讲话精神,紧盯厦门市"十四五"发展目标和 2035 年远景目标,加快探索两岸融合发展新路,建成两岸融合发展示范区,巩固对台交流合作战略支点地位,打造台胞台企登陆第一家园的"第一站",推动厦台经贸合作在新发展阶段取得更大新突破。

(一)探索两岸融合发展新路的厦门模式

坚持以"通"促融。进一步推动厦门成为两岸"新四通"先行先试示范市,促进"应通尽通""能通快通""高效联通",率先推进厦台基础设施实现"陆、海、天、网"一体联通,打造两岸综合交通枢纽,构建内陆地区对台商品和物流的中转基地。支持厦门出口型跨境电商商品经台湾运往目标国家或地区,推动厦门成为构建两岸服务双循环上的重要节点。支持在厦台企参与当地 5G、工业互联网、人工智能等新型基础设施的研发、生产和建设。鼓励在厦台企申报工业互联网创新发展工程项目、试点示范项目。深化厦台在检验检测、标准制订、认证认可、人员培训、科技创新等方面合作。在集成电路、光电显示等领域,积极与台湾高校、科研院所、企业及检验机构开展技术攻关。进一步完善厦金电力联网方案。推动厦金大桥厦门侧建设。推动厦门向金门供气方案前期工作。探索建立厦金旅游协作示范区。加快建设厦门新机场金门候机专区。尽快实现"厦金共同生活圈",率先建成两岸融合发展示范区。

坚持以"惠"促融。充分关注台胞台企新需求,争取在市场准入及文化教育、医疗卫生、社会保障、基本公共服务等方面进一步出台促进厦台融合发展的同等待遇。扩大台胞证和居住证在厦门的应用范围,推动第三方平台支持对台胞证和居住证的核验认证。用心用情服务台商。助推台湾青年创业就业,为台胞提供更多就业、实习岗位,探索建立台湾专才晋升机制。鼓励用人单位通过线上和线下方式,加大对台湾科技、卫生、教育、电子等领域专业人才和高技能人才引进力度。探索直接采认部分台湾人才职业资格,做好台湾人才专业技术资格认定工作,推广台湾人才职称、技能等级匹配认定,打造惠台利民最温馨家园。

坚持以"情"促融。强化民俗、宗亲、戏曲、民间信仰等文化纽带,坚持民间推动与市场运作并举,深化以情促融,全面提升两岸文化、教育、卫生交流合作的层次和水平,形成两岸文化交流最活跃平台。进一步增强海峡论坛、文博会等重大涉台活动的影响力和实效性,扩大厦台在人文宗亲、教育医疗、社区治理等领域的交流合作。支持影视、图书等优秀文化作品进入台湾与民众交流分享,不断强化两岸同胞文化认同、心灵契合。支持台湾社工参与厦门基层社会事务,提供更多社工岗位面向台胞招聘,支持厦门台湾社工组织参评省级台湾社工就业示范基地。鼓励台湾团队参与厦门农村人居环境整治、美丽乡村建设和传统村落保护发展。深入开展对台研学活动,继续提升厦门(集美)研学基地,实现"学习活动、文化体验、社会融入"三位一体的研学模式,广泛组织实施两岸青少年的学习交流、研学旅行、社团结对、体验对接等活动,吸引更多台湾青少年来厦开展研学交流,打造大陆最大的对台研学旅行基地。

(二)推动厦台产业融合发展

要持续抓好"一区三中心"建设,协调推进国际航运中心、国际贸易中心、国际旅游会展中心、区域创新中心、区域金融中心和金砖国家新工业革命伙伴关系创新基地建设,加快厦台在航运、贸易、旅游会展、金融、创新等要素集聚辐射,深化以产促融,打造两岸经贸合作最活跃区域。

继续推进建设国际航运中心。利用对台区位优势,打造国际航运中心,充分发挥厦门海上合作战略支点和国际门户枢纽作用,巩固作为连接"一带一路"沿线与台湾地区的国际物流大通道。优化港口功能布局,完善厦门港口基础设施,推进港口资源整合,合理配置港口物流用地,提升港口专业化、集约化、智慧化水平,做大港口规模。聚集高端航运服务要素,提升航运综合服务能力,优化航运发展环境。做大对台海运快件和跨境电商规模。推动厦门至高雄、澎湖邮轮航班常态化,增开厦门至高雄的客滚航线,推动厦台海铁多式联运。

加快建设国际贸易中心。利用厦门作为大陆对台贸易中心,实行更加开放灵活的对台贸易政策,大力发展两岸服务贸易。支持厦台两地相关企业共同参与共建"一带一路"国家和地区的基础设施建设。推动建设厦金通关合作试验区,拓展台湾入境商品"源头管理、口岸验放"模式,扩大台湾进口商品第三方检验检测结果采信范围,建设两岸货物集散转运枢纽。探索建立大陆台企内需市场服务平台,帮助台企利用电子商务等形式拓展大陆消费市场。支持大陆企业到金门投资酒店、休闲娱乐设施、码头、道路等。

全面建设国际旅游会展中心。推动举办厦金两门旅游节或厦金澎旅游节。健全厦金旅游产品孵化机制。探索建立厦金澎旅游联盟。打造连接厦金澎、闽西南的旅游线路。推进线上线下一体化的旅游公共服务平台建设,推动两岸合作建设国际会展名城。大力发展影视产业、网络视听和文化创意产业。深化拓展中国电影金鸡奖活动,扩大对台文化影响力,加快建设新兴文化产业强市。

高标准建设具有国际影响力的区域创新中心。要积极围绕《厦门市"十四五"战略性新兴产业发展专项规划》,推动厦台优势产业协同发展,推进厦台在电子信息、集成电路、机械装备、现代农业、生物技术、康养医疗、金融服务等重点产业的融合对接,在全国乃至全球形成一定的影响力和竞争力。推进厦台科技协同创新,推动与台湾高科技企业共建科技创新平台,实现两岸合作研发、合作创新,推动两岸共同规划建设"厦门科学城""海洋高新产业园"。要以海峡两岸集成电路产业合作试验区、海峡两岸数字经济融合发展示范区为主要载体,加快两岸新兴产业和现代服务业合作示范区建设,重点围绕 12 条千亿产业链群,精准引进一批高质量的台湾百大项目以及三高企业,推进厦台在新一代信息技术、新能源、新材料以及海洋生物等战略性新兴产业开展协同合作。要积极利用台湾地区在文化创意、都市现代农业的产业优势,重点规划文化创意产业、都市现代农业的产业布局。

推进建设区域金融中心。进一步探索拓宽两岸金融同业融资渠道,推动台企在厦门上市融资。加强与各证券交易所战略合作,与厦门两岸股权交易中心有效联动,共建资本市场厦门服务基地。推动企业在不同层次资本市场间的挂牌、转板和上市。要引进台湾地区金融科技、金融创新、金融监管、人工智能和大数据技术等人才,借鉴台湾地区资讯产业和金融机构在征信技术、风险投资、金融创新、金融监管等方面的先进经验,充分发挥厦门软件信息产业优势和金融科技优势,打造厦门成为两岸金融科技之城,把厦门建成立足对台、服务两岸、辐射东南亚、连接"海丝"、面向全球的区域性金融中心。

全方位建设金砖国家新工业革命伙伴关系创新基地。厦门获准建立金砖国家新工业革命伙伴关系创新基地,给两岸经贸、科技合作带来新机遇。作为高水平对外开放的重要平台,国家科技创新、产业创新和制度创新高地,厦门要进一步利用对外开放与产业创新基地,吸引一批具有代表性的台湾企业、研究机构进驻,积极推动两岸围绕政策协调、人才培养、项目开发等领域展开产业、科技合作。

(三)加快推动厦门台企实现高质量发展

要继续利用好厦门市两岸股权交易中心"台资板",帮助更多台企进入大陆资本市场,推动台企做大做强。通过大陆台商企业和第三方推荐的形式加强对台招商的力度,重点针对半导体和光电等优势产业,加快策划引进带动性强的大项目好项目。精心培育具有核心竞争力的龙头企业,完善具有厦门特色优势的现代产业体系。要进一步引导台资企业创新升级,建立统一的政策辅导以及公共服务平台。

进一步搞好中小台企转型升级。加大落实对传统中小台企转型升级的专项资金补助，加大对市级台企技术中心的资助力度。加快促成在厦中小台企实现智能化、信息化的升级。推动成立厦台高科技产业协会，加大对中小台企的技术辅导与政策支持。积极培育一批具有"三高"企业发展潜力的中小台企。利用建设"厦门科学城"，引进一批具有发展前景的台湾创新企业入驻落地，推动厦门与台湾科技园区合作建设"厦门科学城"。

支持台企参与厦门地方发展。从政策、资金等层面支持台企参与厦门"新基建"布局，推动台企参与到厦门市 5G、人工智能、工业互联网等重点项目，助推厦门地方经济发展。推动台企参与厦门城市垃圾分类、建筑垃圾资源化利用、园林废弃物资源化利用、城镇污泥无害化处置与资源化利用、再生资源和大宗工业固废综合利用等循环经济项目。

（四）发挥对台人才优势，支持台湾青年就业创业

要深入贯彻习近平总书记在中央人才工作会议上的重要讲话精神，围绕2021 年出台的《关于进一步鼓励和支持台湾青年来厦实习就业创业的若干措施》，发挥厦门对台人才优势。通过建设台湾青年就业创业基地、提供创业启动资金、便利台湾青年子女就学等举措支持台湾青年赴厦就业、创业，为在厦台湾青年创造良好的学习生活工作环境。要按照打造现代产业体系要求，加快引进包括现代信息技术人才、战略性新兴产业技术人才、海洋开放技术人才以及高端制造业人才等高层次技术人才。继续选聘台湾特聘专家、专才，对国企招聘的台湾人才实行薪酬单列。推荐在厦台湾人才参与福建省各类人才项目遴选。要继续给予来厦投资、工作、创业的台湾高科技人才在经费、税收、土地以及投融资服务方面的优惠。推动厦门成为最吸引台湾人才的人才高地以及台湾人才登陆第一家园的"第一站"。

要继续加强海峡两岸青年就业创业基地建设。要将厦门打造成为最有利于台湾青年就业创业的友好型城市，引导支持在厦台商台企、大陆企业参与两岸青创基地建设。推动厦门市青年企业家协会、青年商会等与台湾青创基地营运机构互动交流，积极从政策、资金、人才等方面帮助台湾青创企业扎根厦门，助力台湾青年在厦创业发展。以两岸数字经济创新创业基地为平台，鼓励台湾青年参与厦门数字经济发展。利用"海峡两岸（厦门）直播电商产业合作园"，打造海峡两岸青年电商直播创业就业基地，促进厦门电商新经济业态发展。支持台湾青年在厦门从事影视文化创作，共建两岸影视文化专业平台。

中共厦门市委党校　艾明江

区域篇

思明区经济社会运行情况分析及预测

一、2021年思明区经济社会发展总体情况

(一)2020年经济社会发展回顾

2020年是全面建成小康社会和"十三五"规划的收官之年,思明区在市委、市政府和区委的领导下,坚持以习近平新时代中国特色社会主义思想为指导,深入贯彻党的十九大和十九届二中、三中、四中、五中、六中全会精神,把蕴含其中的理念、方法、机制落实到思明区治理的全过程各方面,坚持新发展理念,全方位推动高质量发展超越。面对突如其来的新冠疫情,思明区始终把人民群众生命安全和身体健康摆在第一位,率先全省打造"火烧云"健康管理平台,统筹推进疫情防控和经济社会发展。经过艰苦卓绝的努力,疫情防控取得重大成果,GDP增速也在第三季度由负转正。全年地区生产总值2053.04亿元,比上年增长4.5%。其中,第二产业增加值327.15亿元,增长8.3%,第三产业增加值1722.90亿元,增长3.7%,三次产业比例结构为0.2:15.9:83.9。

2020年,思明区工业实现增加值82.03亿元,比上年增长6.4%。规模以上工业完成产值371.09亿元,比上年增长2.9%,其中产值超亿元企业36家,产值合计355.68亿元,占全区规模以上工业的95.8%。思明区全社会固定资产投资比上年增长11.0%,其中民间投资增长103.44%。城镇项目投资比上年下降22.5%,其中基础设施投资下降9.9%,占城镇项目投资66.9%,交通运输、仓储和邮政业下降16.7%,水利、环境和公共设施管理业下降34.2%。社会事业投资下降23.4%,其中教育投资下降5.1%,卫生投资下降32.0%,文化、体育和娱乐业投资下降74.0%。房地产开发投资比上年增长93.4%,其中建筑工程完成投资占房地产投资的24.6%。

全区社会消费品零售总额823.68亿元,比上年增长0.7%。全区主要百货超市企业实现零售额83.11亿元,增长16.6%,其中超市类企业实现零售额59.48亿元,增长43.6%。电子商务持续增长,2020年,全区限额以上批发零售企业共实现网络零售额165.03亿元,增长29.1%。由于疫情影响,限额以上住宿餐饮企业共实现营业额76.59亿元,比上年下降16.8%,其中餐费收入

53.80亿元,下降15.0%。全年完成合同外资114.08亿元,实际利用外资30.1亿元,完成年度计划的131.67%,比上年增长44.8%。

全区实现财政总收入390.66亿元,比上年增长12.5%,完成预算102.8%。其中地方一般公共预算收入63.01亿元,完成预算104.3%,增长7.5%。地方一般公共预算支出109.78亿元,完成预算100%,增长9.8%。全年兑现工业、科技创新等政策资金约1.68亿元,惠及企业652家次。思明区4家企业入选2020年中国互联网百强榜单,数量占福建省的66.7%,15家企业入选"2020年福建互联网企业30强"榜单,10家企业入选2020年福建数字经济领域排名榜单。为了积极应对疫情影响,支持企业共克时艰,思明区加大升级惠企服务力度,率先出台"抗疫情,稳生产"的六条措施,全年累计兑现区级各类扶持政策资金超12亿元,全年预计新增减税降费43亿元,累计减免租金5583万元,切实支持企业共渡难关。

2020年,思明区持续增进民生福祉,社会保障不断改善。全年教育、卫生等各类民生支出76.17亿元,共发放低保、特困供养、临时救助、圆梦助学、残疾人两项补贴等救助补助资金约6509万元,惠及10.2人次。共帮助失业人员再就业45077人,困难人员就业4040人,开展项目制培训51期,培训学员1859人。快速兑现惠企政策,共兑现金额1.28亿元。做好慈善救助工作,慈善会募集善款355.0万元(含物资折价),救助支出405.4万元(含物资折价),其中区慈善会共收到社会各界抗疫善款86.12万元、抗疫物资估值41.96元,合计128.08万元,均用于疫情防控。思明区现有民办养老机构15家,核定床位数3136张;新建滨海街道和梧村街道照料中心,改造升级12个社区养老服务站,在全区98个社区配备185名"助老员"。

(二)2021年1—9月份思明区经济社会运行概况

2021年是我国"十四五"规划的开局年,是推动"强富美高"新建设、实现第二个百年目标的起步之年。根据国家、福建省以及厦门市《国民经济和社会发展第十四个五年规划和二〇三五年远景目标纲要》的具体部署,思明区努力立足新发展阶段,贯彻新发展理念,构建新发展格局,以改革创新为根本动力,推动思明区高质量发展。1—9月主要经济指标完成情况如表1所示。

表1　2021年1—9月思明区主要经济指标完成情况

指　标	数值(亿元)	增幅(%)
地区生产总值(GDP)	1732.6	9.3
规模以上工业企业总产值	330.6	22.2
高新技术企业	95	33.8

续表

指标	数值(亿元)	增幅(%)
合同利用外资	80.9	—3.7
实际利用外资	41.3	135.4
限额以上批发零售销售总额	6483.4	47.0
限额以上住宿餐饮业营业额	76.0	40.6
财政总收入	248.3	11.0
区级财政收入	64.5	27.5
区级财政支出	74.1	—10.1

数据来源:厦门市思明区政府

总结1—9月思明区经济社会运行情况,主要呈现下列特点:

1.纾困惠企成效明显,经济总体稳中向好

思明区持续打好疫情防控和经济社会发展"两大战役",纾困惠企,逆境前行。精准出台一系列"稳就业、稳金融、稳外贸、稳外资、稳投资、稳预期"的政策,以及阶段性、有针对性的减税降费措施,切实减轻企业负担。发挥复工复产工作专业团队的优势,以"一对一"模式为企业和项目提供个性化服务。帮助旅游、住宿、餐饮等企业渡难关谋发展,促使主要行业景气逐步复苏,市场主体信心有力提振。

思明区2021年1—9月实现GDP1732.6亿元,在全市6个区中领跑,占全市GDP总量的比重为32.73%,首位度优势明显。相比上年同期增长了224.3亿元,占全市增量的比重超过40%,实际GDP增长速度为9.3%,增长情况较为出色。保持目前的增长势头,思明区全年GDP有望达到2400亿元。1—9月,全区限额以上批发零售销售总额为6483.4亿元,同比增长47.0%。全区限额以上住宿餐饮业实现营业额76.0亿元,同比增长40.6%,其中餐饮业营业额49.1亿元,增长40.3%,住宿业营业额27.0亿元,增长41.3%。全区实现财政总收入248.3亿元,同比增长11.0%,完成年计划62.1%。经济发展韧性持续显现,总体运行稳中向好。

2.总部经济能级提升,产业动能持续释放

为推动本区总部经济持续发展,增强中心城区辐射带动功能,2021年1月,思明区印发了《思明区加快总部经济发展若干规定》,进一步将总部经济打造为助推思明区高质量发展的重要引擎。在2021年3月思明区举行的招商项目集中签约仪式上,交出了"落地25个项目,总投资额261亿元"的亮眼成绩单。已签约的美亚柏科总部大厦、优必选人工智能、阿优教育、紫金矿业物流总部、五矿创新环境产业股权投资基金等一批重大项目相继落地并产生效益,新签约的电魂厦门总部项目、千易建设集团总部项目、阿里巴巴旗下在线旅游平台飞猪内容生态基地项目、立业集团大宗商品贸易项目等一批质量高、潜力大、前景好的优质项目,涵盖商贸、软件、建筑、文化、大健康等领域,未来将成为思明区经济高质量发展的生力军。

滨北超级总部基地岛内提升项目全速推进,聚集高端资源,瞄准四类500强、央企、独角兽企业以及国内行业领先的头部企业精准招商,吸引字节跳动超级总部等重点项目落地发展,辐射带动多个新兴产业发展,带动产业向价值链中高端迈进。"金鸡效应"更加凸显,引进融创文化、恒业影业等优质影视项目30个,投资规模达109.8亿元。思明区还被获评全省首批全域生态旅游示范区,华尔道夫、安达仕等高星级酒店开业运营,力促厦鄂四地开通"2小时航空旅游通道"。51社保、上海师域等专业机构相继落户,中国国际广告节永久落户,高端专业服务业提质增效。

3.创新资源汇集加速,招商引资成果丰硕

思明区始终坚持人才引领和创新驱动,深入实施"人才强区"战略,全方位构建"近悦远来"人才生态圈,倾力打造人才集聚洼地和创新发展高地,加速创新资源汇集。据不完全统计,思明区拥有国家高新技术企业600余家、市级科技小巨人领军企业180余家、"三高"企业700余家,均居全市第一。率先全省开展大数据专业职称评审,创新"CSO携手CLO"人才服务机制,打造全省首个"扎堆"人才社区。1—8月,思明区累计引育高层次人才150余名,柔性引才3000余名,新引进毕业生超2万名,人才集聚势能和创新发展动能不断增强。

借助厦门市大招商大发展之势,思明区主动出击,精准发力,1—9月,全区完成合同利用外资80.9亿元,实际使用外资41.3亿元,招商引资成果丰硕。1—7月思明区新生成招商项目1971个,总投资3356.26亿元。其中新增落地项目1597个,投资总额2364.15亿元,注册资本总额897.38亿元。招商引资实绩竞赛半年度考核位列厦门第一。2021年的投洽会上,资本再度聚焦思明,全区共对接推动项目73个,投资总额约1268亿元。其中,不乏众多总部经济、新能源、生物医药与健康、软件信息与人工智能、高端专业服务业、影视文旅等领域的央企、行业龙头和独角兽企业,项目签约凸显高质量,为思明经济发展积蓄强大后劲。

4."岛内大提升"加快推进,城区品质提档升级

作为厦门市中心城区,思明区在"岛内大提升,岛外大发展"的浪潮中,牢牢把握机遇,11个重点片区建设全面铺开,旧城旧村改造进入新一轮提速发展期。开元创新社区建设强势推进,在2021年4月至5月间,泥窟、石村片区搬迁交房率高达 98.08%,截至 10 月,已拆除房屋 967 栋,拆除面积逾 50 万平方米,签约拆迁进程已完成 99%。湖滨片区首轮预签约突破 99.6%,创造厦门建市以来单一项目征迁工作牵涉户数最多、签约速度最快的历史记录。何厝、岭兜片区奋力攻坚,拆除房屋 1787 栋、拆除面积 73.96 万平方米。滨海片区则再创征拆新速度,26 天即实现黄厝会议中心项目整村签约。中山路片区改造提升工程按下加速键,东山东坪山片区基础设施全面升级,滨北超级总部基地、沙坡尾等片区改造提升顺利推进,不仅改善居民住房环境,更进一步提升了中心城区的功能品质。

此外,思明区不断完善城市基础设施建设,打通龙山东二路等 4 条"断头路",加快后江小学周边 14 条配套道路建设,促进微循环畅通,提高交通疏散能力,进一步健全城区路网体系。启用全省首座区级垃圾分类科普展示中心,在嘉莲街道试点其他垃圾精细化分类管理,在 96 个小区试点定时定点投放。精雕细琢城市空间,重点针对居住区、公园景区、医院、中小学、地铁站点等区域,思明区加大公共停车场建设力度,应用人工智能、大数据、云计算等现代信息技术,辅助区内科学、高效开展停车设施规划建设,盘活现有停车资源,新建成一批停车场,新增停车位约 600 个。在城市管理精细化的背景下,思明区与万物云城合作试点鼓浪屿"城市空间整合服务",尝试将城市公共空间整体作为一个"大物业"来管理,推动城区服务功能迈向市场化、专业化、精细化。全区坚持高标准常态化推进文明城市创建,积极助力厦门夺取全国文明城市"六连冠",城区品质不断提档升级。

5. 多项措施并举,百姓福祉日益增进

思明区着力稳民生、解民忧、暖民心,多项举措并举,以实实在在的惠民成效提升百姓的幸福指数。精准帮扶高校毕业生、退役军人、失业人员等重点群体就业创业。积极落实社保的"双挂钩"动态调整机制,低保标准提高 6.25%,做到应保尽保。思明区不断深耕"近邻"内涵,构建社区近邻服务体系,健全社区近邻服务机制,深化"街道社区吹哨,区直部门报到"工作模式,完善社区近邻服务网络。开展养老机构服务质量建设行动,推进居家养老、社区养老与机构养老融合发展。对筼筜街道、嘉莲街道等一批老旧小区进行改造,主要完善老旧小区市政配套设施,重点解决居民的供水、供电、供气等问题,对小区建筑物本体和周边环境进行提升。提升改造一批街心公园,增加休闲设施、优化植物配置,提升市民群众休闲幸福感。

思明区不断巩固提升教育强区优势,深化新时代教育评价体系改革,为教师解压减负,更好聚焦主业。完成第五幼儿园、演武小学改扩建项目以及后江小学项目,新增幼儿园学位 270 个,小学学位 2430 个。持续加快区青少年宫项目建设。落实"人工智能进百校"机制,为推进教育现代化注入新活力。

思明区不断加强优化公共服务,建成区级疾控中心新冠病毒核酸检测实验室,并进一步配合厦门市引进方舱实验室,大幅提升核酸检测能力。加大卫生健康支出的投入,主要用于核酸检测、密接人员隔离、异地封控场所建设及一线人员工作补助等新冠肺炎疫情防控经费。持续提升鼓浪屿历史国际社区品质,做好世界遗产大会"六个一批"保障工作,继续推动历史文化遗产三年集中保护修缮。结合"健康中国""健康思明",构建双向转诊体系提升阿尔茨海默病患者及家庭的健康管理水平。为学籍在辖区内的13周岁至14周岁半女生提供国产2价HPV疫苗,按照自愿免费原则进行接种。打造了首届中国射箭协会认证达级赛、50公里越野挑战赛等全新赛事,与厦门马拉松形成联动效应。

6.政府自身建设加强,务实有效

思明区政府坚持以政治建设为统领,扎实开展"深化大学习,提振精气神"等专题学习活动,突出学以致用、以学促干,把疫情防控、招商引资、土地征收等岗位作为检验学习成果的主考场。尤其是9月,面对再次突然来袭的新冠疫情,思明区党员干部纷纷挺身而出,发挥密切联系群众的优势,冲锋在前、奋力作为,把保障人民群众生命安全和身体健康放在第一位,彰显了责任与担当。

在政府职能方面,思明区强化创新思维,深入推进"放管服"改革,政府公职人员的专业素养、开放意识和创新能力不断提高。作为"近邻"模式的发源地,思明区不断深耕细作,立足党建引领基层治理,通过治理下沉、资源下沉、服务下沉,构建了以"居民与居民之间近邻互助、居民与组织之间近邻守护、组织与组织之间近邻共建"为核心的共建、共治、共享格局,有效破解城市治理中组织碎片化、人际陌生化等难题。

二、思明区经济社会发展中存在的问题和挑战

(一)新冠疫情和外部环境仍存在不确定性,经济下行压力较大

目前,全球新冠疫情形势依旧严峻,疫情或将在较长时期存在。虽然在中国政府的强力控制之下,国内疫情情势已经得到了有效控制,但仍有局部暴发可能。2021年7月和9月的两次厦门疫情,又为刚在上半年逐步复苏的思明区经济发展按下了暂停键。受疫情影响,区内支柱产业旅游餐饮业几乎又一次全部停滞,租金、存货、水电压力加大,直到10月中旬,厦门全域被调整为低风险区,居民生活生产秩序才得以恢复。

此外,我国发展的国际环境明显恶化,世界经济从增长持续放缓到深度衰退,世界失业率再创新高,国际贸易大幅萎缩,经济全球化遭遇逆流。以美国

为代表的部分资本主义国家始终将中国迅速崛起、伟大复兴作为最大的挑战,民粹主义和逆全球化的思潮抬头。中美之间存在的结构性、战略性、长期性矛盾始终没有得到解决。美国发动的贸易战(关税之战)、科技战(5G之战)、投资战(对中资机构的限制和打压,对在美上市中国公司的打压),公然破坏全球产业链、供应链、价值链,这些也对思明区的经济发展造成了非常大的冲击,经济下行压力较大。

(二)新旧动能转换仍需加快,新增长点尚未形成强有力支撑

新旧动能转换仍将是思明区经济结构调整和发展方式转变的主旋律,随着供给侧结构性改革的深入,旧产能将进一步退出市场,以新技术、新产业、新业态、新模式为代表的新动能需要加快培育。近年来,思明区立足产业优势,从发展楼宇经济到发展总部经济,总部企业呈现逐年增长趋势,观音山、鹭江道总部经济带的品质持续提升,但聚集高端资源的功能仍需要进一步提高,滨北超级总部项目仍处于开发建设中,总部经济的"乘数效应"尚未充分发挥。招商引资、岛内大提升等政策和项目在持续推进,产业高能级、功能高品质的产业发展空间布局仍需要进一步优化构建,空间整合率和有效转化率有待进一步提升。作为新增长点的数字经济、智能经济、共享经济尚未形成强有力的支撑,聚焦新科技、新领域的金融、软件信息、人工智能等战略新兴产业的发展空间需要进一步拓展。

(三)城市韧性和综合承载力仍需加强

新冠疫情的发生,暴露出城市的应急短板,思明区需要加快推进韧性城市建设,从而提升在逆变环境中承受、适应和快速恢复的能力。公共卫生、医疗应急物资等领域的短板,应该尽快给予弥补,5G网络等新型城市基础设施、交通通信、食品物资等要素的建设规划,不仅要考虑到城市日常生活的需求供给关系,更需要考虑在重大突发事件下各种资源的承载力,以提升城市韧性。思明区需要进一步完善应急预案体系,健全全区域、全灾种、全行业的预警监测以及应急救援联动机制,在应对突发事件时,提升平急转换、基层治理、舆情应对等各方面的应急处置能力。

三、促进思明经济社会发展的政策

(一)注重统筹兼顾,实现疫情防控和经济社会发展两手抓两促进

新冠疫情随时都有局部暴发的风险,"及时发现、快速处置、精准管控、有效救治"的常态化防控措施仍需要深化落实。要加强对重点场所、重点机构、重点人群及进口冷链食品的核酸检测,"外防输入、内防反弹、人物同防",全面排查风险隐患。充分利用大数据、人工智能,打造智慧城市,补齐"公卫应急"

的短板,提升预警监测、应急处置能力,健全公共卫生防疫体系。

注重统筹兼顾,防疫的同时要推动经济社会发展。要用足用好国家和省市区财税、金融、社保优惠政策,减负、稳岗与扩大就业并举,强化统筹调度、政策支持和服务保障,进一步升级CSO首席服务官理念,为企业提供"1对1"量身定制式服务,精准护航企业发展。主动出击融入"双循环"战略,一方面拓展与金砖国家、"一带一路"沿线国家和地区的合作平台,畅通对外交流渠道,吸引更多外资企业投资兴业、增资扩产。尤其可以发挥思明区数字经济发展的优势,着力打造中国数字服务出口示范区。另一方面,发挥经济特区核心区优势,着力培育扩大新兴消费领域和热点,以打造区域消费中心、国际旅游目的地、国际会展名区为抓手,顺应新消费趋势,提升传统消费,鼓励消费新模式新业态发展,满足多层次消费需求,激发消费潜力。打通生产、分配、流通、消费各个环节,提高国内大循环效率,培育内需增长中心。

(二)坚持创新驱动,构筑现代化产业体系

深入实施创新驱动发展战略,结合自主创新与开放创新进行双轮驱动。要加快推进以科技创新为核心的全面创新,一方面加强创新型企业培育,大力实施"三高"企业倍增计划,壮大创新主体,另一方面利用观音山营运中心、龙山文创园等商务楼宇、周边旧厂房等空间资源,打造不同类型的创新创业载体。与此同时,加大科技创新人才、产业顶尖人才、高技能人才、青年英才及产业所需的多层次人才引进力度,并持续优化人才服务生态。

做实做强总部经济、数字经济、智能经济等三大经济,并以此为引领,一方面聚焦新科技、新领域的金融、软件信息、人工智能等战略新兴产业,引领带动新产业、新业态、新模式、新场景加速实现,另一方面大力推进旅游、会展、商贸等传统优势产业升级,并以影视文创、专业服务业、大健康养老等区域特色产业为补充,推动产业向高端化、智能化、集群化发展,构筑现代产业体系,从而加速新旧动能转换,形成多个强有力的增长极。

(三)推进产城融合,构建合理化产业发展空间布局

根据思明区"十四五"规划的部署,强化"岛内大提升"空间导向,推进产城融合,进一步优化城区功能布局,从而构建以滨北超级总部基地、开元国际科创城为新增长极的"两极、两带、两区、多园"的产业发展空间布局,引领思明区动能升级,推动经济高质量发展。

此外,推动旧城有机更新,促进低效用地提质增效,构建特色鲜明、具有比较优势的产业园区,对有限空间精雕细琢,提升辖区现有商业、商务空间资源使用效率。借助大数据平台,提升城市治理的精准化、智慧化水平,建设以服务好居民生活为核心的智慧社区云平台,从而提升城区功能品质和服务能级,

增强城市韧性和综合承载力。

（四）突出务实担当，建设民生幸福标杆区

进一步做实民生保障，加快完善社会保障体系，着力解决人民群众"急难愁盼"问题，提升人民群众的获得感、幸福感和安全感。把教育摆在优先发展的战略地位，继续推进"五育"并举，重视学生心理健康教育。继续支持、规范民办教育发展，鼓励社会资本进入教育领域。加快优化医疗卫生事业等基本公共服务，强化以人民为中心的发展思想，让群众更多地享受家门口看得见、摸得着、用得上的卫生健康服务。加强改革创新，持续健全多主体供给、多渠道保障、多方式照护的老年人公共养老服务体系。深入贯彻"爱心厦门"建设五大行动，推进"近邻"党建，充分推动社会共建共治，努力打造民生幸福的标杆区。

四、思明区经济社会发展预测与展望

高传染性的德尔塔毒株仍在全球肆虐，新冠肺炎死亡人数已经接近 500 万人，各国面临巨大的健康风险，经济实现完全复苏的进程受阻，2021 年 10 月国际货币基金组织（IMF）发布的《世界经济展望报告》强调，全球经济增长前景仍然具有高度不确定性，将主要取决于疫情发展及政策行动的效果，2022 年全球增速预测值会保持在 4.4％左右，而中国的经济增速预期为 5.6％左右。

2021 年 3 月，思明区政府公布了《思明区国民经济和社会发展第十四个五年规划和二〇三五年远景目标纲要》，到 2025 年，思明区地区生产总值（GDP）预计达到 3100 亿元，财政收入预计达到 480 亿元，预计新增国家高新技术企业 300 家，高技术制造业增加值占规模以上工业增加值比重有望达到 40％。社会消费品零售总额预计达到 1100 亿元，批发零售业销售额预计达 9000 亿元。文化产业预计实现总收入 650 亿元，年均增长约 10％。到 2025 年，全区将争取新增 9100 个学位，普惠性幼儿园覆盖率保持在 90％以上，九年义务教育巩固率达 99.5％以上，残疾儿童义务教育入学率达 98％以上。

中国的"十四五"规划已经拉开了序幕，同时，我们也将为第二个百年奋斗目标继续努力。发展道路上充满了无数的挑战，也蕴藏了更多的机会，思明区要聚焦"一个篇章"总目标、"四个更大"新要求和当前四项重点任务，继续提振精神、团结拼搏，让环境更加美丽、生活更加富裕、经济更加繁荣、城区更加平安，为把思明区打造成为高质量发展先行区、改革开放引领区、治理创新示范区、民生幸福标杆区而努力奋斗。

厦门大学经济学院　李　智　曹朦迪

湖里区经济社会运行情况分析及预测

2021年是"十四五"开局第一年,外部环境严峻复杂、国内经济下行压力不断加大,湖里区也同样面临严峻的经济形势。2021年也是厦门经济特区建设40周年,湖里区是厦门经济特区改革开放发源地。1—9月份,湖里区深入学习贯彻习近平总书记在福建考察时的重要讲话精神,积极开展党史学习教育和"再学习、再调研、再落实"活动,贯彻市第十三次党代会"四个更加①"决策部署,紧扣岛内大提升主题,坚持稳中求进工作总基调,积极应对疫情影响,分类施策、精准帮扶企业纾困减负,统筹推进常态化疫情防控和经济社会发展,全区实现地区生产总值1160.5亿元,占全市总量的21.9%,全区经济运行总体保持恢复态势。

一、湖里区经济社会发展情况回顾

(一)2020年经济运行情况

2020年第四季度湖里区实现地区生产总值303.2亿元,完成规模以上工业增加值106.98亿元,完成限上批发零售业商品销售额2605.81亿元,完成社会消费品零售总额128.9亿元,完成财政总收入7579.32万元,实际利用外资64179万元,城镇居民人均可支配收入14454元,城镇居民人均消费性支出9509元。

(二)2021年1—9月份经济运行情况

1.经济运行有效恢复

2021年1—9月,湖里区GDP同比增长9.9%,与全市平均水平基本持平;两年平均增长率6.9%,较全市平均水平高0.4个百分点。工业增加值和服务业增加值增速均低于全市平均水平,建筑业增加值良好表现,全区经济企稳回升。从市对区考核的10项主要经济指标来看,全区共有5项达标,其他营利性服务业(87.3%)、建筑业产值(28.3%)、社会消费品零售总额(18.6%)、城镇居民人均可支配收入(11.8%)等多项指标排名全市前三。

---

① 更加美丽、更加富裕、更加平安、更加繁荣。

2.经济运行主要特点

（1）重点行业加快恢复。工业企业增产面达 70％，区属工业除航空维修外其他行业增长 16.5％。批发零售业销售额在高基数基础上维持了稳定增长。

（2）项目前期工作有序推进。顺利推动山海健康步道景观提升、亿联融合多模态信息全场景智能终端等 18 个项目开工，完成穆厝幼儿园、新翰崴运营中心等 10 个项目的竣工验收，厦门国际健康驿站、湖里公交生产生活基地等 4 个项目已具备开工条件。

（3）土地出让扎实推进。有序推动成片综合开发，高林金林和湿地公园 TOD 两个成片综合开发项目已纳入全市第三批土地出让计划。加快推进民生项目用地出让，完成金林湾花园四期等 8 宗安置型商品房项目地块协议出让，有序推动钟宅北苑二期等剩余 5 宗安置型商品房项目和古地石、湖里创新园 2 个保障性租赁住房项目用地出让。

（4）发展后劲不断增强。1—9 月，湖里区加快东部新城建设，有序推动高林金林片区、湿地公园 TOD 片区成片综合开发，集中开工 6 个安置房项目。启动 30 个老旧小区改造，打通 8 条"断头路"，建成 7 个"口袋公园"。基础设施类项目完成投资比增 71％。70 个省、市重点项目完成投资超序时进度 60.5 个百分点，新增落地高能级招商项目 52 个，总投资 698 亿元，占落地项目总投资额近 1/3，固定资产投资延续良好态势。

（5）创新激发市场活力。1—9 月，湖里区国家级高新技术企业增至 394 家，高技术产业增加值占规上工业增加值 77.9％，新增上市企业 4 家，新增商事主体 1.96 万户。

（6）有效增进民生福祉。上半年湖里全区城镇居民人均可支配收入增长 14.1％，1—9 月全区城镇居民人均可支配收入增长 11.8％，为近三年较高水平。

1—9 月全区主要经济指标如表 1、表 2 所示。

表 1　湖里区 2021 年上半年经济运行情况

序号	主要指标	全省增速（％）	全市增速（％）	湖里区			
				增速（％）	高于全省（个百分点）	高于全市（个百分点）	全市排名
1	地区生产总值	12.3	15.0	15.0	2.7	0	4
2	规上工业增加值	14.6	21.9	14.3	−0.3	−7.6	5
3	建筑业总产值	19.9	21.1	20.3	0.4	−0.8	4
4	固定资产投资	12.5	31.5	32.0	19.5	0.5	2

续表

序号	主要指标	全省增速（%）	全市增速（%）	湖里区			
				增速（%）	高于全省（个百分点）	高于全市（个百分点）	全市排名
5	社会消费品零售总额	17.9	28.1	29.9	12.0	1.8	4
6	限上批发零售业销售额	39.4	53.9	49.9	10.5	−4.0	4
7	实际使用外资		24.9	32.8		7.9	3
8	区级财政收入	30.3	36.3	42.1	11.8	5.8	3
9	其他营利性服务业营收	48.0	56.0	102.5	54.5	46.5	1
10	城镇居民人均可支配收入	11.5	13.5	14.1	2.6	0.6	1

来源：湖里区统计局

表2　湖里区 2021 年 1—9 月经济运行情况

序号	主要指标	全省增速（%）	全市增速（%）	湖里区			
				增速（%）	高于全省（个百分点）	高于全市（个百分点）	全市排名
1	地区生产总值	8.8	10.0	9.9	1.1	−0.1	3
2	规上工业增加值	10.8	15.7	8.0	−2.8	−7.7	5
3	建筑业总产值	12.5	12.7	28.3	15.8	15.6	2
4	固定资产投资	4.8	18.5	21.1	16.3	2.6	4
5	社会消费品零售总额	12.1	17.2	18.6	6.5	1.4	3
6	批发零售业销售额	35.3	49.1	42.5	7.2	−6.6	6
7	实际使用外资		18.3	13.3		−5、	5
8	区级财政收入	21.7	27.3	27.2	5.5	−0.1	4
9	其他营利性服务业营收	37.7	40.5	87.3	49.6	46.8	1
10	城镇居民人均可支配收入	9.6	11.6	11.8	2.2	0.2	3

来源：湖里区统计局

(三)1—9月社会发展情况

1.优先发展教育事业

1—9月,开办湖里实验学校和穆厝幼儿园等3所幼儿园,加快禾山中学二期、金尚学校建设。推进五缘湾北片区配套幼儿园、蔡塘片区配建幼儿园、钟宅民族学校等3个项目开工。推动创建一批示范性民办一级学校,提升民办学校办学水平。全面实施"课后延时特色服务工程""优质放心午餐工程""清凉工程"等"校园民生"工程。

2.提升医疗健康水平

1—9月,湖里区开展健康湖里"17项行动",打造高水平健康城区。加快推进复旦中山厦门医院科教楼、市儿童医院科教楼、金山社区卫生服务中心等项目建设。力促厦门医学院附属口腔医院科教综合用房、微医国际数字医疗中心等项目落地。保障弘爱妇产医院竣工投用,推进区域医疗中心、国家儿童区域医学中心厦门分中心建设,不断完善基层公共卫生应急体系及新冠疫情防疫体系建设。

3.做实社会保障工作

1—9月,湖里区探索医养结合模式,打造升级"15分钟养老生活圈",完善居家—社区服务,布局"嵌入式"社区老年人服务场所。保障困难群体就业,促进高校毕业生就业创业,创建和谐劳动关系综合试验区。扶持"爱心屋"建设,落实"爱心济困"行动。确保特困、低保、事实无人抚养儿童等困难群众基本生活。做好退役军人服务保障,积极创建双拥模范城区。

4.提升基层治理水平

深化"党建引领小区治理"工作,推动小区党支部和业委会深度融合,推进社区工作者职业化建设。引导"三无"小区建立健全治理组织架构,扩大小区治理"智囊团",在"城中村"社区探索推广小区治理经验。

5.生产安全基础牢固

加强区应急指挥中心建设,健全应急工作体系机制。推进安全生产基础设施建设,做好应急救援和森林防火、防汛及其他防灾减灾工作。常态化开展各重点行业领域安全隐患大排查大整治,持续加大危房处置力度,推动安全形势持续稳定向好。统筹抓好食品全流程安全监管,落实粮食安全责任制。加强安全宣传教育,开展安全"百日攻坚"行动,安全生产事故数、死亡数双下降,保障人民群众生命财产安全。

6.建设平安湖里,维护社会稳定

毫不松懈开展常态化疫情防控,大力开展反偷私渡、无证旅馆整治。做好庆祝建党100周年安保维稳工作。构建区、街两级多元化纠纷解决平台,深化法治信访,落实"访调对接"。推进"雪亮工程""智慧安防小区"建设,构筑立体化、信息化治安防控体系,维护社会安定稳定。

二、存在的问题及成因

2021 年 1—9 月,湖里区经济增长基本与全市持平,但经济持续恢复的基础仍不稳固,主要行业回升有所滞后,经济发展中的结构性问题依然突出,经济运行过程中存在的矛盾和困难仍然较大。

(一)受疫情影响企业困难重重

疫情期间,全区 129 家区属规上工业企业中,受疫情直接影响的有 63 家,大型商超到店客流不及正常月份的 10%,多数企业面临原材料价格上涨、供应链恶化、用工成本提高、订单接续不足等困难,疫情过后,企业在生产组织、供应链恢复、物流接续、客户回流等方面的全面恢复仍需时间。

(二)产业发展层次亟待提高

工业产业链水平不够高端,批发零售业和建筑业存在结构性问题,增长主要依赖头部企业。台松精密、贝莱胜等多数企业面临原材料涨价、物流费用提高等成本上涨,由于工业产业链水平较低,多处于产业链中下游,产品可替代性高,定价权不足,上涨成本难以向下游传导分摊或仅能部分转移,前三季度全区工业增加值增速首次低于工业产值增速。建筑业、批发零售业高度依赖头部企业,占行业总量多数的腰部企业增长乏力,影响行业整体表现。

(三)工业增加值增速与全市的差距进一步扩大

火炬湖里园对全区的贡献基本稳定,受疫情直接影响,航空维修业仍无明显复苏迹象,除航空维修业外的其他工业行业增速大幅放缓,欣贺、乔丹等 16 家多生产基地的企业受疫情影响严重,产值下降均在 50% 以上(乔丹 9 月单月因停产产值比降 90%),本地生产企业缺乏有效增长点。

(四)有效投资支撑不足

1—9 月地价投资在固投总额中的占比超 50%,固定资产投资主要靠土地收入的现状短期难以改变。建安、轨道、工业技改等投资体量较小,且存量项目偏少,缺少能够产生大项固投的一批龙头项目支撑,有效投资短期难以发挥主要驱动作用。

(五)房地产业对经济运行产生负拉动

受因政策性因素部分存量安商房难以转化,以及商品房存量有限的影响,预计四季度房地产业仍将对经济增长产生负向拉动。

(六)科学精准招商不足

招商专业化水平不足,带动性强、能弥补产业短板的高能级项目少,重大项目招商接续不足。

三、对策和建议

(一)立"扇头",提升城区主体功能

深化"提升本岛、跨岛发展"战略。坚持岛湾一体、区域协调发展,既要有岛的情怀,又要有湾的意识。湖里区地处岛内、立足"扇头",要大力提升城区主体功能,优化城市功能品质。加快形成岛湾一体、区域协同发展的格局,高水平建设高素质高颜值现代化国际化城市。

(二)防风险,全力做好企业纾困减负

加大市、区两级纾困减负统筹政策措施,将惠企政策送到辖区企业手中,加快政策兑现进度,简化兑现手续,力争做到"免申即享",增强企业便利度和获得感,帮助企业加快走出疫情影响,有针对性地协调解决企业用电、用工等方面存在的实际困难,帮助企业抢市场、抢订单,助力企业扩大生产。

(三)促创新,构建现代产业体系

坚持"优二进三""二三产融合发展"的现代产业发展方向,大力发展先进制造、新一代信息技术、商贸物流、新兴金融、旅游文化和健康等五大重点产业和建筑业等特色产业,促进产业转型升级。做强做大航空维修、平板显示、半导体和集成电路产业链群,做强做大临空产业、数字经济、新能源新材料、5G、充电桩等潜力产业。加大科技创新投入,建设具有全国影响力和竞争力的科技创新中心。

重点扶持国贸、象屿等龙头企业稳贡献、提增量,服务好国贸农产品、国贸矿业、中闽在线等项目实现增长。加快实现项目接续。着力做好新增长点接续,积极推动德丰杰等已落地平台企业加快投产,加快建设高林金林、湿地公园 TOD 两个成片综合开发项目。

(四)抓招商,提升经济增长新动能

推进产业链招商,主动招商、全方位招商。精心谋划产业链招商,确定重点发展方向和主要招商目标,强化对全区招商业务的协调指导。科学精准专业化招商,改革区招商公司运作模式,瞄准国内外 500 强、上市公司、瞪羚企业等,深入开展上门招商、联动招商、以商引商,力争新引进一批总部企业、高能级项目,超额完成年度实际利用外资任务。

(五)扩开放,构建改革开放新格局

湖里区是厦门经济特区改革开放的发源地,要积极借鉴深圳《全面深化前海深港现代服务业合作区改革开放方案》中"自贸区扩区"和"改革开放"两大

亮点,努力扩大对外开放,探索实行"自由港＋科技创新"的发展模式,在投资、贸易、航运、金融等方面形成全面开放新格局,使全区成为创新能力强、产业结构优、发展活力好、要素流动通畅、生态环境宜人、宜居宜业的高素质高颜值现代化国际化城区。

(六)促通融,打造海峡两岸高品质共同生活圈

"以通促融、以惠促融、以情促融",对台湾实施"通、惠、情"政策。做好台生在厦就读工作,落实台企投资同等待遇,推进厦台青年交流两岸一家亲,提升两岸青创基地,支持台湾青年就业创业,勇于探索海峡两岸融合发展新路。

四、2022年经济发展预测与展望

2021年10月13日国际货币基金组织(IMF)发布最新一期《全球经济展望报告》,预计2022年中国经济增速有望达到8%。

(一)2021年第四季度湖里区经济增长预测

2021年第四季度,如无疫情影响,湖里区经济复合增速将好于前三季度。预计第四季度实现GDP增长9.9%,全年可实现GDP增长10%。如疫情再次干扰,则服务业仍不能明显恢复,经济增长将低于预期。

(二)对2022年湖里区经济增长的预测

展望2022年,全球经济依然面临诸多挑战:疫情短期内无法根除,脉冲式冲击、周期性往复的局面或将延续,健康风险无处不在,影响到全面恢复正常。预计2022年全球经济增速将明显放缓,金融市场不确定性增加,PPI短期仍将保持高位,CPI将小幅抬升。预测2022年湖里区GDP的增长幅度在9%～10%的区间范围内。

2022年湖里区要认真落实市委市政府的决策部署,常态化做好疫情防控工作,加快推进企业纾困减负,统筹疫情防控和经济社会发展,保持经济稳健运行,确保全年GDP增速不低于全市平均水平,力争经济增长高于全市平均水平,为全区经济高质量发展营造更加安全稳定的环境,打下坚实基础,为全市经济发展多做贡献。

厦门市发展研究中心　龚小玮

集美区经济社会运行情况分析及预测

一、集美区 2021 年经济社会运行情况概要

(一)2020 年经济社会情况简要回顾

2020 年集美区统筹推进疫情防控和经济社会发展,扎实做好"六稳"工作,全面落实"六保"任务,经济社会保持平稳健康发展。全区实现地区生产总值 822.41 亿元,比上年增长 5.5%,其中:第一产业 3.08 亿元,增长 2.4%;第二产业 400.10 亿元,增长 9.2%;第三产业 419.23 亿元,增长 1.5%。三次产业结构为 0.4:48.6:51.0。完成现价工业总产值 1186.26 亿元,增长 6.8%;规模以上工业增加值 303.14 亿元,增长 6.9%。固定资产投资比上年增长 17.4%。社会消费品零售总额 192.82 亿元,比上年增长 1.4%。实现公共财政预算总收入 145 亿元,比上年增长 8.49%,其中地方级财政收入 40.16 亿元,增长 5.99%。2020 年全体居民人均可支配收入 52540 元,比上年增长 3.9%,其中城镇居民人均可支配收入 54960 元,比上年增长 3.7%,农村居民人均可支配收入 32056 元,比上年增长 7.0%。

(二)2021 年 1—9 月集美区经济社会概况

1.主要经济指标概况

1—9 月全区实现生产总值 663.97 亿元,增长 7.8%,其中:第一产业实现 2.21 亿元,同比增长 4.3%;第二产业实现 310.88 亿元,同比增长 11.7%;第三产业实现 350.87 亿元,增长 4.4%。全区规模以上工业增加值 230.97 亿元,增长 15.7%。固定资产投资同比增长 22.5%。社会消费品零售总额 169.11 亿元,增长 22.0%。全区一般公共预算总收入 123.31 亿元,增长 13.6%;区级一般公共预算收入 42.42 亿元,增长 33.8%。全体居民人均可支配收入 49036 元,同比增长 12.7,其中,农民人均可支配收入 29916 元,增长 15.5%,城镇居民人均可支配收入 49610,增长 11.3%。实际利用外资 7.54 亿元,增长 31.0%。

2.社会运行概况

2021 年,集美区入选全国新型城镇化质量百强区、福建省城市发展"十优

区",全国生态文明建设示范区。

推出新的核心商圈。集美新城实现"十年集聚成城"目标,初步建成集商务营运、信息服务、文化创意、教育科研、交通枢纽、生态旅游与生活居住于一体的"产城人融合发展"之城,2021年集美新城又增加新的核心商圈,世茂广场和IOIMALL商业综合体相继开业,打造"一站式+场景式"的商业场景,为周边高品质社区人群和集美文教区年轻消费群体提供具有创意特色的消费服务。

扩展公共服务资源。2021年集美新城片区建成中小学、公办幼儿园学位1.22万余个,在建中小学、公办幼儿园学位8490个。9月,位于集美新城核心区的厦门外国语学校集美校区举行开办仪式,首批1200多名厦外学子在集美校区开启学习和生活。同时还有华侨大学集美附属学校、坑内小学(新校区)、白石幼儿园等多所学校投用。位于集美新城核心区的四川大学华西厦门医院正紧张施工,力争2021年年底完工,2022年投入使用。这所国内一流的集医疗、教学和科研为一体的三级甲等综合性医院,对完善集美公共服务配套、优化医疗资源布局、满足人民日益增长的医疗卫生需求十分重要。同时厦门市妇幼保健院集美院区等医疗项目建设也在快速推进。

办好更多为民实事。集美区开展了"我有金点子·集美更美好"为民办实事活动,把"问题清单"变为政府"履职清单",逐步解决百姓关注的公交线路优化、停车难、养老难等问题,增强民众的获得感。全区2021年梳理为民办实事项目931个,其中重点民生项目319个,已办结285个,余下在年底全部办结,其他惠民项目612个已全部完成。

传承保护历史文化。2021年,福建省政府批复了集美学村历史文化街区保护规划,明确集美学村历史文化街区的保护范围总面积为138.1公顷,其中核心保护范围面积73.6公顷,建设控制地带面积64.5公顷。独具一格的集美铛铛车游览公交线是一个传承宣传集美优秀文化历史的承载体,2021年对铛铛车线路进行调整优化,新线路串联集美热门景区、新晋商圈,衔接集美游客密集地铁交通站点,与厦门地铁1号线形成交通闭环,提高铛铛车运营效率,更好地满足市民游客旅游出行需求。

二、集美区2021年经济社会运行情况分析

(一)经济增长稳中有进

2021年集美区把握跨岛发展的重大战略机遇,经济综合实力跃上新台阶,获评全国综合实力百强区、全国科技创新百强区,经济总量保持岛外前列,人口集聚规模领跑岛外各区,居民收入增速高于经济增长。1—9月实现地区

生产总值 663.97 亿元,增长 7.8%,虽因疫情影响,增速排位全市各区之尾,但高于上年同期增速。第一产业、第二产业、第三产业各自的产值和增幅也均明显高于上年同期。如果说 2020 年集美经济是以复苏为基调,那么 2021 年就是以总体回稳、稳中有进为特点,基础更扎实。

(二)第二产业增长平稳

1.工业发展韧性增强

1—9 月,工业对经济增长贡献率达 76.9%,比上年提高了 29.3%。全区 544 家规上工业企业(不含火炬)累计完成产值854.35亿元,同比增长15.05%;实现规上工业增加值 230.97 亿元,同比增长 15.7%,全市排名第三。工业用电量为 24.15 亿千瓦时,同比增长 17.6%。全区 544 家规上工业企业中,405 家产值增速为正增长,家数占比约 74.45%,产值占全区约81.31%。这些数据说明,虽然不少工业企业受疫情冲击影响,但整体上工业在去年开始复苏的基础上,发展的韧性增强。

2.主要支柱行业平稳增长

1—9 月,全区计算机电子、橡胶和塑料制品业、金属制品、汽车制造业、电气机械、有色金属冶炼等六大支柱行业累计完成产值 617.64 亿元,占全区规上工业产值的 72.29%,同比增长 15.5%。其中计算机电子行业完成产值152.43亿元,同比增长 15.0%;汽车制造业完成产值 112.07 亿元,同比增长 0.5%;金属制品业完成产值 101.61 亿元,同比增长21.3%;电气机械行业完成产值94.04亿元,同比增长 16.6%;橡胶和塑料制品业完成产值 90.57 亿元,同比增长28.4%;有色金属冶炼完成产值 66.93 亿元,同比增长 20.1%。

3.高技术产业持续增长

高技术产业增势强劲,已成为支撑区经济增长的重要引擎。1—9 月份,软件园三期新增注册企业 134 家,新增注册资本金 7.25 亿元。截至目前,软件园三期累计注册企业 4737 家,累计注册资本金 3419.62 亿元,入驻员工4.68万人。厦门首颗城市定制卫星"厦门科技壹号"正式发布,其研发公司也是落户于软件园三期。1—8 月,全区高技术产业累计实现增加值 52.82 亿元,同比增长 32.0%,在全市各区中排名第二。

(三)第三产业增长平缓

1.批零行业增长平稳

1—9 月,全区批发零售业销售额 769.99 亿元,同比增长 47.6%,较全市增幅(49.1%)低 1.5 个百分点;限上批发零售业销售额 638.05 亿元,同比增长52.8%。社会消费品零售总额 169.11 亿元,同比增长 22%;限上零售额 97.59 亿元,同比增长 32.45%,

2.新增批零企业增长强劲

限上批零企业销售额增长动力大部分来自新增限上批零企业。2021年新增限上批零企业90家,1—9月,新增限上批零企业实现销售额148.63亿元,增长221.38%。排行前十的新增限上批零企业实现销售额106.50亿元,占2021年全区新增限上批零销售额增加值的48.33%,显示出强劲的发展动力。仅9月当月,新增限上批零企业销售额40.48亿元,同比增长579.69%。

3.住宿餐饮业仍有增长

1—9月,全区住宿业营业额4.37亿元,同比增长28.9%;全区餐饮业营业额16.71亿元,同比增长25.9%,低于全市平均水平3.3个百分点。虽仍呈上涨趋势,但受疫情冲击仍较大,尤其是餐饮业,9月份受本地疫情影响,餐饮门店取消堂食,全区共9家限上餐饮企业选择暂停营业,包括舒心酒家、艾莉塔餐饮、亚珠餐饮等,停业企业占全部限上餐饮企业总数的36%,9月当月味友、舒心等餐饮企业的营业额同比降幅都比较大。

(四)持续加大招商引资力度

1.招商引资富有成效

2021年第21届投洽会上,集美区招商成绩斐然,合作项目总投资额761.45亿元,其中合同利用外资6.26亿美元。市、区两级场内签约项目33个,总投资额462.26亿元,其中市级主会场签约1个,总投资100亿元;市级金砖会场签约3个,总投资24亿元。世界500强、大型央企、行业龙头、独角兽企业等,纷纷落子集美。同时积极参加福建省与央企项目合作座谈会、第四届数字峰会、厦大百年校庆全球校友招商大会、金砖国家华侨华人创新合作座谈会等省市重大签约项目会,现场签约项目总投资额138.1亿元,目前已落地宜车时代、新中苗木等5个重大项目。1—9月,集美区实际利用外资7.54亿元人民币,同比增长30.98%,增速高于全省平均增速(10.1%)和全市平均增速(18.3%)

2.聚力突破重点项目

全区重点双促项目共个,其中重点促落地项目101个,现已落地74个,完成73.2%;重点促到资项目78个,现已到资项目47个,完成60.2%。目前全区重点在谈招商项目65个,力促上海复星集团区域总部、中粮新零售产商融合聚集区、汽车城二期、斯巴特科技集团等项目有实质性进展。

三、集美区2021年经济运行中存在的困难和问题

(一)工业增长存在不确定因素

由于两年来的疫情影响和全球经济受阻,集美区工业增长也存在一些不

确定因素。一是重点工业企业增长放缓,54 家规上重点企业产值同比增长 8.92％,增幅比全区规上工业企业产值低 6.13 个百分点。二是企业建设成本上升引致企业投资意愿降低,投资计划推迟或取消。三是企业经营成本增加可能导致用工减少。

（二）服务业增长短期内不够乐观

一是存量限上批零企业增速下降且近期较难提高,1—9 月全区存量 228 家限上批零企业实现销售额 488.77 亿元,同比增长 17.19％,远低于全市平均增速（52.5％）。二是从目前全国疫情现状及趋势看,至少年底防控环境还是比较紧张的,旅游业、餐饮业稳定恢复暂时还有难度。三是受汽车芯片不足和油价上涨影响,汽车销售量仍可能下降。四是教育"双减"、预期收入增长有限等因素,也会降低房产销售量。

四、促进集美区经济社会发展的对策

（一）积极促进工业企业稳定发展

确保存量企业稳中有进,紧盯重点企业,主动靠前服务,进一步走访调研做好政策服务,帮助企业解决生产经营中的难题。鼓励企业加大投资购置设备,提升生产线智能化和自动化水平,优化生产线布置,提高产能和产品质量。加大软件园三期及各产业园区配套服务和政策支持,注重招大引强,培育新的龙头企业。继续发挥区内高校和科研机构人才优势,搭建校企合作平台,为企业提供科技服务和人才服务。鼓励工业企业办理改扩建手续,提供信息服务和政策引导服务,提高企业增加投资意愿。精准落实各项扶助支持企业的政策措施,帮助企业减少成本上升、产量和利润下降的困境。

（二）全力推动服务业尽快回暖

第四季度继续全力做好企业奖励政策及疫情纾困兑现工作,帮助企业用好政策用足政策,做到符合条件的一家不漏,助力企业尽快走出困境。继续加强政策宣传力度,鼓励企业第四季度积极拓展市场,归集区域外业务,扩大完成营业额。搭建营销平台,积极推动年底和明年初的促消费活动,投放线上商场超市餐饮消费券、旅游券、购车补贴等,扩大旅游宣传和消费造势,促进消费市场回暖。

五、集美区 2022 经济社会发展预测及展望

2022 年,集美区经济发展和将有新提升。进一步优化营商环境,借助人才优势培育壮大创新企业群,促进企业营造创新生态和优化结构升级,形成具

有集美特色的产业集群化发展。

2022年,集美区城市格局将有新拓展。核心区集美新城在现有的"产城人融合发展"之城的基础上,开始向城市副中心迈进;起步不久的集美东部新城,是全市"两环八射"骨干交通路网的重要节点,将打造成国际化滨海人文新城;初具建设规模的马銮湾新城,集美片区承载了四大产业带和传统产业升级区的重要组成部分。

2022年,集美区社会管理将有新提质。将紧抓历史文化街区保护发展的新机遇,结合基层治理创新和社区自治,建设宜居和谐社区,让嘉庚故里焕发新生机。将提升"嘉庚书房"24小时阅读空间和全省首个"5G+AR"党史馆的吸引力,升级全市首个服务企业平台集美 i 企宝,优化"一站式"的全程网办平台等,从丰富百姓文化生活到补齐民生短板,从进一步优化营商环境到持续推动经济发展,在各个方面都会有新的飞跃。

集美大学工商管理学院　蒋晓蕙

海沧区经济社会运行情况分析与预测

一、海沧区经济社会运行状况

（一）2020 年海沧区经济社会发展状况

2020 年是全面建成小康社会决胜之年，也是"十三五"收官之年。面对错综复杂的国际形势，海沧区围绕区委区政府工作部署，有效应对突如其来的疫情冲击，扎实做好"六稳"工作，全面落实"六保"任务，坚持产业立区，全方位推动高质量发展超越，全力打造高素质高颜值的国际一流海湾城区，国民经济稳步发展，社会事业持续提升，人民生活不断改善。

2020 年全区实现地区生产总值 815.75 亿元，同比增长 4.5％。其中，第一产业增加值为 1.75 亿元，同比增长 10.5％；第二产业增加值为 458.59 亿元，同比增长 1.8％；第三产业增加值为 355.41 亿元，同比增长 8.9％。三次产业增加值的比重为 0.21：56.22：43.57。全区财政总收入 188.85 亿元，同比增长 2.9％；区级财政收入 33.98 亿元，同比下降 14.7％。区级财政支出 72.28 亿元，同比下降 10.7％。全区实现工业增加值 433.89 亿元，同比增长 8.4％。规模以上工业企业实现销售产值 1393.75 亿元，产销率为 99.41％。规模以上生物医药企业完成工业总产值 273.95 亿元，占全区规模以上工业总产值的 19.5％，同比增长 54.3％。规模以上新材料企业完成工业总产值 134.72 亿元，占全区规模以上工业总产值的 9.6％，同比下降 18.4％。规模以上工业企业实现利润总额 157.3 亿元，同比增长 50.1％。全区规模以上交通运输业企业共有 92 家，与上一年持平，实现营业收入 75.58 亿元，同比下降 1.74％。全区实现社会消费品零售总额 289.29 亿元，同比下降 1.6％（冲击）；批发零售业销售总额 2360.09 亿元，同比增长 58.5％；住宿餐饮业营业额 11.81 亿元，同比下降 9.0％（冲击）。全区合同外资完成 23.91 亿元，实际到资 14.97 亿元，同比增长 44.6％。

（二）2021 年 1—9 月经济运行情况分析

2021 年是中国共产党建党 100 周年，也是"十四五"规划的开局之年。"十四五"时期是我国全面建成小康社会、实现第一个百年奋斗目标之后，乘势而上开启全面建设社会主义现代化国家新征程、向第二个百年奋斗目标进军的第一个五年,是我市全方位推动高质量发展超越、更高水平建设高素质现代化国际化城市的关键五年。海沧区上下深入学习贯彻党的十九大和十九届二中、三中、四中、五中全会精神,全面深入贯彻习近平总书记在福建考察时的重要讲话精神,深入学习贯彻省委十届十一次全会、市委十三届一次全会精神,立足新发展阶段,贯彻新发展理念,积极服务并深度融入新发展格局,按照市委、区委全方位高质量发展超越的工作部署,深入实施岛外大发展战略,扎实推动高素质、高颜值的国际一流海湾城区建设。

1—9月主要经济指标完成情况如表1所示。

表1　2020年1—9月主要经济指标完成情况

指标类别	指标	总额(亿元)	增幅(%)
工业生产	规模以上工业企业总产值	1354.06	36.8
	规模以上企业增加值	442.26	35.2
招商引资	实际利用外资	12.63	16.9
固定资产投资	固定资产投资(含铁路)	509.24	22.9
财政税收	财政总收入	202.47	27.7
	财政收入	33.76	27.2
	税收收入	193.24	28.2
	财政支出	43.54	−8.5
商贸业	批发零售贸易业销售总额	3057.47	71.9
	社会消费品零售总额	223.33	6.0
居民收入	全体居民人均可支配收入	48851	13.1
	城镇居民人均可支配收入	49100	11.9
	农村居民人均可支配收入	30694	14.3
居民支出	全体居民人均消费性支出	29267	13.5
	城镇居民人均消费性支出	29259	12.4
	农村居民人均消费性支出	23647	15.7

分析1—9月海沧区经济运行情况,呈现以下几个特点。

1.经济运行稳健复苏,发展韧性持续增强

2021年前三个季度,尽管受到疫情冲击,海沧区各项经济指标仍得到大幅增长。

2021年上半年,海沧区GDP完成441.59亿元,同比增长19.9%,增速排名全市第一,8 项指标高于全省平均水平,6 项高于全市平均水平。其中,规上工业企业产值完成全年预期目标 60%,区级一般公共预算收入完成预算 72.56%,两项增速均排名全市第一。

1—9 月海沧区实现生产总值 689.19 亿元,同比增长 16.1%。全区实现规模以上工业增加值 442.26 亿元,同比增长 35.2%。全区完成固定资产投资(含铁路)509.24 亿元,同比增长 22.9%。全区实际利用外资 12.63 亿元,同比增长 16.9%。批发零售贸易业销售总额 3057.47 亿元,同比增长 71.9%。社会消费品零售总额 223.33 亿元,同比增长 6.0%。从主要经济指标来看,海沧区经济已经开始大幅增长,基本摆脱了新冠疫情的影响。

2.加快发展三大主导产业,战略性新兴产业大放异彩

作为海沧区经济发展的"梦之队",集成电路、生物医药、新材料这三大主导产业拉动全区工业产值增长 32.1%;全区战略性新兴产业规上工业产值占全区规上工业产值比重达 46% 以上,其中生物医药产业产值增量占全区规上工业产值增量的 62.8%,多年产业培育收获硕果,为全区经济发展做出了重要贡献。

在"2021 中国集成电路创新联盟大会"上,厦门半导体投资集团、开元通信、云天半导体、士兰集科微电子、士兰明镓化合物半导体、通富微电子 6 家企业联合获评第四届"IC 创新奖"产业链合作奖。3 月 29 日,厦门市首个区级移动 PCR 方舱实验室(厦门艾德医学检验所移动 PCR 方舱实验室)在海沧区万纬集中监管仓投用。5 月 8 日,厦门市计量检定测试院和大博医疗股份有限公司联合实验室正式启动。5 月 29 日,华西海坻厦门工作站在厦门生物医药港正式揭牌。8 月 5 日,厦门厦钨新能源材料股份有限公司在上交所科创板正式上市,成为继特宝生物之后海沧区第二家、厦门市第三家在科创板上市的企业。

3.出台系列措施,招商引资彰显成效

6 月 3 日,为进一步促进招商引资工作,推动经济高质量发展,根据《厦门市招商中介机构及项目引荐人奖励办法》《厦门市促进外资增长若干措施》等相关文件精神,海沧区制定了一系列招商引资措施。海沧区"产业立区、实业兴区"理念进一步走深走实,一批有着新技术、新业态和新模式的企业纷至沓来,许多在地企业继续增资扩产,战略性新兴产业持续发展壮大。

2021 年投洽会期间,17 个优质项目选择在投资热土海沧区落地,涵盖集成电路、生物医药、高端酒店、物流分拨及保税仓储等产业,预计投资总额 489.92 亿元。其中,外资项目 8 个,计划投资总额 25.365 亿美元;海沧区与市自贸委联动招商签约项目 2 个,预计总投资额 10.6 亿元。在投洽会福建省重大项目专场签约活动上,投资总额达 65 亿元的厦门安捷利美维半导体封装基板研发制造项目正式签约落地,补全了厦门半导体产业集聚群的封装基板缺口。

4.围绕产业链提升布局,增强产业专业化能力

目前,海沧区正围绕"3+2"主导产业开展产业链提升完善的布局,招商工作围绕着产业链条发展的重心展开,致力于补短板、强链条,促进整个产业的专业化能力建设。海沧区招商发展思路在提高经济密度、提高投入产出效率上下功夫,重点瞄准科技前沿,聚焦关键领域,力求取得重大突破。集成电路、生物医药在内的主导产业发展都具有特殊性,不仅需要重点产品和领军企业的带动,更需要产业链的全生命周期支撑。集成电路领域,海沧区侧重在细分领域打造比较优势、价值链优势;在生物医药领域,海沧区围绕产业化需求,做好空间承载准备,引导各种产业要素集聚。

(三)海沧区社会发展情况分析

1.有序推进道路建设。 4月7日,海达路与沧林路交叉口人行天桥项目顺利开工建设。4月25日,双向六车道、总长约4.5公里的东孚南路二期顺利通过竣工验收,开放通行。4月26日,厦门轨道2号线东瑶站由厦门轨道集团负责正式投入运营。6月17日,全长7.1公里的海沧海底隧道通车,目前是福建省最长的海底隧道,也是中国大陆第三条公路海底隧道。

2.发展壮大文体事业。 4月18日,第十四届海峡两岸(厦门海沧)保生慈济文化旅游节在海沧区青礁慈济祖宫开幕。本届保生慈济文化旅游节以"弘扬保生慈济精神,推进两岸融合发展"为主题。同日,海沧区在青礁村开漳堂举行颜氏开漳祖祠揭牌暨纪念颜思齐开台400周年庆典活动。4月24日,由海沧区乡村振兴领导小组、厦门日报社指导,海沧区文旅局、东孚街道办事处、海沧区总工会主办,天竺山公司承办的"2021厦门·海沧天竺山桐花节"在天竺山景区四季花谷盛大开幕。5月4日,厦门海沧城建天视公司引进并承办的"2021年'欧啦杯'游泳俱乐部大联盟全国联赛(厦门站)暨第四届两岸三地少年儿童游泳联谊赛"在海沧体育中心游泳跳水馆成功举办,赛事吸引了来自全国各地的47家俱乐部、1600余名两岸优秀青少年游泳运动员参加。

3.推动实现乡村振兴。 3月5日,中共福建省委实施乡村振兴战略领导小组办公室正式对外公布2020年度福建省十个乡村振兴重点特色乡(镇)名单,海沧区东孚街道获评"福建省乡村振兴重点特色乡镇",是厦门市唯一获评"福建省乡村振兴重点特色乡镇"的单位。

4.不断提升社会法律意识。 3月2日,厦门市人大常委会首批基层立法联系点授牌仪式在海沧北附小社区人大代表联系群众活动站举行,成为全市首批3个基层立法联系点之一。5月18日,海沧区法院与海沧区嵩屿街道海达社区签署合作协议,成立"合作父母教育社区课堂",依托社区课堂化解家事纠纷、开展普法教育,进一步深化"为民办实事"。8月13日,海沧区法院发布全国法院首份高空抛物社会认知度调查报告,调查非法律职业、未接受法学教育的社会公众对高空抛物现象及相关法律法规的认知程度并进行差异化分析。调查报告发布后,人民法院报官方微博,省高院、市中院官方微信,厦门晚报、厦门卫视等多家媒体平台广泛宣传,引起良好的社会反响。

5.不断优化生态环境。5月20日,马銮湾新城片区东孚南路退线绿化工程正式开工,建设主题景点、花海景观带、营造艺术亭廊等景观设施,有效改善东孚南路沿线景观,提升马銮湾新城西片区城市形象。7月23日,福建省气象学会、旅游协会联合开展的2021年"清新福建·气候福地"首批气候康养福地推荐认定结果正式公布,天竺山景区顺利通过评审,成为全省首批24个被授予"清新福建·气候福地"气候康养福地称号的申报地之一,也是厦门市首个获评的A级景区。坚持绿色导向,积极鼓励企业开展污染防治设施提升改造、清洁生产和绿色循环利用。重点加强扬尘管控、挥发性有机物治理、工业企业达标排放,推进与漳州台商投资区污染联防联控。持续深化河湖长制,巩固提升小流域和黑臭水体治理成效,持续改善近岸海域水质。

二、海沧经济发展存在的问题与挑战

(一)疫情反复,企业复工波折不断

6月份和9月份新冠疫情两度冲击厦门,无疑给海沧区的经济发展带来了巨大的影响,首当其冲的便是旅游业、服务业、制造业等需要与人密切接触的产业。反复的疫情打乱了企业的计划和节奏,再加上全国个别地区不时暴发出的疫情,进一步给企业带来了发展的阻力。

(二)财政支出锐减,公共支出力度不足

相较于2020年疫情的影响,2021年地方政府在应对疫情的各项部署上已经较为成熟,因此税收收入有所增长。2021年前三季度,全区财政总收入202.47亿元,同比增长27.7%;区级财政支出43.54亿元,同比下降8.5%。税收收入193.24亿元,同比增长28.2亿元。尽管2021年受到两轮疫情的影响,但在税收稳定增长的同时,财政支出却呈现下降的态势,这表明疫情对居民生活和企业经营的冲击已经在可控范围内,政府和人民有足够多的经验去应对这些挑战,但在公共物品、公共服务上的支出却有些乏力,"无疫小区"的建设,抗疫防疫人员的投入,公共交通、道路基础设施等方面的建设都有待加强资金支持力度。

(三)招商引资成效不彰,营商环境有待提升

海沧区充分重视营商环境建设,2021年以来,共召开产业办、招商办例会26次,解决工业项目前期手续办理、地块增容、水电配套、竣工验收等共628

个问题。战略性新兴科技产业的招商引资效果不彰,招商引资项目过于分散,不能形成完整成熟的龙头产业经济圈。在速度和效率提升的同时,应兼顾质量的把控,多吸引集成电路、生物医药等高质量项目落地海沧。招商工作要围绕产业发展的重心展开,比如集成电路领域,在细分领域打造比较优势、价值链优势;在生物医药领域,就围绕产业化的需求,做好空间承载的准备,引导各种产业要素的集聚。此外,作为国家级台商投资区,海沧区始终牢记台商投资区使命,积极探索两岸融合发展新路径,发挥特色优势,吸引台商投资。同时积极打造国际化一流营商环境,解决企业融资难题,创新服务模式,补全人才方面的短板,为构建国内国际双循环打下基础。

(四)产业布局松散,产业链有待完善

数字化已经融入工业生产等各行各业中,这是未来发展的大势所趋。在全球新冠肺炎疫情形势依然严峻的背景下,加强团结合作、应对全球性风险挑战,成为包括金砖国家在内的发展中国家重要的发展议题。国家间、区域间产业链和供应链的政策规划、最佳实践、绿色转型以及人才培养合作等需要各方持续进行探索。海沧区应该在优化技术、生产、物流和管理流程上努力,利用数字化的灵活性实现可持续发展。要从项目开发、政策协调、人才培养三方面着手,务实推动区域间新工业革命领域合作,共同实现技术进步、产业转型和经济发展。

三、促进海沧区经济社会发展的政策建议

(一)经济防疫两手抓,为企业纾困减负

在细致做好疫情防控的同时,积极对接市发改委出台的助力企业纾困减负"1+N"政策体系,聚焦企业反映急迫的金融支持、减税降费、用工用能等方面的诉求,快速出台措施。通过差异化政策、优惠叠加等形式,出台相关区域、行业的扶持政策,精准帮扶企业,千方百计为企业纾困减负,推动各行各业复苏。在工业经济、旅游消费、科技企业等重点领域,出台系列重磅扶持政策,加速推动经济社会恢复元气。除了真金白银鼓励企业多生产、增资扩产,稳住工业经济"基本盘"外,也要力促旅游消费,开展"文旅消费季"活动,委托线上平台发放文旅消费优惠券,助力企业冲刺完成第四季度任务。

(二)优化财政支出结构,加强社会公共性开支

社会公共性开支涉及的面很宽,包括教育、科技、卫生、社会保障、环境保护等,是代表社会共同利益和长远利益的支出,也是现代市场经济条件下国家财政支出中十分重要的支出。应通过压缩一般性支出,腾出财力增加保障和改善民生方面的支出。政府应严格控制一般性支出,合理控制行政成本,制定

完善一般性开支标准,推进服务型、节约型政府建设。在教育、医疗卫生、社会保障等方面加大投入力度,建设高质量教育保障体系,打造高水平健康之城,提升社会保障服务水平,加速向社会主义文化强市转变。

（三）明确招商引资重点,打造一流营商环境

发力招商引资,对重大签约项目实行项目全周期服务,促进其尽快实现到资、开工、投产。明确招商引资重点,集中精力围绕集成电路、生物医药和新材料三大新兴产业引资,打造区域龙头产业带动地区经济发展。为企业提供优质专业的服务,是打造一流营商环境的重要一环,也是全方位推进高质量发展超越的基本要求。未来的竞争是人才的竞争,因此需要完善人才政策和人才培育、引进机制,留住高校和企业人才。海沧区税务部门应积极利用税收大数据,帮助海沧区政府做好招商引资优质项目和高精人才的筛选、引进。海沧区应当抓住机遇,在招商引资的同时向国际一流营商环境看齐,引技术、引人才,同时也要注重自己的创新,创技术、育人才,从根本上解决发展后劲不足的问题。

（四）合理规划产业布局,打造完备产业链群

在万物互联的时代背景下,海沧区不能偏居一隅。只有积极参与世界经济体系大循环,成为其中一分子,才有机会发展壮大自己。海沧区的产业布局已经开始从传统制造业向战略性新兴产业转变,从实体型产业向服务型产业过渡。政府应引导企业转型,扶持三大新兴产业的发展,努力使海沧区成为汇聚中国半导体产业顶级资源的新地标,深耕生物医药产业企业,使海沧区生物医药产业也成为行业聚集地;集成电路产业实现"零的突破",初步构建以特色工艺技术路线为主的产业链布局,实现金融链、产业链、创新链的三链融合发展。

此外,海沧区三大产业的产业链还存在短链、断链等问题,如何拓链、补链、强链成为当下亟须解决的问题,将会显著影响经济的发展。需要认真探究产业链上下游布局,填补产业链某些欠缺和薄弱环节,把产业链做大做强。海沧区应利用自己的优势,做自己的特色产业链,打下良好的基础,找到独具特色的"海沧模式"。

四、2022 年海沧区经济社会发展预测与展望

近两年来,我国在疫情的突袭下坚定不移地在民族伟大复兴的道路上前进,在全球面临危机的环境下,疫情既带来了挑战,也送来了机遇。经过两年的艰苦奋斗,与疫情的战斗已经让我们不惧任何挑战。过去两年虽然受到疫情的冲击,但我国经济始终以正增长的势头稳步前进。9 月 28 日,世界银行

发布最新版《东亚与太平洋地区经济半年报》,预计2021年中国经济增长8.5%。

基于此结论,可对2021年年底海沧区主要经济指标完成情况做初步预测。预计2021年全年,全区完成生产总值890亿元,比增9%;完成规模以上工业企业增加值589.3亿元,比增35%;实际利用外资16.84亿元;完成固定资产投资增长率23%;完成财政总收入269亿元,比增40%;完成批发零售贸易业销售总额4076亿元,比增72%;完成社会消费品零售总额297.7亿元,比增2.9%。

同时,可对2022年海沧区主要经济指标完成情况做出初步预判:预计2022年完成生产总值920亿元,比增3.3%;完成规模以上工业企业总产值1500亿元;完成实际利用外资18亿元;完成固定资产投资增长率25%;完成财政总收入275亿元,比增2.2%;完成批发零售贸易业销售总额4150亿元;完成社会消费品零售总额310亿元。

展望2022年,新的一年,新的面貌,海沧区将更加紧密地团结在以习近平同志为核心的党中央周围,在市委、市政府和区委、区政府的坚强领导下,抢抓机遇、奋力发展、率先突破,努力完成既定的各项目标和任务,奋力推进"五中心一基地"建设,提升城市能级,强化创新平台载体建设,提升创新发展能级,优化创新创业生态,构筑人力资源发展高地。同时,实施千亿链群培育行动,优化产业空间布局,构建富有竞争力的现代产业体系,建设数字化发展高地,推进城市均衡协调发展,为实现全方位高质量发展超越、打造高素质高颜值的国际一流海湾城区做出新的贡献。

集美大学工商管理学院　雷　宏　薛成虎　张　炜

同安区经济社会运行情况分析及预测

一、同安区 2021 年经济社会运行概况

(一)2020 年情况回顾

2020 年,同安区围绕高质量发展超越目标,坚持统筹推进疫情防控与经济社会发展,扎实做好"六稳"工作,全面落实"六保"任务,经济运行呈现持续复苏良好态势。同安区主要经济指标中的多项指标位居全市各区前列。其中:规模以上工业增加值、社会消费品零售总额、零售业销售额、住宿业营业额、餐饮业营业额 5 项指标增幅位居全市各区第一;地区生产总值、全体居民人均可支配收入、农村居民人均可支配收入 3 项指标增幅位居全市各区第二;批发业销售额、区级财政支出、城镇居民人均可支配收入 3 项指标增幅位居全市各区第三。

2020 年,同安区全年地区生产总值完成 591.21 亿元,同比增长 7.9%。规模以上工业总产值完成 1097.96 亿元,同比增长 6.8%;规模以上工业增加值完成 278.13 亿元,同比增长 8.5%。固定资产投资同比下降 24.7%。社会消费品零售总额完成 394.64 亿元,同比增长 8.1%。财政总收入完成 104.26 亿元,同比增长 3.3%;区级财政收入完成 26.26 亿元,同比增长 2.3%;区级财政支出完成 71.75 亿元,同比增长 11.0%。实际使用外资完成 18.90 亿元,同比增长 15.8%。全体居民人均可支配收入完成 45016 元,同比增长 6.4%,其中:城镇居民人均可支配收入完成 51775 元,同比增长 3.9%;农村居民人均可支配收入完成 24619 元,同比增长 7.3%。

(二)2021 年 1—9 月份经济社会运行概况

1.经济指标概况

2021 年以来,面对疫情防控和经济下行压力,同安区科学统筹疫情防控和经济社会发展,经济运行持续稳定恢复。2021 年 9 月份,受突发疫情的影响,全区封控近半个月,企业停工停产,对当月的各项经济指标造成一定冲击,多项主要经济指标回落明显。

2021 年 1—9 月,同安区主要经济指标完成情况如下:全区地区生产总值完成 470.33 亿元,同比增长 8.4%,虽因疫情影响,增幅低于全市平均增幅,但

高于上年同期增幅。规模以上工业增加值完成 210.15 亿元,同比增长 3.9％,比上月回落 6.5 个百分点。社会消费品零售总额完成 310.85 亿元,同比增长 7.1％,比上月回落 6.4 个百分点。全区一般公共预算总收入完成 97.57 亿元,同比增长 19.1％,增幅较上月回落 7.1 个百分点。实际使用外资完成 22.82 亿元,同比增长 26.0％,较上月回落 3.2 个百分点,但增幅仍位居全市各区第三。全体居民人均可支配收入完成 39930 元,同比增长 12.2％,其中:城镇居民人均可支配收入 45029 元,同比增长 10.8％;农村居民人均可支配收入 23623 元,同比增长 14.9％。

2.社会经济运行概况

持续优化营商环境。为推进地区经济发展和加强疫情防控,同安区坚持深化落实"六必访",在融资、企业上市、技术改造、市场开拓、人才引进和品牌创建等方面,给予企业全力支持帮助。出台《同安区应对新冠肺炎疫情推动工业稳增长措施》等文件,强化援企稳岗政策兑现,把惠企政策落在实处,先后投入企业发展扶持资金 12.1 亿元,兑现惠企资金 6.5 亿元。随着厦门经济发展和城市建设的推进,同安区已成为厦门市"岛外大发展"的热土和招商重大项目落地的热点区域,21 届投洽会期间,同安区落地及达成合作意向总额 968 亿元,仅投洽会期间签约项目中,投资方为央企的项目 7 个、世界 500 强项目 7 个、上市公司项目 9 个、行业新锐项目 8 个。

持续做好民生保障。注重基础教育的提质扩容:2021 年 9 月,区第三实验小学凤祥校区、同安一中滨海校区高中部、祥平中心小学正式开学;在全市率先开展艺体学科课时服务购买,让农村小规模学校也拥有专属艺体课教师。注重提升基层医疗服务:区相关部门定期组织基层医疗机构的医护人员开展新冠病毒防护知识培训,提升基层医疗卫生服务水平和应急处理能力;9 月份突发疫情时,在各级领导和全市各区及兄弟城市支持下,全区齐心用较短时间打赢抗疫战;近期又积极开展包含应急响应、流调溯源、医疗救治、隔离管控、全面终末消毒等多环节的疫情封控应急演练。注重城乡养老服务事业:出台《厦门市同安区养老服务机构拓展居家养老服务试点工作实施方案的通知》,全区 8 个镇街试点,为居家养老且有生活照护需求的轻度及以上失能等级老年人提供家居改造、生活照料、康复护理、医疗保健等服务,2021 年年底完成建设 200 张以上家庭养老床位。

二、2021 年 1—9 月经济社会运行情况分析

(一)同安区经济社会运行情况分析

1.地区生产总值增长平稳扎实

1—9 月,同安区地区生产总值完成 470.33 亿元,同比增长 8.4％,分别低

于全省和全市平均增幅 0.4 个和 1.6 个百分点,增幅位居全市各区第五。其中:第一产业实现增加值 8.17 亿元,同比增长 13.6%;第二产业实现增加值 238.23 亿元,同比增长 4.4%;第三产业实现增加值 223.94 亿元,同比增长 13.1%。三次产业结构为 1.7:50.7:47.6。第一产业拉动 GDP 增长 0.2 个百分点,第二产业拉动 GDP 增长 2.3 个百分点,第三产业拉动 GDP 增长 5.8 个百分点。

虽受 9 月份疫情突发的影响,减弱了增速,但与 2020 年同期相比,在生产总值持续增长的同时,第一产业的增幅由上年同期的 −2.9% 转为增长 13.8%,第三产业的增幅由上年同期的 3.8% 提升为 13.1%。

2.工业生产运行总体趋稳

1—9 月,全区 825 家规上工业企业完成产值 857.79 亿元,同比增长 5.4%,较上月回落 6.2 个百分点;实现工业增加值 210.15 亿元,同比增长 3.9%,较上月回落 6.5 个百分点。9 月份的突发疫情迫使企业停工停产,对工业生产带来一定冲击,但得益于 1—8 月全区工业企业的稳步增长,1—9 月全区规上企业产值增产面仍超六成。

主导产业持续发展。1—9 月,全区四大主导产业企业 281 家累计完成产值 415.99 亿元,约占规上工业产值的一半,同比增长 4.5%。其中:水暖厨卫业 98 家企业完成产值 135.81 亿元,同比增长 11.7%,对全区规上工业产值贡献率为 32.3%;机械制造业 88 家企业,完成产值 92.61 亿元,同比增长 11.1%,对全区规上工业产值贡献率为 21.0%;现代照明业 26 家企业完成产值 67.54 亿元,同比增长 16.3%,对全区规上工业产值贡献率为 21.5%;食品医药业 69 家企业完成产值 120.04 亿元,同比下降 11.1%。

新升规企业快速增长。1—9 月,143 家 2021 年新纳入规模以上工业企业累计完成产值 58.97 亿元,同比增长 94.6%,增幅高于全区平均增幅 89.2 个百分点,拉动全区规上工业产值增长 3.5 个百分点。新升规企业的完成产值和增幅都超过前两年。

高新技术企业产值提升。1—9 月,全区高技术产业企业 59 家完成产值 132.84 亿元,同比增长 15.2%,比全区规上工业产值平均水平高 9.8 个百分点,拉动工业增长 2.2 个百分点。

3.服务业有增有减

批发业持续快速增长。1—9 月全区批发业累计实现商品销售额 1244.12 亿元,同比增长 90.8%,高于全市平均增幅(51.2%)39.6 个百分点,增幅位居全市第一。其中限额以上批发业累计实现商品销售额 1147.51 亿元,同比增长 106.5%,高于全市平均增幅(54.8%)51.7 个百分点,增幅位居全市第一。

零售业增长受疫情影响较大。1—9 月全区零售业累计实现商品销售额

220.97 亿元,同比增长 7.1%。其中限额以上零售业累计实现商品销售额 179.12 亿元,同比增长 7.1%。9 月份因疫情全区减少工作时间 15 天,本地物流受限,相当一部分零售企业暂时停业或员工居家办公,整体销售业绩受到冲击。

住宿餐饮服务业受疫情直接冲击。1—9 月全区餐饮业实现营业额 3.76 亿元,同比增长 26.1%,增速比上半年回落 18 个百分点;1—9 月全区住宿业实现营业额 2.17 亿元,同比增长 43.4%,增速比上半年回落 25.3 个百分点。9 月当月限上餐饮业有 15 家营业额下滑,占全部限上餐饮企业的 78.9%;当月限上住宿业有 8 家营业额下滑,占全部限上住宿企业的 66.7%。

房地产销售中店面和车库的销售降幅较大。1—9 月全区的店面销售和车库销售降幅最大,店面销售面积 0.51 万平方米,同比下降 61.6%,车库销售面积 12.68 万平方米,同比下降 52.5%。

4.农林牧渔业总产值增速位居全市首位

1—9 月,全区农林牧渔业总产值 19.91 亿元,同比增长 14.6%,较上半年回落 1.8%,但增速仍位居全市各区首位。畜牧业产值增长较快,产值 4.94 亿元,同比增长 69.4%,主要得益于两个生猪养殖场改扩建投产,生猪存出栏大幅增长。农业实现产值 8.98 亿元,同比下降 0.1%。渔业因流域整治养殖退出和休渔期延长,加上疫情减少渔民出海,产值降幅较大,产值 0.52 亿元,同比下降 35.7%,较上半年扩大了 16.3 个百分点。

5.固定资产投资平稳增长

2021 年同安区固定资产投资一改上年度的下降情形,呈平稳增长趋势。1—9 月全区固定资产投资增长 10.1%,较上月回落 3.2 个百分点。其中:工业投资增长 27.0%,拉动全区固定资产投资增长 6.7 个百分点;社会事业及其他投资保持两位数增长,同比增长 22.6%,拉动全区固定资产投资增长 4.5 个百分点。

6.城乡居民收入不断增长

1—9 月,全区全体居民人均可支配收入完成 39930 元,同比增长 12.2%。其中:城镇居民人均可支配收入 45029 元,同比增长 10.8%;农村居民人均可支配收入 23623 元,同比增长 14.9%。这三个指标的增幅都高于上年同期(5.7%,3.0%,5.9%)。

(二)同安区经济社会运行中存在的问题

1.产业链的构建和提升还有待深化

同安区产业链构建及提升还有较大空间。一是产业链布局与区域定位的结合度不够清晰。除环东海域同安新城的布局以外,其他产业链的布局还可进一步完善,比如新文旅产业链构建要结合同安新城老城的不同发展定位优化文旅资源配置。二是产业链的企业升级优化还要加大力度。目前四大主导产业仍占全区规上企业产值的半壁江山，其中的食品医药业已连续几年产值下降，要推动现有的水暖厨卫向智能家居发展、机械制造向高端智能制造发展，打造食品生物医药产业链等，传统企业的升级优化更为迫切。三是产业链布局和提升还必须加大招商和技术资金引进。

2.人才培养和引进的力度还有待加强

同安区人杰地灵，输送培养很多优秀人才。但相对于在新形势新时期的发展目标，对各方面人才的需求更加急迫。一是受公共服务资源配置和经济发展情况影响，人才向岛内和其他区移转现象存在。二是企业高科技人才和优秀管理人才较少。三是一些职能部门和基层单位的人才不够稳定。9月的突发疫情对全区的人口综合素质和各方面人才及管理运作都是一次大考。

3.办好民生实事还有待提升

同安区的人均GDP低于其他区，在民生项目方面还有很多事要做。一是城市交通建设还有待优化。全市各区就只有同安区目前还没通地铁，快速公交高峰期乘客量大，老城区与新城区的连接公交线路还不够。二是医疗资源还有待增加。同安新城区的大医院只有还在建的环东海域医院，满足全区医疗需求还有待引进优质医疗资源。三是工业集中区和农村的优质基础教育资源不足。四是老城区和农村的养老问题还需进一步解决。

三、促进同安区经济社会发展的建议

（一）优化产业结构，推进产业链提升

结合同安区区情，守住工业"基本盘"，固根基、补短板、强招商，围绕着以先进制造业为主体、以新经济为引擎、以现代服务业为支撑的目标，构建和提升现代产业链体系。一要进一步将老城区、新城老城连接区、工业园区的发展定位与产业链布局明确关联。二要做好传统产业企业持续动能推动，促使其向高端产业转化升级。三要在招商中加大引进人工智能、大数据等新经济企业的力度，加强新经济扶持引导，做大新经济规模。四要进一步营造优良的营商环境，吸引更多的高新企业、新兴产业落户同安，增强经济实力。

（二）优化人才队伍，促进整体素质提升

一要加强教育、医疗、城市交通等公共服务项目建设，扩大优质公共服务资源，增强同安区对人才落户生活的吸引力。二要落实人才引进培养各项政策，帮助企业用伴随经济前景的事业发展引进并留住高科技人才。三要进一步争取省市相关部门支持，加大本区部门单位加大与其他区市的人员交流和实际锻炼培养，同时加大对基层单位的人员工作素养和管理能力培训，进一步

提升基层治理水平。

（三）优化民生项目，促进生活品质提升

在已有的基础上，进一步抓好底线民生、稳定基本民生、提高质量民生。一要争取各方面支持，尽快实现地铁通到同安区，提高与其他各区的交通便利，同时适当增加连接乡村的公交线路，把城乡一体化落到实处。二要加大对教育、医疗的投入，同时更多创新模式，引进优质教育合作和医疗机构，扩大公共服务资源供给。三要进一步重视养老保障工作，鼓励社区和基层医疗机构加大养老服务人员培训，增加老城区的社区养老服务设施，扩大居家养老服务试点。

四、2022年同安区经济社会发展预测与展望

同安区十四次党代会已明确未来五年奋斗目标：锚定"奋力谱写富美新同安建设新篇章"总目标，紧盯"产业优、百姓富、生态美"三大战略任务，打造"产城融合示范区、科学城核心区、乡村振兴样板区、生态人文名胜区和金砖未来创新基地"五大功能片区，实现发展高质量、城市高能级、生活高品质、生态高颜值、治理高效能，在更高起点上推动全方位高质量发展超越迈上新台阶。

2022年，同安区将继续坚持发挥实体经济的"稳定器"作用，强化推进新旧动能转换，引领创新驱动，推动实体经济做大做强做优。将继续引进培育新兴产业，持续推动转型升级，强化对企业的跟踪服务，全力打造一流的营商环境。

2022年，同安区将结合产业链布局统筹推进新城片区建设、老城片区及城乡接合部的空间优化更新，做强南部新城，做优中部老城，做美北部乡村，在保留同安传统的历史味道的同时又展现现代时尚感，推动同安经济发展和城乡建设升级。

2022年，是同安区教育提质增效三年（2021—2023）行动计划的第二年，将进一步通过校长专业化、教师专家化、课程精品化、管理现代化的"四化"工程，还将加强合作办学模式，引进优质教育资源合作办学，全面提升全区基础教育水平。经过疫情防控大考，同安区在民生医疗方面将加快医疗资源的投入和合理配置，支持第三医院建设提升，陆续投用环东海域医院等一批高水平医疗机构，促进优质医疗资源高位嫁接和服务城乡民生。

集美大学财经学院　　刘广洋

翔安区经济社会运行情况分析及预测

2021年是我国全面建成小康社会、实现第一个百年奋斗目标之后,乘势而上开启全面建设社会主义现代化国家新征程、向第二个百年奋斗目标进军的开局之年。2021年以来,翔安区政府深入学习贯彻习近平总书记"七一"重要讲话精神和在福建考察时的重要讲话精神,全面贯彻落实市第十三次党代会和市委十三届一次全会精神,立足新的发展阶段,落实新的发展理念,构建新的发展格局,紧紧抓住"岛内大提升、岛外大发展"等重要战略机遇,积极应对复杂严峻的外部发展环境,扎实做好"六稳""六保"工作,统筹推进经济社会高质量发展,为翔安区在新起点上实现新跨越奠定了坚实的基础。

一、翔安区经济社会发展情况分析

2020年以来,翔安区积极主动对接厦门"跨岛发展"战略,统筹抓好疫情防控工作,经济发展更上一层台阶,较好地完成了区四届人大四次会议确定的各项目标。

(一)2020年10—12月经济社会运行情况回顾

2020年全年翔安区累计实现地区生产总值705.9亿元,占全市总量11.06%,同比增长8%;369家规模以上工业企业累计完成工业总产值1536.9亿元,同比增长3.8%;累计完成固定资产投资684.3亿元,同比增长20.7%;财政总收入80.7亿元,同比增长12.9%;累计实现社会消费品零售总额120.5亿元,同比增长1.6%;实现农民人均纯收入24206元,同比增长7.7%;城镇人均可支配收入43816元,同比增长4.4%;共批三资项目51个,合同利用外资60.73万元,实际利用外资22.58万元。其中第四季度实现地区生产总值192.7亿元,规模以上工业总产值412.7亿元,固定资产投资68.7亿元,财政总收入18.5亿元,社会消费品零售总额32.2亿元,实际利用外资1.29万元。

(二)2021年1—9月经济社会运行情况概述

1.经济运行迸发新动能

2021年是"十四五"规划的开局之年,翔安区立足新发展阶段,全面贯彻落实习近平新时代中国特色社会主义思想和新发展理念,抓住"岛外大发展"

机遇,积极服务融入"一心两翼多组团"的新发展格局,加快建设现代化经济体系,推动传统产业转型升级,发展具有全球竞争力的新产业,以一系列切实有效的举措,促进经济发展的量质提升,推动形成"大发展"的良好局面。截至2021年9月,全区累计实现地区生产总值577.62亿元,比上年同期增长12.6%。其中,第一产业累计完成额7.03亿元,比上年同期增长1.6%,第二产业累计完成额376.08亿元,比上年同期增长8%,第三产业累计完成额194.51亿元,比上年同期增长23.1%。受疫情影响,产业发展速度有所放缓,但仍然显示出了增长的趋势。整体经济的发展动力和活力持续增强,向实现更高质量、更有效率、更加公平、更可持续、更为安全的发展更进一步。

2.固定资产投资提速加码

翔安区持续强化"集约高效、产城融合"的理念,紧抓闽西南协同发展区建设、跨岛发展战略的发展机遇,以"双千亿"工作为抓手,把握"一体双线两翼"的工作总思路,推动重大片区开发再提速。随着厦门翔安机场、"一场两馆"、第二东通道、轨道交通、翔安高新技术产业基地等一大批重大项目的布局建设,翔安有效投资步伐进一步扩大提速。2021年以来,翔安区全力攻坚一批整村搬迁项目,大嶝阳塘社区为省级重点项目厦门新机场建设让地,100%完成部署任务,有效保障机场主体工程及其配套项目建设。新增项目投资拉动显著增强,海辰锂电Line5线于7月正式投产,Line1和Line2线也将于年底陆续投入使用。中航锂电研究基地二期项目封顶成功,机电设备将进场。基础设施投资不断加大,开展打通"断头路"行动,推进轨道3号线通车运营,轨道4号线区间洞通,再提升基础设施配套水平。社会事业投资增长态势强劲,新体育中心白鹭体育场加快建设,已完成基础至主体结构3层施工;四川大学华西厦门医院已完成封顶,年底实现项目全面建成。截至2021年9月,翔安区完成固定资产投资626.64亿元,同比增长25.5%,完成量和增幅均在全市中居于领先水平。

3.产业转型发展持续深化

翔安区坚持把发展经济着力点放在实体经济上,加快产业结构优化调整,推进产业基础高级化、产业链现代化,着力打造以四大产业发展平台、五大主导产业链群、若干未来产业和新经济产业为核心的"4+5+N"现代产业发展体系。新阶段伊始,翔安区产业结构调整体现在三个"提升"方面:①提升产业链群现代化。加快天马六代建设,完成主厂房封顶。促进中航锂电、博泰车联网投产达产,目前博泰厦门智能制造工厂二期首条生产线已顺利达产。推动苏宁广场项目落地,奥特莱斯、翔安商业广场开业运营,大力发展云经济、夜间经济、直播经济等新业态新模式,加快打造直播经济聚集地。②提升产业基础高级化。推动金砖国家新工业革命伙伴关系创新基地布局翔安区,支持厦大嘉庚创新实验室、生物医药制品省级重点实验室、厦大国家集成电路产教融合创新平台建设。③提升产业招商精准化。围绕"服务最优,政策最好,兑现最快"目标,深化完善"四个一"招商工作机制,着力打造高素质专业化招商引资和企业服务队伍,推进招商引资和企业服务一体化建设。截至2021年9月,翔安区三大产业产值比重分别为1.2%、65.1%、33.7%,产业结构进一步优化。

4.推动高质量招商引资

翔安区坚持抓招商促发展的理念,把招商引资作为优先发展工程,持之以恒抓招商促发展、抓项目增后劲。深入开展精准招商,聚焦先进制造业、现代服务业,围绕翔安区平板显示、半导体和集成电路、机械装备、新材料新能源、文体旅游会展等重点产业链群,面向国内外招优引强,进行强链延链补链。创新招商引资方式,依托数字经济产业园、厦大科技园、欧厝海洋高新产业园区、同翔高新城等招商平台,加强与火炬高新区及各指挥部联合招商,实行"统一开发、统一规划、统一招商、分片管理、利益分享"模式,推广线上招商,积极实施"视频签约"和"线上服务"。完善招商服务机制,整理全区招商资源,编制和完善"招商一张图",建立完善"用地资源促项目落地"机制,加快项目对接的精准性和落地进展,"一盘棋"协同推进招商项目策划、洽谈对接、落地建设和企业服务等工作,提高招商项目成功率和落地率。截至2021年9月,共批准三资企业项目67个,同比增长67.5%,合同利用外资14.6万元,实现实际利用外资4.76万元。

5.不断增进民生福祉

翔安区始终坚持共享发展,聚焦解决群众最关心最直接最现实问题,着力补齐民生短板,提高人民生活品质和社会建设水平。公共服务方面,翔安全力建设教育强区,开工建设厦大附属翔安实验学校等35所学校,开办双十中学初中部、实验小学翔安校区等10所学校。深化合作办学机制,继续主动对接"名校跨岛"战略,推动更多优质教育资源实质落地。支持市第五医院、翔安医院提升医疗服务水平,推动九溪高端养老项目、妇幼保健院落地,新建2个社区卫生服务中心。就业方面,设立工作专班,统筹开展被征地农民和海域退养渔民转产就业行动。深化"5110"精准就业帮扶机制,完善加工业扶持、公益性岗位开发、职业技能培训等就业支持体系。鼓励发展农村电商、网红直播等新业态,实现多渠道就业,促进农民增收。社会保障方面,深入实施全民参保计划,深化"爱心飞翔"工作机制,强化五类重点对象动态分类管理和精准兜底保障,抓好"一老一幼"服务。推动新店地铁社区二期、后滨安置房等竣工交付,推广"四统房"建设,创新区级闲置边角地、安置房利用模式。截至2021年9月,实现全体居民人均可支配收入32992元,同比增长13.1。其中,城镇人均可支配收入 39675 元,同比增长 11.7%,农村居民人均可支配收入 22425 元,同比增长 15.1%。

二、翔安区经济社会运行中存在的问题与原因分析

翔安区经济社会整体发展呈现良好态势,但还存在一些问题,主要表现在:

(一)产业结构亟待继续优化

翔安区紧抓科技创新和产业变革机遇,积极推动创新发展,不断增强产业核心竞争力和发展能级,产业结构有所改善,但仍存在着重大产业项目储备不够、发展后劲不足的问题。其一,以健康医疗大数据为核心的数字经济产业在翔安呈现良好发展态势,但该产业刚刚起步,缺少企业规模大的行业龙头企业、头部企业,且引进的创新型企业需要一定成长周期,使得整体的产业发展规模偏小,创新动力偏弱,产业基础薄弱,产业高端资源和技术短缺。其二,伴随着发展载体翔安数字经济产业园核心组团健康翔安智谷空间趋向饱和,而数字经济产业园三期建设刚刚启动,短期内无法接续,用地指标稀缺,产业发展空间不足,生物医药类型企业的实验室及公共实验室服务平台等科研硬件设施缺少生物医药专业厂房配套,难以满足企业发展需求,影响企业规划布局。其三,由于缺乏成熟可借鉴的经验,加之数据的运用条件存在限制,数据监管安全仍面临着诸多重大难题,这一定程度上限制了数字经济及其产业的发展。

(二)产、城、人融合需进一步深化

翔安区把握重视产业发展在新型城镇化进程中的支撑地位、动力功能和保障作用,加快推进产业和新型城镇化的融合发展,但仍存在产、城、人融合不够深入,城市化率不高的问题。城市基础设施、商业配套、公共服务水平与岛内仍有较大差距,临近轨道村庄规模大,拆迁工作任务重,一定程度上制约了轨道建设和周边新城品质提升。现有的公共设施比重低,建设速度缓慢,导致新城活力不足。受制于交通不便,以及长期统筹开发建设的破碎化,人气商机聚集能力较弱,城市价值有待提升。第二产业占比较大,但高新技术产业及数字经济产业发展刚刚起步,经济总量较小,还未形成规模化效应。第三产业整体发展水平较为落后,商务办公档次不高,旅游产业缺乏鲜明特色,品牌效应较弱。

(三)民生保障还需进一步增强

翔安区坚持以人为本,大力推进基本公共服务现代化,不断完善社会保障体系建设,但供给服务与人民实际需求之间仍然存在着差距。就业方面,随着

重大项目征拆推进和海域退养力度加大,被征地农民和海域退养渔民转移就业面临着时间更紧、任务更重、要求更严的问题,农渔民年龄偏大、技能偏弱、不愿外出就业等转产就业难题亟待解决,现有政策需要继续加力。教育医疗资源仍显缺乏,部分学校学位不足,无法满足社会对优质教育的需求。伴随着新区建设发展,新的社区不断出现,但基层医疗卫生服务点覆盖不足。文化建设方面,对于老城区街巷文化的整体改造工程量大,涉及住户和商家众多,历史文化遗产维修难度大,进程缓慢。区新时代文明实践中心建设存在工作人员素质水平偏低,独立活动场所和开放空间较少,无法有效满足村民文化需求的问题。政府服务方面,形式主义、官僚主义不同程度存在,个别单位服务水平和行政效能不高,政府治理效能有待持续提升。

(四)生态文明建设力度需加强

翔安区坚持绿水青山就是金山银山的理念,进一步完善生态文明制度体系,推进绿色低碳循环发展,提升生态环境质量,首创"排口长"制、小微水体"星级"管理机制,整治 107 个入海(河)排污口,建成 4 个生态补水工程,日补水达 5 万吨,省控断面溪边后水质全年稳定达标,内田溪、内垵溪等昔日"臭水沟"蜕变为水清岸绿的景观带,生态文明建设取得成效。但环境治理举措方面仍存在不足,现有污水处理率低,管网不配套,污水再生利用缺乏必要的条件,只能采取鼓励试点处理的方式,污水再生利用缺乏相应的鼓励和扶持政策。伴随着城市的更新改造,对于区域文物古迹存在大拆大建的情况,造成一定毁损和破坏。因大嶝建设民航机场造成滨海湿地灭失,对区域鸟类生存繁衍可能造成比较大的影响。森林生态管理存在重复计算,部分林地未经批准被占用毁坏。土地资源整改行动不够彻底,侵占的农田、林地未及时还耕复绿。空气治理方面存在问题,部分区域对燃烧秸秆肥田、偷排废气、露天烧烤等行为制止不力。

三、促进翔安区经济社会发展的对策与建议

针对翔安区经济社会发展中存在的问题,结合翔安区自身区位特点和未来经济社会发展目标,提出以下建议:

(一)扩大创新驱动经济,推动产业结构升级

翔安区应当继续深化供给侧结构性改革,大力实施创新驱动发展战略,加快构建"4＋5＋N"的现代化产业体系,实现先进制造业与现代服务业的并驾齐驱。其一,应当打破开发建设破碎化局面,配合打造多片区联动协同的"未来科技城",依托厦门大学、火炬(翔安)产业园、厦大科技园、数字经济产业园、东部体育会展新城等资源,结合新机场等重大设施,形成"科学＋产业＋城市"

的创新创业生态,促进产业群集聚。其二,面对经济总量偏小的问题,应当进行招大引强做优,引进一批创新能力强、企业规模大、市场前景好、企业增长快的行业龙头企业,发挥引领带头示范作用,推动上下游企业优势互补,引导一批企业兼并重组,聚集发展。注重强链补链延链,发展一批活跃的中小微企业群体,完善产业上下游链条,构建良好产业生态。其三,针对产业发展用地不足,应当优化空间载体,盘活闲置楼宇,扩建区属通用厂房,实现园区办公—研发—生产—服务全链条、一体化平台支撑。加强技术公共服务平台建设,打造具有政策、信息、资金、市场、中介等五大服务功能的科技成果转化集散中心。完善"软基础设施配套",落实要素保障。其四,应当发挥金融对实体经济的服务作用,积极构建覆盖企业生命全周期的创新金融服务平台,形成"天使投资+创业投资+债券融资+上市融资"的多层次创新创业融资体系,提升科技金融服务水平。其五,积极开发文旅产业潜力,发展以体育竞赛、展览展会为主体,以旅游、文化为支撑,以交通、餐饮、现场服务等为配套的产业集群。打造国家全域旅游示范区,建设完善大帽山境、香山乡苑、中奥游艇码头、澳头游艇港等旅游综合体项目,推进传统闽南文化旅游项目发展。

(二)优化基础设施配套,促进产城融合

为进一步推动产城融合,完善城市功能,翔安区应当统筹布局生产、生活和生态空间,科学进行城市规划和底线定制,可以从以下几个方面入手:①优化城市空间布局。本着"一心两翼多组团"的发展格局,以翔安新城为发展核心,重点发展总部经济、数字经济、现代化零售、跨境电商、信息研发、高端制造、文化旅游等产业,打造富有活力的中心城区。两翼片区对接市千亿产业链(群)实施计划,建设先进制造业基地,重点发展空港核心产业、临空现代服务业和临空高技术产业。②注重开发的成片协同。推动土地开发成片化,编制区级开发片区、机场开发片区等区域土地征收成片开发方案,统筹规划。重视城市功能与现代服务业发展的协同,形成统筹产业组团、居住社区、公共服务、商业配套的综合布局。③完善基础设施建设。推动翔安区同岛内岛外区域基础设施的互联互通,完善交通路网,构建城乡一体、快速便捷的交通运输体系。加强新城管线建设,推进水、电、气等市政设施配套完善。加快建设2个社区服务中心建设工程,打造具备服务、娱乐、商业、文化等功能的综合社区,为园区居民提供便捷的生活配套服务和社区服务。

(三)提升公共服务,增进民生福祉

第一,推动公共服务优质度再提升。医疗方面,要进一步扩大医疗资源供给水平,继续推进第五医院建设,增加区域三甲医院数量,布局建设若干专科医院,推动妇幼保健院等重大医疗项目落地,推广智慧医疗,搭建互联网诊疗服务平台,加强新冠肺炎疫情防控工作,提高卫生应急处理能力。教育方面,要全力打造教育强区,贯彻名校跨岛发展战略,推动双十中学、实验小学翔安校区高质量办学,吸引外地名校来翔设立分校,重点建设14所中小学、15所幼儿园,增加学位供给,推动义务教育均衡、高质量发展。就业方面,要着力解决被征地农民和海域退养渔民就业问题,引导多渠道转产,鼓励企业就地就近招收被征地农民和海域退养渔民就业、开发公益性岗位安置就业困难人员。第二,完善多层次民生保障体系。加快新店地铁社区二期等保障房及会展嘉园等安置房建设,开发人才公寓房源,提供更多住房租赁渠道。大力发展机构养老,推动溪尾村南侧地块高端养老项目建成投入使用,形成覆盖高、中、低端的养老服务市场,推进医养结合。进一步扩大城乡低保覆盖面,对最低生活保障对象"应保尽保"。第三,提高社会治理水平。创新发展基于互联网的新型便民服务,形成网上与实体大厅、线上与线下相结合的一体化新型政务服务模式。持续推进"五安"平安工程建设,深化基层网格化服务管理模式,健全自然灾害、社会突发事件的预防、监测、预警和应急处置体系,防范化解重大安全隐患。

（四）优化营商环境,推动高质量招商引资

招商引资事关城市发展的未来,关乎城市发展的核心竞争力。随着经济发展进入新常态,招商工作迈入新战场,翔安区必须要进一步拓宽视野,创新招商思维、方式和渠道,以更坚定的决心将招商的各项工作落到实处。要深入开展精准招商,瞄准主要经济带和重点企业,聚焦先进制造业、现代服务业,积极引进国内外高级项目和创新资源。创新招商引资方式,拓宽招商渠道平台,支持国有企业搭平台,引龙头,加强民营企业"以商引商",创新海外招商网络,推广线上招商。完善招商服务机制,全面落实招商主体责任,强化招商项目落地保障,统筹协调土地、人才、资本等要素,解决项目建设"最后一公里"问题。打造专业的招商中心和招商队伍,优化工作考核机制,积极回应招商对象所需所求,提高招商项目成功率和落地率。

（五）提升治理能力,促进绿色低碳发展

深入贯彻学习习近平生态文明思想,打造人与自然和谐共生的现代化强区,以"六个坚定不移"推进生态文明建设,抓好污染防治和生态修复,统筹有序推进碳达峰、碳中和工作。加强生态环境治理,实施"蓝天、碧水、蓝海、净土"四大工程,加强大气污染物精准监测,严格落实河(湖)长制、排口长制,持续推进九溪、东溪、龙东溪等重点流域综合治理工作,展开生态环境修复工作,开展矿山环境治理,做好滨海浪漫线二、三期的景观提升及保洁工作,建立天然林保护修复制度体系,保护生态系统的完整性。促进节能减排降碳工作,推进实施"煤改电""煤改气"等清洁能源替代工程,提高电力、天然气消费比重。完善能耗"双控"制度,加大低碳技术支持力度,推进工业领域清洁生产。加快对现有园区的循环化改造升级,推进生活垃圾精细化分类以提高垃圾无害化处理率,加强水资源循环利用,推动再生水和海水淡化技术开发利用。加强绿色宣传,引导市民养成绿色低碳、文明健康的生活方式。

四、翔安区经济发展预测与展望

现阶段,我国已经迈向全面建设社会主义现代化国家的新征程,所面对的国内外环境更加错综复杂,但机遇与挑战也有了新的发展变化,我国仍处于战略发展的重要时期。展望2022年,翔安区要猛追猛冲勇当先锋,担起全市"跨岛发展"的主阵地、主战场、主力军,努力为绘就新时代厦门东部最美"扇面"而不懈奋斗。继续坚定实施创新驱动战略,推动产业结构高质量转型升级,加快推进重大交通枢纽建设,全面实施乡村振兴战略,推动实现城乡统筹融合。坚持全面深化改革开放,发挥区位优势,在闽西南协同发展、厦漳泉同城化建设和两岸融合发展中发挥更大作用。坚定生态文明绿色发展,全力创建国家生态文明示范区,完成节能减排降碳任务。提高社会治理水平,推动民生事业发展的高质量转变,构建优质均衡的基本公共服务体系,完善社会保障的可持续全覆盖,让更多的发展成果惠及人民,为成为"社会主义现代化强区、跨岛发展最强增长极"努力奋斗。

厦门大学经济学院 　张传国　 周俊岑

厦门市火炬高新区经济社会运行情况分析及预测

一、火炬高新区经济社会运行概况

(一)2020年火炬高新区经济社会运行情况回顾

2020年,厦门国家火炬高技术产业开发区(以下简称"火炬高新区")坚持以习近平新时代中国特色社会主义思想为指导,认真贯彻党的十九大和十九届二中、三中、四中、五中全会精神,按照党中央决策部署和省、市工作要求,有力有效统筹疫情防控和经济发展,齐心协力打好招商引资和项目建设攻坚战,创新活力持续激发,产业韧性持续增强,双创示范基地再次获得国务院办公厅表彰。高新区综合排名比2019年上升一位,在全国169家国家级高新区中位列第16位,在全省开发区综合考评连续六年蝉联第一,厦门软件园获评首批国家数字服务出口基地。

主要经济指标逆势增长。全年实现规上工业总产值3011.6亿元;实现工业增加值757.5亿元,同比增长7%,增速高于全市约1个百分点。完成全社会固投282.7亿元,同比增长16.8%,高于全市8个百分点;项目投资同比增长36.5%,对全市固投增长的贡献率达32.4%;工业固投220.9亿元,同比增长22.2%,占全市工业投资的53.4%。新增建设产业用地1.7平方公里。净增企业2236家,企业总数突破万家,国家级高企总数突破千家(1056家),"三高"企业培育工作综合考评稳居全市第一。

(二)2021年1—9月份火炬高新区经济社会运行概况

2021年是厦门经济特区建设40周年,也是厦门国家火炬高新区建设30周年。2021年,火炬高新区坚持以习近平新时代中国特色社会主义思想为指导,认真贯彻落实习近平总书记"七一"重要讲话和来闽考察重要讲话精神,按照党中央决策部署和省、市工作要求,统筹推进疫情防控和经济社会发展,总结高新区建设30周年经验成效,对高质量发展进行再动员再部署再推进,各项事业取得新成效,为我市全方位推进高质量发展超越、更高水平建设高素质高颜值现代化国际化城市贡献火炬力量。

1.主要经济指标概况

1—9月,火炬高新区主要经济指标均保持两位数增长,规上工业增加值同比增长12.1%,固投比增28.3%,软件和信息服务业实现营业收入增速22.3%,财政总收入比增59.6%,实现"十四五"良好开局。高新区双创示范基地第三次获得国务院办公厅表彰,创新服务经验在《人民日报》头版头条报道。

2.疫情防控有力有效

一是筑牢疫情防线。按照全市统筹和工作需要,发挥党建引领作用,派出近20名干部下沉疫情防控一线支援战"疫",发动党员和志愿者投身防控战役,并引导55家企业爱心捐款捐物共计776.68万元。二是解决物流需求。积极协调市相关部门,为35家企业办理特别通行证44张,解决企业生产物资运输问题,争取在同安区内的重点企业先行复工。三是持续纾困解难。在市助力企业纾困减负12条措施的基础上,出台加快高新区企业复工复产若干措施,帮助企业尽快摆脱疫情影响。

3.加快金砖创新基地核心区建设

一是加速布局产业合作平台。引进大企业来厦设立金砖总部,在金砖新工业革命创新基地论坛上签约8个创新合作项目。引导ABB、石头城等企业拓展金砖市场,推动IBM创新中心等建设金砖国家资源对接与产业协作平台。二是促进人才培养合作。2021年6月,"金砖人才创业基地"正式揭牌并落户火炬高新区,将面向金砖国家海外留学人才及金砖国家背景的外籍人才开放,以智能制造和数字经济等为核心,着力打造一批科技孵化、公共技术、金融服务、人才培训交流等示范性平台。由高新区等举办的"厦门金砖创新基地人才赛道暨留学人才创新创业大赛"启动项目征集,吸引20多个国家60多个项目超百人参赛。三是特色载体加快建设。聚焦智能制造和数字经济领域打造一批金砖特色载体,建成金砖数字经济孵化中心(软一北片区)、金砖未来创新园(软件园三期)、火炬荟智空间金砖展示功能区与金砖留学人员创业路演厅。

4.产业发展动能更强

一是招商引资成效明显。紧抓龙头项目,厦门时代新能源项目正式落地。设立厦门火炬孵化加速母基金、火炬润信科技创新基金等基金项目。新增落地项目1246个,总投资1175.28亿元。落地高能级项目35个,总投资274.7亿元。内资实际到资186.1亿元,外资促到资14.2亿元。实际使用外资31.96亿元。推进"稳存量、促增量"行动、"服务高质量发展——火炬在行动"等活动,深入挖掘现有企业增资扩产潜力与需求,推动中航锂电、ABB、友达、玉晶、电气硝子、科华数据等重点在区企业增资扩产。二是主导产业稳步增长。高新区五大主导产业均保持平稳较快增长。其中,1—9月平板显示产业实现产值 1043 亿元,同比增长 9.2%。计算机与通信设备产业实现产值 638.1 亿元,同比增长 13.6%。电力电器产业实现产值 155.7 亿元,比增 21.1%。半导体和集成电路产业实现产值 261.4 亿元,同比增长 16.8%。三是新兴产业加速布局。加速化纤邦等产业互联网标志性项目实质落地,大力扶持石头城等本地产业互联网龙头企业进一步做大做强;与中科院计算所和中国芯片产业联盟深度合作,打造全国首个集赛事论坛、项目加速、公共技术平台于一体的RISC-V 开源芯片产业生态。数字经济快速发展,数字经济企业占高新区规上企业数 74.2%。

5.创新优势持续增强

一是加快培育"专精特新"企业。推出"火炬专精特新 10 条",通过优化政策供给、强化要素配置,营造有利于专精特新"小巨人"企业成长的环境。二是布局关键技术创新平台。围绕人工智能、新能源汽车、生物医药、信创等战略新兴产业链部署创新链,推动腾讯优图 AI 创新中心、国家新能源汽车技术创新中心厦门分中心、藤济生物医药研发中心、神州信创研究院、国防科大激光陀螺实验室等技术创新平台落地。三是支持企业建设研发机构。新增福建省新型研发机构 10 家,占比全市 77%;获评厦门市首批"重点研发机构"11 家,占比全市 73%;新增 2 家厦门市新型研发机构,占比全市 67%。推动 2 家研究院申报建设福建省协同创新院产业技术分院。四是建设专业孵化平台。新建人工智能、生命健康等专业孵化器,推动 IBM、微软等创新赋能中心建设。五是提升科技服务水平。加快促进科技成果对接转化,举办科技成果路演与技术对接活动 21 场,促成技术研发对接近 80 项,助力企业开展技术联合创新。落实知识产权强国战略,提升企业知识产权应用能力,新增 5 家省级知识产权优势企业,21 家企业获市专利奖。新增福建省科技小巨人领军企业 105 家。推进各类公共技术服务平台建设运营,累计服务企业近 1 万家次,使用"火炬创新券"优惠服务金额超 2000 万元。

6.园区建设提速增效

一方面,重大片区建设、省市重点项目建设全面提速。发挥高新区跨岛发展排头兵作用,加快推进同翔高新城、软件园三期、开元创新社区等重大片区建设,高新区(含同翔指挥部)37 个市重点项目,全年计划投资 180.7 亿元,1—9 月完成投资 155.21 亿元,完成年度计划 85.9%。新增收储产业用地 1000 亩以上,为招商项目提供土地要素保障。同翔高新城完成固投 197.2 亿元,完成年度计划 123.3%;软件园三期完成投资 20 亿元,完成年度计划 83.77%。另一方面,积极推进双碳园区建设。开展能源管理试点,推动火炬(翔安)产业区增量配电改革,实施配电网规划、建设和运营。在软件园一期北区开展智慧园区试点,重点围绕大数据、人工智能、物联网等前沿技术开展场景研究和应用示范。

7.营商环境优化提升

一是成立"火炬大学堂"产业赋能平台。坚持产业需求导向,嫁接高端资源,致力搭建政企学研深度对接合作的平台,为企业创新发展赋能,提升园区营商环境。二是服务和融入新发展格局初具成效。依托高新区产业联合会,搭建高新区供应链平台,吸引近200家产业链上下游企业入驻,构建企业供应链协同机制和市场要素共享机制。三是企业服务更加精准有效。高新区智能制造服务平台整合各类智能制造产品和服务635项,撮合联芯等重点企业项目合作26个;高新区金融服务平台撮合融资供需对接911项,累计授信金额约59.4亿。

8.人才招引步伐加快

一是优化人才政策。出台火炬高新区关于进一步加大高层次创业人才引进培育力度的补充通知,在全市率先上线人才政策智能匹配系统,高新区双百创业人才配套扶持资金实现免申报兑现。二是搭建人才平台。拓展俄罗斯、新加坡两个海外创业大赛金砖赛区。启动"炬火种·燃新薪"2021首届高校新星挑战大赛,共有全国83所高校的1231人才学生报名。与厦门海洋学院、厦门软件学院共建同翔高新城和软件园三期职业技能提升中心,加强高技能人才培训。三是提升园区人才吸引力。谋划建设同翔高新城片区人才社区、火炬九年一贯制学校(市属)等产业人才集聚关键公建配套项目,提升园区对人才的吸引力。

三、火炬高新区经济社会运行中存在的困难和问题

一是外部宏观环境复杂严峻。当今世界进入动荡变革期,大国博弈趋向长期性,新冠肺炎疫情持续蔓延,贸易保护主义倾向加剧。金砖国家合作在国内经济基础、贸易金融、产业链供应链、人文交流等方面都遭遇一系列挑战,开展国际交流合作的不确定因素较多,高新区企业对"金砖＋"国家的出口、合作、海外投资风险有所上升。

二是自主创新能力仍待强化。科技企业孵化器、加速器、众创空间总体规模还不够大,国家级研发机构数偏少,高端创新资源集聚能力相对不足,缺乏具有国内外重要影响力的科技创新成果,国家级高新技术企业群体有待壮大。高新区内金融机构、各类金融产品仍然偏少,博、硕士和中高端技术、管理骨干等创新人才较为匮乏,导致对资金和人才要求较高的"三高"企业发展支撑力度不够。

三是产业发展困难仍待解决。受制于生产要素成本不断提高等原因,传统优势产业转型升级面临挑战,新兴产业体系发展速度相对较慢,强化实体经济支撑压力较大。产业附加值、利润率不高,百亿企业波动对经济运行冲击显

著,部分中小企业适应新发展格局面临瓶颈。目前,火炬高新区仍缺乏具备世界影响力的产业集群,2020 年高新区营收约 3710 亿元,不及深圳高新区全年营收(20687 亿元)的 1/4。

四是园区规划建设水平有待提升。园区规模总体偏小,规划面积 93 平方公里,低于全国高新区平均水平(157 平方公里),且空间较为分散,集中连片的产业用地较为紧缺。产城人融合水平仍有待提升,特别是岛外园区城市综合配套服务水平不高,市政设施、公共交通、教育医疗、商务配套、文体设施等亟待完善,产城人融合程度不高,人气商气不旺。要素保障有待完善,对资金、土地、住房、教育、应用场景等要素协调供给能力需进一步加强。

四、促进火炬高新区经济社会发展的对策建议

一是坚持创新引领。突出金砖创新基地主平台功能,积极对接并加入金砖创新网络,以智能制造和数字经济为核心,着力打造一批科技孵化、公共创新平台、金融服务、人才培训交流等示范性项目,引导支持企业拓展金砖国家市场,建设一批金砖特色载体,加强与金砖国家科技园区开展有效合作。坚持创新在产业发展中的核心地位,紧抓自主创新与开放创新,完善科技创新资源配置,着力提升企业技术创新能力,形成一批国内外领先的科技成果,不断优化创新创业创造生态,将火炬高新区打造成为具有国际影响力的区域创新中心的核心区。

二是致力产业升级。以电子信息产业为核心,数字经济为引领,着力突破"卡脖子"的核心基础零部件、关键基础材料和基础技术,壮大提升五大主导产业集群,加快发展人工智能、新能源新材料、物联网和工业互联网、生命健康等四大前沿产业,推进产业基础高级化和产业链现代化,大力推动数字经济高质量发展,打造具有影响力的高端高能产业集聚区。坚持人才是第一资源,以产业发展需求为导向,以引进和培育产业紧缺人才为核心,以优化人才服务保障体系为重点,着力健全人才梯次引培机制,强化人才专业技能培训,丰富"火炬大学堂"人才培养功能,构建人才发展的良好环境,大力实施引才聚才工程,建设具有区域竞争力的创新创业人才活力区。

三是扩大对外开放。深度融入区域发展战略、"一带一路"建设,依托"多区叠加"和对台优势,加强区域合作,全面提升区域合作的层次和实效,加快服务和融入新发展格局。推动园区技术、人才和资本等跨区域流动,进一步提升国际化水平,更深层次融入国内大循环、国内国际双循环,形成全方位、宽领域、多层次的高水平开放发展新局面,建成开放创新先行区。

四是优化建设管理。加快推动产城人深度融合,着力提升园区特别是岛外园区功能品质,科学规划、统筹实施,构建布局合理、功能齐全、特色鲜明、适

度超前的城市功能设施体系,建设若干专业产业园,为高端产业集聚和创新驱动发展提供载体支撑,为产业人才汇聚提供宜居宜业发展环境。完善园区管理体制机制,深化"放管服"改革,构建"公共服务＋市场服务"双轮驱动的产业服务体系,让市场培育市场,让企业服务企业,为激发市场主体创新创业创造活力提供更加坚实的体制机制保障,打造具有国际竞争力的一流营商环境。

五、2022年火炬高新区经济社会发展展望

1991年,国务院正式批准厦门火炬高新区为国家高新技术产业开发区。30年来,厦门火炬高新区始终肩负着先行先试、服务大局的崇高使命,引领着全市高科技产业的发展方向,推动着全市产业园区的转型升级。今天的火炬高新区,已经成为厦门经济特区发展高新技术产业的重要平台、吸引高端人才创新创业的重要载体、推动更高水平建设高素质高颜值现代化国际化城市的重要力量。立足厦门经济特区建设40周年和厦门火炬高新区建设30周年新起点,火炬高新区要坚持以习近平新时代中国特色社会主义思想为指导,深入学习贯彻党的十九届六中全会精神,按照党中央决策部署和省、市工作要求,以高质量发展排头兵的担当作为,加快建设产业高端、创新活跃、开放协同、产城融合、治理高效的一流高科技园区,切实增强创新力、吸引力、凝聚力、竞争力,为厦门全方位推进高质量发展超越、更高水平建设高素质高颜值现代化国际化城市贡献更大的火炬力量。

（一）着力优化创新生态,打造全市科技创新"主引擎"

一是提升金砖创新基地核心区建设。充分发挥金砖创新基地主平台、国家自主创新示范区的体制机制优势,加快构建金砖产业创新协作网络,积极策划落地一批标志性金砖项目,推动一批有意向开展金砖国家业务的企业来厦落地金砖业务总部。摸底细化企业拓展金砖业务需求,引导企业拓展金砖市场。拓展"金砖＋"创新平台,协助企业开展"金砖＋"科技创新合作,与"金砖＋"科技加速器加强合作,谋划举办金砖国家项目路演等活动,扎实推进与俄罗斯、巴西科技园区的交流合作。二是拓展"火炬大学堂"功能。厦门火炬大学于2021年成立,这是我国第一所高新区平台型产业大学。建议以火炬大学堂为基础,对标科技部和火炬中心相关要求,推动叠加建设国家火炬创业学院,争取建成"产业、战略和学术"的师资库,重点开展产教融合探索,促进产业人才和青创人才培训,力争为园区规上企业提供培训服务,构建"知识支柱"。三是增强企业创新能力。全面培育主导产业链关键技术创新环节,推动"高企规上化、规上高企化",力争国家级高企和火炬瞪羚企业数量持续增加。推进建设人工智能孵化基地、第三代半导体、生命健康等新型专业孵化器,培育一

批未来产业项目。落实知识产权强国战略,全面推进国家知识产权示范园区建设,开展重点产业专利导航,提升"火炬创新券"服务能力,引导企业培育高价值专利。2021年11月,"北交所"这一致力服务创新型中小企业的新平台正式运营,为厦门市中小企业运用资本市场转型升级带来了新的机遇。建议火炬高新区加大"专精特新"中小企业培育力度,支持和引导金融多渠道扶持中小企业,引导更多高新企业在"北交所"挂牌上市。

(二)着力做强产业集群,打造全市产业高质量发展"主阵地"

一是推动产业链提质增效。充分发挥"火炬大学堂"及产业联合会等作用,围绕新确立的产业链发展规划,推动产业链、供应链、创新链联动发展,不断提升集群竞争优势和产业辐射带动力。紧盯重点项目,发展壮大新能源产业,着力向新能源汽车方面延伸产业链条。二是新培育一批优质企业。力争新培育20家以上国家级专精特新企业;孵化培育20家上市种子企业,力争推动4家企业IPO上市。加快中航锂电、海辰等企业投产进度,更快成长为新百亿龙头企业。三是打造高质量的产业生态。整合出台力度更大的产业培育政策体系,帮助企业降本提质增效。进一步开展应用场景专班服务,挖掘企业生产经营过程中亟须解决或潜在的应用场景需求,通过与第三方专业机构合作为企业提供可行性参考方案,推动场景应用带动企业转型升级。四是提升产业人才服务。着力提高海外创业大赛办赛水平,提升厦门在全球的引才知名度和影响力,广纳金砖国家等海外优秀人才项目,加快引进高层次人才。加大高校引才力度,通过高校专业新星挑战大赛、组团校招等方式,深入对接高校就业、学工部门,构建大赛—实习—就业的政校企协作引才渠道。运用大数据技术,搭建人才工作信息服务平台,促进人才工作更加专业、高效、精准,切实提升人才智慧服务水平。

(三)着力拓展招商实效,打造全市招商引资"主力军"

一是细化落实"链长制"。根据产业研究分析及产业链梳理情况,落实产业链"链长"制工作部署,持续完善各产业链招商方案与工作分工,不断提高招商专业化水平。二是强化产业龙头带动。围绕联芯、中航锂电、天马6代AMOLED、浪潮和神州数码等在区行业龙头及重点项目,从完善产业链上下游和营造产业生态环境出发,加强产业配套项目的引进,进一步补链强链延链。三是加强集群培育。加强对区内企业走访沟通,重点获取其上下游供应商、关联企业的发展动态等相关信息,筛选具有引进可能性及强链补链作用的优质企业积极接洽招引,并不断营造良好产业生态,吸引产业链上下游的优质企业项目集聚,壮大产业集群规模。

（四）着力提升园区功能，打造全市建设一流园区"主平台"

一是促进一批产业项目投建投产。推动厦门时代等新重大招商项目开工建设，推动建成天马6代、中航锂电二期、海辰、电气硝子四期等重大在建项目，推动新材料产业等产业载体项目竣工投用。二是保障产业发展用地需求。重点保障省市重大重点项目、"三高"企业项目以及新增重点招商项目用地，力争全年挂牌出让产业用地1000亩以上，出让用地宗数、总量等均继续保持全市前列。三是推进公共服务配套项目建设。重点是加快推动同翔高新城片区人才社区、火炬九年一贯制学校（市属）等产业人才集聚关键公建配套项目建设，同时加速安置房、科技馆、商务酒店、行政服务中心等公共服务设施抓紧布局实施。四是进一步深化"双碳"园区建设。重点是充分发挥园区新能源企业作用，支持区内企业开展光伏发电、企业节能改造、新型储能等业务，推动绿色低碳园区建设。

中共厦门市委政策研究室　黄晨颖

中国(福建)自由贸易试验区厦门片区
经济发展情况分析及建议

一、中国(福建)自由贸易试验区厦门片区总体概况

2019年新冠肺炎疫情暴发,给我国经济社会发展带来了严峻的挑战,使我国经济发展的各种不确定性因素明显增多。在此情况下,中国(福建)自由贸易试验区厦门片区(以下简称"厦门自贸片区")统筹推进常态化疫情防控和经济社会发展,同时加强改革创新与经济发展的联系,坚持稳中求进的工作总基调,全方位推动高质量发展超越,经济社会实现平稳健康发展。

(一)厦门自贸片区经济社会发展状况

厦门自贸片区不断深化改革创新、优化产业结构、加力招商引资,有效推进了厦门经济高质量发展。2020年,厦门自贸片区全年实现GDP724.6亿元,同比增长7.8%(见表1);2021年上半年厦门自贸片区GDP达390.23亿元,同比增长21.6%;两年平均增速12.5%。

表1 2020年厦门市经济社会发展主要指标完成情况[①]

指 标	总额(亿元)	增幅(%)
地区生产总值	6384.02	5.7
完成进出口总额	6915.77	7.8
批发贸易额	5838	48.7
总税收	99.5	6.3
社会消费品零售总额	2293.87	1.6
实际使用外资	166.05	23.8
财政总收入	1351.29	1.7

---

① 2020年厦门经济"成绩单"来了![EB/OL].厦门自贸区微信平台,2021-01-31.

（二）2020 年以来取得的成果

1.招商引资效应突出,利用外资成果丰硕

2020 年厦门自贸片区入库招商项目 1604 个,投资总额 5101.6 亿元;招商落地项目 768 个,同比增长 12 倍,注册资本 661.6 亿元,同比增长近 5 倍。新增落地京东数科、顺丰供应链、涂鸦智能等 78 个高能级项目,同比增长 4.6 倍,注册资本 481.2 亿元,同比增长近 5 倍。2021 年 1—6 月,新增落地招商项目 623 个,比增 2.48 倍,注册资本 349.5 亿元,同比增长 5.4 倍,高能级落地项目 38 个,投资额 35.42 亿元。对比 2019 年、2020 年和 2021 年上半年的数据,可以看出近三年来招商引资取得显著成果(见表 2)。2020 全年厦门自贸片区实际使用外资 166.05 亿元,同比增长 23.8%,2021 年上半年实际使用外资金额达 129.8 亿元,同比增长 24.9%。实际使用外资规模 2020—2021 年上半年一直保持全省首位。

表 2　2019—2021 年 1—6 月招商情况[①]

年份	招商项目(个)	落地项目(个)	比增(倍)
2019	210	58	——
2020	1604	768	12
2021 年 1—6 月	——	623	2.48

2.供应链创新与应用取得新突破

厦门建发股份、国贸集团股份、象屿股份及林德叉车 4 家企业入选全国供应链创新与应用示范企业。厦门自贸区通过完善供应链要素保障、加快供应链科创中心建设、创新供应链金融等方法实现供应链创新。这一创新供应链发展载体的做法,也入选了商务部首批向全国复制推广的试点典型经验。厦门自贸片区通过上线新一代数字供应链系统平台,帮助企业实现更高水平的供应链数字化运营管理,促进产业降本增效,已为近五十家企业提供了供应链解决方案。在政策的支持下,截至 2021 年 6 月,厦门供应链企业实现大幅增长,限上批发贸易额达到 4079.06 亿元,比增 69.6%。50 家重点供应链企业批发贸易额达 3164.35 亿元,比增 74.4%。

3.固定资产投资增长,重点项目进展较快

2020 年全年,厦门自贸片区安排重点投资项目 3 个,分别为厦门国际航材保障中心、象屿保税区二期对外道路交通改善工程、象屿集团大厦,项目总投资 78238 万元,2020 年度计划投资 12000 万元,截至 12 月 25 日累计完成

---

① 厦门自贸片区建设六周年特刊[N],厦门日报,2021-04-21.

年度投资额 16577 万元,完成年度计划投资 138%(见表3)。

表3　2020 年 10—12 月固定资产投资情况

时间	累计完成年度计划投资(万元)	完成年度计划投资比率(%)
2020-10-25	12341	103
2020-11-25	14327	119
2020-12-25	16577	138

2021 年厦门自贸片区重点建设项目共 4 个,分别为厦门国际航材保障中心、象屿集团大厦、港中路道路建设工程铁路以北段、厦门国际创新智慧产业园,项目总投资 368560 万元,2021 年度计划投资 30912 万元。截至 6 月 25日累计完成年度投资额 16802 万元,完成 1—6 月份计划投资额 127%,完成年度计划投资 54%。

4.跨境电商产业稳步发展

2020 年厦门跨境电商进出口 27.8 亿元,其中 B2C 进出口 25.6 亿元,同比增长超 4 倍。2021 年 1—6 月,厦门口岸跨境电商进出口 737.51 万件,金额16.95 亿元。厦门跨境电商产业园于 2020 年荣获"国家级电子商务示范基地",跨境电商服务生态圈建设及运营位于全国前列。厦门市高度重视跨境电商产业发展,厦门自贸片区建成了涵盖税务"免征不退"信息登记、进境邮件个人自主申报等功能的跨境电商综合服务平台,有力支撑着跨境电商产业的厚积薄发。

为保证跨境电商有更好的发展,2020 年 11 月,厦门自贸片区跨境电商知识产权基层服务站揭牌设立,同时出台相关知识产权要素扶持办法,为企业提供跨境电商产品知识产权侵权风险预判等服务。

5.数字赋能发展成果不断凸显

2020 年厦门自贸片区管委会印发《厦门片区打造数字自贸试验区三年行动方案》,为数字自贸区的发展提供了政策支持。

(1)数字基建成果显著。2020 年 6 月,全国首个 5G 全场景应用智慧港口在厦门自贸片区海沧园区投产。借助 5G 网络等技术,港口无人自动驾驶集装箱卡车能准确、顺利地完成交箱装船与卸船接箱等系列操作。厦门自贸片区用数据推动管理更高效,在全国率先开展空运出口"一单多报"和"安检验讫放行电子化",实现全链条可视化数字服务,被国家口岸办认定为全国仅有的两个航空物流公共信息平台试点地区之一。

(2)数字产业培育初见成效。2020 年以来,厦门自贸片区引进了 110 家数字经济企业,总投资额约 120 亿元。2020 年 8 月 31 日,布比区块链项目、道商人工智能项目、智慧港口人工智能项目等 6 个产业项目签约落户厦门自贸片区,总投资 120.3 亿元。

图 1　嵩屿集装箱码头借助 5G 技术在实行装卸

6.重点平台建设成效显著

厦门自贸片区发挥"保税＋""金融＋""互联网＋"等自贸试验区政策创新优势,着力打造航空维修、进口酒、跨境电商等具有厦门优势特色重点发展平台,极大地推进了新经济新产业快速发展,加快形成了新的集聚效应和增长动力,辐射带动区域经济发展。2021 年上半年,进口酒平台销售总额约为 46 亿元,同比增长 13.2％;水产平台交易量 6.8 万吨,同比增长 44.7％,交易额为 31.4 亿元,同比增长 21.7％;机电平台新增注册资本近 2500 万元,经营收入近 19 亿元,同比增长 33.3％;跨境电商平台进出口 737.51 万件,金额为 16.95 亿元,同比增长 194.3％,集成电路设计平台完成对外付汇 2271.04 万美元,同比增长 347％[①](见表 4)。

表 4　2021 年 1—6 月各平台情况

平　台	金　额	比增(％)
进口酒平台	销售总额 46 亿元	13.2
水产平台	交易额 31.4 亿元	21.7
机电平台	经营收入 19 亿元	33.3
跨境电商平台	进出口金额 16.95 亿元	194.3
集成电路设计平台	对外付汇 2271.04 美元	347

① 厦门自贸片区"期中考"成绩单来了![EB/OL].厦门自贸区微信平台,2021-08-06.

7."单一窗口"出口退税功能全面优化升级

自"单一窗口"国家标准版出口退税在厦门试点成功以来,出口退税业务功能为在厦企业,提供了不少便利。为持续深化"放管服"改革,优化营商环境,更好服务市场主体,海关总署(国家口岸管理办公室)会同税务总局对"单一窗口"退税功能进行了全面优化升级,在全国上线推广,通过"单一窗口"进行出口退税申报将更加方便快捷。它实现了退税申报身份验证"一卡通"。系统升级后,用户使用电子口岸 IC 卡登陆"单一窗口",即可使用所有退税申报相关功能,不再需要插入税盘进行身份验证,其系统稳定性进一步提升,也增加了自动生成进出口明细等功能,进一步简化了申报操作。

二、厦门自贸片区的问题

(一)数字自贸区建设水平有待进一步提高

新一轮科技革命和产业变革带动促进了数字技术强势崛起与产业深度融合。2020 年举行的中国国际服务贸易交易会发出了"积极促进数字经济蓬勃发展"的倡议,其中就包括建设以科技创新、数字经济为主要特征的自由贸易试验区等。厦门自贸片区在数字贸易、产业数字化、数字监管等方面的探索还需进一步加强,"保税＋""金融＋"等特色优势还需不断尝试探索,进而打造成厦门自贸片区的优势产业,推动产业数字化转型成功,在探索在厦门试点数字经济领域更高层次对外开放政策时,能为我国与 RCEP 成员国和金砖国家数字经济领域开放合作提供厦门案例,更好的发挥厦门作用。

(二)对台金融服务创新力度不足

近年来,厦门自贸片区虽然在闽台金融服务创新各领域都取得了一些成绩,但是为了防范金融风险,片区在金融创新方面还是要不断尝试。以银行业创新为例,虽然厦门自贸片区早在 2015 年建立初期就已率先开展对台跨境人民币贷款等闽台金融服务,但其创新进程还需进一步地推进。厦门自贸片区对台保险业务的创新也存在类似情况,自 2015 年厦门发布自贸片区保险改革"十三条"后,自贸片区一直致力于推动厦台保险业务的创新发展,在两岸人民币跨境再保险、保险产品创新研发等方面都进行过尝试,但实质性进展相对缓慢,创新还需要进一步地发展完善。

(三)知识产权重视程度有待加强

厦门自贸片区在发挥国家文化出口基地的示范引领作用方面需要进一步加强,习近平总书记多次强调,创新是引领发展的第一动力,保护知识产权就是保护创新。近年来,厦门自贸片区公司跨境电商业务发展迅速,但是由于企业自身不具备专业的知识产权甄别能力,缺乏有效的甄别渠道,自己也曾因缺乏维权意识,遭受过不小的经济损失,因此加强对知识产权的重视程度对厦门自贸片区的发展具有重要作用。

(四)制度创新中的数据壁垒、监管壁垒有待打破

自厦门自贸片区成立以来,其市场要素的流通性问题成为要着力解决的难题之一,从而其创新成果大多以便利化为核心。例如,厦门自贸片区推出的"一照一码""多规合一"等,在这些事务的办理过程中,数据壁垒和监管壁垒是所碰见的最大问题,"多规合一"平台等功能虽然够实现了部分业务并联办理、数据融合共享,但是离真正的互联互通、共享共用还有一定的差距。因此不同职能部门之间的信息流通等需要进一步加强,不同部门之间的协作能力也需要进一步提高,从而建立起有效的大数据库,真正实现数据互联互通、共享共用、共管共治。

(五)高端人才供不应求

近几年厦门自贸片区的快速发展,导致对人才的需求迅速增加,高层次应用型人才供不应求,厦门自贸片区尤其对英语、国际贸易、法律以及金融都有涉猎的综合型人才和电子信息、石油化工等主导产业相关人才的需求明显增多,但人才数量远远跟不上片区的发展速度,人才的供给不足导致厦门自贸片区的竞争力以及创新能力有待提高。特别是在厦门自贸片区从业的工作人员不仅专业能力要足够强,还要实时跟进不同国家的相关外贸政策,才能取得利益最大化。

三、厦门自贸区发展的对策建议

(一)加快打造数字自贸试验区

认真贯彻落实习近平总书记在 2020 年中国服务贸易交易会上强调的要共同致力于消除"数字鸿沟",助推服务贸易数字化进程的要求,顺应数字化、网络化、智能化发展趋势,加快数字经济发展。发挥厦门数字经济优势,积极对接国家《"一带一路"数字经济国际合作倡议》,拓展与 RCEP 成员国的数字经济合作。积极发展跨境电子商务、数字内容、云服务等数字贸易业态,提升国家数字服务出口基地能级。加快培育数字化产业链条,聚焦贸易数字化、产业数字化、数字创新服务,围绕数字自贸区三年行动方案,重点从数字基建、数字产业、数字治理三个方面加快建设数字自贸试验区。加强在工业互联网、智慧城市、5G、跨境金融、区块链等领域深化合作[6]。

(二)推动金融服务创新发展

厦门自贸片区作为福建自贸区对台金融开放的桥头阵地,其金融机构应

充分借助自贸区创新政策平台,发挥自贸区联通海峡两岸、闽台两地的市场功能,将区内金融机构定位为创新示范主体,尝试开展经营转型和业务创新实践。狠抓大宗商品贸易,做大融资租赁业务,扩大离岸贸易试点,推动外贸综合服务、跨境电商等外贸新业态发展。厦门自贸片区内金融机构可以与台湾地区金融机构开展交流学习,台湾地区金融机构在运营和风险控制方面有比较丰富的经验,台湾地区金融创新尤其是与金融科技、互联网金融、区块链金融相关的创新实践更是走在前列。在全面落实落深落细已经先行部署推进的中央、省、市系列惠台政策措施的基础上,推动两岸应通尽通、能通快通,打造台企台胞登陆第一家园。

（三）强化知识产权保护

推进科技成果转化,确立更多具有自主知识产权的技术和产品,向"专精特新"方向长远可持续发展。完善知识产权多元化纠纷解决机制,发挥行政、司法快速协同保护机制作用,健全知识产权维权援助机制,推动共管共治的知识产权大保护体系初步构建。推进信息技术在知识产权保护过程中的创新和运用,建立知识产权综合信息公共服务平台。营造保护知识产权的社会氛围,培育完善知识产权服务机构,提高市场主体自我保护意识,引导企业根据不同国家业务特点和竞争对手情况作差异化布局,储备专业人才资源,助力企业创新发展。

（四）立法赋予自贸试验区更多的改革自主权

厦门自贸片区可以根据中央和省市的相关部署,积极谋划 2021 创新试验工作,形成厦门自贸片区 2021 年改革创新试验任务,不断探索以立法赋予厦门自贸片区更多的改革自主权的方式,以便更好地支持厦门自贸片区展开相关试点工作。加强不同部门之间的协作能力,建立一个共享的大数据库,同时对厦门自贸片区改革进行综合赋权,允许厦门自贸片区在赋予的权限以内,可以自主制度创新、推动改革,发挥出深化改革扩大开放"先行者"、创新发展"新引擎"作用,以改革增强厦门的发展动力和创新活力。进一步发挥好厦门自贸片区对外开放的窗口作用,用好厦门自贸片区负面清单先行先试的开放举措,围绕做大做强我市千亿产业链,招引一批优质企业。继续不等不靠,进一步调整完善厦门自贸片区扩区方案,加快谋划建设自由港型经济特区和中央法务区。

（五）完善人才培养体制机制

厦门自贸片区的发展归根结底是招才引智,"引进一个人才,集聚一个团队,培育一个企业,带动一个产业"。厦门可以借金砖国家新工业革命伙伴关系创新基地发展的"东风",着力解决长期困扰的人才尤其是高端人才不足问题,推动金砖国家各类专家人才、创新团队在科技创新、成果转化等方面开展合作,以金砖人才合作促进新发展格局。同时利用创新基地作为平台,在厦门汇聚金砖五国的科技创新资源,打造人才培养基地,为中国乃至世界培养和输送大量优秀人才,为行业经济和社会的发展略尽绵薄之力。

(六)加大建设智慧供应链体系力度

厦门自贸片区要着力打造供应链公共服务平台,充分利用云计算、大数据、物联网、5G 等技术,加快资源整合和要素集聚,建成覆盖全市的数字政府服务"一网通办"平台,提升治理水平,其中国际贸易"单一窗口"已成功实现政府公共服务和产业链的融合。同时,厦门着力推动建立多渠道、多层次的国际供应链体系,促进国内产业链和国际产业链对接,努力确保供应链产业链的安全稳定。推动供应链数字化智慧化转型,创新供应链金融发展,逐渐形成"供应链协同产业链、提升价值链、构筑生态圈"的"厦门模式"。厦门自贸片区要深化数字化建设,推动核心企业供应链数字化建设,上线国贸数字化医疗供应链平台、建发 E 钢联供应链管理平台等,推动国贸与供应链科创中心共建供应链实验室;谋划建设供应链公共服务平台。厦门自贸片区要完善多式联运通道,积极开拓 RCEP 成员国货源,拓展海铁联运、海陆空联运等多式联运业务,支持"丝路海运"班轮与厦台海空航线、中欧(厦门)班列对接。提升中欧(厦门)班列运行效率,优化班列运行线路,拓宽班列货源渠道,增强回程揽货能力,探索开通海铁联运客户定制专列,构建连接东盟中亚海陆枢纽通道,放大中欧(厦门)班列辐射牵引作用。

(七)促进形成"双循环"相互促进的新发展格局

加强厦门自贸片区各种相关政策等方面的研究,推出更多符合国际惯例的创新举措,促进形成以国内大循环为主体、国内国际双循环相互促进的新发展格局。如今的厦门已经成为国内大循环重要节点,并具备国内国际双循环重要枢纽的先发优势和有利条件。打造厦门国际航运枢纽,高水平建设厦门东南国际航运中心,充分发挥"丝路海运"平台作用,加强与 RCEP 成员国港航企业合作,鼓励 RCEP 成员国优质港航企业加入"丝路海运"联盟;加快建设"丝路海运"大数据信息平台,完善"丝路海运"现代综合物流服务标准体系,推动与 RCEP 成员国的标准互通、资质互认和信息互联。在"丝路海运"航线的基础上,拓展与 RCEP 成员国的海上通道,做强做大"丝路海运"平台,建设带动沿海、辐射内陆、通达 RCEP 成员国的海上物流。同时大力推进"海丝"战略支点建设走深走实,加大在金砖国家大宗商品贸易供应链布局,探索建设金砖国家示范电子口岸。

厦门理工学院　潘福斌　刘相鑫

专题篇

专题一
厦门市经济发展的
效率问题研究

厦门市经济增长效率的测度与评价

一、引言

历经改革开放后多年的经济高速增长之后,我国经济逐步进入企稳转型的新常态。新发展阶段对经济发展的质量提出了更高的要求。党的十九大报告判断:"我国经济已由高速增长阶段转向高质量发展阶段,正处在转变发展方式、优化经济结构、转换增长动力的攻关期,建设现代化经济体系是跨越关口的迫切要求和我国发展的战略目标。"党的十九届五中全会通过的《中共中央关于制定国民经济和社会发展第十四个五年规划和二〇三五年远景目标的建议》(以下简称《建议》)进一步明确提出,"十四五"时期经济社会发展要"以推动高质量发展为主题"。

高效率增长是高质量发展的题中之义。党的十九大报告指出,必须"推动经济发展质量变革、效率变革、动力变革,提高全要素生产率"。这与经济学增长理论的观点相契合。依据新古典经济增长理论,资本的积累存在边际回报递减的约束,储蓄只能调节经济增长向长期稳态收敛的速度,只有效率提升、技术进步才是长期内促进人均产出持续增长的唯一动力,才能解释经济的可持续增长和居民生活水平的持续改善。因此,提升全要素生产率,实现高效率增长,是实现高质量发展的必由之路。

经济合作与发展组织(OECD)的《生产率测算手册》将全要素生产率定义为所有投入要素对产出增长贡献的一种能力。在经济增长领域,全要素生产率是判断经济体的增长质量和增长潜力的重要标准。全要素生产率的提升包含三层含义:一是促进全要素生产率水平,二是加快全要素生产率增速,三是提高全要素生产率对经济增长的贡献率。高质量发展所要求的"提高全要素生产率",实质上指的是要提高全要素生产率对经济增长的贡献率。国际经验表明,越是处于较高的经济发展阶段,越是要靠提高全要素生产率实现经济增长。因此,对经济增长中的全要素生产率展开研究,不仅有助于识别经济增长模式属于要素投入型还是效率提升型及其模式转换进程,从而把握经济增长的可持续性,而且有助于总结经验成效,为经济发展政策的制定提供科学有效的参考依据。

作为我国首批四个经济特区之一,厦门市一直保持着较高经济发展质量和较好的经济效益。2017年金砖国家工商论坛开幕式上,习近平同志称许厦门"已经发展成一座高素质的创新创业之城","新兴产业所占比重在60%以上,新经济新产业快速发展,贸易投资并驾齐驱,海运、陆运、空运通达五洲"。相关研究也表明,厦门市不仅在区域内经济较为领先,也通过多种渠道在海峡西岸经济区的区域经济发展中扮演着中心城市的角色(吴华坤,2019)。那么,厦门市经济增长的效率如何?简单地以宏观指标观察,厦门市的经济增长具有一定效率优势。2019年,厦门市以全省10.80%的常住人口,创造了占全省14.14%的经济产出,人均GDP达到14.27万元,折美元突破2万美元关口,跨过发达经济体标准,在副省级城市中也位居前列。不过,在常住人口的占比不到8%的2005年,厦门市GDP占全省的比重就曾达到过15%以上,则似乎表明近年来厦门的经济增长效率与历史最好时段相比,反而是有所下降的;而以土地面积衡量,厦门市城市建设用地占全省的比重又始终高于GDP占比,也似乎反映出一些效率短板。总之,如果仅以宏观指标粗略观察,得到的结论并不明确,也不够准确。为此,下文主要基于全国城市面板数据,对厦门市的全要素生产率进行量化测算与分解,重点评价经济增长过程中的效率贡献,并分析其影响因素,以便深化相关认知。

表1　部分年份厦门市GDP、常住人口和建设用地占福建省的比重

年份	GDP占比(%)	常住人口占比(%)	建设用地占比(%)	人均GDP(元)
2005	15.49	7.59	25.35	38343
2010	14.38	9.64	28.40	61022
2015	13.58	10.05	30.13	92156
2017	13.43	10.25	30.61	109753
2018	13.34	10.43	31.58	118015
2019	14.14	10.80	30.03	142739

资料来源:作者统计。

二、厦门市经济高效率增长的优势基础

深入分析和研究厦门市的全要素生产率(total factor productivity,TFP),首先需要明晰全要素生产率背后的经济含义。全要素生产率这一概念源自新古典经济增长模型,其初始定义是间接的,系指在扣除资本和劳动力等实物投入之后,余下其他所有影响产出的要素的总和;名之为"全",是显示其来源统括与起效广泛。经典的索洛增长模型将产出中扣除实际投入要素贡献

之外的"余量"归结为来自全要素生产率,由于这些"余量"实际上体现了既定实物要素投入下的额外产出增益,可以理解为一种投入产出比,[①]因此也就可以用来衡量经济增长的效率。而从直接的角度,全要素生产率通常被理解为技术进步,但实际上囊括了科技创新、制度环境、市场效率、组织管理水平等各种无形因素的作用。因此,分析厦门市全要素生产率增长的优势基础,主要可以从科技创新、制度环境、市场效率、管理水平等方面进行归结。

（一）科技创新

厦门市长期以来较为重视鼓励科技创新,较早着手制定相关的科技创新政策。在全国同类城市中率先出台《关于全面推进国家创新型城市建设的决定》,率先修订《厦门经济特区科学技术进步条例》,出台了《关于增强自主创新能力建设科学技术创新型城市的实施意见》《关于深化科技体制改革 全面加快区域创新体系建设的实施意见》《关于全面推动大众创业万众创新的实施意见》以及"海纳百川"人才政策等,鼓励创新的政策体系较为完善。在新旧动能转换的当下,厦门出台《厦门市加快数字经济融合发展的若干措施》,提出支持新型信息基础设施建设、加快新技术新业态发展、推进数字经济与实体经济深度融合三个方面的扶持措施,着力推进数字产业化升级,促进数字经济融合发展。

实践中,厦门市产学研联动取得一定成效,高新技术企业汇集。厦门拥有厦门大学等高校 17 所,同时还拥有国家海洋三所、中科院城市环境研究所、中科院稀土材料研究所、中船重工 725 所厦门材料院等"中字号"的科研院所 30 多家。高等教育和科研资源的集聚为高技术园区的开设提供了有力的支持,厦门市拥有厦门国家火炬高新区、厦门软件园、厦门生物医药港、同安国家农业科技园等高科技产业园区,形成了以火炬高新区"一区多园"为主,其他工业园区为辅的科技产业承载体系。截至 2021 年 4 月份,全市共有各级科技企业孵化器 43 家,孵化场地面积达 100 余万平方米,现有在孵企业 1476 家,累计"毕业"企业 1784 家,累计培育上市公司及"新三板"挂牌企业 148 家。2020 年底,全市有各类高新技术企业逾 6000 家,其中国家级高新技术企业超过 2000 家,占全省三分之一强。

同时,厦门市对台科技交流合作较为紧密,厦门高校、科研院所、企业与台湾的高校、科研院所及企业科技合作密切,还拥有"两岸产业技术论坛""厦门—台湾科技产业联盟""两岸新材料产业技术论坛"等专业科技交流合作平

---

① 经典对数形式 CD 生产函数最为明显,其余量体现为 $\ln(y) - \alpha\ln(k) - \beta\ln(l)$,可进一步写为 $\ln(y/k^{\alpha}l^{\beta})$。注意到 $k^{\alpha}l^{\beta}$ 正是所谓投入要素以某种形式（这里属于一种 CES 加总的特例）组织后的"投入总量",这一余量恰恰就是投入产出比的对数。

台。其中"厦门—台湾科技产业联盟"是全国首个两岸科技产业联盟,推动友达光电等台湾高新技术企业落户厦门。厦门建有"厦门台湾科技企业育成中心""闽台生物医药产业园"等多个对台科技交流合作基地,其中"厦门台湾科技企业育成中心"是全国第一家面向台湾科技人才创业和技术转移的孵化基地,已累计引进孵化台湾企业 100 多家,目前在孵企业有 50 家,重点聚焦新材料、节能环保技术、生物技术、LED 照明等领域。

（二）制度环境

厦门是中国最早设立的经济特区之一、计划单列市,是中国福建自由贸易试验区三个片区之一,"21 世纪海上丝绸之路"战略支点城市,也是我国对台合作交流的前沿城市和先行区。改革开放的历程中,厦门市始终位居改革前线,积极探索、先行先试,在制度改革、经济发展、两岸交流、招商引资、经贸合作、金融创新、科研应用、城市建设、公共服务等方面取得了诸多创新成果,为全国的体制改革、对外开放和经济建设提供了经验与示范。

近年来,厦门自贸片区认真按照市委、市政府工作部署,深入贯彻落实党中央、国务院决策部署,大胆试、大胆闯,坚持制度创新与功能培育相结合,以重点平台建设为抓手,通过制度创新系统集成,着力培育新业态、新模式、新经济,努力把制度创新的优势转化为治理效能和发展动能。创立以来至 2020 年年底,厦门自贸片区累计推出创新举措 448 项,其中全国首创举措达 100 项,获省政府发文向全省推广的厦门经验 114 项,为全市、全省乃至全国提供了一批可复制、可推广的创新经验。

（三）市场效率

打造良好营商环境、提升市场效率是建设现代化经济体系、促进高质量发展的基本要求。近年来,厦门市率先探索推动国际一流营商环境建设,着力有效解决营商环境建设中的重点难点问题,有效激发和释放高质量发展的新动能。其中,首创"五个一"工程建设项目审批管理体系,被国务院认可并作为统一标准在全国推广;率先建设"单一窗口"平台,推动越来越多的审批服务事项实现"一窗"分类受理;积极探索社会信用体系创新应用,出台了全国首部地方信用立法《厦门经济特区社会信用条例》,并探索通过信用手段解决全国中小微企业融资难、融资贵问题。2020 年年末,福建省省自贸办通报福建自贸试验区第 17 批 34 项创新举措评估结果,其中全国首创 15 项中,"厦门经验"占了 7 项,包括工规证 BIM 报建自助审查、厦门港游艇综合服务平台、空运出口货物运抵监管场所便捷服务模式、"单一窗口＋空运物流"模式、无纸化智慧港口、创新跨境电商出口银行收结汇通道、"两岸通"台商专属服务平台等在内,都是关注以数字化建设创新服务手段,推动营商环境优化和贸易便利化提升的举措。

这些改进反映在相关研究机构的营商指数评估之中。由万博新经济研究院发布的2020中国城市营商环境指数表明,在五个计划单列市中,厦门的营商环境位居第二,仅次于深圳;由粤港澳大湾区研究院、21世纪经济研究院联合发布的《2020年中国296个地级及以上城市营商环境报告》则显示,厦门市营商总得分排名全国第13,而包含人才吸引力、投资吸引力、创新活跃度和市场监管在内的软环境指数仅次于深圳排名第二。

(四)管理水平

作为改革开放的前沿,厦门市对外交流频密,经济外向度较高。2020年,全港集装箱吞吐量完成1140.53万标箱,增长2.54%,领跑全省,增幅高于全国平均水平1个百分点,国际竞争力持续增强。2000年以来,厦门市出口、进口长期占据全省半壁江山,外商直接投资近年来在长期30%的水平基础上加速提升,扮演着福建省最重要的对外窗口的角色(图1)。

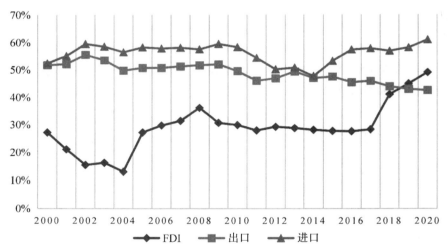

图1 厦门市出口、进口和外商直接投资占全省的比重(2000—2020)

数据来源:CEIC数据库,作者绘制。

更高的对外开放程度有助于与国际市场和标准接轨,接触国际竞争企业,参与国际市场竞争,在这一过程中获取"技术溢出",进而提高厦门市企业的平均管理水平。国际直接投资相关理论认为,FDI是囊括了资本、先进生产技术和管理技术等企业综合要素的国际转移,因此随着外国企业在东道国的投资和经营,往往会产生从外国企业到本地厂商的技术和知识扩散,亦即技术溢出效应。除此之外,经济学研究也表明,企业在对外直接投资的过程中也能提升自身的效率,这种与外商直接投资(FDI)的"技术溢出"相对应的现象被称为"逆向技术溢出";通过向发达地区的对外直接投资,企业能够了解和把握国外先进技术的研发动态,充分利用当地的技术资源优势,提升自身的竞争力;即便是面向发展中地区开展对外直接投资,企业也可以整合优势资源、提升自身国际竞争力、更加积极地参与国际竞争,在此过程中收获品牌经营、运营管理与市场竞争方面的经验,从而提升自身效率。

(五)小结

经济增长效率具有众多不同的维度。综上所述,厦门市在科技创新、制度环境、市场效率、管理水平等方面存在一定优势基础。但毋庸讳言,特别是与国内其他增长潜力较强、发展质量较高的城市相比,厦门市也存在一些效率方面的短板,例如:厦门市规模体量在 15 个副省级城市中最小,相应的,人才市场深度、行业头部企业数量、供应链完备程度等方面排名就较低,难以充分发挥规模经济效应;厦门市双一流高校数仅有 1 所,在 15 个副省级城市中排名第 12,研发创新引领力度与排名靠前的副省级城市相比有所欠缺;厦门市高校的理工学科优势不明显,制造业发展也并不突出,工业科技创新的基础相对薄弱;公共服务供给存在短板,如三甲医院数、每万人床位数分列 15 个副省级城市第 13、第 14 位,普通中学和小学教师的负担学生数则高居 15 个副省级城市第 1、第 3 位,而房价收入比则居高不下,不利于吸引外来人才流入;等等。为综合全面评价厦门市经济增长效率,下文将基于 2002—2017 年全国城市面板数据,进行随机前沿分析,量化估算并分解厦门市经济增长的全要素生产率贡献,以利更加深入的分析。①

三、厦门市经济效率的实证研究:基于随机前沿分析的分解

本节进一步对厦门市经济增长过程中的全要素生产率水平及贡献幅度进行估算与分解,以便量化把握和细化认识厦门市经济增长的效率特征。

(一)技术方法介绍

经济学研究中对全要素生产率的测算方法主要可以分为非参数方法和参数方法两大类,其中非参数方法以数据包络分析(data envelope analysis,DEA)为代表,具有假设较弱的优点,但是不能对前沿面的适用性进行检验,也没有考虑随机因素对测量结果的影响,有鉴于此,本文主要采用参数方法中的随机前沿分析(stochastic frontier analysis,SFA)对全国设区市以上级别的

---

① 由于个别城市部分数据存在缺失,为确保一致性,本段对比基于 2018 年的数据。

267

城市的全要素生产率进行估计。随机生产前沿模型的主要通过基于样本单位的生产数据构建抽象的"生产效率前沿面",再评估各个单位与这个"效率前沿面"的差距,以实现对各个单位生产效率水平的评估。其一般形式如下式所示:

$$y_{it} = f(t, x_{it}; \beta) \cdot \exp(v_{it}) \cdot \exp(-u_{it}), u_{it} \geqslant 0 \tag{1}$$

其中:下标 i 和 t 分别表示不同城市和不同时期; y 为实际产出向量, $f(\cdot)$ 为生产函数, x 为投入要素向量, t 为时间趋势, β 为生产函数中的待估计参数; v 和 u 则分别为估计过程的随机误差和非效率项,后者刻画了目标城市生产状态相对生产效率前沿面的向下偏离程度。模型通过假设随机误差项 v 服从独立的 $N(0, \sigma^2)$ 分布、非效率项 u 服从截断的正态分布 $NT(\mu, \sigma_\mu^2)$ 以实现对随机干扰的分离。

具体的生产函数的形式设定为超越对数生产函数。这种函数形式比经典的柯布道格拉斯生产函数更具灵活性,同时放松了规模报酬不变和技术中性的假定。这一设定下,对数形式的生产函数可以进一步表示为:

$$\ln y_{it} = \beta_0 + \beta_t \cdot t + \beta_K \ln K_{it} + \beta_L \ln L_{it} + \beta_{tt} t^2 + \beta_{KK} (\ln K_{it})^2 +$$
$$\beta_{LL} (\ln L_{it})^2 + \beta_{KL} (\ln K_{it}) \cdot (\ln L_{it}) + \beta_{Kt} (\ln K_{it}) \cdot t +$$
$$\beta_{Lt} (\ln L_{it}) \cdot t + v_{it} - u_{it} \tag{2}$$

其中, K_{it} 为第 i 城市第 t 时期的资本存量, L_{it} 为相应的劳动力投入。估算(2)式的超越对数生产函数模型,并扣除资本和劳动要素投入增长的贡献和随机干扰,即可得到全要素增长率的增速。在此基础上,本文进一步基于 Kumbhakar(2000)所提出的方法将全要素增长率的变动进一步分解为技术进步(TP)、技术效率(TE)、规模效率(SE)和资源配置效率(AE)四个部分。首先,TFP 增速可以表示为:

$$g\text{TFP} = \frac{\dot{y}}{y} - s_K \frac{\dot{K}}{K} - s_L \frac{\dot{L}}{L} \tag{3}$$

其中上标加点为对时间求导。其次,忽略(1)式中的随机项并求导可得:

$$\frac{\dot{y}}{y} = \frac{\partial \ln f(t, K, L; \beta)}{\partial t} + \varepsilon_K \frac{\dot{K}}{K} + \varepsilon_L \frac{\dot{L}}{L} - \frac{\partial u}{\partial t} \tag{4}$$

结合(3)(4)式可得:

$$g\text{TFP} = \text{TP} - \dot{u} + (\text{RTS} - 1) \cdot (\lambda_K \cdot g_K + \lambda_L \cdot g_L) +$$
$$[(\lambda_K - s_K) \cdot g_K + (\lambda_L - s_L) \cdot g_L] \tag{5}$$

其中, g 、 ε 、 s 和 λ 分别为相应要素的增速、产出弹性、收入份额和以弹性计算的标准化收入份额,RTS 为规模报酬,等于资本和劳动的产出弹性之和。(5)式将全要素生产率的增速分解为了四个部分:

(1)"技术进步"对应 $TP = \partial \ln f(t,K,L;\beta)/\partial t$ 项,这一分项主要反映了全要素生产率随时间演进的特性。

(2)"技术效率"的变动率对应第二项 $-\dot{u}$。如前所述,非效率项 u 衡量的是所测样本与效率前沿的差距,则其负数 $-u$ 可以视为对于技术效率水平的一种正向度量。那么 $-u$ 的变化率 $-\dot{u}$,也就是技术效率的变化率。

(3)"规模效率"的变化率对应 $(RTS-1) \cdot (\lambda_K \cdot g_K + \lambda_L \cdot g_L)$ 项,反映了经济规模整体增长的效益情况。其中,规模报酬 RTS,体现了投入规模整体变动时的产出弹性,如果 $RTS > 1$,说明存在规模报酬递增,此时如果资本和劳动规模同步扩张一定幅度,产出的增幅将高于资本和劳动扩张的幅度。

(4)"配置效率"的变化率对应最后一项 $[(\lambda_K - s_K) \cdot g_K + (\lambda_L - s_L) \cdot g_L]$,衡量了待测样本合理分配投入要素的能力。

(二)数据来源及处理方式

本节用于检验的数据来自作者整理的全国设区市年度面板数据,原始数据主要来自 CEIC 数据库,部分缺失值参考 WIND 数据库补齐,进一步合并历年《中国城市经济年鉴》的固定资产投资数据后,构成 1991—2017 年全国 230 个设区市级以上城市的非平衡面板数据。[①][②]

生产函数的产出指标选用各城市实际 GDP。由于全国城市级别的 GDP 实际增长指数存在较多缺失,因此各城市的实际 GDP 采用其名义 GDP 按所在省份当年以 2000 年平价计算的 GDP 平减指数进行平减。资本存量指标采用城市实际固定资产投资数据基于永续盘存法构建,式如:

$$K_{it} = I_{it} + (1-\delta) \cdot K_{i,t-1} \tag{7}$$

其中,K 为资本存量,I 为固定资产投资的实际值,年折旧率 δ 参考张军等(2004)设为 9.6%。城市名义固定资产投资数据来自历年《中国城市经济年鉴》,以城市所在省份的固定资产价格 2000 年平价的定基指数平减为实际值,初期资本存量 K_0 根据 $K_0 = I_0/(g+\delta)$ 估算,其中 I_0 为初期固定资产投资实际值,g 为历年实际资本存量平均增速。[③] 劳动力指标采用全社会从业人员,

---

① 由于部分城市存在个别年份数据缺失的问题,以及行政区划调整,不同年份城市数有所变动,并非每年都有 230 个城市。

② 受限于固定资产投资数据的可得性,最新数据只能达到 2017 年。

③ 尽管出于数据完整性考虑,后续模型估算的样本区间为 2002—2017 年,但资本存量序列始于 1991 年,以缓解样本期内初期资本存量估算产生的误差。

具体为城市中单位从业人员和私营个体从业人员之和。相关指标均取对数进入式(2)。

(三)主要结果评析

利用我国设区市级别以上城市 2002—2017 年面板数据,估算前述 SFA 模型(2),并根据(3)~(6)式求取 2003—2017 年各城市技术进步(TP)、技术效率(TE)、规模效率(SE)和配置效率(AE)的变化率,[①]将其总和作为 TFP 增速的测算结果,进而求取 TFP 贡献率。其中,厦门市的测算结果如表 2 所示。

表 2 厦门市全要素生产率(TFP)贡献测算和分解结果

单位:%

年份	GDP 增速	TFP 分项增速				TFP 增速	TFP 贡献率	要素 贡献率
		TP	TE	SE	AE			
2003	17.00	−0.95	−0.01	0.39	0.13	−0.43	−2.52	102.52
2004	16.00	−0.90	0.00	2.35	1.38	2.84	17.74	82.26
2005	16.00	−0.85	0.00	3.49	2.02	4.65	29.09	70.91
2006	17.20	−0.67	−0.02	6.17	3.61	9.09	52.85	47.15
2007	17.00	−0.43	−0.03	3.40	1.90	4.85	28.51	71.49
2008	13.50	−0.09	0.05	−0.92	−0.45	−1.41	−10.42	110.42
2009	8.00	0.03	−0.01	−0.06	−0.08	−0.12	−1.56	101.56
2010	15.10	−0.08	−0.02	2.41	1.07	3.37	22.34	77.66
2011	15.30	−0.18	−0.04	1.68	0.66	2.12	13.86	86.14
2012	12.20	−0.12	−0.11	2.23	1.11	3.10	25.44	74.56
2013	9.40	−0.15	0.02	0.88	0.26	1.00	10.68	89.32
2014	9.20	−0.05	−0.11	1.84	0.94	2.61	28.37	71.63
2015	7.10	0.08	−0.17	2.44	1.28	3.62	51.05	48.95
2016	7.90	0.22	−0.01	1.54	0.80	2.55	32.24	67.76
2017	7.60	0.29	−0.03	0.83	0.33	1.43	18.77	81.23
平均值	12.57	−0.26	−0.03	1.91	1.00	2.62	21.10	78.90

资料来源:作者计算。

由表 2 可知,2003—2017 年,厦门市全要素生产率增速平均达到2.62%,对 GDP 增长的平均贡献率达到21.10%,相应的,资本和劳动要素的贡献率达

---

① 由于求取增速,损失 2002 年样本。

到 78.90%,这一时期内要素投入驱动的模式仍较为明显。从具体年份来看,TFP 历年内总体维持正的增长,反映出增长效率水平在持续提升;TFP 的贡献率则波动较大,但从拟合趋势线仍可发现较为稳定的增长(图 2),说明向效率引领的增长模式转型也在缓慢地推进之中。

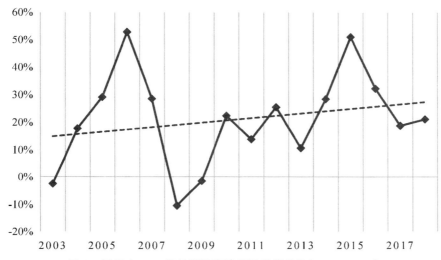

图 2　厦门市 TFP 贡献率演变情况及长期趋势(2003—2017)

资料来源:作者绘制。

进一步分析 TFP 增长的分项结构(表 2)可以发现,厦门市 TFP 的进步主要来自规模效率和配置效率的改善,技术进步和技术效率的表现相对不佳。其中,规模效率贡献较大,样本期内年增速平均达到 1.91%,在各分项中占比最高,反映出厦门市经济的规模收益仍较为明显,扩大生产规模有助于提升 TFP 并进一步带动经济增长;配置效率紧随其后,反映出随着市场化进程推进,市场配置要素资源的能力不断提高,经济增长要素的配置得到持续优化;技术进步增长长期为负,但样本期末已经开始逐步回正;技术效率增长经常为负,但是变化情况较为微弱。从各个分项的动态上来看,2008—2009 年以来,厦门市规模效率和配置效率增速处在较为稳定的区间内,技术进步的趋势有所改善,但技术效率仍在持续下滑。

SFA 模型的估计过程可以得到技术效率的水平值,这一数值反映的是待测单位相对生产前沿面的距离,可以理解为对待测城市效率的“打分”,样本中效率表现越好的城市,分值越接近于 1。图 3 展示了厦门市 2002—2017 年技术效率的演变情况。可见,厦门市技术效率水平具有较高的起点,在样本期初非常接近全国城市的效率前沿面,但趋势上持续下行,与效率前沿的差距逐步扩大。作为最早一批经济特区,厦门市在很长一段时间内都具有显著的政策优势和开放优势,这确保了厦门市的技术效率在全国城市中较为领先。但是,近年来,随着全国各地开放水平不断提升、市场建设不断完善,许多人力资源丰富的内陆城市赶超态势十分明显,经济特区的政策优势和开放优势被逐步冲淡,厦门市与效率前沿的差距随之拉大。未来,为了进一步提高全要素生产率贡献,确保实现高质量发展,厦门市仍需要发挥效率优势、补足效率短板,致力于发掘新的经济增长源泉。

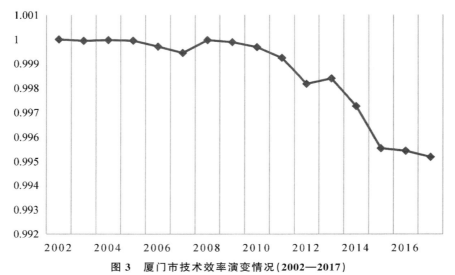

图3 厦门市技术效率演变情况(2002—2017)

资料来源:作者绘制。

(四)横向比较

由于上文部分测算结果没有量纲,不易直观把握厦门市的效率变动情况,本小节将基于全国城市样本的测算结果展开横向比较,以其他城市为参照,以明确厦门市经济效率在全国城市中的相对位置。用于比较的对象包括全国城市均值、福建省九地市均值、15个副省级城市均值和海峡西岸经济区城市均值。表3展示了四个效率分项的横向比较结果。

表3 厦门市效率分项的横向比较

年份	TE	全国	福建	副省级	海西	排名	TP (%)	全国 (%)	福建 (%)	副省级 (%)	海西 (%)	排名
2003	0.9999	0.9450	0.9918	0.9955	0.9918	27	0.95	−0.91	−1.08	−1.04	−1.08	98
2004	1.0000	0.9399	0.9985	0.9947	0.9716	26	−0.90	−0.71	−0.94	−0.99	−1.31	122
2005	0.9999	0.9362	0.9794	0.9972	0.9682	21	−0.85	−0.64	−0.76	−0.85	−1.61	136
2006	0.9997	0.9394	0.9715	0.9961	0.9644	31	−0.67	−0.39	−0.55	−0.59	−1.42	136
2007	0.9994	0.9413	0.9653	0.9922	0.9600	32	−0.43	−0.16	−0.30	−0.40	−1.20	138
2008	1.0000	0.9410	0.9607	0.9941	0.9551	9	−0.09	0.09	−0.01	−0.22	−0.98	135
2009	0.9999	0.9264	0.9573	0.9862	0.9471	10	0.03	0.36	0.24	−0.02	−0.78	146
2010	0.9997	0.9248	0.9529	0.9880	0.9416	10	−0.08	0.61	0.45	0.14	−0.60	149
2011	0.9992	0.9276	0.9470	0.9887	0.9328	9	−0.18	0.75	0.50	0.25	−0.51	158
2012	0.9982	0.9250	0.9383	0.9856	0.9213	14	−0.12	0.94	0.70	0.41	−0.31	161
2013	0.9984	0.9176	0.9344	0.9837	0.9143	10	−0.15	1.03	0.95	0.43	−0.06	167
2014	0.9972	0.9107	0.9301	0.9808	0.9060	11	−0.05	1.23	1.17	0.58	0.17	168
2015	0.9955	0.8997	0.9255	0.9765	0.8804	9	0.08	1.45	1.41	0.74	0.42	168
2016	0.9954	0.8935	0.9278	0.9828	0.8741	10	0.22	1.64	1.62	0.87	0.63	170
2017	0.9952	0.8947	0.9259	0.9859	0.8738	14	0.29	1.80	1.79	0.97	0.82	168

年份	SE (%)	全国 (%)	福建 (%)	副省级 (%)	海西 (%)	排名	AE (%)	全国 (%)	福建 (%)	副省级 (%)	海西 (%)	排名
2003	0.39	4.87	4.62	3.94	4.62	170	0.13	3.28	3.31	2.22	3.31	174
2004	2.35	1.89	2.28	2.34	2.28	55	1.38	1.26	1.52	1.31	1.52	67
2005	3.49	2.33	2.39	2.83	2.20	34	2.02	1.50	1.60	1.45	1.37	46
2006	6.17	1.89	2.99	2.17	2.41	3	3.61	1.18	1.93	1.10	1.46	7
2007	3.40	2.02	3.10	1.84	2.12	24	1.90	1.21	1.97	0.88	1.29	37
2008	−0.92	1.54	1.58	1.25	1.13	202	−0.45	0.93	1.01	0.57	0.68	200
2009	−0.06	3.44	2.28	2.83	2.27	202	−0.08	2.04	1.42	1.31	1.32	197
2010	2.41	1.99	2.69	1.88	2.02	72	1.07	1.14	1.57	0.83	1.17	111
2011	1.68	1.09	2.49	0.92	2.57	62	0.66	0.55	1.32	0.38	1.32	79
2012	2.23	2.28	2.40	2.12	2.44	100	1.11	1.23	1.34	0.99	1.35	116
2013	0.88	2.40	2.01	2.51	2.02	185	0.26	1.21	1.10	1.01	1.19	191
2014	1.84	1.09	1.88	1.02	2.14	51	0.94	0.53	0.88	0.43	1.22	53
2015	2.44	1.08	2.13	0.95	2.33	21	1.28	0.55	1.16	0.41	1.33	16
2016	1.54	0.40	0.85	0.02	1.17	39	0.80	0.18	0.45	−0.06	0.64	32
2017	0.83	−0.24	0.84	0.04	0.89	36	0.33	−0.10	0.44	−0.02	0.48	52

注1：TE比较的是水平值，其余比较的是增速。

注2：各区域分组对所属城市样本取均值；如某一城市某一时期存在数据缺失则予以忽略。

注3：排名为全国排名，增速排名在个别年份可能出现较大波动，主要把握整体趋势。

分析表 3 数据可以发现：

技术效率方面,副省级城市分组显著优于福建省,福建省又优于全国平均水平;厦门市排名较为稳定地位居全国前列。厦门市技术效率趋降的同时,整体排名却有所上升,说明全国城市技术效率发展存在分化,排名最靠前的城市与其他城市的效率差距正在拉大。近年来,随着超大城市的规模效益、中心城市的集聚效益、都市圈/城市群网络效益持续发挥以及各类试验区创新开放效益的释放,中国城市经济逐渐显现"强者愈强"的马太效应,领先城市相对其他城市的优势趋于拉大。厦门市技术效率排名的上升反映出厦门市作为相对高效集团的一员,相对其他城市的领先优势有所加大,但是与此同时,厦门本身与头部城市的效率差距也是逐渐加大的。

技术进步方面,全国各城市增速的均值高于其他分组,反映出整体上技术水平随时间动态改善的特性趋于强化。发达城市由于起点较高,技术进步速度可能边际放缓,慢于低起点的其他城市,但是厦门市的技术进步劣于副省级城市分组,说明厦门市的技术进步属于短板。

规模效率方面,分组比较的特征相对较不明显,但从全国排名来看,除个别年份外,厦门市排名整体靠前,显著高于厦门市常住人口排名。一般来说,不论是从城市规模扩张、拥挤成本上升的角度,还是从产业规模扩张、要素边际回报下降的角度,越小的规模应该意味着越高的规模效率空间,而厦门市比许多规模更小的城市的规模效率贡献还高,说明给定现有禀赋的情况下,厦门市的规模体量仍然存在不足,尚有较多的规模效益可待挖掘。

配置效率方面,分组特征同样不够突出。厦门市在全国的排名在样本前期历经较大波动后,近年来逐步稳定在相对前列,反映出市场化建设所取得的成效。

(五)小结

本节基于全国 230 个地级以上城市 2002—2017 年的面板数据开展随机前沿分析,测算结果表明,厦门市全要素生产率一段时期以来稳步增长,对经济增长的贡献率长期均值略高于 20%,增长模式仍呈现要素驱动的特点,但全要素生产率的贡献体现出缓慢提升态势,高质量转型仍在持续推进。进一步分解全要素生产率增速并作横纵向比较可以发现,厦门市在规模效率、配置效率的改善上表现较佳,但技术进步方面存在短板;技术效率起点较高,样本早期非常贴近"效率前沿面",体现出经济特区的政策和开放优势,但是近年来技术效率水平正在持续小幅下滑,说明厦门市经济效率与"效率前沿面"或者说领先城市的相对差距正在拉大。

四、经济效率的影响因素研究

上节基于全国地级以上城市面板数据,运用随机前沿分析,测算了厦门市 TFP 贡献率及其分项效率的演变情况,并进一步开展了横向对比,明确了厦门市效率发展现状。为寻找上述经济效率的相关影响因素,以便为促进经济效率、提升全要素生产率贡献的后续政策提供参考,本节主要基于上述城市数据库进行计量检验。待检验的影响因素见表 4。

(一)模型及数据简介

本节设置的模型式如:

$$E_{it} = c + \sum \beta_j X_{j,it} + u_i + v_t + \varepsilon_{it} \tag{8}$$

其中:E_{it} 为受影响的指标,具体为前述技术进步、技术效率、规模效率、配置效率;等式右侧的 X_j 为相关效率的 j 个影响因素,若其系数 β_j 经计量检验显著为正或为负,则说明该因素对效率有积极或消极的影响;c 为常数项,u_i 代表城市 i 不随时间变化的固有特征,v_t 则体现同一时期所有样本所经受的同步的宏观经济环境,ε_{it} 为球形扰动项。为剔除 u_i、v_t 的影响,后续将采用双向固定效应模型估算上述(8)式。

本节采用的数据来源与上节相同,受限于效率指标的范围,样本期同样为 2003—2017 年。基于经济理论,筛选下列影响因素进入模型,相关指标的统计分析如表 5 所示。

表 4　待检验的影响因素

影响因素	代 表 指 标
绝对规模体量	经济体量:GDP 取对数值 人口体量:常住人口取对数值
相对规模体量	相对经济体量:城市在所在省份中的 GDP 占比 相对人口体量:城市在所在省份中的常住人口占比
交通条件	公路里程:公路里程取对数值 货运流量:货运量取对数值
科技创新和教育	科创支持力度:科学研发的财政支出占比 教育服务供给:人均教师数
开放度	外资比重:外商直接投资与固定资产投资的比例
产业结构	服务业产值:第三产业 GDP 占比
市场因素	民营经济:城镇私营及个体从业人数占比 金融市场:金融机构贷款/金融机构存款

表 5　指标统计描述

指　标	样本数	均值	标准差	最小值	最大值
经济体量	3102	15.8789	1.0153	12.9246	19.2508
人口体量	3102	8.2240	0.6866	5.5207	10.3557
相对经济体量	3102	0.1193	0.1738	0.0089	1.0000
相对人口体量	3102	0.1060	0.1517	0.0106	1.0000
公路里程	3012	8.9424	0.7842	4.9081	11.9042
货运流量	2740	4.3505	0.8947	1.1506	7.0684
科创支持力度	2937	0.0134	0.0139	0.0003	0.1265
教育服务供给	3018	0.0089	0.0015	0.0035	0.0156
外资比重	3102	0.0455	0.0555	0.0000	0.5984
服务业产值	3101	0.3866	0.0937	0.1015	0.8706
民营经济	3034	0.7315	0.4985	0.0411	3.7178
金融市场	2830	0.6605	0.1703	0.1541	1.4945

资料来源：作者计算。

（二）主要结果

计量检验的结果如表 6。表中，TE 为水平值，TP、SE、AE 为增速，规模报酬 RTS 可以近似表示规模效率的水平值。可见：

（1）经济体量对于技术进步、技术效率、规模报酬有显著为正的影响，但对规模效率和配置效率的增长存在负面影响，说明当前我国城市仍然存在显著的规模经济，体量越大的城市越能够享受集聚红利，从而促进技术进步和效率增长，甚至规模报酬上反而更有优势。人口体量对于技术进步存在负面影响，可能是现行制度下外来人口难以充分享受当地优质公共服务，拖累了人力资本积累进程；不过，人口体量对配置效率具有显著促进作用，这一效果可能是通过共享更大的劳动力市场实现的。

（2）在控制绝对规模体量后，相对规模体量的含义有所变化，主要体现出城市在所在省份中的优势强弱。需要注意，此时直辖市的占比为1，但是不影响该指标的经济含义，因为直辖市在经济实力和政策自主度方面确实具有可比一省的超然优势。一省中相对较强的城市同样具有显著为正的规模报酬，说明规模经济确实较强，但是技术效率就相对较低，可能是同一省份中首位度占明显优势的单核城市缺乏竞争所致。相对人口体量的结果与绝对人口体量的影响基本相反，说明人口的绝对规模和相对优势具有互补的作用渠道。

表6　计量检验结果

变量	技术进步 TP	技术效率 TE	规模效率 SE	规模报酬 RTS	配置效率 AE
经济体量	0.0085***	0.0586***	−0.0138***	0.0645***	−0.0092***
人口体量	−0.0210***	0.0807***	0.0187**	−0.0375***	0.0137***
相对经济体量	−0.0049	−0.2561***	0.0345	0.1558***	0.0141
相对人口体量	0.0158***	−0.1153**	−0.0918***	0.0675***	−0.0544***
公路里程	0.0018***	−0.0100**	−0.0091***	0.0183***	−0.0062***
货运流量	0.0006***	−0.0163***	0.0006	0.0094***	−0.0001
科创支持力度	−0.0509***	0.4725***	−0.2394***	−0.0381	−0.1304***
教育服务供给	−0.7636***	7.4042***	3.1377***	0.3248	1.7817***
外资比重	0.0012	0.4942***	0.0086	−0.0145	0.0013
服务业比重	−0.0054***	0.0270	−0.0242*	−0.1273***	−0.0064
民营经济	0.0026***	0.0053**	−0.0027*	−0.0001	−0.0019**
金融市场	0.0042***	−0.0203**	−0.0330***	0.0322***	−0.0203***
样本数	2404	2399	2373	2404	2368
调整的拟合优度	0.9137	0.2523	0.2425	0.9529	0.2929
F统计量	987.8249	39.9324	38.0071	1.90E+03	46.5235

注:***、**、*分别表示在1%、5%和10%水平上通过显著性检验。

资料来源:作者计算。

（3）交通条件的影响较为一致,对技术进步、规模报酬有显著正影响,对技术效率、规模效率和配置效率的增长有显著为负的影响。

（4）科创投入水平和教育服务供给对技术进步的影响均显著为负,较为令人意外,可能是由于科创和教育引起的技术创新需要较长时间才能收获成效,因此变量短时间内的相关性不符合预期。不过,科创投入能够显著提升技术效率,教育服务供给则可通过加快人力资本培育显著提升技术效率、规模效率和配置效率。

（5）以FDI占比衡量的开放度对于技术效率有显著促进作用。以往研究表明,外商直接投资具有明显的技术溢出效应。由于开展国际投资的企业多为本国市场竞争中的佼佼者,无论是生产技术还是管理水平都有可取之处,外商直接投资能够在国内市场产生较好的示范作用,带动所在市场的技术效率提升。

（6）服务业产值对技术进步和规模报酬具有显著为负的影响。尽管产业高级化是经济发展的必由之路,但服务业门类庞杂,包含有相对低效率的基础服务业和自身具有高效率并能提升制造业效率的现代生产性服务业。以前者为主的服务业转型容易引起经济增长伴随经济服务化而减速的"鲍莫尔病"。解决之道在于发展现代生产性服务业,并充分发挥其对制造业效率的增益,实现高质量的经济服务化转型。

(7)市场因素方面,民营经济对技术进步、技术效率具有显著为正的影响,但是不利于发挥规模效率和促进配置效率,其中后者可能来自私营部门面对信贷约束而导致资本配置不足。存贷比指标对技术进步和规模报酬有一定促进作用,可能源自积极活跃的信贷部门对创新活动产生支持,但是存贷比对技术效率、规模效率和配置效率产生了负面影响,一方面,我国金融部门存在明显的信贷偏向,对于国有企业的支持力度较大,可能影响配置效率;另一方面,资金充沛、杠杆提升可能强化重资本的扩张方式,从而降低技术效率。

(三)小结

本节基于城市面板数据对几类效率水平或增速的影响因素进行了计量检验。在控制双向固定效应的情况下,发现各类经济效率受到规模体量、交通基建、科教支持力度、经济开放度、产业结构高级化和市场因素的复合影响。许多因素对于不同类型效率具有差异化的影响,因此,要推进经济增长中的效率贡献,应理解各类因素的影响机制,在充分保持和发挥本地区优势的基础上,切实补足短板。就厦门而言,应通过扩张规模体量继续挖掘规模经济红利,并通过持续完善交通设施、拓展腹地深度、激活民营经济、夯实工业实体经济等方式补足技术进步短板。

五、政策建议

前文研究表明,高效率增长是高质量发展的题中之义,而厦门市在高效率增长方面具备一定优势基础。基于随机前沿分析的测算表明,厦门市全要素生产率一段时期以来稳步增长,对经济增长的贡献率长期均值略高于20%,因此增长模式仍属于要素驱动模式,但是体现出缓慢提升的态势,高质量转型仍在持续推进。进一步分解全要素生产率增速并作横纵向比较可以发现,厦门市在规模效率、配置效率的改善上表现较佳,但技术进步方面存在短板;技术效率起点较高,体现出经济特区的政策和开放优势,但是近年来技术效率水平正在持续小幅下滑,说明厦门市经济效率与"效率前沿面"或者说领先城市的相对差距正在拉大。结合上述研究结果,提出下列政策建议:

一是继续做大城市规模体量,发挥规模效益。厦门市的效率构成中,规模效率增长贡献较高,说明城市还处于规模报酬递增的阶段,规模红利有待继续挖掘。2002 年 6 月,时任福建省委副书记、省长的习近平到厦门调研,一针见血点出厦门发展瓶颈:"厦门本岛基本饱和,而岛外发展明显滞后,经济腹地空间小……拓展中心城市发展空间,扩大经济发展腹地,已成厦门建设发展当务之急。"并提出了"提升本岛、跨岛发展"的战略。近年来,厦门市"岛内大提升、岛外大发展"取得了一定成效,也成为全省主要的人口流入城市。但是,随着我国人口增长放缓、触顶,城市人口从增量竞争转入存量竞争阶段,后续的人口、人才竞争势必更加激烈。厦门市应从收入分配、科教支持、城市建设、公共服务的有效供给等多方面入手,通过提升居民可支配收入增速、提高居民可支配收入与人均 GDP 的比例,增加科技创新和教育培训的财政投入,进一步优化城市基建设施和生态环境建设、不断加强"高颜值"花园城市的宜居度,切实改善教育、医疗等公共服务的供给数量和质量,以全方位提升厦门市的城市吸引力,继续吸引人口流入、人才汇聚,扩充城市体量、做大经济规模。

二是立足自贸区政策高地优势,坚持开放引领。厦门自古就是通商裕国的口岸,也是开放合作的门户,改革开放以来相继作为经济特区和自贸区,发挥着重要的制度示范作用。正如习近平指出:"我们提出建设开放型经济新体制,一个重要目的就是通过开放促进我们自身加快制度建设、法规建设,改善营商环境和创新环境,降低市场运行成本,提高运行效率,提升国际竞争力。"近年来,厦门市技术效率与"效率前沿面"的差距有所拉开,也就是在全国城市中的效率领先程度有所下降,原因可能在于全国开放程度不断提升,淡化了特区原有的开放优势。厦门市应继续重视自贸区政策创新,并加强已有创新政策的区外推广,完善对外开放体制机制,对接全球高水平国际贸易投资规则和做法、不断优化负面清单管理,如参照 CPTPP 等国际上高水平大型自由贸易协定的结构、体例与条款规定,对自贸区政策框架和负面清单进行优化,提高贸易投资便利化程度,提升对外开放效率。

三是立足港湾城市、航运枢纽定位,完善基础设施建设,畅达物流、信息流。交通物流运输行业是厦门的优势行业之一,除了本身属于生产性服务业而具有较高效率之外,其发展有助于强化与经济腹地的交通联结,拓展腹地深度,促进经济融合,缓解规模体量不足对厦门市中心城市功能的制约。特别是要深入推动流通革命,加强智慧流通基础设施建设,拓展流通新技术、新模式、新业态,打通流通"中阻梗",切实提高流通效率。

四是重视高生产率行业发展,摆脱对房产经济的过度依赖。加快发展先进制造、数字信息、高端研发、商务服务等高生产率行业,加快建设实体经济、科技创新、现代金融、人力资源协同发展的产业体系,以高生产率行业替代低生产率行业,实现行业效率的全面提升。由于高新制造业的效率始终较高,应注意发挥厦门市现有生产性服务业优势,吸引禀赋需求契合的知名制造业来厦,提高制造业比重和质量。应综合运用风险投资、直接融资等多种工具,探索完善对关键核心技术、不同生命周期阶段的高科技企业采用差异化支持路径,提升金融支持科技创新的精准性和可持续性。

五是坚持改善营商环境,形成竞争中性的市场。效率变革的要点在于破除制约效率提升的各种体制机制障碍。习近平指出:"要坚持使市场在资源配置中起决定性作用,完善市场机制,打破行业垄断、进入壁垒、地方保护,增强企业对市场需求变化的反应和调整能力,提高企业资源要素配置效率和竞争力。"要进一步提升政务服务效率,继续推进简政放权,强化市场竞争,激发民营经济活力。

参考文献

[1]Kumbhakar, Subal C, Michael Denny, and M Fuss.Estimation and decomposition of productivity change when production is not efficient: a panel data approach[J]. Econometric Reviews 19.4(2000): 312-320.

[2]吴华坤.改革开放以来城市格局的演变及中心城市功能的形成与发展[M].//《2018—2019年厦门市经济社会发展与预测蓝皮书》.厦门:厦门大学出版社,2019.

[3]张军,吴桂英,张吉鹏.中国省际物质资本存量估算:1952—2000[J].经济研究,2004(10):35-44.

[4]朱承亮,李平.明晰全要素生产率的三个基本问题[EB/OL].http://www.xhby.net/tuijian/201907/t20190711_6258914.shtml.

课题负责人及统稿:李文溥
执　　　　笔:吴华坤

厦门市固定资产投资的效率
及其影响因素研究

长期以来,作为总需求的三大构成之一,投资一直是拉动中国经济增长的最重要动力之一,是中国经济增长奇迹的关键所在。但是,正所谓"成也萧何,败也萧何"。倚重投资驱动的经济增长模式,也中国经济在快速增长的同时,产生了结构失衡问题。突出表现在:第一,居民收入占 GDP 的比重偏低,导致消费特别是居民消费的增速相对缓慢,未能跟上经济增长的步伐,此外,近些年来中国在民生福祉、社会保障领域的"短板"问题严重,经济增长的共享程度偏低;第二,消费不振,导致经济增长严重依赖于投资,一旦投资减速,经济也随之减速。同时,在一些领域的持续性投资尤其是国有企业投资及政府为保增长而扩大的基础设施投资也引发了周期性的产能过剩及资本边际回报率下降,造成要素资源的配置效率始终无法得以提升,经济增长的效率低下。

厦门市作为福建省及全国的重要经济节点城市之一,作为资金流动聚集的重要区域中心城市之一,同样也面临着经济增长过于依赖投资驱动的问题。自"十一五"以来,过去的 15 年间(2006—2020 年),厦门市城镇固定资产的年均投资产出比约为 49.7%[1],明显高于"十五"时期的 34.4%,也高于同期最终消费与 GDP 的比重。而与此同时,城镇固定资产投资的效率系数则自从"十五"时期的 0.36,一路下降至"十三五"时期的 0.20[2],下降约 44.4%。因此,仅就宏观数据而言,容易看出,厦门市的城镇固定资产投资效率整体呈现出持续下降的趋势。那么,到底是什么原因导致厦门市城镇固定资产投资效率的下降呢? 这种下降的趋势是否是长期性的,抑或是短期波动呢? 又有哪些要素可以减缓或扭转厦门市城镇固定资产投资效率的下降呢?

为回答上述问题,本文将从分析厦门市城镇固定资产投资的总量及结构变化开始,重点从城镇固定资产投资的产业结构、行业分布、区域差异、资金来

---

[1] 这里的投资产出比算式为城镇固定资产投资总额与 GDP 的比值。数据整理自历年厦门市经济特区年鉴。

[2] 投资效率系数算式为当年的 GDP 增量与城镇固定资产投资的比值。数据整理自历年厦门市经济特区年鉴。

源和所有制结构等方面入手,分析厦门市城镇固定资产投资的增长历程,总结其特征变化。随后,结合相关效率式子,测算厦门市不同类型及层次的固定资产投资效率差异,指出其可能存在的问题。最后,在此基础上,利用现代计量模型,探寻影响厦门市城镇固定资产投资效率变化的主导因素,并给出相关政策建议。

一、厦门市城镇固定资产投资的现状分析

(一)总量增长

从绝对数量上看,厦门市城镇固定资产投资总额快速提升的时期是在2000年之后。2000年之前,自1980年经济特区成立起,1981—2000年,厦门市城镇固定资产投资总额累计约为1273.1亿元;2000年之后,2001—2020年,厦门市城镇固定资产投资总额累计高达26018.3亿元。同样是20年时间,后一个时期的城镇固定资产投资总额约为前一个时期的20.4倍,相差悬殊。具体分年度看,2020年,厦门市城镇固定资产投资总额约为3110.3亿元,较1994年的93.4亿元增长近33倍(图1)。而从增速上看,厦门市城镇固定资产投资总额名义增速较快的时期是在2001—2006年。其中,最高为2006年的65.5%。之后,受国际金融危机的冲击,投资增速出现迅猛下降。到2009年,名义增速下滑至-5.5%。2010年,在"四万亿"政策的刺激下,投资增速快速反弹,恢复到15.1%。2011年、2012年基本保持稳定,但2013年再次大幅下跌到1.1%。2014年、2015年回到20%左右的增速。而2016年之后,随着总额基数的扩大,厦门市城镇固定资产投资总额的增速开始稳步下行,维持在10%的水平。2020年,尽管遭受到新冠肺炎病毒疫情的巨大冲击,但厦门市城镇固定资产投资总额的增速仍达到8.8%,较2019年仅小幅下降了0.2个百分点,高出同期全国固定资产投资增速约5.9个百分点,基本抵御住疫情冲击带来的负面效应。

(二)产业构成变化

从固定资产投资的产业构成看,自有统计数据的2005年起,厦门市固定资产投资总额基本集中在第二产业和第三产业,二者合计约占到全部固定资产投资比重的99%以上。而在第二产业和第三产业中,又主要集中在第三产业。2020年,厦门市第三产业固定资产投资占全部固定资产投资的比重约为81.6%,较第二产业的比重高出63.3个百分点(图2)。从比重变化的趋势上看,2005—2020年,第二产业的投资比重由2005年的30.5%下降到2020年的18.3%,减少了约12.2个百分点,而第三产业的投资比重则由69.3%提高到81.6%,增加了12.3个百分点(图2)。这种投资结构的变化,与同时期厦门市

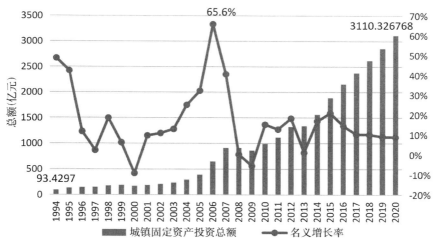

图 1 　1994—2020 年厦门市城镇固定资产投资总额及其增速变化

注:全社会固定资产投资总额的统计口径在 2012 年和 2016 年发生了两次重大改变,导致全社会固定资产投资数据在 2016 年之后不再公布,城镇固定资产投资总额数据在 2017 年之后也仅是公布每年的增长率数据。不过,由于厦门市的城市化程度较高,厦门市城镇固定资产投资总额与全社会固定资产投资总额的比值长期维持在 0.99 的水平,且波动幅度较小。为此,如无特别标注,本文将直接使用城镇固定资产投资总额指标来表征全社会固定资产投资总额,以便于对厦门市的固定资产投资进行长时期的可比口径变化研究。数据整理自历年厦门经济特区年鉴。

283

的产业结构趋于服务化的状况紧密相关。2020 年,厦门市第三产业(服务业)占 GDP 的比重达到 60.1%,较 2005 年的 43.0% 大幅增加了 17.1 个百分点。

　　进一步,从固定资产投资总额的增速变化看,2005—2020 年,第三产业固定资产投资的年均增速约为 17.2%,高于第二产业固定资产投资的年均增速(11.6%)约 5.6 个百分点。不过,从近三年的情况看,厦门市第二产业固定资产投资的年均增速约为 10.4%,要高出第三产业固定资产投资年均增速 1.3 个百分点,实现了对第三产业投资增速的赶超。特别是 2020 年,面对新冠肺炎病毒疫情的冲击,厦门市第二产业固定资产投资仍取得 12.3% 的较快速增速(图 3),成为支撑起固定资产投资增长进而地区经济增长的关键动力。

　　(三)行业分布状况

　　从行业分布看,平均而言,房地产开发投资是厦门市固定资产投资的第一大行业,次之为城市基础设施投资,而工业投资的比重则相对较小。1994—2020 年,房地产开发投资占城镇固定资产投资的比重年均约为 36.5%,城市基础设施建设投资年均占比约为 31.0%,二者合计占比达到 67.5%,超过固定

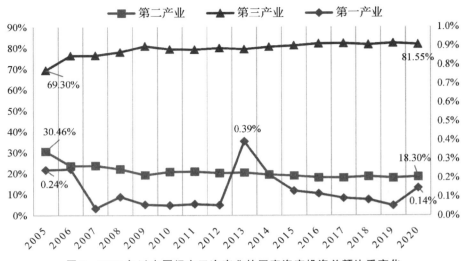

图2 2005年以来厦门市三次产业的固定资产投资总额比重变化

注：数据整理自历年厦门经济特区年鉴。

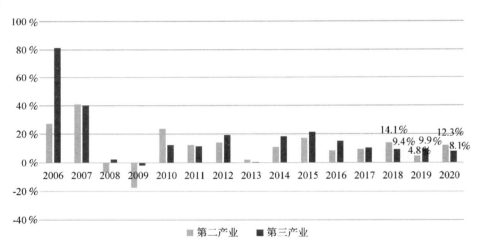

图3 2006—2020年厦门市第二和第三产业的固定资产投资增速比较

注：数据整理自历年厦门经济特区年鉴。

资产投资总额的2/3。相比较看，工业投资的年均占比约为20.8%，分别要低于城市基础设施建设投资和房地产开发投资占比10.3和15.7个百分点。因此，仅从投资分布看，厦门市城镇固定资产投资的重点主要是在房地产开发投资和城市基础设施建设投资。由于这二者均属于第三产业的范畴，这与三次产业中，第三产业固定资产投资比重占据了绝大多数份额的事实是相符的，也再度揭示了在过去的 20 多年间厦门市已经逐渐过渡成为一个以服务业投资、服务经济为主的经济体,其重点支撑不再是工业。

分时期看,房地产开发投资占比快速上升的时期主要是在 2001—2014 年。在这一期间,房地产开发投资占比由 29.6％增加至 45.1％,提高了 15.5 个百分点,年均增长超过 1 个百分点。2014 年之后,房地产开发投资的占比开始稳步下降,并延续至今。取而代之的是城市基础设施投资的占比提升。2014—2018 年,房地产开发投资占比下降了约 11.4 个百分点,同期城市基础设施投资占比则增加了约 13.4 个百分点,由 27.3％提高到 40.5％。而工业投资的占比在此期间甚至还进一步出现了约 1.0 个百分点的下降,由 19.5％减少到 18.5％。2019 年、2020 年,受宏观政策紧缩以及新冠肺炎疫情的影响,城市基础设施建设投资大幅减缓,直接导致城市基础建设投资的占比出现较大幅度的回调,重新低于房地产开发投资的占比(图 4)。不过,从总量占比的变化上看,房地产开发投资和城市基础建设投资不仅是厦门市城镇固定资产投资的二大支柱,而且这一支柱的作用还在持续强化中。"九五""十五"时期,二者占比合计分别约占到厦门市城镇固定资产投资的 63.6％和 61.5％,到"十一五"时期,该数值跃升至 71.9％,提高了 10.4 个百分点。随后"十二五"时期,小幅下降至 69.8％,但在"十三五"时期又再次提升到了 71.6％。

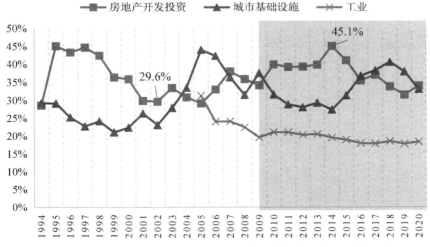

图 4　1994—2020 年厦门市主要行业固定资产投资总额占比的变化
注:数据整理自历年厦门经济特区年鉴。

此外,从增速变化看,房地产开发投资的平均增速由"十一五"时期的 22.4％,大幅下降至"十二五"时期的 14.7％以及"十三五"时期的 6.7％;工业投资的平均增速则先升后降,由"十一五"时期的13.8%先提高到"十二五"时期的14.9%,再减缓至"十三五"时期的10.0%。其中,占工业投资比重约在85%左右的制造业投资平均增速则是逐期下滑,由19.8%,减少至17.4%和10.2%。制造业投资与工业投资增速的差值也由"十一五"时期的6.0个百分点下降到"十三五"时期的0.2个百分点。显然,制造业投资减速是造成工业投资增速放缓的关键原因。厦门市城镇固定资产投资的第二大支柱——城市基础设施投资增速也在逐期下降,由"十一五"时期的17.5%,逐渐下降为"十二五"时期的17.2%和"十三五"时期的12.5%。其中,交通运输邮政仓储业的投资增速由27.4%减少到14.9%(表1)。因此,可以看出,随着各主导行业投资基数的扩大,投资增速持续下降的趋势相对确立,进一步快速反弹增长的空间有限。

表1 部分行业的城镇固定资产投资增速变化

单位:%

年份	交通运输邮政仓储业	工业	制造业	社会事业	城市基础设施	房地产开发
2006	98.5	25.1	46.3	72.7	59.2	32.3
2007	14.7	41	40.1	25.2	20.5	61.6
2008	10	−2.3	−3.6	−13.3	−1.6	−6.3
2009	17.4	−18.2	−18.4	−12.6	12.6	−9.9
2010	−3.7	23.6	34.6	0	−3.2	34.5
"十一五"	27.4	13.8	19.8	14.4	17.5	22.4
2011	10	29.5	34.3	78.1	17.2	10.1
2012	20.7	14.2	14.1	37.4	14.9	18.4
2013	13.3	2.3	15.1	−15.9	5.5	2.5
2014	6.7	9.9	8.7	11.7	9.2	32.4
2015	39	18.7	15	35.9	38.5	9.9
"十二五"	17.9	14.9	17.4	29.4	17.1	14.7
2016	59.8	12.2	18.2	−15.5	34.2	−1.1
2017	7.3	7.8	4.5	10.6	14.8	14.9
2018	42	12	13.7	18.1	16.8	0.5
2019	−16.8	5.2	5.8	70	1.8	1.7
2020	−17.6	12.9	8.6	29.8	−5.2	17.4
"十三五"	14.9	10.0	10.2	22.6	12.5	6.7

注:数据整理自历年厦门市国民经济和社会发展统计公报。

（四）所有制差异

与福建省私营经济发达的省情不同的是，长期以来国有经济一直充当着厦门市社会经济发展的主力军。表现在投资方面，则是国有及含有国有经济成分的投资在总投资中占据着较高的份额。表 2 显示，2002—2017 年，仅是统计项目投资部分，厦门市国有及含有国有股份固定资产投资占全部城镇固定资产投资的比重年均就达到 46.4%，远高于私营个体年均 3.0% 的投资占比，也高于港澳台商投资占比（6.7%）和外商投资占比（7.3%）。并且，从趋势变化看，2014 年之后，国有及国有股份固定资产投资占比呈现出持续增长的态势，由 41.2% 迅速提升至 2017 年的 52.3%，增加了 11.1 个百分点。而同期，

表 2　按登记类型划分的固定资产投资变化

年份	内资		国有及国有股份		私营个体		港澳台商		外商	
	亿元	占比（%）	亿元	占比（%）	亿元	占比（%）	亿元	占比（%）	亿元	占比（%）
2002	81.7	38.8	80.4	38.2	1.3	0.6	14.7	7.0	47.5	22.6
2003	111.7	47.0	110.3	46.4	1.4	0.6	21.3	9.0	24.6	10.3
2004	133.7	45.1	128.8	43.4	5.0	1.7	23.8	8.0	47.3	15.9
2005	195.2	49.8	187.9	47.9	7.4	1.9	42.5	10.8	40.1	10.2
2006	358.3	55.2	348.3	53.7	10.0	1.5	42.1	6.5	34.7	5.3
2007	431.4	47.3	421.0	46.2	10.4	1.1	74.2	8.1	60.3	6.6
2008	462.5	50.6	446.9	48.9	15.5	1.7	64.7	7.1	58.9	6.5
2009	463.8	53.7	452.0	52.4	11.8	1.4	56.1	6.5	48.5	5.6
2010	460.2	46.3	426.2	42.9	34.0	3.4	61.6	6.2	75.2	7.6
"十一五"	435.3	50.6	418.9	48.8	16.4	1.8	59.7	6.9	55.5	6.3
2011	504.4	45.1	450.6	40.3	53.8	4.8	83.3	7.4	87.7	7.8
2012	643.5	48.6	573.0	43.3	70.5	5.3	94.2	7.1	66.1	5.0
2013	647.0	48.4	582.0	43.5	65.1	4.9	93.7	7.0	64.7	4.8
2014	710.6	45.5	643.9	41.2	66.6	4.3	84.1	5.4	62.8	4.0
2015	960.4	50.9	900.5	47.7	59.9	3.2	91.9	4.9	61.3	3.2
"十二五"	693.2	47.7	630.0	43.2	63.2	4.5	89.4	6.4	68.5	5.0
2016	1299.0	60.1	1175.7	54.4	123.3	5.7	57.5	2.7	37.2	1.7
2017	1372.1	57.6	1245.5	52.3	126.6	5.3	68.6	2.9	60.9	2.6

注：上述表格中的投资数据为城镇项目投资的数据，只为全部投资的一部分；占比数据则为各类型投资与城镇固定资产投资总额的比值；数据整理自历年厦门经济特区年鉴。

私营个体固定资产投资占比的变化幅度为上涨了 1.0 个百分点;港澳台商和外商固定资产投资占比则分别出现了 2.5 和 1.4 个百分点的下降。因此,从不同的登记类型看,样本时期内,国有及国有股份固定资产投资基本占据了城镇固定资产投资的半壁江山,并且比重还呈现持续增长的态势。私营个体固定资产投资占比尽管持续攀升,但绝对数额还相对较小。港澳台商和外商固定资产投资的占比均出现了较大幅度的减少,逐渐被私营个体投资赶超。这意味着,一方面,厦门市城镇固定资产投资的国有化程度在继续上升,国有经济的主体地位进一步得以强化;另一方面,固定资产投资整体上并非呈现出"国退民进"的趋势,而是"外退内进",国内资本的投资占比稳步上升,而曾经对厦门市固定资产投资贡献较大份额的港澳台商及外商投资则逐渐退场,固定资产投资的"内资化"倾向明显。

（五）区域分布状况

从区域分布看,自 2003 年以来,岛内外固定资产投资的比重发生了较为明显的转变。其中,岛内固定资产投资占比由 2003 年的 59.4% 逐渐下降至 2020 年的 30.0%,岛外固定资产投资占比则由 2003 年的 40.6% 提升到 2020 年的 70.0%(图 5)。岛内外的投资构成变化是厦门市岛内外一体化均衡发展战略的重要体现。随着岛内城市基础建设趋于饱和,更多的投资正在向岛外转移,从而为岛内外经济平衡增长奠定坚实基础。

进一步对比岛内外各区域之后(见图 6),可以发现:首先,岛内固定资产投资占比下降的根源在于思明区的投资占比迅速下降。2003 年,思明区固定资产投资占全市固定资产投资比重约为 40.3%,到 2020 年,该比重下降为 8.5%,减少了 31.8 个百分点;而同期湖里区的固定资产投资占比"不降反升",还略微提高了 2.3 个百分点;其次,岛外四个区看,比重增加最快的是翔安区,由 2003 年的 1.8% 提高到 2020 年的 25.3%,增加了 23.5 个百分点。次之是同安区,由 7.1% 提高到 13.8%,增加了 6.7 个百分点。集美区排在第三位,由 10.4% 小幅增长到 13.9%,基本与同安区的比重持平。海沧区则"不升反降",由 2003 年的 21.4% 下降为 2020 年的 17.0%。因此,尽管总体上厦门市固定资产投资正在持续向岛外倾斜,但具体分区域看,区一级的投资则呈现出岛内和岛外内部差异化扩张的势头。其中,岛内投资的重点在湖里区,岛外投资的重点则逐渐东移,翔安区正在成为全厦门固定资产投资的新焦点。这与近些年来厦门市逐渐将城市发展方向由"北向"转为"东进"的战略调整息息相关。仅从行政区域面积和可开发建设面积看,相较于海沧区和集美区,翔安区和同安区无疑更具广阔的增长空间及发展潜力,也更有利于要素资源的整合和重新配置。

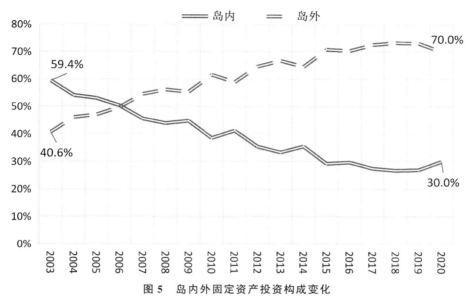

图 5　岛内外固定资产投资构成变化

注:数据整理自历年厦门经济特区年鉴以及 2020 年各区国民经济和社会发展统计公报和经济统计指标。

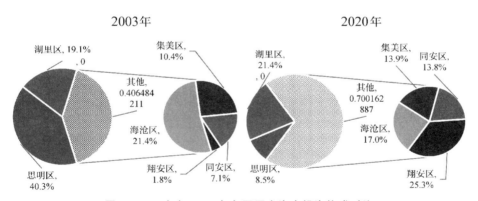

图 6　2003 年与 2020 年各区固定资产投资构成对比

注:数据整理自历年厦门经济特区年鉴以及 2020 年各区国民经济和社会发展统计公报和经济统计指标。

　　综上所述,现阶段厦门市城镇固定资产投资的现状可以大致总结成以下几点特征:

　　第一,固定资产投资的总量在持续上升,但受经济发展阶段及高基数影响,固定资产投资增速趋于下降,波动幅度减弱,高增长阶段业已过去。

第二,由于服务经济的特征明显,厦门市第三产业固定资产投资占据了投资的主体地位,工业、制造业投资则逐渐边缘化。这其中,房地产开发投资和城市基础设施投资构成了厦门市固定资产投资的两大支柱。特别是前者,其波动变化将直接左右厦门市固定资产投资的变动。

第三,尽管私营经济的固定资产投资对厦门市投资的重要程度在稳步提升,但国有及包含国有股份在内的固定资产投资始终在厦门市固定资产投资中占据着重要的位置,充当着稳定厦门市固定资产投资的压舱石。而以往在厦门市固定资产投资中扮演重要角色的港澳台商和外商投资正在逐步退出厦门市场。固定资产投资的“内资化”和“国有化”特征明显。

第四,岛内外投资的重心发生转变。岛外区域成为厦门市固定资产投资的主要区域。但同时,岛内区域和岛外区域的内部分化也在继续。突出表现在:岛内湖里区的投资占比依旧维持在较高水平,思明区则大幅下降;岛外翔安区的投资占比跃居全市第一,同安区迅速赶上,而海沧区则出现下降。厦门市投资整体在向东部区域递进。

二、厦门市固定资产投资效率的测算

(一)测算指标

一般而言,投资效率可表示为投资所取得的有效产出与所消耗的投入之间的比例关系,也就是在投资过程中所得到的产出与所耗掉的投入比值。从微观层面来说,投资效率会影响到企业的效益,进而各个行业乃至产业的发展;从宏观层面来说,投资效率则会影响国民经济运行的质量和效益,进而对整体经济产生作用。本文关注的固定资产投资效率,着重从宏观层面来讨论投资效率的高低。目前来看,分析宏观投资总量效率的研究主要用到两种方法:一是根据新古典增长的“动态效率”理论,用 Abel et al.(1989)提出的AMSZ 准则进行测算(袁志刚、宋铮,2000;史永东、齐鹰飞,2002)[①];二是采用一些宏观指标,如边际资本产出比(ICOR)[②]、资本产出比 K/Y、投资产出比 I/Y 来代表投资的效率变化(李治国、唐国兴,2003;武剑,2002)。考虑到厦门

---

① AMSZ 准则:如果对于所有时期 t 和所有自然状态,有 $\dfrac{R_t}{V_t} > 0$ 成立,那么均衡时经济是动态有效的;反之则是动态无效的。其中,V_t 表示经济在 t 期有形资产的总价值,R_t 表示 t 期资本的净收益,即总收益减去总投资。

② 边际资本产出比的式子为 $ICOR = \Delta K/\Delta Y$,其中,ΔK 与 ΔY 就分别表示资本增量和总产出增量。ICOR 的值越高,说明增加一单位的总产出需要越多的资本增量即投资,投资的效率也就越低;反之,当 ICOR 的值越低时,投资的效率反而越高。

市相关数据指标的可获得性,这里本文将使用宏观指标的方式来测算厦门市固定资产投资的效率。

稳健起见,本文将尝试两个指标:一是投资产出比,即固定资产投资与当期 GDP 的比值,该比值越大,代表固定资产投资的效率越低,反之则越高;二是参照边际资本产出比(ICOR)的指标设计,构建边际产出投资比,即 IO = $\Delta Y/I$,表示 GDP 增量与当期固定资产投资的比值,与前一个指标相反,该比值越大,意味着固定资产投资的效率越高,反之则越低。上述指标的优点是算法简单,含义明确易懂,也不需要满足各种苛刻的条件,但缺点是计算不够精确,没有考虑其他影响产出增长的因素,忽略了投资的滞后效应。

(二)测算结果

1.总量固定资产投资效率变化

首先,从投资产出比指标看,自 1994 年以来,厦门市投资产出比表现出明显的周期性起伏波动趋势。具体分时期看,1994—2003 年,投资产出比一路下行,由期初的 0.50 下降至期末的 0.31,意味着固定资产投资效率在这一时间段稳步提升;随后,2004—2007 年,投资产出比回升至 0.64,创下样本期间内的最高值,表明固定资产投资效率出现快速下降;紧接着,2008—2013 年,投资产出比又再次降低,由 2007 年的高峰值减少到 2013 年的 0.43。2014 年之后,投资产出比再次反弹上升,直到 2016 年又开始稳步下行。不过,从线性趋势上看,样本期间内,厦门市投资产出比保持小幅上涨的态势(图 7)。换言之,厦门市的固定资产投资效率总体上是趋于下降的。

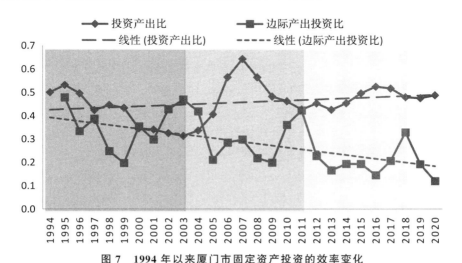

图 7　1994 年以来厦门市固定资产投资的效率变化

注:数据整理自历年厦门经济特区年鉴。

291

其次,从边际产出投资比指标看,同样可以发现,1994 年之后,厦门市边际产出投资比呈现周期性变化,并且基本上与投资产出比指标形成反向变化。亦即,投资产出比指标的上涨或下跌刚好对应边际产出投资比指标的下跌或上涨。由于投资产出比指标是数值越大,代表投资效率越低,而边际产出投资比指标则是数值越小,表征投资效率越低。因此,二者相反趋势的变化实际上反映的是同一种趋势的投资效率变化。从线性趋势看,样本期间内,边际产出投资比总体上是趋于下降的,说明厦门市的固定资产投资效率在逐步下降。这与前述投资产出比指标的观察结果保持一致。

2.分产业固定资产投资效率变化

首先,无论是投资产出比指标,抑或是边际产出投资比指标,均显示第二产业固定资产投资的效率要高于第三产业。见表 3,从投资产出比指标看,2006 年以来,第三产业投资产出比年平均约为 0.759,而第二产业投资产出比年平均约为 0.217,不及第三产业投资产出比的 1/3。由于投资产出比越低,投资效率越高,这表明厦门市第二产业投资效率会三倍超于第三产业投资。类似的,从边际产出投资比指标看,2006 年以来,厦门市第三产业边际投资比年平均约为 0.176,而第二产业边际产出投资比年平均约为 0.463,后者约为前者的 2.63 倍。边际产出投资比是数值越大,投资效率越高。因此,这同样说明,厦门市第二产业投资效率要远高于第三产业。

其次,分时期看,第二产业的投资产出比在"十一五"、"十二五"和"十三五"时期分别约为 0.246、0.191 和 0.216,呈现出"先下降、后上升"的趋势。这表明第二产业的投资效率是"先提高、后下降"。类似的,第三产业的投资产出比进而投资效率也是出现同样的波动变化。而从边际产出投资比看,三个不同时期第二产业的边际产出投资比呈现持续下降的态势,分别为 0.580、0.453 和 0.356,表明第二产业的投资效率在逐步下降;而第三产业的边际产出投资比则是"先上升、后下降",对应的投资效率是"先提高、后下降",基本与投资产出比的指标结果保持一致(表 3)。因此,总体上,相较于"十二五"时期,"十三五"时期厦门市两大产业的投资效率均出现了不同程度的下降。其中,相对而言,第二产业投资效率下降得速度更快。

表 3　分产业固定资产投资效率

年份	投资产出比		边际产出投资比	
	第二产业	第三产业	第二产业	第三产业
2006	0.263	0.930	0.502	0.220
2007	0.310	1.015	0.530	0.218
2008	0.264	0.880	0.329	0.175
2009	0.199	0.773	0.444	0.136
2010	0.194	0.763	1.092	0.159
"十一五"	0.246	0.872	0.580	0.182
2011	0.175	0.709	1.114	0.235
2012	0.189	0.718	0.288	0.209
2013	0.182	0.660	0.303	0.129
2014	0.195	0.682	0.209	0.186
2015	0.211	0.734	0.351	0.155
"十二五"	0.191	0.701	0.453	0.183
2016	0.217	0.766	0.245	0.122
2017	0.214	0.753	0.481	0.146
2018	0.214	0.673	0.571	0.273
2019	0.209	0.661	0.336	0.159
2020	0.226	0.662	0.149	0.111
"十三五"	0.216	0.703	0.356	0.162
年平均	0.217	0.759	0.463	0.176

注:第一产业投资占比较小,这里略去,不做分析;数据整理自历年厦门经济特区年鉴。

3.分区域固定资产投资效率变化

见表 4,首先,样本时期内不同区域之间的投资效率指标差异较大。以投资产出比为例,2006—2020 年,投资产出比最小的思明区年均约为 0.271,而最大的翔安区年均投资产出比则达到 0.930,后者约为前者的 3.43 倍。类似的,2006—2020 年,边际产出投资比最大的思明区,年均约为 0.536,而最小的同安区则仅为 0.155,前者约为后者的 3.45 倍。最大值与最小值的倍数差异基本相近。

其次,岛内区域的投资效率要优于岛外区域。样本期间内,岛内两个区:思明区和湖里区的年均投资产出比要低于岛外四个区,年均边际产出投资比则是要低于岛外四个区,这表明思明区和湖里区的投资效率要高于岛外四个区。进一步细分,岛内两个区域中,思明区的投资效率又要高于湖里区。岛外四个区域中,海沧区在两个投资效率指标中都显示出更高的投资效率,次之是集美区。其他两个区:同安区和翔安区,如果以投资产出比来衡量投资效率,同安区要优于翔安区,但是如果以边际产出投资比来衡量投资效率的话,翔安区要优于同安区。

表 4　分区域固定资产投资效率变化

年份	投资产出比						边际产出投资比					
	思明	湖里	海沧	集美	同安	翔安	思明	湖里	海沧	集美	同安	翔安
2006	0.522	0.354	0.643	0.593	0.926	1.341	0.389	0.411	0.137	0.145	0.041	0.125
2007	0.413	0.564	0.670	0.979	0.923	1.402	0.428	0.161	0.203	0.201	0.235	0.280
2008	0.461	0.392	0.552	0.778	0.766	1.094	0.207	0.145	0.215	0.298	0.291	0.276
2009	0.353	0.422	0.548	0.684	0.695	0.733	0.333	0.044	0.143	0.006	0.081	0.257
2010	0.327	0.357	0.474	0.734	0.818	0.680	0.169	0.438	0.451	0.234	0.166	0.516
"十一五"	0.415	0.418	0.577	0.753	0.825	1.050	0.305	0.240	0.230	0.177	0.163	0.291
2011	0.240	0.438	0.449	0.693	0.802	0.419	0.768	0.451	0.404	0.232	0.188	0.596
2012	0.235	0.378	0.541	0.740	0.845	0.689	0.519	0.269	0.090	0.129	0.105	0.136
2013	0.230	0.328	0.569	0.699	0.711	0.641	0.213	0.087	0.134	0.110	0.165	0.175
2014	0.239	0.425	0.607	0.652	0.663	0.715	0.348	0.074	0.204	0.195	0.111	0.101
2015	0.223	0.407	0.722	0.776	0.904	0.944	0.329	0.065	0.076	0.093	0.036	0.062
"十二五"	0.234	0.395	0.578	0.712	0.785	0.682	0.436	0.189	0.182	0.152	0.121	0.214
2016	0.233	0.449	0.817	0.688	0.818	1.149	0.435	0.119	0.035	0.145	0.300	0.009
2017	0.223	0.376	0.716	0.607	0.838	1.296	0.496	0.386	0.175	0.185	0.200	0.121
2018	0.132	0.417	0.612	0.499	1.027	0.994	0.662	0.184	0.178	0.198	0.054	0.132
2019	0.113	0.364	0.574	0.418	0.924	0.854	2.085	0.553	0.264	0.313	0.252	0.253
2020	0.116	0.427	0.581	0.471	0.649	0.995	0.659	0.165	0.040	0.085	0.104	0.060
"十三五"	0.163	0.407	0.660	0.537	0.851	1.058	0.867	0.281	0.138	0.185	0.182	0.115
年平均	0.271	0.406	0.605	0.667	0.821	0.930	0.536	0.237	0.183	0.171	0.155	0.207

　　注:2018—2020年各区域固定资产投资数据是根据对应年份的增速推算得到的;2019年各区域名义GDP上升较快,导致2019年的边际产出投资比较大。

　　再次,分时期看,从"十一五"到"十三五",思明区的投资产出比指标在逐步下降,由0.415减少到0.234、0.163,而边际产出投资比指标则是在稳步提升,由0.305增加到0.436、0.867,二者的变化均表明思明区的固定资产投资效率随时期的变化在逐渐提升;而与之相反,海沧区的投资产出比指标在逐渐提高,由 0.577 增加到 0.578、0.660,而边际产出投资比指标则是在逐渐下降,由 0.230 减少到 0.182、0.138,说明海沧区的固定资产投资效率在随时期的变化而逐渐降低。其他地区的不同指标之间则并没有表现出一致的变化趋势,在不同的时期之间也有所差异。以湖里区为例,从投资产出比指标看,相对于"十一五"时期,湖里区"十二五"时期投资产出比略有下降,由 0.418 减少到 0.395,代表固定资产投资的效率有所优化。到"十三五"时期,湖里区投资产出比又回升到 0.407,表明固定资产投资的效率又有所下降。但是,从边际产出投资比指标看,湖里区的边际产出投资比在"十一五"到"十三五"期间是"先下降、后上升",由 0.240 先减少到 0.189,再增加到 0.281,代表湖里区的投资效率是"先提高、后减少"。这恰好与投资产出指标所揭示的结论相悖。类似的,集美区、同安区和翔安区的投资效率指标也没有显示出一致的时期变化趋势。因此,从时期看,不同区之间的固定资产投资效率呈现差异化的增长变化,并且在不同的投资效率指标上也呈现出差异化的投资效率变化特征。

（三）简要小结

结合投资效率指标的测算结果,可以发现:

首先,自 90 年代中期以来,厦门市固定资产投资的投资效率整体上是趋于下行的。这一方面,喻示着固定资产投资对厦门市经济增长的贡献程度在逐渐减弱,经济增长动力调整转变的迫切性在与日俱增;另一方面,也提醒了厦门市政府需要高度重视固定资产投资效率持续下降的问题。要采取确实可行的办法,提高和改善固定资产投资的投资效率,以期在"十四五"乃至更长的时期内实现厦门市社会经济的高质量发展目标。

其次,第三产业固定资产投资的投资效率大幅低于第二产业固定资产投资。这与当前厦门市经济趋于服务化的发展方向是相悖的。因为,这意味着,随着厦门市经济服务化程度的提升,固定资产投资效率将变得愈发低下。厦门市经济很有可能就此患上"鲍莫尔病",导致经济增长乏力,社会发展难以继续。因此,如何提升和改善第三产业固定资产投资效率是提高厦门市固定资产投资效率的重中之重。而如前所述,厦门市第三产业固定资产投资的主要构成是房地产开发投资和城市基础设施投资,所以,提高房地产开发和城市基础设施投资的投资效率是长期中提高和改善厦门市固定资产投资效率的根本所在。此外,从趋势变化看,"十三五"时期厦门市两大产业的投资效率均出现下降,特别是第二产业固定资产投资效率下降得速度更快。由于厦门市第二产业主要集中在工业,而工业又集中在制造业。因此,提高和改善制造业固定资产投资的投资效率是短期内稳住厦门市固定资产投资效率持续下降的重要着眼点。

再次,不同时期不同区域间的固定资产投资效率呈现分化。突出表现在:岛内区域的固定资产投资效率要优于岛外区域。这其中,思明区的投资效率又要高于湖里区,而海沧区和集美区又要优于同安区和翔安区。考虑到当前翔安区已经取代思明区,成为厦门市固定资产投资的第一大区域。因此,如何改善和优化翔安区的固定资产投资效率将是新时期厦门市实现社会经济高质量发展的一项重要任务。

三、影响厦门市固定资产投资效率的因素分析

综合前述分析,本文在第一部分中讨论了自90年代中后期以来厦门市固定资产投资的主要特征变化。同时,在第二部分中,利用两个投资效率指标,测算了厦门市的固定资产投资效率。结果显示,样本期间内,厦门市固定资产投资的整体投资效率渐趋下行,并且存在产业间和区域间的差异性变化。那么,究竟是哪些因素造成厦门市固定资产投资效率的持续下降呢?它是否与厦门市固定资产投资的特征变化有关呢?为回答上述问题,接下来,本文将使用厦门市一级及区一级的相关数据,利用时间序列计量模型及面板数据模型来进行相应的实证检验。

(一)市一级数据的实证检验

1.解释变量

根据第一部分的分析,可以看出:第一,经过数十年的发展,厦门市固定资产投资总量基数越来越大,固定资产投资的增速趋缓;第二,服务经济特征愈发显现,以房地产开发投资和城市基础设施投资为主的第三产业固定资产投资占据了投资的主体地位,工业、制造业投资则逐渐边缘化;第三,国有投资保持稳定主体地位,私营投资的重要性稳步提升,而港澳台商和外商投资则出现萎缩,投资的"内资化"和"国有化"倾向明显;第四,岛内外投资的重心发生转变,岛外区域成为厦门市固定资产投资的主要区域。

围绕上述特征,从市一级层面出发,本文将构建以下主要解释变量:

(1)城镇固定资产投资。用符号 X1 表示。该变量的符号预期不确定。原因在于,一方面,类似于"船小好调头"的朴素道理,固定资产投资的规模越小,越会精打细算,风险规避能力越强。同时,由于基数较小,即使产出回报相同,也会产生较高的投资效率;但另一方面,大规模的固定资产投资也可能会产生较大的市场规模效应,从而摊薄投资成本,使得边际成本下降,提升固定资产投资的效率。

(2)房地产开发投资占固定资产投资比重以及城市基础设施投资占固定资产投资比重,分别用符号 X2 和 X3 表示。这两个变量的符号预期不确定。

由于缺乏相应的产出数据,无法直接测算厦门市房地产开发投资和城市基础设施投资的投资效率。但是,作为厦门市固定资产投资中的两大支柱投资,二者的比重变化必然会对固定资产投资整体效率产生影响。

(3)港澳台商及外商固定资产投资合计占比,用符号 X4 表示。该变量的符号预期为正。通常而言,外商投资的资本回报率要求较为明确,且较之国有投资的非经济职能作用,外商投资相对纯粹,社会责任负担较小,更能产生较高效率的投资。

(4)岛内固定资产投资比重,用符号 X5 表示。该变量的符号预期为正。根据前述分区域固定资产投资效率的测算结果,容易看出,整体而言,岛内固定资产投资的效率要高于岛外。因此,岛内固定资产投资的比重越大,可能越会促进厦门市固定资产投资效率的提升。

(5)第三产业与第二产业固定资产投资比。用符号 X6 表示。该变量的符号预期为负,表示第三产业相对于第二产业的投资比例越大,可能整体投资的效率会越低。根据前述第二部分中不同产业的固定资产投资效率测算结果,可以发现,第三产业固定资产投资的效率确实要明显低于第二产业。因此,第三产业投资的比重越大,很有可能会导致总体的固定资产投资效率下降。

(6)国有及包含国有经济成分的固定资产投资比重。用符号 X7 表示。该变量的符号预期为负。理由在于:样本期间内,厦门市国有及包含国有经济成本的固定资产投资比重是趋于上涨的,而同期固定资产投资的效率却是总体下降的。这是其一。其二是,大量的研究表明,与民营企业相比,国有企业的效率较低。溯之于投资领域,类似的,固定资产投资的国有经济比重越大,投资效率可能会越低。

2.被解释变量

根据前述第三部分的测算结果,这里将采用投资产出比(用符号 Y1 表示)和边际产出投资比(用符号 Y2 表示)来分别表征厦门市固定资产投资的效率。需要注意的是,投资产出比指标是数值越大,代表投资的效率越低,而边际产出投资比则是相反,数值越小,代表投资的效率越低。因此,在两个指标的回归方程中,对解释变量估计系数的经济解释是相反的。

3.数据来源

数据来源方面,所有的数据均整理自历年《厦门经济特区年鉴》和 CEIC 数据库。表5为各变量的描述性统计量,表6则是各变量之间的相关系数表。可以看出:首先,两个投资效率指标中,边际产出投资比(Y2)的波动幅度要大于投资产出比(Y1),显示出更强的起伏变化;其次,不同年份之间的城镇固定资产投资差距悬殊。其中,城镇固定资产投资的最大值约达到3110.33亿元,而最小值却只约为 20.79 亿元,前者约为后者的 150 倍;最后,从变量之间的相关系数看,除个别变量之间的相关系数超过 0.8 之外,大多数变量之间的相关系数较小,多重共线性问题存在的可能性较小。

表 5　变量的描述性统计量

	变量	样本数	均值	标准差	最小值	最大值
被解释变量	Y1 投资产出比	27	0.4572	0.0792	0.3126	0.6414
	Y2 边际产出投资比	26	0.2831	0.1055	0.1186	0.4777
解释变量	X1 城镇固定资产投资	30	906.8419	938.6528	20.7888	3110.3270
	X2 房地产开发投资占比	30	0.3527	0.0608	0.2223	0.4507
	X3 城市基础设施投资占比	30	0.3041	0.0641	0.2102	0.4401
	X4 港澳台商及外商投资占比	19	0.1278	0.0688	0.0439	0.2957
	X5 岛内投资占比	18	0.3916	0.1034	0.2674	0.5936
	X6 第三产业与第二产业投资比	16	3.9482	0.6322	2.2751	4.6283
	X7 国有投资占比	16	0.4642	0.0496	0.3820	0.5444

注:作者计算整理。处理软件为 stata15.0。

表 6　变量之间的相关系数

变量	Y1	Y2	X1	X2	X3	X4	X5	X6	X7
Y1	1								
Y2	0.0117	1							
X1	0.0319	−0.4049	1						
X2	−0.1165	0.0873	0.4647	1					
X3	0.2849	−0.1238	−0.2831	−0.87	1				
X4	−0.243	0.4586	−0.8952	−0.3878	0.1767	1			
X5	0.1169	0.3605	−0.945	−0.6198	0.5032	0.8226	1		
X6	0.0039	−0.2783	0.845	0.5577	−0.4547	−0.8867	−0.8658	1	
X7	0.4818	−0.4541	0.1586	−0.6543	0.748	−0.3895	0.0545	0.1121	1

注:作者计算整理,处理软件为 stata15.0。

4.估计结果

　　表 7 为被解释变量是投资产出比(Y1)时的各解释变量估计结果。其中,方程(7)是包含了所有解释变量的估计结果。本文将以此方程作为分析的主

要依据。结果显示:

首先,城镇固定资产投资对数值(X1)的估计系数显著为正,代表城镇固定资产投资增长得越快,投资产出比会越高,从而投资效率会越低。因此,越是规模较大的城镇固定资产投资,会越不利于投资效率的提升。这部分解释了样本期间内为何随着城镇固定资产投资总量的增加,厦门市固定资产投资的整体效率却是在下降。

其次,国有投资占比(X7)和房地产开发投资占比(X2)变量的估计系数也是显著为正,说明国有投资和房地产开发投资会增加厦门市的投资产出比,使得固定资产投资的效率下降。换言之,从固定资产投资的登记类型看,样本期间内,作为厦门市固定资产投资的压舱石,国有投资对厦门市固定资产投资效率不仅没有起到正向作用,反而是拉低了投资效率。而与之类似的,从固定资产投资的行业分布看,作为厦门市固定资产投资的支柱之一,房地产开发投资同样也是不仅未能起到促进投资效率上涨的作用,反而是抑制了投资效率的提升。

再次,城市基础设施建设投资占比(X3)变量的估计系数为负,说明用于城市基础设施投资的比重越大,可能会减少投资产出比,进而提升投资效率。这可能是因为城市基础设施建设对经济增长的作用较大,从而会增大投资产出比的分母,使得投资产出比下降。但可惜的是,该变量的估计结果在统计上并不显著。这意味着,城市基础设施投资对投资产出比的负向作用发生的概率较低,不具有统计意义。与之类似的还有第三产业与第二产业投资比(X6)变量的估计结果。因此,严格来讲,相较于国有投资和房地产开发投资,厦门市城市基础设施建设投资和第三产业投资并不会对厦门市固定资产投资效率产生明显的作用。

最后,岛内固定资产投资占比(X5)变量的估计系数在 10% 的显著性水平内显著,表明岛内固定资产投资的比重越高,越会使得投资产出比上涨,进而造成投资效率下降。这一结果与前述第二部分中关于岛内外固定资产投资效率的测算结果不相符合。前述测算的结果显示,岛内固定资产投资的效率要优于岛外。不过,一方面,前述对于岛内的测算结果是一种均值分析,忽略了思明和湖里区的差别。事实上,从投资占比看,湖里区的投资占比要远高于思明区,而从投资效率看,湖里区的投资效率在"十一五"到"十三五"时期是趋于下降的;另一方面,这一变量(X5)对投资产出比的作用其实也并不十分显著,仅是在 10% 的显著性水平内显著。同时,估计系数(1.4084)也要明显小于国有投资占比(3.3157)和房地产开发投资占比(2.6689),表明,与其他两个变量相比,厦门市固定资产投资的岛内外结构并不构成影响投资效率的关键要素。

表 7　变量估计的结果 I

因变量:Y1 投资产出比	(1)	(2)	(3)	(4)	(5)	(6)	(7)
X1 城镇固定资产 投资对数值	0.0274**	0.0269**	−0.0006	0.0206	0.2020**	0.1196	0.4017**
	(0.0129)	(0.0126)	(0.0140)	(0.0572)	(0.0902)	(0.1326)	(0.1512)
X2 房地产开发 投资占比		0.4269	0.8437***	0.8542	1.2376**	0.8012	2.6689*
		(0.2813)	(0.2769)	(0.5094)	(0.4837)	(0.7405)	(1.2180)
X3 城市基础设施 投资占比			0.8287***	0.8511**	0.9915**	0.3902	−0.3267
			(0.2688)	(0.3850)	(0.3669)	(0.6776)	(0.6060)
X4 港澳台商及 外商投资占比				−0.0434	−0.1589	−1.4167	2.6553
				(0.7476)	(0.6577)	(1.2865)	(1.7389)
X5 岛内投资占比					1.4356**	1.2308*	1.4084*
					(0.5369)	(0.6564)	(0.6359)
X6 第三产业与 第二产业投资比						−0.0530	−0.1064
						(0.0725)	(0.0587)
X7 国有投资占比							3.3157**
							(1.2320)
截距项	0.283***	0.130	−0.104	−0.264	−2.276**	−0.895	−5.246**
	(0.0834)	(0.1293)	(0.1345)	(0.6017)	(0.8933)	(1.6230)	(1.8197)
样本数	27	27	27	19	18	16	13
拟合优度 R^2	0.1532	0.2274	0.4533	0.5425	0.6847	0.4805	0.8342
adj.R^2	0.1193	0.1630	0.3820	0.4118	0.5533	0.1342	0.6021

注: $* p < 0.10$、$** p < 0.05$、$*** p < 0.01$ 分别表示在 10%、5% 和 1% 的显著性水平内显著;X1 城镇固定资产投资变量采用的是对数值。

与之对应的,表 8 为被解释变量是边际产出投资比(Y2)时的各解释变量估计结果。如前所述,由于投资产出比(Y1)和边际产出投资比(Y2)彼此之间是反向指标,因此,与表 7 中变量估计系数为正、代表会抑制投资效率的解释相悖的是,表 8 中,如果变量的估计系数为负值,代表会抑制投资效率。反之,各变量估计系数为正值,则表示会促进投资效率提升。同样的,表 8 中方程(14)是包含了所有解释变量的估计结果。本文将以此方程作为分析的主要依据。结果显示:

首先,各估计方程中城镇固定资产投资对数值(X1)的估计系数均是显著为负,代表城镇固定资产投资增长越快,边际产出投资比会越低,从而投资效率会越低。这一结论与表 7 中的估计结果保持一致，证明估计结果具有稳健性。

表 8　变量估计的结果 Ⅱ

因变量：Y2 边际产出投资比	(8)	(9)	(10)	(11)	(12)	(13)	(14)
X1 城镇固定资产 投资对数值	−0.059***	−0.058***	−0.055**	−0.1379	−0.2909	−0.3078*	−0.3157*
	(0.0153)	(0.0146)	(0.0199)	(0.0824)	(0.1717)	(0.1586)	(0.1689)
X2 房地产开发 投资占比		−0.5793*	−0.6147	−0.1216	−1.0230	−1.7469*	−0.6688
		(0.3149)	(0.3746)	(0.7931)	(0.8732)	(0.8063)	(1.9801)
X3 城市基础设施 投资占比			−0.0673	−0.2050	0.6610	2.1059**	2.2546*
			(0.3648)	(0.5724)	(0.6505)	(0.7377)	(0.9852)
X4 港澳台商及 外商投资占比				−0.8301	−1.7189	1.8767	0.5386
				(1.0484)	(1.0178)	(1.3029)	(2.8269)
X5 岛内投资占比					−0.5743	−0.7811	−0.5601
					(0.9778)	(0.7737)	(1.0338)
X6 第三产业与 第二产业投资比						0.2567**	0.2612**
						(0.0772)	(0.0955)
X7 国有投资占比							−1.2398
							(2.0028)
截距项	0.657***	0.859***	0.877***	1.428	2.115	0.147	1.196
	(0.098)	(0.144)	(0.178)	(0.846)	(1.517)	(1.695)	(2.958)
样本数	26	26	26	18	17	15	13
拟合优度 R^2	0.3835	0.4626	0.4634	0.4194	0.4678	0.7440	0.7122
adj.R^2	0.3578	0.4159	0.3902	0.2408	0.2258	0.5520	0.3093

注：* $p < 0.10$、** $p < 0.05$、*** $p < 0.01$ 分别表示在 10%、5% 和 1% 的显著性水平内显著。

其次，国有投资占比（X7）和房地产开发投资占比（X2）变量的估计系数不再是显著的，说明在更换了因变量之后，国有投资和房地产开发投资对投资效率的作用被弱化了。换言之，用不同的指标来衡量投资效率，可能会对其影响因素产生差异化影响。不过，从估计系数看，国有投资占比和房地产开发投资的估计系数均为负值，表明如果不考虑统计显著的话，与表 7 的结果类似，国有投资占比和房地产开发投资占比将会抑制边际产出投资比，进而降低投资效率。

再次,城市基础设施建设投资占比(X3)变量的估计系数显著为正,说明用于城市基础设施投资的比重越大,可能会提高边际产出投资比,进而提升投资效率。这一结论与前述表7的观察类似。只是表7的估计结果并不显著,而这里的估计结果则是10%以内的显著性水平显著。与之类似的还有第三产业与第二产业投资比(X6)变量的估计结果。因此,从边际产出投资比看,城市基础设施建设投资和第三产业投资会对厦门市固定资产投资效率产生积极的作用。

最后,尽管估计的结果仍然是不显著的,但从数值上看,岛内投资占比(X5)变量的估计系数为负值,再次说明岛内投资对投资效率可能会产生抑制作用。此外,与表7中的估计结果类似,港澳台商及外商投资占比(X4)对因变量的作用均是不显著的,即估计系数的结果不显著。这说明,尽管近些年来,港澳台商和外商固定资产投资的占比在快速下降,但它并不是厦门市固定资产投资效率持续下降的原因。

总之,根据表7和表8的估计结果,本文得到以下结论:

第一,在两个不同的因变量回归方程中,厦门市城镇固定资产投资的规模变化均会造成固定资产投资效率的下降。这意味着,厦门市的城镇固定资产投资可能已经过了规模拐点,存在过度投资的现象。

第二,国有投资占比以及房地产投资占比的上升很有可能是导致厦门市固定资产投资效率持续下降的主要因素。由于近些年来国有投资、房地产开发投资在厦门市固定资产投资中的占比始终保持着稳步提升的态势,这意味着,样本期间内厦门市国有投资和房地产开发投资的效率低于其他类型或行业的投资效率。此外,外商投资对厦门市投资效率的作用不明显,既没有促进效应,也没有抑制效应。这说明近年来厦门市固定资产投资的"内资化"倾向并没有造成整体投资效率的下降。进一步调整优化投资结构、提升投资效率的重点应该放在降低国有经济投资比重,加大民间投资或私营投资比重。

第三,城市基础设施建设投资和广义的第三产业投资可能会有利于提升厦门市固定资产投资的投资效率。这表明,尽管房地产开发投资会抑制投资效率,但第三产业中的其他领域投资可能会有助于提升厦门市的投资效率。因此,对待第三产业的投资,应当要摆脱房地产投资依赖,将更多的投资往交通运输仓储业、金融业、科教文卫公共事业等非房地产开发投资的方向倾斜。

(二)区一级数据的实证检验

受数据的可获得性,容易看出上述估计结果中的样本个数有限,可能导致估计结果的有效性存疑。为此,接下来,本文将使用厦门市6个区的投资效率数据及相关解释变量数据,对上述实证检验的结果进行更多数据样本的稳健性检验。考虑到数据的结构特点,本文将直接使用面板固定效应模型来逐一对前述估计的结论进行再检验。同时,由于厦门市区一级的数据只有涉及固定资产投资、房地产开发投资和三次产业增加值变化,因此,这里采用面板固定效应模型的稳健性检验也只针对固定资产投资规模、房地产投资占比以及三次产业结构变化对投资效率的作用。

模型使用的数据样本时间窗口是 2006—2020 年,各变量的数据来源整理自历年《厦门经济特区年鉴》《福建省统计年鉴》以及厦门市 6 个区历年国民经济和社会发展统计公报。变量的符号与前述实证检验保持一致。即,符号 Y1、Y2 分别表示投资产出比和边际产出投资比;符号 X1、X2、X6 则分别城镇固定资产投资对数值、房地产开发投资占比和第三产业与第二产业 GDP 比值。具体的估计结果见表 9。

表 9 变量估计的结果 Ⅲ

因变量	(15)	(16)	(17)	(18)	(19)	(20)
	Y1	Y1	Y1	Y2	Y2	Y2
X1 城镇固定资产投资对数值	0.0075	−0.0074	−0.0467	−0.0370	−0.0063	0.0194
	(0.0302)	(0.0316)	(0.0337)	(0.0436)	(0.0449)	(0.0495)
X2 房地产开发投资占比		0.2567	0.3558 **		−0.5293 **	−0.5941 **
		(0.1704)	(0.1681)		(0.2421)	(0.2473)
X6 第三产业与第二产业 GDP 比值			−0.0625 ***			0.0409
			(0.0230)			(0.0338)
截距项	0.5757 ***	0.5655 ***	0.8481 ***	0.4504 *	0.4716 **	0.2867
	(0.1660)	(0.1648)	(0.1898)	(0.2393)	(0.2343)	(0.2792)
样本数	90	90	90	90	90	90
拟合优度 R^2	0.0007	0.0277	0.1090	0.0086	0.0632	0.0798
估计方法	FE	FE	FE	FE	FE	FE

注:* $p < 0.10$、** $p < 0.05$、*** $p < 0.01$ 分别表示在 10%、5% 和 1% 的显著性水平内显著;由于缺乏各个区的第三产业和第二产业投资数据,这里使用各个区的第三产业与第二产业 GDP 来做近似替代。

首先,从因变量为 Y1 指标的估计结果看,方程(17)的估计结果显示,城镇固定资产投资(X1)变量的估计系数为负值且不显著。这表明,基于区域数据的回归分析,更多数据样本的使用纠正了前述时间序列估计中关于城镇固定资产投资有可能会抑制投资效率的判断,指出城镇固定资产投资的规模并不会对投资效率产生影响。因此,不同数据样本的使用有可能会使得城镇固定资产投资规模对投资效率的作用产生变化,投资规模对投资效率的作用不稳健;房地产开发投资占比(X2)变量的估计系数显著为正,这代表房地产开发投资会提升投资产出比,进而抑制投资效率。其估计结果与前述时间序列模型的回归保持一致。因此,这一结果验证了房地产开发投资对厦门市固定资产投资效率存在较为显著的负向作用;与之相反,第三产业与第二产业GDP比值(X6)变量的估计系数显著为负,再一次揭示第三产业比重的上升将是有助于提升固定资产投资效率。不过,这个结果也并不稳健。特别是在更换了因变量指标之后,方程(20)的估计结果显示,第三产业与第二产业GDP比值变量的估计系数不再是显著的。尽管其估计系数的数值为正,同样表示该变量的上升将有助于促进投资效率提高。

其次,从边际产出投资比指标(Y2)看,城镇固定资产投资变量的作用同样是会抑制投资效率(系数估计为正值),但其估计系数并不显著;房地产开发投资占比变量的估计系数则是对应的显著为负,再次证实其对投资的效率是具备抑制效应的;第三产业与第二产业GDP比值变量的估计系数则不再显著,但估计符号为正,与方程(17)中的经济含义保持一致,即有助于提高投资效率。

综上所述,在结合了市一级和区一级实证检验的结果之后,可以看出:

第一,房地产开发投资占比上升很可能是导致近些年来厦门市固定资产投资效率持续下降的主要因素。而从全市的角度看,国有投资占比上升也可能是厦门市固定资产投资效率下降的原因,但遗憾的是,由于缺乏区一级的数据,无法从更细一层的实际数据来证实上述判断。

第二,经济服务化、第三产业比重的提升并不必然导致厦门市固定资产投资效率的下降,尽管从分产业的固定资产投资效率测算结果看,第三产业的固定资产投资效率要明显低于第二产业固定资产投资效率。这很可能是因为在测算第三产业固定资产投资效率时没有剔除房地产开发投资的影响。实际上,第三产业中的城市基础设施投资反而是会有助提升固定资产投资效率的。

第三,固定资产投资规模对投资效率的影响还有待进一步研究。从全市视角看,固定资产投资规模可能已经过了最优的规模效率拐点,但是从区一级的数据看,固定资产投资的规模并没有对投资效率产生冲击。

第四,固定资产投资的"内资化"倾向并不会抑制投资效率,港澳台商及外商投资对厦门市投资效率的作用不明显,既没有促进效应,也没有抑制效应。

四、本文结论和相关政策建议

(一)本文结论

现阶段中国特色社会主义进入新时代,中国经济已由高速增长阶段转向高质量发展阶段,正处在转变发展方式、优化经济结构、转换增长动力的攻关期。固定资产投资作为拉动经济增长的重要因素,是转变经济增长方式的重要内容和调整产业结构的有效手段。因此,想方设法、千方百计地提高固定资产投资的投资效率,将是中国实现高质量发展的重要依托,也是区域经济竞争的重要切入点和着眼点。

在本文,我们先从分析厦门市城镇固定资产投资的总量及结构变化开始,重点从城镇固定资产投资的产业结构、行业分布、区域差异、资金来源和所有制结构等方面入手,分析厦门市城镇固定资产投资的增长历程,总结其特征变化。结果显示:首先,近些年来厦门市固定资产投资尽管总量在持续上升,但受经济发展阶段及高基数影响,固定资产投资增速趋于下降,波动幅度减弱,高增长阶段业已过去;其次,第三产业固定资产投资占据了投资的主体地位,工业、制造业投资逐渐边缘化。这其中,房地产开发投资和城市基础设施投资构成了厦门市固定资产投资的两大支柱;再次,国有及包含国有股份在内的固定资产投资始终在厦门市固定资产投资中占据着重要的位置,充当着稳定厦门市固定资产投资的压舱石。以往在厦门市固定资产投资中扮演重要角色的港澳台商和外商投资正在逐步退出厦门市场。固定资产投资的"内资化"和"国有化"特征明显;最后,岛内外投资的重心发生转变。岛外区域成为厦门市固定资产投资的主要区域。但同时,岛内区域和岛外区域的内部分化也在继续。

随后,结合相关效率式子,测算厦门市不同类型及层次的固定资产投资效率差异,发现:第一,自90年代中期以来厦门市固定资产投资的效率整体上是趋于下行的;第二,当前厦门市经济服务化的趋势明显,但分产业看,第三产业固定资产投资的投资效率要大幅低于第二产业固定资产投资。不过,从趋势变化看,"十三五"时期厦门市两大产业的投资效率均出现下降,特别是第二产业固定资产投资效率下降得速度更快;第三,不同时期不同区域间的固定资产投资效率呈现分化,岛内区域的固定资产投资效率要优于岛外区域。其中,思明区投资效率要高于湖里区,海沧区和集美区又要优于同安区和翔安区。

最后,在此基础上,结合厦门市固定资产投资的主要特征变化,利用时间序列模型和面板固定效应模型,本文分析了可能会影响厦门市城镇固定资产投资效率变化的主导因素。结果显示:第一,房地产开发投资占比上升很可能是导致近些年来厦门市固定资产投资效率持续下降的主要因素;第二,经济服务化、第三产业比重的提升并不必然会导致厦门市固定资产投资效率的下降,尽管从分产业固定资产投资效率测算结果看,第三产业固定资产投资效率明显低于第二产业固定资产投资效率。但这很可能是因为在测算第三产业固定资产投资效率时没有剔除房地产开发投资的影响。同时,第三产业中的城市基础设施投资反而是会有助提升固定资产投资效率的;第三,固定资产投资规模对投资效率的影响有待进一步研究;第四,固定资产投资的"内资化"倾向并不会抑制投资效率,港澳台商及外商投资对厦门市投资效率的作用不明显,既没有促进效应,也没有抑制效应。此外,国有投资占比上升也是原因之一。

（二）相关政策建议

基于上述分析,本文对当前如何优化厦门市固定资产投资结构、提高固定资产投资效率的政策建议如下:

1.调整固定资产投资结构,降低房地产开发投资占比,减轻固定资产投资进而经济增长对于房地产开发投资的依赖。 如图 8 所示,1994—2020 年,厦门市房地产开发投资与固定资产投资的比值年均约为 36.5%,明显高于福建省年均 21.9%以及全国年均 19.9%的水平。这意味,相对于其他地区,厦门市房地产开发投资比重过高,固定资产投资进而经济增长对房地产开发投资的依赖程度较深。不过,从趋势变化上看,自 2014 年之后,房地产开发投资与固定资产投资的比值由 45.1%,快速下降至 2020 年的 33.9%,减少了约 11.2 个百分点,调整力度几乎接近 1995—2005 年上一波厦门市房地产陷入低谷的情景。但是,整体而言,厦门市房地产开发投资占比仍然还是保持在高位运行,还是需要继续调整优化。具体而言,一方面,可考虑通过增加住宅土地供应、加快保障性住房建设、继续稳住住房市场价格,坚决贯彻实施"房住不炒"的市场准则,稳定市场预期;另一方面,要加快补"民生"建设短板,加大对科教文卫等社会公共事业基础设施方面的投资力度,增强停车场、运动场所、体育场等社会公共物品的供给能力,以填补房地产开发投资主动调整可能形成的投资空白,优化投资结构,改善投资效率。

2.切实转变投资发展方式,弱化对投资规模、投资数量的追求,更加注重投资质量和投资效益。 要将关注重心从投资总量及增速转向投资方向的调整和投资质量的提高,避免"高投入、高消耗、低效益"的现象,严禁无效建设和重复建设。同时,探寻以投资增量带动存量资金的调整,强化重点项目建设,把优化投资结构、加强重点项目建设作为以增量调整带动和促进存量调整的重要措施。

3.以产业结构转型,促投资效率提升。 顺应经济服务化的发展趋势,加快

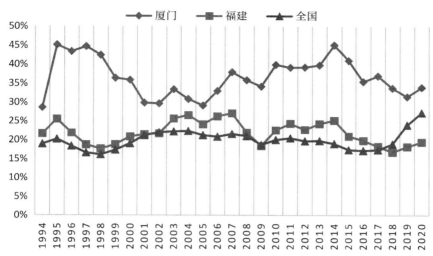

图 8　全国、福建和厦门市房地产开发投资与固定资产投资的比值变化对比

注：数据整理自历年《厦门经济特区年鉴》《福建省统计年鉴》及 CEIC 数据库。

推进以现代服务经济为主的产业结构，壮大航运物流、金融服务、旅游会展、文化创意等优势产业集群，建设更高水平的文化旅游会展名城，打造港口型国家物流枢纽和服务两岸、辐射东南亚、连接"海丝"、面向全球的区域性金融中心。推动科技服务、商务服务、检验检测等生产性服务业向专业化和价值链高端延伸，推动教育服务、健康服务、文化服务等生活性服务业向高品质和多样化升级。推动现代服务业同先进制造业、现代都市农业深度融合，推进服务数字化，建设全国服务型制造示范城市。积极吸引跨国公司和国内大企业大集团来厦设立总部和投资中心、研发中心、财务中心、结算中心等，打造东南沿海重要的总部经济集聚地。

4. 加快推进岛内外一体化进程，统筹岛内外、城乡一体化发展。在完善社会服务体系配置的基础上，着力引导市级优质医疗、教育、文化、体育设施等公共事业项目投资向岛外新城集聚。按照超大城市的发展标准，建设城市市政基础设施，在新城之间形成以轨道交通为主的交通网络。加强与周边区域的联动发展，形成与中心城区功能互补、错位发展、联系紧密的岛外新城群。

5. 鼓励发展私营经济，调动民间投资积极性。一是着力推动投资结构深度调整，引导私营投资流向符合厦门市功能定位的产业；二是拓宽融资渠道，降低融资成本，完善融资担保体系，鼓励具备条件的私营企业、民营企业到境内外资本市场上市融资，形成多元化的资本来源渠道，增强投资能力；三是营造优质营商环境，加大扶持工作力度，落实各项优惠政策，做优产业转型升级基础,吸引民间资金进入。行业主管部门应定期为私营企业免费提供维权、经营管理、社会责任等方面的培训,推动民间投资持续健康发展。

参考文献

[1]李治国,唐国兴.资本形成路径与资本存量调整模型[J].经济研究,2003(2).

[2]史永东,齐鹰飞.中国经济的动态效率[J].世界经济,2002(8).

[3]武剑.外国直接投资的区域分布及其经济增长效率[J].经济研究,2002(4).

[4]袁志刚,宋铮.人口年龄结构、养老保险制度与最优储蓄[J].经济研究,2000(11).

[5]Abel A B,N G Mankiw,L H Summers and R J Zeckhauser.Assessing Dynamic Efficiency:Theory and Evidence[J].Review of Economic Studies,1989(56):1-20.

课题负责人及统稿:李文溥

执　　　　笔:王燕武

厦门制造业发展及其效率研究

厦门制造业的发展及其效率进行研究,对厦门实现经济持续健康发展具有重要意义。本文首先分析"十三五"期间厦门制造业的发展状况,并将其与"十四五"厦门产业发展规划进行对比。接着本文分析厦门制造业各产业发展状况和发展基础,并测算制造业各产业发展效率,比较不同制造业之间的优劣势差别。本文还对厦门制造业发展状况与其他城市进行比较,提出厦门制造业发展的 SWOT 分析,而后对厦门制造业发展提出对策建议。

一、厦门制造业发展基础和趋势

1."十三五"期间厦门产业发展分析

"十三五"期间,厦门秉持创新、协调、绿色、开放、共享的发展理念,着力于构建现代化产业体系,促进经济高质量发展。在《厦门市"十三五"规划纲要》《厦门市先进制造业"十三五"发展规划》《厦门市"十三五"战略性新兴产业发展规划》等政策文件的规划框架下,厦门提出要重点发展一批具备发展潜能、代表未来发展方向的产业。"十三五"期间厦门重点发展的制造业如表 1 所示。

(1)在传统制造业方面。厦门积极推进信息技术与制造技术深度融合,重点发展平板显示、计算机与通信设备、机械装备等产业,着力提高产业创新能力和基础能力,促进产业集聚化、高端化、特色化发展,推进制造业由生产型向生产服务型转变,培育制造业竞争新优势。

(2)在服务业方面。厦门以现代服务业综合试点、国内贸易流通体制改革试点为契机,重点发展生产性服务业,重点推动旅游会展、航运物流、金融服务、商务服务、健康产业等行业的发展。

(3)在战略性新兴产业方面。厦门围绕重点领域,紧跟技术前沿,加强政策资源整合,拓展增长空间,重点发展软件信息服务、半导体和集成电路、生物与新医药、新材料、文化创意、海洋高新产业。

表 1　厦门"十三五"规划重点培育产业

规划要求	具体产业
加快发展先进制造业	平板显示 计算机与通信设备 机械装备
大力发展现代服务业	旅游会展 航运物流 金融服务 商务服务 健康产业
积极培育战略性新兴产业	软件信息服务 半导体与集成电路 生物与新医药 新材料 文化创意 海洋高新

资料来源:作者整理。

2."十四五"时期厦门产业发展规划

2021 年是"十四五"开局之年,厦门出台了《厦门市"十四五"规划纲要》《厦门市制造业"十四五"发展专项规划》等文件,对新形势下厦门重点培育产业做出了布局。"十三五"期间,厦门产业发展规划中重点扶持行业如表 2 所示。

(1)在制造业方面。厦门将发展壮大电子、机械两大支柱行业,不断提升制造业规模水平。大力发展平板显示、计算机与通信设备、半导体和集成电路等电子产业,促进软硬件结合,打造"芯—屏—端—软—智—网"于一体的电子信息万亿级产业集群。围绕航空工业、汽车、电力电器、工程机械等重点领域,厦门将加强智能制造能力建设,大力培育机器人、精密数控机床等行业,提高机械装备产业市场竞争力。厦门将实施产业基础能力提升工程,加大重要产品和关键核心技术攻关力度,推动产业链与供应链多元化,提升产业链与供应链稳定性和竞争力。

(2)在服务业方面。厦门将促进现代物流、文旅会展、金融服务等优势产业集群提质增效扩容,构建优质高效、充满活力、竞争性强、品牌化的现代服务经济体系。聚焦于服务业重点领域和产业发展补短板,厦门将重点推动研发设计、科技服务、商务服务、法律服务、现代物流、检验检测等生产性服务业向专业化和价值链高端延伸,鼓励各类市场主体参与服务供给,推动教育、健康、育幼、养老、文化、家政、体育、物业等生活性服务业向高品质和多样化升级,加强公益性、基础性服务业供给。

（3）在战略性新兴产业方面。厦门将构筑以新一代信息技术为核心支柱，生物医药、新材料为主导，数字创意和海洋高新为特色的新兴产业发展体系。厦门将加强生物医药、新型功能材料两个国家级产业集群建设，争取新增集成电路、软件信息等具有竞争优势和带动作用的新兴产业集群。同时要加快关键共性技术攻关，推动产业链关键环节企业构建产业集群协同创新中心和产业研究院，提升产业自主创新能力。密切跟踪全球科技革命和产业发展趋势，厦门将超前谋划柔性电子、开源芯片、第三代半导体、空天技术动力、高端装备制造等一批未来"新赛道"产业。

表 2　厦门"十四五"规划千亿产业链培育产业

规划要求	具体产业	
做大做强高端制造业	电子信息产业	平板显示 计算机与通信设备 半导体与集成电路 软件和信息服务
	机械装备产业	航空工业 汽车 电力电器 工程机械 智能制造装备与系统
提升发展现代服务业	现代服务业	文旅会展 现代物流 金融服务 家政服务
积极培育战略性新兴产业	战略性新兴产业	生物医药与健康 新材料新能源 数字创意 海洋高新
	"新赛道"产业	柔性电子 第三代半导体 空天技术动力

资料来源：作者整理。

在产业发展中，制造业依然是重中之重。"十四五"时期，厦门将重点培育一个万亿产业集群，同时培育多条千亿产业链。根据最新公布的《厦门市制造业"十四五"发展专项规划》，厦门在"十四五"期间的制造业发展方向和主要内容可归纳为如下六点，如表 3 所示。

表3 "十四五"时期厦门制造业产业发展规划

发展方向	主要内容
高位整合资源,培育"电子信息"万亿产业集群。	持续加大对平板显示、计算机与通信设备、半导体与集成电路、软件和信息服务等电子信息产业的投入,巩固并扩大厦门在电子信息领域的优势。
加速跃迁换轨,打造"高端装备"千亿产业链群。	推动航空工业、输配电设备、汽车及零部件、工程机械、智能制造装备、海洋高新装备等产业的转型升级,推动厦门装备制造业的高端化。
提升发展势能,打造"新型消费"千亿产业链群。	重点发展水暖厨卫、运动康养器械、眼镜产业、农副产品及食品加工产业,推动消费品工业服务化升级,打造集设计、制造及服务为一体的国内高端消费品高地。
完善产业生态,壮大"生物医药与健康"千亿产业链群。	加快生命科技前沿领域布局、大力推进智慧医疗产业发展、强化厦门现代服务业对生物医药的支撑、提升生物医药"产学研医用"转化效率。
加强供需对接,壮大"新材料"千亿产业链群。	面向高端应用场景,推动企业突破关键材料和制造工艺;加快整合区域资源,健全"产学研用"合作体系;加大科研成果和产业应用对接,巩固新材料对其他制造业的基础支撑。
培育数字产业,构建"数字经济"产业生态圈。	加强数字经济新支撑,激发智能制造新动能,培育数字应用新业态。

资料来源:作者整理。

312

对比分析厦门"十三五"规划与"十四五"规划,厦门重点产业发展的基本框架保持着较高的一致性。厦门在巩固计算机与通信设备、软件和信息服务、机械装备等优势产业的同时,长期重点布局生物医药、半导体与集成电路、文化创意、新材料、海洋高新行业等高成长性产业。厦门产业发展的前后一致性较强,主要围绕着计算机、机械装备和海洋医药等几个大型行业门类来布局厦门的制造业。这些制造业符合厦门在全球和区域经济发展中的比较优势,改革开放以来厦门在这些制造业中也建立起了一定的先行优势和发展基础,因此从"十三五"和"十四五"的发展规划来看,厦门制造业的选择具有合理性和连贯性。

同时,厦门对新形势下的热点新兴产业依然保持着关注,在具体规划部署方面做出了科学、合理的调整与跟进。在战略性新兴产业领域,厦门紧抓"碳达峰、碳中和"背景下的新能源新材料产业发展重要机遇,重点从特种金属及功能材料、光电信息材料、先进高分子材料、新能源材料、先进碳材料等五个方向推动新型产业发展,加快推动稀土功能材料、石墨烯、钨钼合金材料等细分领域规模化应用,加强动力电池和燃料电池系统、氢燃料电池汽车核心零部件及其配套设施等技术攻关和检验检测公共服务平台建设。另外,厦门也密切跟踪全球科技革命和产业发展趋势,超前谋划柔性电子、第三代半导体、空天技术动力等"新赛道"产业。

综上所述,厦门制造业在变与不变中谋求着动态均衡。厦门既坚持传统优势产业,继续稳步扩大原有产业的生产规模并延伸产业链条,又在经济发展新格局和技术变革新突破的背景下,尝试进入新兴产业领域且在新兴产业链条中占据一席之地。

二、厦门制造业发展概况

1.产业发展的条件与要素供给

产业发展与区域内的自然资源禀赋和要素供给条件密不可分。要分析厦门制造业发展状况,首先需要对厦门产业发展的整体条件以及要素供给等进行简要评述,以结合实际,更好地理解厦门制造业发展的基本框架,并判断厦门制造业发展的优势所在。

在土地资源方面。厦门全市土地面积为 1700.61 平方公里,土地较为稀缺,且腹地空间有限,在城镇化率接近 90% 的情况下,可供开发土地存量已显不足。这要求厦门需要朝着"小而精"的方向发展,在土地资源禀赋不足的条件下,提高土地利用效率,重点布局高端化、集约化、高效化产业,提高单位面积产业产出的净值。

在技术创新与教育方面。2020 年,厦门国内专利授权量 29598 件,其中发明专利授权量 3066 件,每万人有效发明专利拥有量达到 37.93 件,技术合同交易额突破百亿元,达到 113.28 亿元,占福建省比重达 62%。2019 年,厦门普通高等学校在校生达到 174095 人,毕业生数达到 41344 人,每万人在校大学生数超过 405 人。厦门在创新活力和人才储备上具备显著的优势,客观上能够为高新技术企业的发展提供坚实的基础。然而,厦门高企的生活成本与现有的工资收入水平不相匹配,导致人才外流现象较为普遍,毕业大学生留厦率较低,"留不住人"问题突出,人才优势难以发挥。

在国家政策方面。厦门是我国最早批复设立的经济特区之一,被确定为国家综合配套改革试验区、国家物流枢纽、东南国际航运中心、自由贸易试验区、国家海洋经济发展示范区、两岸新兴产业和现代服务业合作示范区、两岸区域性金融服务中心和两岸贸易中心。良好的政策资源使得厦门在对外开放、制度改革与创新等方面具有独特的优势,对标国际先进水平,拥有海内外一流的营商环境。同时,厦门地处台湾海峡西岸,是对台交流合作的前沿,在两岸经贸合作方面具有得天独厚的优势。但另一方面,由于台海局势的不稳定,以及台资台商投资贸易偏好的转移等问题,厦门对台合作窗口的地位优势难以突出体现。

综上所述,厦门在制造业发展的要素上整体较为充裕,集中体现在政策、科技、教育等方面,但土地资源稀缺,人才外流等问题也需要得到重视。并且,在科技、教育和人才等要素不占优势,经济腹地狭窄的背景下,厦门又面临着京津冀、长三角和大湾区的虹吸效应,未来发展空间容易受到挤压。未来厦门需要在充分利用自身优势资源的条件下,提高制造业发展研判能力,适当选择错位竞争,寻找适合自身条件的制造业发展道路。

2.厦门制造业发展概况

厦门统计局数据显示,2016—2019 年,厦门规模以上制造业工业企业总产值突破 6400 亿元,年均增长率达到 7.9%,保持中高速增长,各产业产值数据如表4所示。从总产值来看,电子与机械两大行业保持着支柱产业的地位,规模以上制造业企业中,计算机、通信和其他电子设备制造业、电气机械和器材制造业、金属制品业、橡胶和塑料制品业、汽车制造业、专用设备制造业、有色金属冶炼和压延加工业、农副食品加工业等产业产值最高,产值均超过 200 亿元。其中,计算机、通信和其他电子设备制造业产值更是从 2015 年的 1924 亿元增长到 2020 年的 2682 亿元,突破 2600 亿元大关;电气机械和器材制造业产值也从 2015 年的 367 亿元增长到 2020 年的 510 亿元。

在高产值产业中,计算机、通信和其他电子设备制造业、电气机械和器材制造业、金属制品业、有色金属冶炼和压延加工业、非金属矿物制品业、专用设备制造业等产业保持着中高速增长。产值最高的计算机、通信和其他电子设备制造业、电气机械和器材制造业年均增速均超过 8%,而专用设备制造业与非金属矿物制品业年均增速更是分别达到了 17.5% 与 19.9%。另一方面,汽车制造业及铁路、船舶、航空航天和其他运输设备制造业则出现了负增长,汽车制造业产值下降为 262.9 亿元,铁路、船舶、航空航天和其他运输设备制造业产值下降为 38.2 亿元,年均增长率分别为 −3.3% 与 −4.7%,这其中可能受到行业周期性调整,车市寒冬到来,以及国内外汽车、船舶制造等产业转型升级的冲击。另外值得关注的是,医药制造业产值从 2015 年的 40.7 亿元增长到了 2019 年的 68 亿元,化学原料和化学制品制造业产值从 2015 年的 105.5 亿元增长到了 2019 年的 155.7 亿元,年均增长率都超过了 10%,体现了这些产业的高成长性,从长期来看将成为厦门制造业发展的重要新引擎。

综上所述,厦门电子机械行业在体量巨大的前提下,依旧保持着高增长率,是厦门制造业增长的主要引擎。同时,生物医药、化学化工等产业成长性良好,成为厦门制造业发展不可忽视的新板块。厦门制造业发展依然保持着稳中微变的良好态势,传统优势制造业更具规模,体量越加扩大且增速保持在了合理区间,同时新兴产业的发展前景亦十分广阔。

表 4　2016—2019 年规模以上制造业企业产值情况

制造业行业	2019 年产值(万元)	2015 年产值(万元)	四年总增加值(万元)	年均复合增长率(％)
农副食品加工业	2396149	2042431	353718	4.1
食品制造业	873581	544382	329199	12.6
酒、饮料和精制茶制造业	922535	828917	93618	2.7
纺织业	872416	730215	142201	4.5
纺织服装、服饰业	1268501	1134801	133700	2.8
皮革、毛皮、羽毛及其制品和制鞋业	376483	416058	－39575	－2.5
木材加工和木、竹、藤、棕、草制品业	39970	23605	16365	14.1
家具制造业	872303	492342	379961	15.4
造纸和纸制品业	568141	272267	295874	20.2
印刷和记录媒介复制业	472872	402399	70473	4.1
文教、工美、体育和娱乐用品制造业	1242770	929092	313678	7.5
石油、煤炭及其他燃料加工业	296126	34512	261614	71.1
化学原料和化学制品制造业	1556542	1054895	501647	10.2
医药制造业	682035	406790	275245	13.8
化学纤维制造业	533951	509842	24109	1.2
橡胶和塑料制品业	3124339	2490454	633885	5.8
非金属矿物制品业	1993844	963240	1030604	19.9
黑色金属冶炼和压延加工业	160143	139252	20891	3.6
有色金属冶炼和压延加工业	2061381	1468736	592645	8.8
金属制品业	3464590	2245062	1219528	11.5
通用设备制造业	1893852	1374388	519464	8.3
专用设备制造业	2047968	1073841	974127	17.5
汽车制造业	2629202	3004423	－375221	－3.3
铁路、船舶、航空航天和其他运输设备制造业	382292	463325	－81033	－4.7
电气机械和器材制造业	5108393	3670234	1438159	8.6

续表

制造业行业	2019年产值(万元)	2015年产值(万元)	四年总增加值(万元)	年均复合增长率(%)
计算机、通信和其他电子设备制造业	26822783	19240016	7582767	8.7
仪器仪表制造业	331262	471968	−140706	−8.5
其他制造业	165641	264584	−98943	−11.0
废弃资源综合利用业	58789	27978	30811	20.4
金属制品、机械和设备修理业	1321985	976776	345209	7.9
总　计	64540839	47696825	16844014	7.9

数据来源:各年份《厦门市统计年鉴》。

3.厦门制造业布局概况

目前,厦门已经形成了以工业园区为主要载体的制造业发展格局,包括象屿保税区、火炬高新技术产业区、同安及翔安高新技术产业区、厦门科技创新园、火炬(翔安)产业区、火炬湖里园、厦门创新创业园、厦门软件园、北大生物园、集美台商投资区、集美机械工业集中区、海沧台商投资区、海沧南部石化片区、翔安工业园区、翔安工业园中部片区等主要工业园区。各园区围绕光电、集成电路、平板显示、新材料新能源、高端装备制造、生物制药、软件和信息服务等产业进行专门化重点发展。厦门各个主要工业园区的重点发展产业如表5所示。

"十三五"期间,厦门制造业各个产业及主要的生产性服务业完成情况良好,各个产业的产值数据如表6所示。平板显示、计算机与通信设备、机械装备、旅游会展、现代物流、金融服务、软件与信息服务业、文化创意等产业产值或收入均创过1000亿元,软件与信息服务业产值逼近2000亿元大关。金融服务、文化创意产业增长迅速,产值分别达到了1722亿元与1450亿元,基本完成"十三五"规划的目标预设值。生物医药与新材料产业也取得了长足发展,产值分别达到了776亿元与879亿元,是厦门高技术性新兴产业发展的排头兵。另一方面,半导体和集成电路产业产值为436亿元,相比其他产业,产值增长较慢,距离目标预期值有较大的差距。

然而,需要注意的是,2020年是特殊的一年,新冠疫情"黑天鹅"事件的爆发,叠加上中美经贸摩擦的效应,厦门产业发展受到了外来不稳定因素的严重影响。新冠疫情严重阻碍了2020年厦门制造业及生产性服务业的发展,相比于2019年,许多重点产业增长趋于停滞甚至于出现了负增长,各行业的增长状况如表7所示。旅游会展这一厦门长期规划的优势产业收入更是下降近

表5 厦门主要工业园区及其重点发展产业

工业园区	主 要 产 业
象屿保税区	交通运输、船舶海运和仓储物流
火炬高新技术产业区	光电产业
同安及翔安高新技术产业区	集成电路、平板显示、LED以及新一代信息技术、新材料、新能源、高端装备制造等
厦门科技创新园	高新技术项目研发和办公、生活、休闲一体化 集成电路产业;创意农业、食品加工、精准园艺等新农业
火炬(翔安)产业区	光电显示产业
火炬湖里园	科技研发、总部和运营中心
厦门创新创业园	创业孵化基地
厦门软件园	一期为创业孵化基地,二期为产业基地,三期为软件研发产业基地和动漫教育基地
北大生物园	生物制药
集美台商投资区	机械装备产业、软件和信息服务业、文化创意与旅游业、现代物流业、新材料产业、都市现代农业等六大重点产业群
集美机械工业集中区	汽车、工程机械及其配套产业
海沧台商投资区	现代物流园区
海沧南部石化片区	发展芳烃系列有机化工等化学原料制造业
翔安工业园区	以食品、轻工业为主的现代工业园区
翔安工业园中部片区	发展低污染、低能耗、高附加值的轻工、电子、农产品、汽车、机械加工、建材等行业

资料来源:作者整理。

半成,营业收入从2019年的1949.01亿元下降为2020年的1046亿元,给厦门这一全国重点旅游城市带来了巨大的损失。相比于旅游会展遭遇的冲击,软件和信息服务业、租赁和商务服务业等产业则逆势上涨,出现了部分受益于疫情的情况,软件和信息服务业产值增长了13.88%,租赁和商务服务业产值增长了41.85%。生物医药产业也是如此,厦门对于生物医药产业的扶持力度居全国前列,加之疫情带来巨大的红利,使其产值从2019年的665亿元上升到2020年的776亿元,增长了16.69%。而平板显示、计算机与通信设备、机械装备、半导体和集成电路等产业则基本处于停滞状态,2020年与2019年产值大致持平。

表6 "十三五"期间制造业及主要的生产性服务业产值指标完成情况

单位:亿元

产　业		2020年实现产值/收入
先进制造业	平板显示	1500.67
	计算机与通信设备	1215.48
	机械装备	1055
现代服务业	旅游会展	1046
	现代物流	1301
	金融服务	1722
	租赁和商务服务业	391.04
战略性新兴产业	软件和信息服务业	1972.59
	半导体和集成电路	436
	生物医药	776
	新材料	879
	文化创意	1450

数据来源:各年份《厦门市统计年鉴》。

表7 2020年制造业与主要的生产性服务业产值增长情况

产　业		2020年实现产值/收入(亿元)	2019年实现产值/收入(亿元)	同比增长率(%)
先进制造业	平板显示	1500.67	1465.33	2.41
	计算机与通信设备	1215.48	1256.46	−3.26
	机械装备	1055	1083.05	−2.59
现代服务业	旅游会展	1046	1949.01	−46.33
	租赁和商务服务业	391.04	275.67	41.85
战略性新兴产业	软件和信息服务业	1972.59	1732.23	13.88
	半导体和集成电路	436	433.33	0.62
	生物医药	776	665	16.69
	新材料	879	909.97	−3.40

数据来源:各年份《厦门市统计年鉴》。

　　总体而言,厦门重点产业的发展在2020年遭受了较大的冲击,但是仍然体现出了较强的韧性,大部分产业的抗风险能力较强,制造业发展受疫情的影响较小。厦门需要合理调配产业发展的风险与收益之间的平衡,提高厦门产业应对危机与风险的能力,以实现长期稳定的发展。

三、厦门制造业效率研究

本文根据数据可得性,结合区域经济学与产业经济学相关理论基础,有针对性地挑选出一些指标,对厦门制造业发展的效率进行合理科学的评估。本文以厦门规模以上制造业企业作为分析主体,计算汇总了制造业各行业产值比重、就业比重、产值贡献率、就业贡献率、能源产值率、比较劳动生产率、利税比重等指标,以此来判断厦门制造业效率。由于新冠疫情的突发影响,2020年厦门产业发展受到了不同程度的冲击,疫情毕竟是短期因素,假以时日,厦门产业发展终将恢复到正常增长的轨道,因而本文的数据分析以2019年为基础,并比较2019年对于2015年的变化情况。

1.产值指标核算与评估

本部分计算了厦门规模以上制造业企业各行业产值比重以及各自的产业贡献率(数据详见表8),指标内涵与核算方式如下:

(1)产值比重:$X_i = Y_i / Y$,Y_i 为某地区行业 i 的产值,Y 为该地区所有行业的总产值。

(2)产业贡献率:$M_i = A_i / TA$,A_i 表示某地区 i 行业增加值,TA 表示该地区全部行业的增加值。产业贡献率越高,说明该产业在该地区经济增长中的贡献越大。

表8 2019年厦门规模以上制造业各行业产值相关指标

制造业行业	2019年产值(万元)	2015年产值(万元)	四年总增加值(万元)	2015年产值比重(%)	2019年产值比重(%)	产业贡献率(%)
农副食品加工业	2396149	2042431	353718	4.3	3.7	2.1
食品制造业	873581	544382	329199	1.1	1.4	2.0
酒、饮料和精制茶制造业	922535	828917	93618	1.7	1.4	0.6
纺织业	872416	730215	142201	1.5	1.4	0.8
纺织服装、服饰业	1268501	1134801	133700	2.4	2.0	0.8
皮革、毛皮、羽毛及其制品和制鞋业	376483	416058	-39575	0.9	0.6	-0.2
木材加工和木、竹、藤、棕、草制品业	39970	23605	16365	0.0	0.1	0.1
家具制造业	872303	492342	379961	1.0	1.4	2.3

续表

制造业行业	2019 年产值（万元）	2015 年产值（万元）	四年总增加值（万元）	2015 年产值比重（%）	2019 年产值比重（%）	产业贡献率（%）
造纸和纸制品业	568141	272267	295874	0.6	0.9	1.8
印刷和记录媒介复制业	472872	402399	70473	0.8	0.7	0.4
文教、工美、体育和娱乐用品制造业	1242770	929092	313678	1.9	1.9	1.9
石油、煤炭及其他燃料加工业	296126	34512	261614	0.1	0.5	1.6
化学原料和化学制品制造业	1556542	1054895	501647	2.2	2.4	3.0
医药制造业	682035	406790	275245	0.9	1.1	1.6
化学纤维制造业	533951	509842	24109	1.1	0.8	0.1
橡胶和塑料制品业	3124339	2490454	633885	5.2	4.8	3.8
非金属矿物制品业	1993844	963240	1030604	2.0	3.1	6.1
黑色金属冶炼和压延加工业	160143	139252	20891	0.3	0.2	0.1
有色金属冶炼和压延加工业	2061381	1468736	592645	3.1	3.2	3.5
金属制品业	3464590	2245062	1219528	4.7	5.4	7.2
通用设备制造业	1893852	1374388	519464	2.9	2.9	3.1
专用设备制造业	2047968	1073841	974127	2.3	3.2	5.8
汽车制造业	2629202	3004423	−375221	6.3	4.1	−2.2
铁路、船舶、航空航天和其他运输设备制造业	382292	463325	−81033	1.0	0.6	−0.5
电气机械和器材制造业	5108393	3670234	1438159	7.7	7.9	8.5
计算机、通信和其他电子设备制造业	26822783	19240016	7582767	40.3	41.6	45.0
仪器仪表制造业	331262	471968	−140706	1.0	0.5	−0.8
其他制造业	165641	264584	−98943	0.6	0.3	−0.6
废弃资源综合利用业	58789	27978	30811	0.1	0.1	0.2
金属制品、机械和设备修理业	1321985	976776	345209	2.0	2.0	2.0
总　计	64540839	47696825	16844014	100.0	100.0	100.0

数据来源：各年份《厦门市统计年鉴》及作者整理。

从产值比重与产业贡献率的角度来看,2019年,计算机、通信和其他电子设备制造业与电气机械和器材制造业产值比重最高,分别占规模以上制造业总产值的41.6%与7.9%,二者占总产值的近一半,产业贡献率分别达到了45%与8.5%,在制造业增长中起到了龙头作用。金属制品业、橡胶和塑料制品业、汽车制造业、专用设备制造业、有色金属冶炼和压延加工业、农副食品加工业等产业比重也相对较高,分别占规模以上制造业总产值5.4%、4.8%、4.1%、3.2%、3.2%、3.7%,产业贡献率为7.2%、3.8%、−2.2%、5.8%、3.5%、2.1%,其中的大部分产业2019年产值比重相比2015年有所上升,这些产业对制造业增长做出了重要的贡献。

然而,汽车制造业及铁路、船舶、航空航天和其他运输设备制造业产值增长率为负,产值比重分别从2015年的6.3%和1.0%下降至2019年的4.1%和0.6%,产业贡献率表现也不佳,分别为−2.2%与−0.5%,其中汽车制造业是所有产业中衰退态势最为明显的产业,亟待升级调整。

此外,医药制造业产值比重从2015年的0.8%增长到了2019年的1.1%,化学原料和化学制品制造业产值比重从2015年的2.2%增长到了2019年的2.4%,产业贡献率分别达到了1.6%与3%,均高于其产值比重。这说明相比于其他制造业,这两个行业的附加值较高,对厦门制造业增加值的贡献大于对制造业产值的贡献,这两个行业的发展将有助于提高厦门制造业的整体附加值水平。

2.就业指标核算与评估

本部分计算了厦门规模以上制造业企业各行业就业比重以及各自的就业贡献率(数据详见表9),指标内涵与核算方式如下:

(1)就业比重:$K_i = l_i/L$,l_i表示某地区i行业的平均就业人数,L表示全部行业的平均就业人数。

(2)就业贡献率:$W_i = B_i/TB$,B_i表示某地区i行业平均新增就业人数,TB表示全部行业的平均新增就业人数。就业贡献率越高,说明该产业在该地区促进就业岗位增加中的贡献越大。

从就业比重与就业贡献率的角度来看,2019年与2015年相比,大部分主要制造业行业就业比重保持相对稳定,就业格局变化不大,计算机、通信和其他电子设备制造业与电气机械和器材制造业是最主要的就业"端口"。2019年,规模以上制造业中,计算机、通信和其他电子设备制造业、电气机械和器材制造业、橡胶和塑料制品业、金属制品业所容纳的就业人数最多,分别占制造业总就业人数的25%、10.5%、8.3%和8.2%,新增就业人数则分别占到制造业总新增就业人数的12.4%、14%、8.3%和22.2%,四个行业的就业人数之和占制造业总就业人数的52%,新增就业人数之和占制造业总新增就业人数的

56.9%。这些行业是目前厦门制造业中吸纳就业、创造就业的重要"就业蓄水池"与"就业稳定器"。

家具制造业、造纸和纸制品业、化学原料和化学制品制造业、非金属矿物制品业、专用设备制造业等产业对制造业就业的贡献率也均超过了5%。而仪器仪表制造业、农副食品加工业及皮革、毛皮、羽毛及其制品和制鞋业等行业的就业人数则出现了较大幅度的缩减,对制造业就业贡献率分别为－22.1%、－8.8%和－7.8%。另外值得注意的是,专用设备制造业、通用设备制造业及黑色金属冶炼和压延加工业在就业人数分别仅占制造业总就业人数的5.8%、3.1%和0.9%的情况下,新增就业人数分别占制造业总新增就业人数的31.6%、17.4%和11.6%。这三个行业的产值比重也分别从2015年的2.9%、4.0%、0.2%增长到了4.7%、4.9%、0.9%。这说明这三个传统制造行业对厦门制造业产值和就业的贡献度在上升,虽然这些行业并不能代表新兴产业发展方向,但是这些行业对于厦门经济成长的贡献呈现出稳步上升的态势。

表9　2019年厦门规模以上制造业各行业就业相关指标

制造业行业	2019年平均用工人数（人）	2015年平均用工人数（人）	用工人数增长（人）	2015年就业比重（%）	2019年就业比重（%）	就业贡献率（%）
农副食品加工业	9938	13424	－3486	2.3	1.6	－8.8
食品制造业	12604	12700	－96	2.1	2.0	－0.2
酒、饮料和精制茶制造业	15038	15266	－228	2.6	2.4	－0.6
纺织业	13966	15280	－1314	2.6	2.2	－3.3
纺织服装、服饰业	29400	27909	1491	4.7	4.6	3.8
皮革、毛皮、羽毛及其制品和制鞋业	11264	14344	－3080	2.4	1.8	－7.8
木材加工和木、竹、藤、棕、草制品业	640	712	－72	0.1	0.1	－0.2
家具制造业	12566	9853	2713	1.7	2.0	6.8
造纸和纸制品业	8215	5643	2572	0.9	1.3	6.5
印刷和记录媒介复制业	7677	6676	1001	1.1	1.2	2.5
文教、工美、体育和娱乐用品制造业	25378	27149	－1771	4.6	4.0	－4.5

续表

制造业行业	2019年平均用工人数（人）	2015年平均用工人数（人）	用工人数增长（人）	2015年就业比重（%）	2019年就业比重（%）	就业贡献率（%）
石油、煤炭及其他燃料加工业	393	343	50	0.1	0.1	0.1
化学原料和化学制品制造业	10267	7712	2555	1.3	1.6	6.4
医药制造业	8609	6868	1741	1.2	1.4	4.4
化学纤维制造业	3003	3579	−576	0.6	0.5	−1.4
橡胶和塑料制品业	52553	49259	3294	8.3	8.3	8.3
非金属矿物制品业	13967	11169	2798	1.9	2.2	7.0
黑色金属冶炼和压延加工业	5539	942	4597	0.2	0.9	11.6
有色金属冶炼和压延加工业	8829	8948	−119	1.5	1.4	−0.3
金属制品业	51910	43099	8811	7.2	8.2	22.2
通用设备制造业	30883	23958	6925	4.0	4.9	17.4
专用设备制造业	29784	17225	12559	2.9	4.7	31.6
汽车制造业	25654	26490	−836	4.5	4.0	−2.1
铁路、船舶、航空航天和其他运输设备制造业	5559	5497	62	0.9	0.9	0.2
电气机械和器材制造业	66440	60862	5578	10.2	10.5	14.0
计算机、通信和其他电子设备制造业	158356	153422	4934	25.8	25.0	12.4
仪器仪表制造业	5092	13870	−8778	2.3	0.8	−22.1
其他制造业	4964	7212	−2248	1.2	0.8	−5.7
废弃资源综合利用业	381	180	201	0.0	0.1	0.5
金属制品、机械和设备修理业	5808	5359	449	0.9	0.9	1.1
总　计	634677	594950	39727	100.0	100.0	100.0

数据来源：各年份《厦门市统计年鉴》及作者整理。

323

3.生产率指标核算与评估

从综合劳动生产率来看,2015 年至 2019 年,厦门工业综合劳动生产率总体保持着上升的态势,劳动生产率从 2015 年的 20.13 万元/人增长到了 2020 年的 29.55 万元/人,提高了 9.42 万元/人,劳动生产率年均复合增长率达到了近 8%,如图 1 所示。

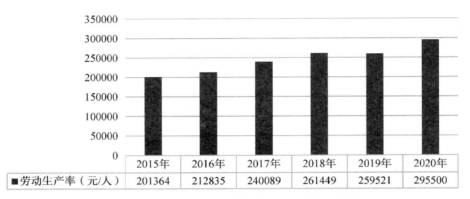

图 1 2015 年—2020 年厦门工业综合劳动生产率

数据来源:各年份《厦门市统计年鉴》及作者整理。

与此同时,厦门工业经济效益也不断得到提升,规模以上工业利润总额总体上保持增长态势。2020 年,厦门规模以上工业企业利润总额 445.53 亿元,比 2015 年增长 1.4 倍;"十三五"期间,厦门规模以上工业企业利润总额年均增长 20.0%,比"十二五"期间平均增速高 27.8 个百分点,如图 2 所示。

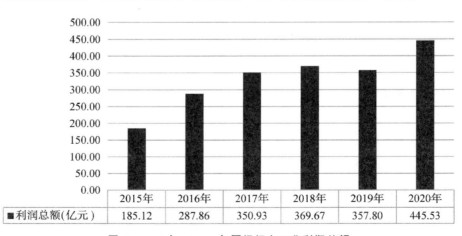

图 2 2015 年—2020 年厦门规上工业利润总额

数据来源:各年份《厦门市统计年鉴》及作者整理。

更进一步,本文计算了厦门规模以上制造业企业各行业的能源产值率、利税比重以及比较劳动生产率(数据详见表 10),指标内涵与核算方式如下:

(1)能源产值率:$E_i = G_i / C_i$,G_i 表示某地区 i 行业的产值,C_i 表示 i 行业的能源消费总量。即衡量每消耗一单位标准煤所对应的 GDP 产出,能源产值率越高,说明该行业耗能低,环保性强。

(2)比较劳动生产率:$Q_i = X_i / K_i$,即产值比重 X_i 与就业比重 K_i 之比。比较劳动生产率大致能客观地反映一个部门当年劳动生产率的高低。

(3)利税比重:$S_i = V_i / TV$,S_i 表示 i 行业的利税,TV 表示所有行业的利税总额。利税是对企业在一定时期内实现的利润额和对社会承担义务的量化。一个行业的利税比重越大,说明其在该地区的作用性越强。

表 10　2019 年厦门规模以上制造业各行业效率相关指标

制造业行业	综合能源消费量（吨标准煤）	能源产值率（万元）	利税总额（亿元）	利税比重（%）	比较劳动生产率
农副食品加工业	84042	28.51	46349	1.0	2.37
食品制造业	39779	21.96	121484	2.7	0.68
酒、饮料和精制茶制造业	48031	19.21	64973	1.4	0.60
纺织业	76810	11.36	79022	1.7	0.61
纺织服装、服饰业	11869	106.88	194483	4.3	0.42
皮革、毛皮、羽毛及其制品和制鞋业	6771	55.60	20290	0.4	0.33
木材加工和木、竹、藤、棕、草制品业	630	63.44	1420	0.0	0.61
家具制造业	19421	44.92	53902	1.2	0.68
造纸和纸制品业	34366	16.53	34932	0.8	0.68
印刷和记录媒介复制业	18659	25.34	48961	1.1	0.61
文教、工美、体育和娱乐用品制造业	30662	40.53	93227	2.1	0.48
石油、煤炭及其他燃料加工业	5593	52.95	15013	0.3	7.41
化学原料和化学制品制造业	196382	7.93	92178	2.0	1.49
医药制造业	11180	61.00	165822	3.7	0.78
化学纤维制造业	101627	5.25	−9216	−0.2	1.75
橡胶和塑料制品业	267569	11.68	275148	6.1	0.58

续表

制造业行业	综合能源消费量（吨标准煤）	能源产值率（万元）	利税总额（亿元）	利税比重（%）	比较劳动生产率
非金属矿物制品业	61585	32.38	151095	3.3	1.40
黑色金属冶炼和压延加工业	4516	35.46	2137	0.0	0.28
有色金属冶炼和压延加工业	113559	18.15	142877	3.2	2.30
金属制品业	87968	39.38	264873	5.9	0.66
通用设备制造业	35761	52.96	245321	5.4	0.60
专用设备制造业	32970	62.12	160820	3.6	0.68
汽车制造业	63866	41.17	169847	3.8	1.01
铁路、船舶、航空航天和其他运输设备制造业	10614	36.02	14264	0.3%	0.68
电气机械和器材制造业	64082	79.72	663321	14.7	0.76
计算机、通信和其他电子设备制造业	465740	57.59	1212651	26.8%	1.67
仪器仪表制造业	6197	53.46	71847	1.6	0.64
其他制造业	4584	36.13	4046	0.1	0.33
废弃资源综合利用业	2287	25.71	11765	0.3	1.52
金属制品、机械和设备修理业	8184	161.53	103890	2.3	2.24
总　计	1915304	33.70	4516742	100.0	1.00

数据来源：各年份《厦门市统计年鉴》及作者整理。

从效能的角度来看，厦门规模以上制造业每消耗一吨标准煤所带来的产值为33.70万元。而计算机、通信和其他电子设备制造业、电气机械和器材制造业、专用设备制造业、通用设备制造业、金属制品业等厦门主要产业的能源产值率都处于较高水平，每消耗一吨标准煤所对应的产值大多超过50万元，反映了厦门主要产业在环境保护和长期可持续发展方面具有良好的基础与优势。

从利税角度来看，计算机、通信和其他电子设备制造业及电气机械和器材制造业两大行业的利税比重分别达到26.8%与14.7%，两个行业综合占所有制造业行业利税的41.5%，电子机械行业是厦门创造利润与税金缴纳的最主要来源。但是，与这两个行业在制造业总产值中的比重进行比较，其在制造业中的利税比重低于产值比重。橡胶和塑料制品业、金属制品业、通用设备制造业也是厦门利税的重要来源，利税比重分别占6.1%、5.9%和5.4%。纺织服装、服饰业、医药制造业、非金属矿物制品业、有色金属冶炼和压延加工业、专用设备制造业、汽车制造业等行业利税也相对可观。

从劳动生产率的角度来看,有色金属冶炼和压延加工业、化学纤维制造业、石油、煤炭及其他燃料加工业、化学原料和化学制品制造业及非金属矿物制品业等资本密集型重化工业具备较高的劳动生产率,比较劳动生产率分别达到了 2.30、1.75、7.41、1.49 和 1.4,处于较高水平。计算机、通信和其他电子设备制造业这一龙头行业的比较劳动生产率也处在 1.67 的高水平。另一方面,皮革、毛皮、羽毛及其制品和制鞋业及纺织服装、服饰业等传统制造业行业劳动生产率则相对较低,比较劳动生产率分别为 0.33 和 0.42,体现了厦门这类行业生产能力较弱、附加值较低的问题。另外,厦门重点发展的医药制造业在劳动生产率似乎并没有体现出太大的优势,比较劳动生产率为 0.78,侧面显示了厦门医药制造业中的相当一部分仍然处在医药产业价值链的中下层,在高生产率、高附加值领域还存在较大的发展空间。

综上所述,在厦门制作业中,电子、机械、设备制造等行业的综合效率处在较高的水平,在推动经济增长、就业增长、利税增长方面起着重要的作用。尤其是计算机、通信和其他电子设备制造业,所有效率指标都处于高水平,显现出了该产业高产值、高就业、高效能、高生产率、高利税的全方位优势。而医药制造业、汽车制造业等行业部分效率指标则存在一定的提升空间,有待进一步转型升级。

四、厦门与其他城市产业对比研究

1.厦门制造业省内地位分析

根据《福建省"十四五"规划》,福建省深入推进先进制造业强省、质量强省建设,做大做强电子信息和数字产业、先进装备制造、石油化工、现代纺织服装、现代物流、旅游六大主导产业,提档升级特色现代农业与食品加工、冶金、建材、文化四大优势产业,培育壮大新材料、新能源、节能环保、生物与新医药、海洋高新五大新兴产业,打造"六四五"产业新体系。要分析厦门制造业的发展,有必要将厦门产业发展与福建省产业发展相结合,从而准确把握厦门产业发展在全省中的作用与地位。

截至 2020 年,福建省已经形成了 70 多个产业集群及 27 个千亿产业集群,如表 11 所示。其中,泉州、福州、厦门数量最多,厦门、福州、泉州三个城市是福建省经济与产业发展的重要中心城市,各自形成了具有特色,优势显著的产业集群。

327

表11 2020年福建省产业集群状况

序号	集群名称	城市	行业	序号	集群名称	城市	行业
1	福建武夷岩茶产业集群	福州	茶叶	39	泉州休闲食品饮料产业集群	泉州	食品饮料
2	福州市新型功能材料产业集群	福州	新材料	40	泉州安溪乌龙茶产业集群	泉州	茶叶
3	福州市中国显示显像产品产业集群	福州	LED显示屏	41	泉州机械装备产业集群	泉州	机械装备
4	金峰经编产业集群	福州	纺织、服装	42	泉州石油化工产业集群	泉州	石油化工
5	松下镜城下村花边产业集群	福州	纺织、服装	43	晋江市深沪内衣产业集群	泉州	纺织、服装
6	长乐纺织产业集群	福州	纺织、服装	44	新塘运动服装产业集群	泉州	纺织、服装
7	福清融侨开发区光电显示产业集群	福州	光电行业	45	英林休闲服装产业集群	泉州	纺织、服装
8	福厦计算机及网络产品产业集群	福州	计算机及网络产品	46	泉州德化日用工艺陶瓷产业集群	泉州	陶瓷
9	福州金属深加工产业集群	福州	金属深加工	47	泉州体育用品产业集群	泉州	体育用品
10	福州汽车及零部件产业集群	福州	汽车及零部件	48	晋江东石镇伞具产业集群	泉州	伞具
11	福州塑胶产业集群	福州	塑胶	49	湄洲湾石化产业集群	泉州、莆田	石化
12	福州船舶产业集群	福州	船舶	50	三明钢铁产业集群	三明	钢铁
13	福州输变电设备产业集群	福州	输变电设备	51	三明林产加工产业集群	三明	林产品加工
14	龙岩新材料新能源产业集群	龙岩	新材料、新能源	52	厦门电子信息产业集群	厦门	电子信息
15	龙岩运输及环保等专用设备产业集群	龙岩	专用设备	53	厦门海西海洋与生命科学产业集群	厦门	海洋与生命科学
16	南平市中国林业加工产业集群	南平	林业加工	54	厦门航空工业产业集群	厦门	航空
17	福安市电机电器产业集群	宁德	电机电器	55	厦门化工产业集群	厦门	化工
18	闽东中小电机创新型产业集群	宁德	电机	56	厦门火炬高新区软件和信息服务业产业集群	厦门	软件和信息服务业
19	宁德不锈钢新材料产业集群	宁德	新材料	57	厦门机械产业集群	厦门	机械

续表

序号	集群名称	城市	行业	序号	集群名称	城市	行业
20	宁德锂电新能源产业集群	宁德	新能源	58	厦门生物与新医药产业集群	厦门	生物医药
21	福安船舶产业集群	宁德	船舶	59	厦门中国商用电子产品产业集群	厦门	电子产品
22	莆田市新型功能材料产业集群	莆田	新材料	60	厦门新型功能材料产业集群	厦门	新材料
23	莆田鞋业产业集群	莆田	鞋	61	思明光电产业集群	厦门	光电行业
24	莆田食品产业集群	莆田	食品饮料	62	厦门半导体照明产业集群	厦门	半导体照明
25	宝盖服装辅料服饰产业集群	泉州	纺织、服装	63	厦门汽车及零部件产业集群	厦门	汽车及零部件
26	丰泽童装产业集群	泉州	纺织、服装	64	厦门电控设备产业集群	厦门	电控设备
27	凤里街道童装产业集群	泉州	纺织、服装	65	厦门工程机械产业集群	厦门	工程机械
28	站江西裤产业集群	泉州	纺织、服装	66	厦门船舶产业集群	厦门	船舶
29	晋江市纺织产业集群	泉州	纺织、服装	67	厦门食品加工产业集群	厦门	食品加工
30	晋江市泳装产业集群	泉州	纺织、服装	68	厦门移动通信产业集群	厦门	移动通信
31	晋江市陶瓷产业群	泉州	陶瓷	69	厦漳数字视听产品产业集群	厦门、漳州	数字视听产品
32	晋江市鞋业产业群	泉州	鞋	70	厦漳搬运机械产业集群	厦门、漳州	机械
33	灵秀运动休闲服装产业集群	泉州	纺织、服装	71	漳州市中国休闲食品产业集群	漳州	食品饮料
34	龙湖镇织染产业集群	泉州	纺织、服装	72	古雷石化产业集群	漳州	石化
35	泉州南安市水暖卫浴产业集群	泉州	水暖卫浴	73	漳州智能小家电产业集群	漳州	家电
36	泉州微波通信创新型产业集群	泉州	通信	74	闽西水泥产业集群	—	水泥
37	泉州箱包产业集群	泉州	箱包	75	闽南石材加工产业集群	—	石材
38	泉州建筑建材产业集群	泉州	建筑建材	76	厦漳闽台合作农产品加工产业集群	—	农产品加工

资料来源:作者整理。

　　为了分析厦门制造业在福建省内的发展地位,本文分别计算了厦门、福州、泉州三地各个制造业的行业产值占全省的比重及其对应的区位熵,对厦门、福州、泉州的产业发展状况作对比分析,将厦门产业发展置于全省产业发展的大背景之下,从而更好地把握厦门产业发展的方向。城市某产业产值占全省该产业总产值的比重越大,则说明该城市该产业在全省中的地位越高。而区位熵则可以用来判断一个产业是否构成地区专门化部门,如果区位熵小于或等于1,则认为该产业是自给性部门,如果区位熵大于1,则说明该城市该产业在全省中具备专门化集群化的优势。

　　区位熵计算方式为:$q_{ij}=(g_{ij}/g_i)/(G_j/G)$,$g_{ij}$ 表示 i 地区 j 行业的产值,g_i 表示 i 地区所有行业的总产值,G_j 表示某省份 j 行业的产值,G 表示某省份所有行业的总产值。表 12 展示了厦门、福州、泉州三地制造业各个行业的区位熵。

表 12　厦门、福州、泉州三地制造业各个行业地位对比

制造业行业	产值占全省比重（厦门）	产值占全省比重（泉州）	产值占全省比重（福州）	区位熵（厦门）	区位熵（泉州）	区位熵（福州）
农副食品加工业	6.1%	8.7%	23.5%	0.49	0.28	1.30
食品制造业	4.0%	35.6%	10.2%	0.32	1.16	0.57
酒、饮料和精制茶制造业	8.7%	26.8%	9.6%	0.69	0.87	0.53
纺织业	3.1%	34.5%	36.7%	0.25	1.12	2.03
纺织服装、服饰业	4.9%	76.9%	6.8%	0.39	2.51	0.38
皮革、毛皮、羽毛及其制品和制鞋业	1.0%	61.4%	14.5%	0.08	2.00	0.81
木材加工和木、竹、藤、棕、草制品业	0.2%	2.5%	3.7%	0.02	0.08	0.20
家具制造业	11.9%	19.2%	19.1%	0.96	0.63	1.06
造纸和纸制品业	3.4%	47.8%	5.8%	0.27	1.56	0.32
印刷和记录媒介复制业	14.0%	36.7%	15.2%	1.12	1.20	0.84
文教、工美、体育和娱乐用品制造业	5.6%	35.1%	15.7%	0.45	1.14	0.87
石油、煤炭及其他燃料加工业	2.4%	91.7%	2.8%	0.19	2.99	0.16
化学原料和化学制品制造业	6.6%	21.5%	15.0%	0.53	0.70	0.83
医药制造业	16.2%	11.4%	22.0%	1.30	0.37	1.22
化学纤维制造业	3.3%	21.8%	67.6%	0.26	0.71	3.75
橡胶和塑料制品业	18.1%	24.9%	14.7%	1.45	0.81	0.82
非金属矿物制品业	3.2%	49.2%	12.0%	0.26	1.60	0.66
黑色金属冶炼和压延加工业	0.5%	12.2%	29.9%	0.04	0.40	1.66
有色金属冶炼和压延加工业	7.6%	5.9%	6.9%	0.61	0.19	0.38

续表

制造业行业	产值占全省比重（厦门）	产值占全省比重（泉州）	产值占全省比重（福州）	区位熵（厦门）	区位熵（泉州）	区位熵（福州）
金属制品业	20.1%	17.0%	12.5%	1.61	0.55	0.69
通用设备制造业	15.4%	36.2%	12.4%	1.23	1.18	0.69
专用设备制造业	17.3%	32.9%	9.4%	1.39	1.07	0.52
汽车制造业	21.9%	7.8%	32.2%	1.76	0.25	1.79
铁路、船舶、航空航天和其他运输设备制造业	11.7%	12.6%	20.5%	0.94	0.41	1.14
电气机械和器材制造业	21.6%	11.3%	24.0%	1.74	0.37	1.33
计算机、通信和其他电子设备制造业	59.6%	6.9%	19.1%	4.78	0.22	1.06
仪器仪表制造业	23.7%	7.2%	34.9%	1.90	0.24	1.93
其他制造业	7.5%	71.5%	6.8%	0.60	2.33	0.38
废弃资源综合利用业	6.3%	27.2%	2.9%	0.51	0.88	0.16
金属制品、机械和设备修理业	64.3%	6.5%	23.2%	5.16	0.21	1.28
总计	12.5%	30.7%	18.1%			

注：由于数据可得性，所计算区位熵来自2017年年末数据。

数据表明，厦门规模以上制造业总产值占到全省的12.5%。厦门计算机、通信和其他电子设备制造业及金属制品、机械和设备修理业两大产业在全省中的优势最为突出，产值分别占到全省的59.6%和64.3%，区位熵则分别达到4.78和5.16。而电气机械和器材制造业、仪器仪表制造业、汽车制造业及金属制品业等产业也具有相当优势，产值分别占到全省的21.6%、23.7%、21.9%和20.1%，区位熵分别达到1.74、1.90、1.76和1.61。橡胶和塑料制品业及医药制造业在全省中的专门化程度也处于高水平，区位熵分别达到1.45与1.30。表中所列制造业行业中，厦门实现专门化生产的行业达到11个，集中在电子、机械、设备制造等领域。

在制造业领域，泉州是传统制造业强市，是福建省内制造业规模最大、涉及产业链最多的地区。泉州规模以上制造业总产值占到全省的30.7%，位居全省首位。泉州纺织服装、服饰业、皮革、毛皮、羽毛及其制品和制鞋业、石油、煤炭及其他燃料加工业、非金属矿物制品业及造纸和纸制品业在省内的地位最为突出，产值分别占到全省的76.9%、61.4%、91.7%、49.2%和47.8%，区位熵分别达到2.51、2.00、2.99、1.60和1.56。而食品制造业、纺织业、印刷和记录媒介复制业、文教、工美、体育和娱乐用品制造业、通用设备制造业、专用设备制造业等产业产值占全省比重也都超过了30%，且大多都形成了专门化生产部门。所列制造业行业中,泉州实现专门化生产的行业达到 12 个,且专门化程度水平高,集中在设备制造、金属化工、制鞋、服装业等领域。

福州规模以上制造业总产值占到全省的 18.1%。福州化学纤维制造业在全省中的地位最为突出,产值占到全省的 67.6%,区位熵也达到了 3.75,是福州制造业行业中专门化程度最高的产业。纺织业、黑色金属冶炼和压延加工业、汽车制造业、仪器仪表制造业等产业也优势显著,产值分别占到全省的 36.7%、29.9%、32.2% 和 34.9%,区位熵分别为 2.03、1.66、1.79 和 1.93。农副食品加工业、医药制造业、铁路、船舶、航空航天和其他运输设备制造业、电气机械和器材制造业、金属制品、机械和设备修理业等产业产值占全省比重也均超过了 20%。所列制造业行业中,福州实现专门化生产的行业达到 12 个,集中在化工、机械、汽车、船舶制造等领域。

综上所述,厦门、泉州、福州三个城市优势产业各有特色,在福建省内形成了一定水平的产业分工与产业专门化。尽管厦门在制造业总规模上并不占有优势,但是在部分细分领域形成了自身的特色,如计算机、通信和其他电子设备制造业、医药制造业、电气机械和器材制造业、设备制造业等行业是厦门在福建省内具有较多优势的产业,未来厦门需要在这些行业中继续保持产业发展优势。同时,厦门产业发展方向高度契合福建省产业发展规划的全局,走在全省产业高质量发展的前列。

2.厦门与其他副省级城市产业对比

厦门是我国 15 个副省级城市之一,副省级城市在行政级别上仅次于直辖市,是我国中心城市体系中的重要一环,副省级城市在引领区域经济发展方面起到重要带动和辐射作用。本部分通过将厦门与其他部分副省级城市产业进行横向比较,从而更好地分析厦门产业发展的现状,本文选取了厦门、深圳、广州、杭州、宁波、大连、青岛等七个副省级城市,对其规模以上制造业企业各行业的产值比重进行了计算,对各个城市制造业产业结构进行对比分析,如表 13 所示。

表 13　2019 年部分副省级城市规模以上制造业企业产值比重

单位:%

制造业行业	厦门	深圳	广州	杭州	宁波	大连	青岛
农副食品加工业	3.7	0.7	2.0	1.0	0.7	5.4	8.6
食品制造业	1.4	0.2	3.6	1.4	0.4	0.5	2.5
酒、饮料和精制茶制造业	1.4	0.5	1.4	1.5	0.2	0.5	2.8
纺织业	1.4	0.3	0.8	5.5	2.2	0.3	1.3
纺织服装、服饰业	2.0	0.7	1.7	1.6	4.1	1.1	2.0
皮革、毛皮、羽毛及其制品和制鞋业	0.6	0.3	1.0	1.1	0.1	0.4	0.7

续表

制造业行业	厦门	深圳	广州	杭州	宁波	大连	青岛
木材加工和木、竹、藤、棕、草制品业	0.1	0.0	0.2	0.2	0.1	0.5	0.2
家具制造业	1.4	0.4	1.7	1.0	0.7	0.6	0.6
造纸和纸制品业	0.9	0.4	0.9	2.6	1.3	0.3	0.5
印刷和记录媒介复制业	0.7	0.8	0.7	0.6	0.5	0.1	0.9
文教、工美、体育和娱乐用品制造业	1.9	3.4	1.0	1.0	2.7	0.1	1.0
石油、煤炭及其他燃料加工业	0.5	0.1	3.8	0.1	9.9	26.1	6.3
化学原料和化学制品制造业	2.4	0.8	6.8	6.2	10.7	15.0	5.6
医药制造业	1.1	1.0	2.0	5.0	0.4	4.3	1.1
化学纤维制造业	0.8	0.0	0.0	7.1	1.2	0.0	0.1
橡胶和塑料制品业	4.8	3.3	3.0	4.5	2.9	1.6	4.1
非金属矿物制品业	3.1	1.4	2.7	5.2	2.5	1.7	3.6
黑色金属冶炼和压延加工业	0.2	0.1	2.0	0.6	2.3	2.3	3.4
有色金属冶炼和压延加工业	3.2	0.9	2.2	3.1	5.2	0.5	0.8
金属制品业	5.4	1.6	2.0	4.1	3.8	2.2	4.2
通用设备制造业	2.9	2.8	4.5	8.1	6.2	6.7	6.1
专用设备制造业	3.2	4.0	2.0	2.0	3.6	3.2	4.1
汽车制造业	4.1	2.1	31.7	4.6	15.4	8.3	11.7
铁路、船舶、航空航天和其他运输设备制造业	0.6	0.4	2.3	0.6	0.8	7.5	9.4
电气机械和器材制造业	7.9	8.2	5.5	9.6	12.9	2.6	10.2
计算机、通信和其他电子设备制造业	41.6	62.7	12.2	18.0	7.0	6.7	6.9
仪器仪表制造业	0.5	1.5	1.4	2.8	2.0	0.6	1.2
其他制造业	0.3	0.3	0.1	0.2	0.2	0.2	0.2
废弃资源综合利用业	0.1	0.9	0.1	0.5	0.1	0.1	0.0
金属制品、机械和设备修理业	2.0	0.1	0.5				
总　计	100.0	100.0	100.0	100.0	100.0	100.0	100.0

资料来源:各个城市统计年鉴。

深圳是我国电子信息产业发展的高地,计算机、通信和其他电子设备制造业占深圳市规模以上制造业总产值的62.7%,电气机械和器材制造业也较为发达,占总产值的8.2%。文教、工美、体育和娱乐用品制造业、橡胶和塑料制品业、专用设备制造业等产业也是深圳市的重要产业,产值分别占总产值的3.4％、3.3％、4.0％。

广州汽车制造业优势最为显著,占其规模以上制造业总产值的31.7％,计算机、通信和其他电子设备制造业也比较突出,占总产值的12.2％。食品制造业、石油、煤炭及其他燃料加工业、化学原料和化学制品制造业、橡胶和塑料制品业、通用设备制造业等产业也是广州市的重要产业,产值分别占总产值的3.6％、3.8％、6.8％、3.0％、4.5％。

杭州产值占比最大的为计算机、通信和其他电子设备制造业,占其规模以上制造业总产值的18.0％。除此之外,杭州市电气机械和器材制造业、通用设备制造业、化学纤维制造业、化学原料和化学制品制造业、纺织业、非金属矿物制品业、医药制造业等产业优势较为突出,产值分别占总产值的 9.6％、8.1％、7.1％、6.2％、5.5％、5.2％、5.0％。

宁波汽车制造业、电气机械和器材制造业、化学原料和化学制品制造业、石油、煤炭及其他燃料加工业等产业发达,分别占规模以上制造业总产值的15.4％、12.9％、10.7％、9.9％。计算机、通信和其他电子设备制造业、通用设备制造业、有色金属冶炼和压延加工业、纺织服装、服饰业等产业也是重要产业,产值分别占总产值的 7.0％、6.2％、5.2％、4.1％。

大连是我国重要的重工业基地,化工行业发达,石油、煤炭及其他燃料加工业、化学原料和化学制品制造业分别占规模以上制造业总产值的26.1％与15.0％。汽车制造业、铁路、船舶、航空航天和其他运输设备制造业、计算机、通信和其他电子设备制造业、通用设备制造业、农副食品加工业等产业也地位突出,产值分别占总产值的 8.3％、7.5％、6.7％、6.7％、5.4％。

青岛也是我国重要的工业基地,汽车制造业、电气机械和器材制造业、铁路、船舶、航空航天和其他运输设备制造业、农副食品加工业等产业发达,分别占规模以上制造业总产值的11.7％、10.2％、9.4％、8.6％。石油、煤炭及其他燃料加工业、化学原料和化学制品制造业、通用设备制造业、计算机、通信和其他电子设备制造业等产业也较突出,产值分别占总产值的 6.3％、5.6％、6.1％、6.9％。

通过对比可以发现,上述七个副省级城市产业发展方向具有部分的一致性,计算机、通信和其他电子设备制造业、电气机械和器材制造业、设备制造业等产业均是其重要的支柱产业。从产业结构上看,厦门与深圳的制造业产业结果相似度较高,发展方向也较为类似,以计算机、通信和其他电子设备制造业、电气机械和器材制造业等产业为支柱。不过厦门在电子信息领域显然不及深圳市,未来可以深圳作为产业发展的参照对象,吸取其先进的发展经验,并结合厦门自身资源禀赋,推动产业发展与升级。

3.厦门产业发展的SWOT分析

根据前文的分析,结合产业发展状况,本文对厦门产业进行了 SWOT(优势、劣势、机遇、挑战)分析并制表。具体分析如表 14 所示。

表 14　厦门产业发展 SWOT 分析矩阵

	优势(S) S1 第三产业整体实力较强、外资、台资引进有所成效 S2 大型国际会议、文娱活动的举办和落户增强口岸辐射能力 S3 对标国际先进水平,拥有海内外一流的营商环境 S4 对外交流频繁,外贸航线和中欧班列覆盖广泛 S5 教育科研资源丰富	劣势(W) W1 第二产业相对薄弱,规模有限 W2 缺乏行业龙头对于产业的引领带动作用 W3 厦门整体生活成本较高 W4 土地资源禀赋不足,经济腹地有限 W5 相较制造业与服务业,金融业缺乏明确的前景规划
机遇(O) O1 国内大循环活力强劲,国内市场规模巨大 O2 海上、陆上丝绸之路双向政策扶持 O3 壮大第三产业成为宏观经济提质增速主要方向之一 O4 厦门作为经济特区、自贸区等享受各级政策优惠	SO 策略 依托多次举办国内外重大会议与文娱活动的优势,提升厦门在海内外的知名度与影响力,吸引海内外金融、文娱等第三产业龙头企业来厦落户,促进服务业,尤其是生产性服务业在整体经济结构中所占的比重。通过优质的营商环境和良好的科研氛围吸引海内外人才来厦落户创业,在国家"一带一路"政策的支持下,扩大对外开放,增强厦门对外经济辐射能力。	WO 策略 借助各级政府对于自贸区和"一带一路"的扶持政策,加快厦门同"一带一路"沿线国家和中国台湾地区在产业合作等方面的交流,积极引进以物联网为代表的高新技术产业,实现厦门二三产业的均衡发展,更好的发挥金融对于实体经济的支持作用,有效缓解过剩的金融资源。
挑战(T) T1 疫情削弱国内消费能力,消费拉动经济增长乏力 T2 中美贸易摩擦抑制相关行业出口业务的增长 T3 海西经济区与其他经济区之间存在人才、招商等方面的竞争 T4 高技术人才培养周期较长,资源稀缺,且存在人才外流问题	ST 政策 创新消费促进与拉动政策,凭借实力较强的第三产业,在文娱、旅游和电商等行业为消费增长提供新的引擎。利用好海陆丝绸之路无缝对接枢纽城市这一优势地位,进一步扩大对外经贸交流,缩小中美贸易争端对于相关行业出口业务产生的负面影响。充分发掘厦门较为丰富的科研资源,创新人才培养机制,将境外人才引进转化为境内人才培养,减少同其他经济区之间的同质化竞争。	WT 策略 整合本地产业相关优势资源,形成具有厦门特色的产业发展道路,通过本地优势产业形成的辐射与带动效应拉动本地弱势产业的协同发展,对于本次疫情造成的消费能力减弱和本地生活成本较高之间的矛盾,政府适当采取补贴政策,解决人才来厦工作的后顾之忧。

335

五、厦门制造业发展相关政策建议

通过上文的分析，我们发现厦门制造业发展较为稳健与合理，既与厦门的生产要素供给相适应又具有较高的连贯性和延续性。厦门的电子、机械、设备制造等行业具有较高的综合效率，尤其是计算机、通信和其他电子设备制造业，效率指标高于其他产业。厦门制造业的规模和效率较高，同时生产性服务业发展速度较快。在"十四五"时期，厦门制造业发展要坚持"固本求变"的总体原则，坚持扩大现有的优势制造业，同时也要在新兴产业方面有所突破。鉴于本文的分析，我们提出推动厦门制造业发展的相关政策建议。

（1）坚持延续与转型辩证统一，切忌盲目跟风。厦门在制造业方面的传统优势体现在计算机与通信设备、电子、机械等几个行业，从生产要素供给、发展基础和行业效率来看，这些行业都在厦门制造业各产业中处于领先地位。当然，在人工智能、大数据等新兴产业迅速发展的当下，厦门这些传统优势制造业在整体制造业中的地位已经处于产业发展周期的下降轨道中。但是，这并不代表这些产业已经不再重要，鉴于厦门人才薄弱和企业创新机制欠缺的劣势，厦门仍然需要依托于传统优势制造业来推动厦门第二产业的规模扩张，尤其是依托于这些行业来改善厦门制造业发展效率。厦门制造业发展不能"舍本"，更不能盲目跟风，要坚持延续与转型辩证统一。

（2）新兴产业需要重点突围，布局产业链优势环节。在坚持发展厦门传统优势制造业的同时，也需要推动厦门制造业实现转型升级，这是提高厦门第二产业发展效率的需要，也是保持和提升厦门在全国制造业中优势地位的需要。未来厦门在新兴产业发展中应该有所为有所不为，不要追求大而全的产业发展格局，而应该是在有限的土地资源和人力资本的条件下重点突围，需要在某个重要的新兴产业或是新兴产业链条中的某个环节打造厦门优势。从厦门制造业各行业的发展效率来看，未来厦门应该重点布局新兴产业中的生药医药和集成电路产业，在产业链条中某个环节建立厦门制造业优势地位，尤其可以重点布局在集成电路产业链条中的封装测试环节。

（3）加大人才引进力度，完善人才培养政策。厦门所重点发展的高精尖产业需要大量的高水平人才，但厦门存在较为突出的生活成本较高，薪酬水平不相匹配的问题，这是厦门留住本地人才、吸引外来人才所必需着重解决的问题。要加大对高层次创新人才的引进，建设高层次人才精准服务系统。同时完整的产业链也需要大量的基础性人才，为此有必要放宽对引进人才层次的要求，细化高中低层次人才的优惠政策，让各个层次的人才都能获得在厦门长期稳定发展的机会。应当积极推动住房保障、子女就学、个税返还等配套措施的推广，为人才提供优良的定居与工作环境，尤其需要着力解决高房价对人才流入的阻碍问题,强化保障房建设、租房补贴与购房优惠等政策。目前厦门已经出台并完善了一系列的人才引进制度,要持续深入实施"海纳百川"和"双百计划"等高层次人才引进政策,以重点产业为核心、以重大项目为载体,强化"顶尖人才+领军人才+骨干型人才+基础人才"全方位引才模式。

(4)促进与其他经济区的错位竞争,推动区域间优势互补。厦门面临着长三角、大湾区等经济发达区域的虹吸效应,各个沿海主要城市重点发展的行业集中于港口运输业、互联网产业、电子信息产业、金融服务业等行业,重复度较高,其中在部分产业中厦门受制于规模有限、经济腹地不足等问题,面临较大的竞争压力,为此厦门需要加快寻求自身的产业发展优势,强化在细分领域的错位竞争。同时,厦门也需要强化与福建省内其他城市的协调发展与功能互补,厦门在制造业规模方面不及泉州、福州,在一些传统制造业方面缺乏优势,但在新兴制造业、现代服务业等领域起步较早,需要持续升级优化传统行业、巩固提升新兴行业。厦门要服务于福建省产业高质量发展的全局,发挥优势,与省内其他城市之间功能互补,发挥厦门区域性经济中心的辐射作用。

(5)促进土地资源开源节流,推动土地利用集约化。土地资源禀赋不足是限制厦门发展的重要因素之一,但同时客观上也刺激着厦门提高土地利用率,提升制造业层次。应当加速清理盘活存量土地,加快扩展工业用地来源,加强土地集约利用。有序推进岛内岛外的产业转移进程,促进岛内外的产业分工协作。根据厦门各区工业园区主要产业的特点,有区分地细化各区域工业项目建设用地管控标准,产业性质、投资额、单位面积投资强度。整体上优先支持生物医药、新材料、智能制造等战略新兴领域的土地审批,同时外迁或是升级改造土地利用率较低的传统企业。实现以厦门岛为核心对外辐射,土地利用集约化逐步推进的格局。结合厦门各区域整体发展的条件与实际情况,分步骤有序地从宏观上实现土地资源的高效率利用。

(6)明确与完善金融业对实体产业的支持保障制度。厦门金融业发展迅速,金融机构数量密度远高于全省水平,但另一方面,厦门金融业发展缺乏较为明确的前景规划,需要调动金融业的作用。应当强化并巩固金融服务业对实体产业尤其是制造业的支持作用。进一步引导区域内的金融机构立足实体经济的需求,加强金融业与实体产业的互动,实现产融协调发展,在支持重点企业的同时,积极发展普惠金融,推动解决小微企业融资难的痛点。要积极推动金融科技创新,提升厦门金融机构的竞争与服务能力,并通过金融科技创新扩大金融业服务范围,提高金融服务的及时性、准确性、安全性等,解决小微企业融资难等问题。

(7)持续推动对台开放,促进两岸交流合作。厦门是对台交流合作的前沿,应当着力发挥这一优势。由于福建省经济腹地较小,对外开放程度不足等

337

问题,长期以来,相比长三角与大湾区,福建省对台交流合作偏弱,尤其是在台资已在其他经济区形成路径依赖的情况下,这一局面短期难以扭转。但这同时也意味着两岸合作的潜力并没有被完全激发出来,仍有很大的上升空间。厦门作为我国新时代下制度改革与创新的前沿,应当利用好制度、地域、经济、文化等优势,提高对台开放水平,承接台湾面板显示、半导体、集成电路等先进产业的转移与投资,引进高水平台胞人才,带动厦门相关产业的转型与升级。另一方面,由于两岸关系与国际政治局势的不稳定,两岸经贸关系时冷时热,这一努力方向面临较大的不稳定因素,厦门在相关政策制定的同时,需要强化风险管理。

参考文献

[1]彭海,郭丽.厦门主导产业再选择的研究[J].技术与市场,2012,19(09):136-137.

[2]陈民伟.厦门产业结构调整和主导产业选择研究[D].厦门:厦门大学,2008.

[3]蔡坤辉.确定主导产业政策对象的方法研究[D].厦门:厦门大学,2006.

[4]党耀国,刘思峰,翟振杰.区域主导产业评价指标体系选择与数学模型[J].经济经纬,2004(06):38-40.

[5]刘克利,彭水军,陈富华.主导产业的评价选择模型及其应用[J].系统工程,2003(03):62-68.

[6]厦门市工业和信息化局.厦门市"十四五"先进制造业发展专项规划[EB/OL]. http://gxj. xm. gov. cn/zwgk/zfxxgkml/jxjxxgkml/jxjgfxwj/202108/t20210816_2574490.htm.

[7]厦门市人民政府.厦门市人民政府关于印发厦门市国民经济和社会发展第十四个五年规划和二〇三五年远景目标纲要的通知[EB/OL].http://www. xm. gov.cn/zwgk/flfg/sfwj/202103/t20210326_2527296.htm,2021-03-26.

[8]厦门市人民政府.厦门市国民经济和社会发展第十三个五年规划纲要[EB/OL]. http://www. xm. gov. cn/zfxxgk/xxgkznml/szhch/gmzghs/201604/t20160411_1314959.htm,2016-01-224.

[9]厦门市人民政府.厦门市人民政府关于印发厦门市"十三五"战略性新兴产业发展规划的通知[EB/OL].http://www.xm.gov.cn/zwgk/flfg/sfwj/201607/t20160706_1345760.htm.

[10]厦门市统计局."十三五"期间厦门市工业高质量发展成效初显[EB/

OL].http://tjj.xm.gov.cn/tjzl/tjfx/202104/t20210415_2536404.htm.

[11]厦门市统计局.厦门市高技术制造业发展现状研究[EB/OL].
http://tjj.xm.gov.cn/tjzl/tjfx/202012/t20201217_2506551.htm.

课题负责人及统稿:李文溥
执　　　　　笔:蔡伟毅　苏集贺

厦门市劳动力结构与劳动力要素贡献研究

劳动力资源作为一种重要的生产要素,对国民经济的增长具有决定性的作用。厦门市在"十三五"时期经济、社会取得了全面快速发展,其中合理的劳动力结构和劳动力要素贡献功不可没。科学地分析厦门市劳动力结构和劳动力要素贡献,有利于进一步优化劳动力结构,合理配置劳动力资源,为促进厦门的经济和社会的高质量发展,提供人力和人才要素保障。

本文在梳理相关理论基础上,首先对厦门市劳动力结构与劳动力要素贡献进行现状分析,探明现阶段厦门市劳动力结构的合理性和劳动力要素贡献;之后基于现状分析,回顾总结厦门劳动力市场发展存在的问题;最后,基于厦门市劳动力市场现状及对未来展望,提出厦门市劳动力市场发展的相关政策建议。

一、劳动力结构与劳动力要素贡献的相关理论

国内外关于劳动力方面的研究众多,大致可归结为,第一类是描述劳动力资源分布,即劳动力结构研究,涉及劳动力流动与分布、劳动参与率与就业率等问题(赵耀辉,1997;蔡昉等,2001);第二类是阐述劳动力资源重要性,即劳动力作为生产要素投入对经济增长的贡献度问题,涉及劳动与产出关系、人口红利等问题(胡永泰,1998;潘文卿,1999;Krugman,1994)。本研究聚焦劳动力结构和劳动力要素贡献这两个劳动力研究重要问题,首先对劳动力结构、经济增长的劳动力要素贡献相关理论和文献研究综述。

(一)劳动力结构

劳动力结构是指参与生产的劳动力并非同质的,不同性质的劳动就业人口在总劳动就业人口中所占的比重不同。劳动力结构从不同角度可划分为劳动力产业结构、劳动力行业结构、劳动力性别结构、劳动力年龄结构、劳动力质量结构、劳动力供求结构、劳动力城乡结构、劳动力区域结构、劳动力地域来源结构等。

第一,劳动力产业结构。指劳动力人口在三次产业中的分布,通过三次产业劳动力合理化评价指标,从不同角度评价劳动力产业结构。随着经济发展,

人均收入水平进入到高收入经济体水平,就业的产业结构优化主要表现在,第三产业就业比重提高,服务业就业吸纳能力增强(蔡昉,2017)。产业结构演进理论揭示了产业发展过程中,劳动力等要素在产业间流动的一般规律。配第—克拉克定理指出,经济发展过程中由于收入差距引起的劳动力在三次产业间的变动规律,即随着经济的发展和人均国民收入水平的提高,劳动力首先由第一产业向第二产业转移,然后再向第三产业转移。美国经济学家库兹涅兹在克拉克等人研究成果的基础上,通过运用国民收入和劳动力在产业间分布指标,揭示出随着人均收入水平的提高而产生的产业重心转移过程,以及产业变动与就业构成的相关变化。

第二,劳动力行业结构。指劳动力人口在国民经济各行业之间的分配状况。配置比例。不同技术水平行业对劳动力需求不同,劳动力就业结构具有鲜明的行业特征。通过分析区域各行业劳动力比重以确定各行业在经济活动中地位和作用,由此探讨区域综合职能问题(周一星和孙则昕,1997)。

第三,劳动力性别结构。指劳动就业人口中男性和女性劳动力各自所占的比重。与男性相比,女性在就业机会、工资报酬等方面往往处于弱势。不同性别在劳动力市场上应当拥有公平的就业机会和工资报酬决定机制,已经越来越成为现代社会各界的基本共识。性别差异仍是劳动力市场歧视的基本形式(罗楚亮等,2019)。

第四,劳动力年龄结构。指劳动力人口在不同年龄段的比重。劳动力年龄结构与人口红利息息相关,劳动年龄人口增长快、比重高,有利于劳动力供给和形成高储蓄率的人口结构优势即第一次人口红利(蔡昉,2010)。不断变化的人口年龄结构为经济和社会发展带来机遇和挑战。

第五,劳动力质量结构。指不同素质水平的劳动力比重。劳动力质量即人力资本的供给,代表着第二次人口红利(蔡昉,2017)。人力资本的测算方法主要有:成本法;Jorgenson-Fraumeni(J-F)终生收入法;特征法,如教育程度、工作经验等;世界银行(World Bank)使用的余额法。

第六,劳动力供求结构。指劳动力人口的供给与需求情况,充分就业问题成为研究主题。在20世纪30年代经济危机之前一个多世纪里,西方经济学理论将充分就业看成一种常态。传统就业理论以萨伊定律为基石,即"供给自动创造需求"。认为在自由竞争的市场机制下,劳动力市场依靠市场的自我调节作用趋于均衡,可以实现充分就业,不会存在生产过剩危机和大量、长期的非自愿失业。然而1929—1933年的世界性经济危机导致了空前规模的失业,打破了传统经济理论中关于市场机制自动调节可以实现充分就业的理论,由此诞生了主张政府干预经济的凯恩斯主义经济理论。凯恩斯提出了有效需求不足理论(消费需求不足和投资需求不足),认为就业不足是由总需求不足导致的；认为政府直接干预经济是必要的，主张采取扩张性财政政策以扩大消费需求和投资需求，增加货币发行量，从而增加就业机会。

第七，劳动力城乡结构。指劳动力人口在城镇和乡村的分配。在工业化过程中，城乡就业结构优化表现为城镇就业人员比重逐渐提高，乡村就业比例逐渐下降。20世纪50年代，以刘易斯(Lewis)、费景汉(Fei)和拉尼斯(Ranis)为代表人物的发展经济学派研究了二元经济结构下的就业问题。他们认为发展中国家劳动力市场表现为城市和农村相分割的二元结构特征，强调现代工业部门和传统农业部门平衡发展的重要性，据此分析二元经济结构何时消失。托达罗(Todaro)进一步提出自己的劳动力迁移与就业理论，由于城乡收入差距的存在，并强调预期的收入差异和迁移代价的比较，以此说明发展中国家农村劳动力向城市流动现象。

第八，劳动力区域结构。劳动力区域结构是指劳动力在空间上的分布情况。可以从产业结构、文化程度、所有制结构等方面，考察劳动力结构的区域差异性(谭友林，2001)。

第九，劳动力地域来源结构。是指劳动力人口来源地分布情况，用以分析某地区外来就业人口状况。主要以城市外来务工人员为研究对象，描述其就业状况，包括该劳动群体存在的就业歧视、社会保障等问题。

(二)经济增长的劳动力要素贡献

通过研究投入要素对经济增长的贡献，可以分析一个国家或地区的经济增长路径。在经济增长过程中，如果以资本、劳动力为代表的生产要素贡献较大，则属于要素投入型增长，即外延粗放式发展；如果全要素生产率(TFP)对经济增长的贡献较大，则属于技术效益型增长，即内涵集约式发展。相关经济增长理论中，主要采用Cobb－Douglas模型、卢卡斯模型和其他生产函数研究要素贡献(吴华明，2012)。研究经济增长中关于劳动力的要素贡献问题，主要包括劳动力数量和劳动力质量(人力资本)方面，涉及第一次人口红利和第二次人口红利问题。

1.劳动力数量

克鲁格曼(Krugman，1994)和杨(Young，1995)认为东亚国家经济快速增长的原因在于生产要素的大规模投入，与此相比，TFP普遍较低甚至为零或者负值，经济增长表现为依靠生产要素投入的外延粗放式发展路径。克鲁格曼的东亚经济增长模式的争论，引起国内经济学界对我国经济增长模式的热烈讨论。已有研究多认为中国经济增长以资本、劳动为代表的生产要素贡献远高于TFP对经济增长的贡献，即表现为典型的要素投入型增长。另一方面，有学者并不认同TFP增长率低下(易纲等，2003)。林毅夫和任若恩(2007)指出不能简单地根据克鲁格曼对"东亚经济奇迹"的批评来评论我国的经济发展经验。很多研究关注劳动年龄人口比例上升的人口红利现象,认为人口红利对中国经济增长的贡献份额显著。但劳动力要素贡献中涉及的人口老龄化加速的问题为经济增长带来挑战,也愈加受到广大学者关注,因为人口进入老龄化社会以后,劳动力的数量大幅度减少;另外根据生命周期理论,老龄人口比重的增加也可能降低储蓄率,进而对经济造成负面影响。

2.人力资本

(1)人力资本的概念

费雪(Fisher)在 1906 年出版的《资本的性质和收入》一书中首次提出人力资本概念,认为资本是所有能带来收益的东西,包括有形资本和无形资本(人力、知识),但并没有形成系统的人力资本理论。舒尔兹(Schultz,1961)提出人力资本主要表现为人自身拥有的健康、生产知识、技能和经验等。贝克尔(Becker,1987)主要从人力资本的形成途径定义,认为人力资本是对人力投资形成的资本,人力资本不仅仅是人自身所拥有的才华、技能和知识,还有健康、寿命和时间等。经合组织(OECD)在 2001 年提出人力资本,是每个个体拥有的可以创造个人、社会以及经济福祉的知识、技能、素质和能力(李海峥等,2010)。

(2)经济增长的人力资本贡献

舒尔兹提出了包含人力资本要素的经济增长模型,该理论强调人力资本质量对现代经济增长的关键作用,主张劳动力市场政策从保障失业者生活转向充分开发利用劳动力资源为目标,以解决失业与空岗并存的矛盾。

人力资本作为经济运行中的核心投入要素,对经济增长的贡献份额主要通过其自身形成的递增收益和产生的外部溢出效应来实现。经济持续增长离不开人力资本投资和积累。随着经济发展,表现为技术进步载体的人力资本,逐渐取代物质资本和劳动投入的地位,成为促进经济增长的关键要素和根本动力。相关理论主要集中在阐述人力资本对经济增长的影响路径及其异质性问题。一方面,大部分研究均认为人力资本对经济增长具有促进作用(Sengupta,1993)。不同程度的教育水平对经济增长的影响具有异质性,具体在分区域研究中,不同层次人力资本对地区经济增长的影响同样存在异质性(Barro,2001;Petrakis & Stamatakis,2002;邓飞和柯文进,2020)。关于人力资本对经济增长的影响路径理论,学者认为人力资本主要通过实物资本投资这一路径作用于经济增长(Chi,2008)。易纲等(2003)则认为人力资本反映了效率提升,提出中国经济增长不仅仅依靠要素投入驱动,中国经济确实存在效率提升,其中表现在技术进步、人力资本的提升等方面。另一方面,也有学者提出不同理论观点,低水平人力资本对经济的增长效应并不明显,甚至负相关(Vandenbussche et al,2006)。

343

二、厦门市劳动力结构与劳动力要素贡献的现状分析

(一)厦门市劳动力结构的现状分析

考虑到研究问题的重要性和数据的可获得性,本文主要从以下六个方面分析厦门市劳动力结构特征:劳动力产业结构、劳动力行业结构、劳动力年龄结构、劳动力质量结构(人力资本)、劳动力供求结构和来厦就业人员来源地情况。

1.劳动力产业结构

下面通过测算三次产业劳动力结构合理化评价指标,分析厦门市三次产业劳动力结构与产出结构的变动之间的关系。

(1)劳动力结构整体变动率

厦门市三次产业从业人员各占全社会从业人员的比重如图 1 所示。1981—2020 年厦门市三次产业全社会劳动力结构变动表现为:20 世纪 80 年初期,第一产业从业人员比重占 50%以上,随着经济发展,第一产业从业人员

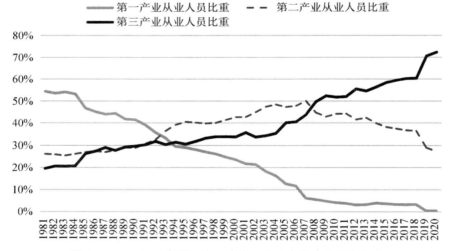

图 1　1981—2020 年厦门市三次产业全社会劳动力结构变动

数据来源:《厦门经济特区年鉴》。采用如下公式推算 2011—2014 年三次产业全社会从业人员数:当年各产业全社会从业人员数 = 当年各产业城镇从业人员数 × $\dfrac{2010\ 年各产业全社会从业人员数}{2010\ 年各产业城镇从业人员数}$;采用如下公式推算 2015—2020 年三次产业全社会从业人员数:当年各产业全社会从业人员数 = 当年各产业城镇非私营单位从业人员数 × $\dfrac{2014\ 年各产业城镇从业人员数}{2014\ 年各产业城镇非私营单位从业人员数}$ × $\dfrac{2010\ 年各产业全社会从业人员数}{2010\ 年各产业城镇从业人员数}$。

比重持续下降,2019 年已不足 1‰;1981—2007 年,第二产业从业人员比重总体呈现上升趋势,其比重在 1993 年超过第一产业从业人员比重,取代第一产业成为就业占比最大的产业;20 世纪 80 年初期,第三产业从业人员比重最低,但是呈现稳定上升趋势,于 2008 年超过二产从业人员比重,取代第二产业成为厦门市就业占比最大的产业,直至目前,第三产业和第二产业从业人员占比趋势相反,差距呈日益扩大趋势。

(2)劳动生产率

通过测算劳动生产率指标,可以分析产出与劳动力结构变动情况。劳动生产率是某产业产值除以该产业从业人员数,以单位劳动力实际产出表示。如表 1 所示,2000 年以来厦门市全社会的劳动生产率不断提升。就三次产业劳动生产率而言:厦门市第二产业劳动生产率和第三产业劳动生产率整体呈现上行趋势,2008 年以来,第二产业一直高于第三产业劳动生产率。

表 1　2000—2020 年厦门市劳动生产率变动

单位:元/人

年份	全社会劳动生产率	第一产业劳动生产率	第二产业劳动生产率	第三产业劳动生产率
2000	48345.11	8672.03	57342.42	64701.26
2001	53258.41	9709.36	63244.35	67742.04
2002	62810.65	10121.82	74256.21	80908.64
2003	69110.58	9188.00	80819.81	84771.79
2004	72682.54	9890.14	82638.23	87901.86
2005	67941.83	11316.45	76308.68	75923.05
2006	73905.16	8601.70	79410.33	86241.32
2007	87846.53	15918.87	87377.61	98545.01
2008	89307.01	19615.51	95567.75	91419.88
2009	89000.47	19333.57	98637.92	87487.11
2010	91654.14	22063.06	104217.44	86445.60
2011	89349.44	20710.46	103168.67	82528.62
2012	88756.21	23410.50	103612.53	81193.45
2013	92396.09	21515.91	104181.98	87361.92
2014	95647.62	17418.76	109051.84	91557.55
2015	100164.67	17936.28	116555.43	94493.80

续表

年份	全社会劳动生产率	第一产业劳动生产率	第二产业劳动生产率	第三产业劳动生产率
2016	104134.78	19101.92	120537.63	98434.43
2017	108062.43	17385.59	127115.88	101217.38
2018	117841.26	16214.18	133908.69	113632.00
2019	144553.86	179634.46	201561.53	120940.42
2020	146982.82	195617.43	212268.70	122084.30

注:实际GDP按照2000年CPI=100计算。2019年以来第一产业劳动生产率急剧上升,是由于第一产业从业人员急剧下降。

数据来源:《厦门经济特区年鉴》,缺失年份数据处理方法同上。

(3)劳动力结构相似度系数

首先,通过测算厦门市与福建省城市平均水平的劳动力结构相似度系数,分析厦门市三次产业劳动力结构与福建省城市平均水平的偏离度情况。其次,为与同作为经济特区,且发展较快的非省会城市深圳进行比较,通过测算厦门市与深圳市劳动力结构相似度系数,分析厦门市三次产业劳动力结构与深圳市的偏离度情况。计算公式如下:

$$S_{AB} = \frac{\sum_{i=1}^{3} X_{Ai} X_{Bi}}{\left(\sum_{i=1}^{3} X_{Ai}{}^2 \sum_{i=1}^{3} X_{Bi}{}^2 \right)^{1/2}} \tag{1}$$

式中,A是厦门,B是福建(深圳),X_{Ai} 和 X_{Bi} 分别表示厦门和福建(深圳)三次产业劳动力结构,$i=1,2,3$ 分别表示第一、第二和第三产业。

如图2所示,2000—2007年,厦门和深圳的劳动力结构相似系数快速接近1,之后总体趋势基本稳定在0.98以上,这说明厦门和深圳的三次产业劳动力分布状况相似。厦门的城市化程度和产业合理化程度高于福建省城市的平均水平,所以尽管厦门和福建省城市平均水平的劳动力结构相似系数总体趋于上升,但是还有相当的差距。

(4)结构偏离系数

结构偏离系数可以反映三次产业总体劳动力结构和产出结构差异的指标。分别测算第一产业、第二产业和第三产业结构偏离系数。计算公式如下:

$$\Phi_i = \frac{PR_i}{LR_i} - 1 \quad (i = 1,2,3) \tag{2}$$

如果一、二、三产业结构偏离系数 Φ_i 等于0,表明就业结构与产业结构趋

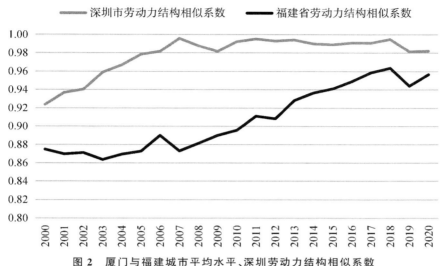

图 2　厦门与福建城市平均水平、深圳劳动力结构相似系数

数据来源:《厦门经济特区年鉴》,缺失年份数据处理方法同上。

同;结构偏离系数绝对值越大,表明结构偏离越大。正数表明某产业 GDP 的份额大于其就业份额,负数则相反。国际经验表明,随着人均 GDP 的增加,产业结构偏离将会不断缩小。2000—2020 年厦门市三次产业结构偏离系数结果如表 2 所示。

2000—2020 年,厦门市第一产业结构偏离度系数为负值,绝对值逐渐下降,表明第一产业就业份额大于第一产业的产值在 GDP 中比重,但是二者差距在缩小,说明第一产业的就业份额与产值份额逐渐趋同。随着厦门市经济和城镇化不断发展,第一产业产值占比和就业占比都呈下降趋势,但是二者差距逐渐缩小。

厦门市第二产业结构偏离度基本为正值,表明第二产业就业份额基本小于其 GDP 份额,其中 2000—2010 年期间,厦门市第二产业结构偏离度减小。但是 2010 年以来,其偏离度不断扩大,而且于 2020 年达到研究期间最大值 0.27,这表明 2010 年以后厦门市第二产业的产值份额与就业份额的差距增大。主要原因是 2010 年以后,第二产业就业占比明显下降,劳动生产率呈明显上升态势。

2000—2020 年,厦门市第三产业结构偏离系数由正值逐渐降为负值,表明厦门市第三产业的就业比重逐渐高于增加值比重。主要原因是第三产业就业占比呈快速上升趋势,但是产值占比并没有同比例增加。

表2　2000—2020年厦门市三次产业结构偏离系数

年份	第一产业	第二产业	第三产业
2000—2005	−0.84	0.17	0.24
2006—2010	−0.81	0.08	0.05
2011—2015	−0.78	0.15	−0.07
2016—2020	−0.44	0.27	−0.09

数据来源:《厦门经济特区年鉴》,缺失年份数据处理方法同上。

2.劳动力行业结构

就劳动力的行业结构而言,如图3所示,2020年厦门市制造业、建筑业从业人员占比最大,尤其制造业从业人员占比达到30%。与2016年相比,2020年厦门市信息传输、软件和信息技术服务业、科学研究和技术服务业就业人员占比上升,这说明厦门现代服务业发展较快,吸收了较多的就业;租赁和商务服务业、住宿和餐饮业等服务业就业人员占比上升,反映厦门作为主要商业和旅游城市的综合职能特征;占比较大的建筑业就业人员比重大幅度下降。

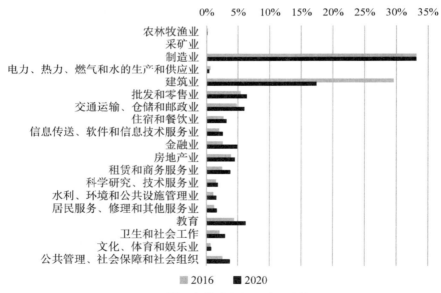

图3　厦门市劳动力行业就业结构

数据来源:《厦门经济特区年鉴》,采用城镇非私营单位从业人员分行业指标。

3.劳动力年龄结构

从2000—2020年厦门市劳动力年龄结构的时间演变来看,厦门市劳动年龄人口数持续增长,但劳动年龄人口比例有所下降;人口总抚养比[①](非劳动年龄人口数与劳动年龄人口数之比)从第五次全国人口普查(2000)的 27.88% 降低到第六次全国人口普查(2010)的 21.07%,再回升到第七次全国人口普查(2020)的 36.46%。2020 年,厦门市全市人口平均年龄 36.8 岁,比全省人口平均年龄年轻 0.5 岁。尽管如此,在两次人口普查之间,人口总抚养比从 21.07% 上升至 36.46%,上升了 15.39 个百分点,平均每年上升超过 1.5 个百分点。后面的计量分析证实,人口总抚养比的上升,已经对厦门经济增长产生了负面效应,这显然值得引起高度重视。全市 0~14 岁人口占比比全省低 2.16 个百分点;15~59 岁人口占比比全省高 8.58 个百分点;60 岁及以上老年人口占比比全省低 6.42 个百分点。目前,厦门的人口年龄结构在全省仍然是最年轻的,60 岁及以上老年人口占比为 9.56%。

4.劳动力质量结构

近年来,厦门市人口受教育水平明显提高,人口素质显著提升。2020 年,厦门市全市常住人口中,拥有大学文化程度的人口为 139.12 万人。与 2010 年相比,每 10 万人中具有大学文化程度的人口从 17799 人上升为 26940 人,15 岁及以上人口的人均受教育年限由 10.29 年提高到 11.17 年,文盲率由 2.51% 下降为 2.00%。这与厦门市 10 年来不断加大教育投资,推动教育高质量发展有很大关系。10 年来厦门市加速教育阶段小学和初中学校建设,以及名校名师跨岛发展战略的落实,推进了岛外教育质量提升,岛内外的教育发展更加均衡,推动教育高质量发展取得明显成效,人口素质不断提升。

5.劳动力供求结构

利用厦门市人力资源市场监测数据来分析劳动力市场的供求变化特征,以求人倍率为主要观测指标,其计算公式为:求人倍率=需求人数/求职人数。如图 4 所示,2015 年以来,厦门市劳动力市场求人倍率一直在 1 以上,这说明厦门市近年来始终处于劳动力供应短缺状态。尤其 2019 年第 4 季度以来高达 1.42~1.6,劳动力短缺状况比较严重。总体呈现周期变化,每年第四季度劳动力市场求人倍率一般偏高。可能的原因是第四季度企业招工用工需求相对较大;临近春节,部分劳动者开始返乡,导致该季度求人倍率较高。

6.来厦就业人员来源地情况

厦门市作为东南沿海地区的经济发达城市,凭借地理、人文和经济环境的

---

① 由于数据的局限,该部分分析的抚养比一般意义抚养比要高,包括儿童抚养比和老年抚养比,以 15~59 岁为劳动年龄。计算公式:抚养比(DR)= $\dfrac{\text{非劳动年龄人口}}{\text{劳动年龄人口}}$ = $\dfrac{0\sim14\text{岁人口}+60\text{岁以上人口}}{15\sim59\text{岁人口}}$。

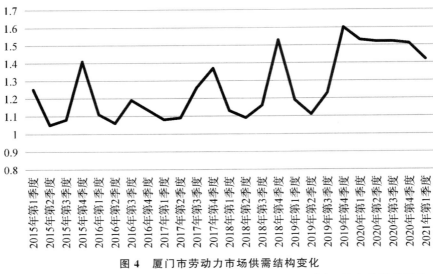

图 4　厦门市劳动力市场供需结构变化

数据来源:福建省人力资源市场各季度职业供求状况分析,缺失数据采用均值法填补。

优势,吸引了大量外来务工人员来厦就业。2020 年,面对突如其来的新冠肺炎疫情,厦门市仍然完成就业创业促进工作。2020 年 12 月末,全市就业登记在岗职工 251.2 万人,其中本市员工 73.91 万人,占比 29.42%;来厦务工人员 177.29 万人,占比 70.58%。与 2017 年 8 月末相比,全市就业登记在职职工总数增加 52.22 万人,其中本市户籍职工占比减少,来厦就业人员占比增加。

省内务工人员以漳州、泉州、龙岩、三明和南平地区为主;省外来厦务工人数主要集中于江西、四川、河南、贵州、湖北、湖南、安徽、重庆、云南和广东。针对在职职工中 70% 以上来自外来务工人员,厦门市持续建设劳务输入基地,加强跨省劳务协作。2021 年,厦门市已在云南、江西、四川等 10 省 25 地市设立劳务输入基地共计 25 个。厦门市持续对口支援和精准扶贫,有效吸纳甘肃省临夏州贫困人口就业。2021 年已有临夏州 7539 人在厦门稳定就业,其中原建档立卡脱贫人员 3018 人。[①]

(二)厦门市劳动力要素贡献的现状分析

在厦门市的经济增长中,劳动力要素究竟起到什么作用呢?本部分在构建经济增长理论模型的基础上,更加科学准确地分析厦门市劳动力数量要素

---

① 资料来源:《福建日报》2021 年 7 月 15 日第 15 版,http://hrss.xm.gov.cn/xxgk/mtbd/202107/t20210715_2566830.htm

和劳动力质量要素对经济增长的贡献。

1.劳动力要素贡献的理论模型

为了充分考察劳动力要素对经济增长的贡献,引入抚养比设定如下 C—D 生产函数:

$$Y = AK^{\alpha}(LH)^{1-\alpha} \tag{3}$$

其中,Y 是产出,K 是资本存量,L 是就业人数,H 是劳动力平均受教育年限。L 可以表示为抚养比的函数:$L = \dfrac{POP \times EP}{1 + DR}$,POP 是人口数量,DR 是抚养比,$EP$ 是就业率乘以劳动参与率。[①] 代入式(3)可得:

$$Y = AK^{\alpha}(POP \times H)^{1-\alpha}\left(\frac{1}{1+DR}\right)^{1-\alpha}EP^{1-\alpha} \tag{4}$$

为估计各要素(资本、劳动力数量、人力资本和人口数量、人口结构)对产出的贡献,需要计算其各自对产出的弹性。在规模报酬不变的前提下,式(4)可转换为:

$$\frac{Y}{LH} = A\left[\frac{K(1+DR)}{POP \times H \times EP}\right]^{\alpha} \tag{5}$$

等同于:

$$\frac{Y}{LH} = A\left(\frac{K}{LH}\right)^{\alpha}, \text{其中} \ L = \frac{POP \times EP}{1 + DR} \tag{6}$$

通过式(6)可以估计出物质资本存量 K、劳动力数量 L 和人力资本 H 的产出弹性。

2.厦门市劳动要素贡献的实证分析

研究期间为 2004—2020 年,产出 Y 以 2000 年不变价的 GDP 表示,资本 K 由永续盘存法计算,即 $K_t = K_{t-1}(1-\delta_t) + I_t$。以 2000 年价格指数为 100,当年投资 I 选择不变价的固定资本形成总额,投资价格指数选取固定资产投资价格指数,资本折旧率 δ 为 9.6%,初始资本存量取 1985 年为基期的固定资本形成总额除以 10%(张军等,2004)。分别在不考虑人口结构、人力资

---

① $EP = $ 就业率 $\times$ 劳动参与率 $= \dfrac{\text{就业人数}}{\text{劳动年龄人口}}$

本情况和考虑人口结构、人力资本情况下,分析厦门市经济增长的劳动要素贡献[①]。

(1)劳动力数量与经济增长

首先在不考虑人口结构、人力资本情况下,分析厦门市劳动要素对经济增长的贡献。假设厦门市的生产函数为规模报酬不变,设定如下生产函数:

$$Y = AK^\alpha L^{1-\alpha} \tag{7}$$

式(7)两边同除以 L,得到:

$$\frac{Y}{L} = A \left(\frac{K}{L}\right)^\alpha \tag{8}$$

对式(8)取自然对数得

$$\ln\left(\frac{Y}{L}\right) = \ln A + \alpha \ln\left(\frac{K}{L}\right) \tag{9}$$

利用 2000—2020 年的厦门数据,估计可得:

$$\ln\left(\frac{Y}{L}\right) = 1.303 + 0.842\ln\left(\frac{K}{L}\right)$$
$$A = 3.680, \alpha = 0.842, 1 - \alpha = 0.158 \quad Y = 3.680K^{0.842}L^{0.158} \tag{10}$$

厦门市的物质资本存量 K 的产出弹性 α 为 0.842(t 检验 $=28.12$,调整 $R^2 = 0.9753$);劳动力数量 L 的产出弹性 $1-\alpha$ 为 0.158。

通过不同生产要素的产出弹性乘以其增长率,可以计算各要素对 GDP 增长的相对贡献,如表 3 所示。

表 3 2000—2020 年厦门市经济增长的要素贡献

单位:%

年份	Y(平均增长率)	K	L	TFP
2000—2020	11.61	88.96	7.87	3.17

从 2000—2020 年均经济增长来看,资本对经济增长的贡献是 88.96%,劳

---

① 数据来源:2000、2010 和 2020 年人口年龄结构和教育水平数据来源于人口普查数据;2005 年和 2015 年来自厦门市统计局 1% 人口抽样调查数据,其他年份来自人口变动情况抽样调查数据。其他数据均来源于各年《厦门特区年鉴》。

数据处理:全社会劳动从业人数和固定资本形成总额缺失年份数据采用近 5 年年均增长率填补。由于厦门市固定资产投资价格指数统计口径的变化导致不连续,故采用福建省固定资产投资价格指数,缺失年份采用商品零售价格指数。人口抚养比和平均受教育年限缺失年份数据采用均值法填补。

动是 7.87%,全要素生产率(余值)是 3.17%。

(2)人口结构、人力资本、劳动力数量与经济增长

其次,考虑人口结构、人力资本的情况下,分析厦门市劳动要素贡献。经济高质量发展要求同时考虑劳动数量和劳动质量(人力资本)。

对式(6)取对数形式,可得:

$$\ln(\frac{Y}{LH}) = \ln A + \alpha \ln(\frac{K}{LH}) \tag{11}$$

利用 2000—2020 年厦门市相关数据,估计可得:

$$\ln(\frac{Y}{LH}) = 1.414 + 0.793\ln(\frac{K}{LH})$$

$$A = 4.112, \alpha = 0.793, 1 - \alpha = 0.207 \quad Y = 4.112K^{0.793}(LH)^{0.207} \tag{12}$$

厦门市物质资本存量 K 的产出弹性为 0.793(t 检验 21.34,调整 $R^2 = 0.9578$);效率劳动力(LH)产出弹性为 0.207。

通过不同生产要素的产出弹性乘以其增长率,可以计算各要素对 GDP 增长的相对贡献,如表 4 所示。

表 4　2000—2020 年厦门市经济增长的要素贡献(人口结构、人力资本)

单位:%

年份	Y(平均增长率)	K	H	L	L:其中			TFP
					POP	EP	$(1+DR)$	
年均	11.61	83.78	2.70	10.32	8.49	2.57	−0.74	3.20

在考虑人口结构和人力资本的情况下,从 2000—2020 年均经济增长来看,资本对经济增长的贡献是 83.78%,人力资本是 2.70%,劳动数量是 10.32%,全要素生产率(余值)是 3.20%。其中,将劳动的贡献分解后,人口对经济增长的贡献是 8.49%,就业率和参与率是 2.57%,人口抚养比则对经济增长产生了负面效应。

三、厦门市劳动力结构与劳动力要素贡献存在的问题

城市发展归根到底离不开人,劳动力问题始终是经济高质量发展阶段的重要议题。厦门市"十四五"规划明确提出,强化就业优先政策,千方百计稳定和扩大就业,推进更加充分更高质量就业。健全劳动力市场运行机制,推进要素市场化改革,促进劳动力结构优化,成为厦门市建设现代化经济体系的重要环节。

厦门市在劳动力结构与劳动力要素贡献方面还存在哪些问题呢?本部分在厦门市劳动力结构与劳动力要素贡献现状分析的基础上,通过与福建省平

均水平或与同样作为特区之一的深圳比较,明确厦门市劳动力结构与劳动力要素贡献方面还存在哪些可以完善的空间。

(一)劳动力结构

厦门市在劳动力产业结构、行业结构、年龄结构、质量结构(人力资本)、供求结构和来厦就业人员来源地情况等劳动力结构方面还存在很多可以进一步完善的空间。

1.劳动力产业结构

深化供给侧改革,需要产业结构进一步优化升级。产业结构优化升级需要相适应的劳动力结构作为支撑。劳动力就业结构与产业结构之间存在紧密联系,就业结构伴随着产业结构的变化而不断调整,当然就业结构的调整也会反作用于产业结构演变。劳动力结构与产业结构的良性互动、协调发展,关系到经济发展的质量和速度,是国民经济健康发展的保证。

当然,提高劳动生产率是经济发展的永恒任务。厦门市的所有行业劳动生产率都有待进一步提高。但是,2008年以来,与第二产业相比,厦门市第三产业劳动生产率是比较低的,而且第三产业和第二产业劳动生产率的年均增长率分别为3.51%和7.25%,两者的平均增速差距还是比较大的,这将导致两者劳动生产率水平的差距幅度进一步扩大。

近年来,第三产业结构偏离度相对较小;第一产业结构偏离度尽管呈下降趋势,但绝对值还是超过了0.40;第二产业就业结构与产业结构存在较大偏差,产值比重与其就业比重相比较大。

为进一步分析厦门市三次产业的就业拉动力,又鉴于厦门市第一产业增加值占比较小,本部分分别对厦门市第二和第三次产业就业比重和二、三次产业产值比重做了回归分析和相关分析。方程的因变量是二、三次产业就业比重,自变量为二、三次产业增加值比重,具体结果如表5和表6所示。由表5回归结果可知,厦门市第二产业增加值比重每增加1个百分点,可以使第二产业就业比重增加1.144个百分点,厦门市第二产业的就业拉动作用弱于福建省平均水平(1.553)和深圳市(1.177)。

表5 第二产业就业比重与第二产业增加值比重的回归结果

地区	自变量回归系数 (产值比)	F	t	调整 R^2	相关系数
厦门	1.144	83.04	9.11	0.8040	0.9021
福建	1.553	107.27	10.36	0.8416	0.9217
深圳	1.177	310.93	17.63	0.9394	0.9708

数据来源:《厦门经济特区年鉴》、《福建省统计年鉴》与《深圳统计年鉴》。

由表 6 回归结果可知,厦门市第三产业增加值比重每增加 1 个百分点,可以使第三产业就业比重增加 2.043 个百分点,厦门市第三产业的就业拉动作用弱于福建省(2.519),强于深圳市(1.202)。

表 6 第三产业就业比重与第三产业增加值比重的回归结果

地区	自变量回归系数（产值比）	F	t	调整 R^2	相关系数
厦门	2.043	205.02	14.32	0.9107	0.9567
福建	2.519	62.76	7.92	0.7554	0.8761
深圳	1.202	303.84	17.43	0.9380	0.9701

数据来源:《厦门经济特区年鉴》、《福建省统计年鉴》与《深圳统计年鉴》。

厦门市三次产业增加值与就业比重均呈现强相关关系,尤其厦门市第三产业相关系数高达 0.9567。从厦门市二、三次产业增加值的就业拉动作用比较来看,第三产业(2.043)拉动强度大于第二产业(1.144)。

2.劳动力行业结构

厦门市劳动力行业结构的特征是,制造业和建筑业就业人员比重较大,尽管第三产业比第二产业的就业人数多得多,但是,其中而信息传输、软件和信息技术服务业、金融业、房地产业等为代表的现代服务业就业人员比重相对较小,现代服务业发展还存在较大的发展潜力。

2020 年年初以来由于遭受几轮疫情冲击,厦门市各行业经济发展和劳动力就业均遭受不同程度影响。2020 年全市旅客运输量、旅客周转量分别比上年下降 56.3% 和 43.2%,交通运输企业复苏面临较大压力。生活性服务业企业经营恢复较为缓慢,规模以上旅行社及相关服务、游览景区管理、旅游会展服务、文化体育和娱乐等行业面临较大困难。由于相关行业开工不足,就业形势严峻。

3.劳动力年龄结构

与第六次全国人口普查时的数据相比,近 10 年来,厦门市劳动年龄人口比例出现了较大比例的下降;人口总抚养比(非劳动年龄人口数与劳动年龄人口数之比)从第六次全国人口普查(2010)的 21.07%,上升到第七次全国人口普查(2020)的 36.46%。2020 年,60 岁及以上老年人口占比为 9.56%,接近 10% 的老龄化社会标准,人口老龄化问题不容忽视。

4.劳动力质量结构

一方面,厦门市人口平均受教育水平有待进一步提高。与第六次全国人口普查相比,厦门市 15 岁及以上人口平均受教育年限从 10.29 上升到第七次全国人口普查(2020)的 11.17;深圳市 15 岁及以上人口平均受教育年限则从

355

10.91上升到第七次全国人口普查(2020)的11.86。无论是受教育年限的绝对值还是增长幅度,厦门市都低于深圳市。

另一方面,厦门市人才吸引力不足,存在显著的高房价溢出效应等导致地区优势减弱。厦门市房价与经济"不成正比"。2020年,厦门市GDP总量6384.02亿元,在全国15个副省级城市中,厦门GDP总量仅排在第14位。2020年,全国百城房价收入比①均值为13.2,其中厦门市以31.1的高分位居房价收入比排名第三,低于稳居首位的深圳房价收入比48.1,成为全国购房难的城市之一。房价与本地居民收入脱离严重,房价收入比居高不下。②

5.劳动力供求结构

2015年以来,厦门市劳动力市场求人倍率一直在1以上,这说明厦门市近年来始终处于劳动力供应短缺状态。厦门市经济发展面临诸多挑战,"招工难"问题成为其中突出问题之一。用工荒、招工难是地域性、结构性问题,缺工企业主要是劳动密集型企业。就业难和用工荒并存,在厦门市劳动力市场,一线工人短缺,尤其高级技工短缺;大学毕业生就业困难问题也同时存在。劳动力供给与需求之间存在"错位",反映出市场上"求职难、招聘也难","有人没工做、有工没人做"的就业结构性矛盾。

6.来厦就业人员来源地情况

2020年12月末,全市就业登记在岗职工中来厦务工人员占比超过70%,外来就业人员占据厦门市劳动力市场重要地位。但与此同时也带来一系列问题,如:住房保障问题、社保医保问题以及婚姻家庭、人际关系、职业生涯、心理适应与调节等心理问题等。

(二)厦门市劳动力要素贡献方面

通过与深圳市、福建省相关指标的比较,进一步分析厦门市劳动力要素贡献和经济增长路径方面需要进一步完善的空间。

1.深圳市比较分析

为了便于比较,我们取与上述厦门市样本相同的2000—2020年的深圳市数据为研究样本,产出Y以2000年不变价的GDP表示,资本K由永续盘存法计算,即$K_t = K_{t-1}(1-\delta_t) + I_t$。以2000年价格指数为100,当年投资$I$选择不变价的固定资本形成总额,投资价格指数选取固定资产投资价格指数,资本折旧率δ为9.6%,初始资本存量取1992年为基期的固定资本形成总额除以

---

① 房价收入比=城市二手住宅市场均价×城市人均住房面积/城镇居民人均可支配收入。

② 资料来源:2021年5月9日新浪财经,https://baijiahao.baidu.com/s? id=1699249198965798270&wfr=spider&for=pc

10%(张军等,2004)。L 以深圳市全社会劳动从业人数表示[①]。

利用 2000—2020 年的深圳市数据,可得:

$$\ln(\frac{Y}{L}) = -0.001 + 0.952\ln(\frac{K}{L})$$

$$A = 0.999, \alpha = 0.952, 1-\alpha = 0.048 \quad Y = 0.954K^{0.952}L^{0.048} \tag{13}$$

深圳市的物质资本存量 K 的产出弹性 α 为 0.952(t 检验 16.80,调整 R^2 $=0.9336$),劳动力数量 L 的产出弹性 $1-\alpha$ 为 0.048。厦门市的物质资本存量 K 的产出弹性(0.842)小于深圳市(0.952);劳动的劳动 L 的产出弹性(0.158)则高于深圳市(0.048)。说明如果资本和劳动力增长率相同,对于经济增长的贡献,厦门市的劳动贡献率高于深圳市水平。

通过计算生产要素的产出弹性乘以其增长率,可以得到深圳市各要素对GDP 增长的相对贡献,如表 7 所示。

表 7　2000—2020 年深圳经济增长的要素贡献

单位:%

年份	Y(平均增长率)	K	L	TFP
2000—2020	11.11	99.95	3.50	-3.45

与深圳市比较,从 2000—2020 年均经济增长来看,厦门市劳动的产出弹性较大,且厦门市的劳动要素对经济增长的贡献率(7.87%)高于深圳市(3.50%),其全要素生产率对经济增长的贡献率(3.17%)高于深圳(-3.45%),而厦门市资本存量对经济增长的贡献(88.96%)则低于深圳市(99.95%)。

2.福建省比较分析

我们同样取福建省 2000—2020 年的数据为样本,产出 Y 以 2000 年不变价的 GDP 表示,资本 K 由永续盘存法计算,即 $K_t = K_{t-1}(1-\delta_t) + I_t$。以 2000 年价格指数为 100,当年投资 I 选择不变价的固定资本形成总额,投资价格指数选取固定资产投资价格指数,资本折旧率 δ 为 9.6%,初始资本存量取 1978 年为基期的固定资本形成总额除以 10%(张军等,2004)。L 以福建省全社会劳动从业人数表示,劳动力平均受教育年限 H、抚养比 DR 和 EP 等数据

---

① 　数据来源:《深圳统计年鉴》。

数据处理:全社会从业人员数和固定资本形成总额缺失年份数据采用近 5 年年均增长率填补。固定资产投资价格指数采用广东固定资产投资价格指数,缺失年份采用商品零售价格指数。

由《福建省统计年鉴》相关数据计算得到[①]。

利用 2000—2020 年福建省相关数据,可得:

$$\ln(\frac{Y}{LH}) = 2.046 + 0.705\ln(\frac{K}{LH})$$

$$A = 7.737, \alpha = 0.705, 1 - \alpha = 0.295 \quad Y = 7.737K^{0.705}(LH)^{0.295} \qquad (14)$$

福建省物质资本存量 K 的产出弹性 0.705(t 检验 76.56,调整 $R^2 = 0.9966$),劳动力数量 L 和人力资本 H 的产出弹性 0.295。在考虑人口结构和人力资本情况下,厦门市的物质资本存量 K 的产出弹性(0.793)高于福建省(0.705);劳动的劳动力数量 L 的产出弹性(0.207)则低于福建省(0.295)。如果资本和劳动力增长率相同,对于经济增长的贡献,厦门市的劳动贡献率低于福建省整体水平。

通过计算生产要素的产出弹性乘以其增长率,可以得到福建省各要素对 GDP 增长的相对贡献,如表 8 所示。

表 8　2000—2020 年福建省经济增长的要素贡献(包括人口结构、人力资本)

单位:%

年份	Y(平均增长率)	K	H	L	L:其中			TFP
					POP	EP	(1+DR)	
2000—2020	10.92	94.01	3.12	2.79	2.70	0.70	−0.61	0.08

与福建省比较来看,厦门市的劳动要素对经济增长的贡献率(10.32%)高于福建省(2.79%),其全要素生产率对经济增长的贡献率(3.20%)高于福建省(0.08),而厦门市人力资本对经济增长的贡献(2.70%)低于福建省(3.12%),资本存量对经济增长的贡献(83.78%)则低于福建省(94.01%)。将劳动的贡献分解后,厦门市人口对经济增长的贡献(8.49%)高于福建省(2.70%),厦门市就业率和参与率对经济增长的贡献(2.57%)高于福建省(0.70%),降低人口抚养比对经济增长的贡献(0.74%)高于福建省(0.61%)。

通过与深圳、福建比较来看,同样依赖高投资的厦门市,其经济增长路径呈现不同特征。与深圳市劳动力要素贡献不断上升趋势相比,厦门市劳动力要素贡献近年来有所下降。与福建省相关指标比较,厦门市人力资本对经济

---

①　数据来源:《福建省统计年鉴》。数据处理:为与厦门市相关指标保持一致,福建省劳动力平均受教育年限 H 采取 6 岁以上人口受教育程度,通过相关指标测算得到;抚养比 DR 中劳动年龄 15~59 岁。全社会从业人员数和固定资本形成总额缺失年份数据采用近 5 年年均增长率填补。固定资产投资价格指数,缺失年份采用商品零售价格指数。劳动力平均受教育年限部分年份缺失数据采取均值法填补。

增长的贡献低于福建省平均水平,将劳动数量的贡献分解后,厦门市就业率和参与率对经济增长的贡献低于福建省。厦门市现阶段经济增长路径仍然为要素投入型经济发展方式。厦门市经济增长更多地依靠资本增长,劳动力要素贡献较小,尤其表现在人力资本贡献度不足。厦门这种过度依靠物质资本的投资推动经济增长的模式需要转变。

四、厦门市进一步完善劳动力市场发展的政策建议

建设现代化国际化国家中心城市,率先实现全方位高质量发展超越,率先基本建成社会主义现代化强国的样板城市,这些目标实现需要人力和人才支撑,需要进一步优化人力、人才资源配置。

(一)进一步优化劳动力结构,为厦门市经济社会高质量发展提供人力和人才支撑

厦门市在劳动力产业结构、行业结构、年龄结构、质量结构、供求结构、外来就业人员工作支持等方面还有很大改善的空间。本部分重点围绕如何进一步优化劳动力结构提出可借鉴的政策建议。

1.进一步协调劳动力结构与产业结构的关系

第一,进一步促进劳动力在各产业之间的自由流动。一方面,进一步提高待转移劳动力的能力,即增强劳动者在各产业的就业能力,加强其职业技能培训,提高劳动力素质。政府应进一步加大对职业培训的经费投入,加强企业职工在岗培训和农村富余劳动力的转移培训,大力培养适应产业结构优化升级需要的技能型劳动者。一是进一步推进职业技能培训市场化、社会化改革,实现补贴培训项目向在厦法定资质职业技能培训机构开放;二是支持企业开展线上稳岗技能培训和简易岗前技能培训;三是全面实施企校合作学徒制培养;四是加快厦门技师学院发展。另一方面,进一步畅通劳动力的转移渠道。建立统一规范的劳动力市场,按照"统一、开放、竞争、有序"的原则,加快厦门市统一规范劳动力市场体系的建设。

第二,进一步调整劳动力就业结构。一是进一步发展第一产业,做精做优现代都市农业。深化农业供给侧结构性改革,推进农村一二三产业融合发展,让现代都市农业成为蓬勃发展的富民产业。现代都市农业不仅可以吸收、提高传统农业就业人员,还可以吸纳更高素质劳动力就业。二是大力发展先进制造业。加快技术创新链、产业配套链、要素供应链、产品价值链"四链"融合,着力打造国际一流新型显示产业示范区、国内领先智能终端产业集聚区、东南沿海集成电路产业核心区和海峡两岸软件信息产业高地,加快构建"芯—屏—端—软—智—网"为一体的电子信息万亿产业集群。深入实施企业技术改造

专项行动,以高端化、智能化、绿色化为方向,巩固壮大航空维修、大中型客车、输配电设备等优势产业,提升水暖厨卫、运动器材、纺织鞋服等传统产业,大力培育机器人、精密数控机床等智能制造装备与系统,促进产业向价值链中高端迈进。制造业的产业升级需要现有就业人员不断学习提高,也需要大力吸收引进各级各类劳动力。三是应采取有利于就业的产业政策,优先发展第三产业。产业结构演进的一般规律显示,第三产业吸纳就业能力是优于第一、二产业。近年来厦门市第三产业在就业比重提高的同时,劳动生产率却出现徘徊的局面。进一步发展服务业,并重点发展现代服务业。壮大航运物流、金融服务、旅游会展、文化创意等优势产业集群,建设更高水平的文化旅游会展名城,打造港口型国家物流枢纽和服务两岸、辐射东南亚、连接"海丝"、面向全球的区域性金融中心,形成航运金融贸易超 2 万亿产业集群。推动科技服务、商务服务、检验检测等生产性服务业向专业化和价值链高端延伸,推动教育服务、健康服务、文化服务等生活性服务业向高品质和多样化升级。推动现代服务业同先进制造业、现代都市农业深度融合,推进服务数字化,建设全国服务型制造示范城市。积极吸引跨国公司和国内大企业大集团来厦设立总部和投资中心、研发中心、财务中心、结算中心等,打造东南沿海重要的总部经济集聚地。进一步大力培养、提高和引进适合现代化服务业的专业人才。

2.进一步完善厦门市劳动力就业的行业结构

目前,厦门的城市建设正在迈向新的发展阶段,各行各业的劳动力资源有待进一步开发和利用。第一,面对疫情回补压力,应积极应对疫情影响,推动复商复市。推动全市服务业优质高效发展,使之成为经济发展的主导产业和重要引擎。第二,加强旅游业扶持政策,鼓励扶持深受疫情影响的旅游服务业,拓展旅行社业务范围,加强旅游业人才培养。加强文化旅游市场领域综合治理,进一步推进旅游业提质增效,健全旅游公共服务体系建设,提高旅游业从业人员素质水平,实现旅游业高质量发展。全面推进区域协作创新,强力拉动旅游消费,口碑宣传旅游文化产品,加大城市品牌营销工作。第三,积极适应把握引领新经济,大力发展"互联网＋"经济,稳步推进厦门市新产业、新业态、新商业模式为代表的新经济发展。新经济对就业的创造效应和替代效应并存,加剧了就业结构的灵活化,要加快完善适应新就业形态的用工和社保制度,规范劳动关系认定和协调机制,不断提高政策弹性和保障灵活性,提升新就业形态劳动者就业和社会保障质量。

3.积极应对人口老龄化

面对即将到来的人口老龄化,需要未雨绸缪。第一,逐步建立完善的具有厦门特色的促进生育政策和相关经济社会配套政策。改善生育率是一个系统工程,从恋爱到结婚组建家庭,到孕产期,再到儿童成长,整个过程都需要全面的政策支持体系,所以相关的配套政策也需要逐步建设。要结合实际,建立和完善具有地方特色的相关的配套政策,包括女性劳动权益、妇幼保健、普惠托育服务体系、健康的婚恋教育引导等。第二,顺应厦门市人口老龄化发展趋势,推动"银发经济"发展。巨大的养老压力引发养老红利,大力推动老龄产业发展,充分挖掘老年群体的消费能力,推动养老机构、康复中心和商业养老保险的发展,推进大健康产业发展,创造高质量经济发展的新经济增长点。促进融合网络信息技术的智慧养老产业发展,做好智慧养老产业的思想观念宣传工作,建立健全智慧养老产业的制度保障,加大智慧养老产业的智慧投入。坚持政府主导、社会参与、多元投入,提升医养结合服务能力,推动居家、社区和机构养老融合发展网络建设,完善与养老服务发展目标相适应的养老设施。培育壮大老龄产业,丰富养老服务业态,探索高端养老服务模式,更好满足居民日益增长的社会化养老需求。强化养老服务综合监管,加快养老服务业地方标准化体系建设。推进基本公共服务均等化。

4.实现从数量型"人口红利"转向质量型"人力资本红利"

通过人才引进和教育培训等途径,提高人力资本配置和利用效率,充分发挥人力资本的集聚效应。真正做到尊重知识,爱护人才。第一,进一步完善厦门市人才引进政策。发挥厦门市宜居环境等比较优势,保证人力资本投资主体的高收益,强化"人才收益高地"效应,分层分类吸引人才,优化人才结构,以人才集聚激发城市经济增长的内生动力。第二,教育作为人力资本积累的主要方式,应加大财政对教育的支持力度,扩大公共教育投入规模。加快实现岛内岛外公共教育服务均等化。强化人力资本,加大人力资本投入力度,着力把教育质量搞上去,建设现代职业教育体系。第三,牢固树立科学发展观,坚持创新发展战略,推动建立政府、企业、科研机构、高校和中介机构的联合互补反馈的创新机制,促进优势互补、资源共享。推动厦门市真正实现由数量型"人口红利"转向质量型"人力资本红利",即向所谓的"二次红利"转变。今后应进一步加强人才重大工程与重大科技计划衔接,引进培养一批具有国际水平的战略科技人才、科技领军人才、青年科技人才和高水平创新团队。完善以创新能力、质量、实效、贡献为导向的科技人才评价体系,建立社会评价与企业评价的有效衔接机制。健全创新激励和保障机制,构建充分体现知识、技术等创新要素价值的收益分配机制,完善科研人员职务发明成果权益分享机制。加强创新型、应用型、技能型人才培养,实施知识更新工程、技能提升行动,壮大高水平工程师和高技能人才队伍。加强基础研究人才培养,鼓励发展新型研究型大学。

5.缓解劳动力供求矛盾

积极采取应对措施,缓解劳动力供求矛盾,成为厦门市劳动力市场健康发展和经济高质量发展的关键。第一,完善城乡公共就业服务体系,切实转变政府职能,进一步健全政府促进就业责任制度。一方面求职者在择业时需跟随市场变化;另一方面政府要健全全市公共就业信息平台建设,及时发布劳动力市场供需动态信息,引导求职者更新技能,调整就业方向,适应市场变化,实现劳动者就业与岗位要求的匹配,促进劳动力供求双方有效衔接。第二,加大就业创业的政策扶持力度,营造有利于就业创业的社会环境。第三,加强区域内外劳务协作,开展淡旺季用工调剂试点,缓解季节性、阶段性用工短缺。第四,全面推进劳动者就业质量改善提高。逐步消除劳动力市场中城乡、地区、行业、身份、性别等一切影响平等就业的制度障碍和就业歧视,保障劳动者良好的就业环境,以缓解劳动力结构性矛盾。提高劳动报酬,降低劳动强度、完善员工福利、改善劳动环境、规范用工行为等方面,提升用工企业的招工引工竞争力。

6.关注外来务工人员生存发展,留住和吸引劳动者在厦工作

外来务工人员在厦门市劳动力市场中占据重要地位,应采取切实的措施留住和吸引劳动者在厦工作。第一,完善法律法规,加大对外来务工人员权益的保护。充分考虑外来务工人员的自身特点和现实需要,根据外来务工人员社会保障制度分类分层的构建原则,完善外来务工人员社会保障制度,健全相应的社会救助制度,切实解决住房保障问题、社保医保问题等。第二,强化政府责任,落实对外来务工人员的保护。及时向外来务工人员公布劳动力供需状况,规范信息发布渠道,避免劳动力盲目流动。对外来务工人员的流动做合理的引导、给予政策上的优惠和鼓励,改善外来务工人员的就业环境、提高就业待遇,以吸引更多的外来务工人员。加强外来务工人员的培训,由各级政府统筹组织各类教育培训资源和社会力量积极开展引导性培训。加强劳动执法监察的力度,政府要加大对劳资双方合同签订的干预力度,确保用工合同的签订。第三,改善外来务工人员的维权处境,提高外来务工人员的话语权,进一步健全外来人员的维权组织。增强外来务工人员的法律意识、维权意识和依法维权的能力。第四,全方位保护外来务工人员的权益,满足厦门市外来务工人员生存发展,不仅是要应对消费物质外在形式的融合,还要在更深层次上面提高外来务工人员的城市适应性,包括认同感、归属感等心理精神层面。

(二)进一步优化人力、人才资源配置,充分发挥劳动力要素在厦门市经济社会高质量发展中的贡献

在关注资本、劳动力数量投入的同时,更应关注要素结构、效率和质量。尽管过去20多年,厦门市劳动力要素贡献高于深圳市,但是与近些年深圳市

劳动力要素贡献不断上升趋势相比,厦门市劳动力要素贡献近年来有所下降。与福建省平均水平比较,厦门市人力资本对经济增长的贡献较低。厦门市在提高劳动要素在经济发展中的贡献率方面还有较大空间。本部分重点围绕如何进一步优化人力、人才资源配置提出可借鉴的政策建议。

第一,调整经济结构,转变劳动力需求路径。劳动力需求由经济结构和技术方式所决定。粗放式投资及劳动力使用模式,使得劳动力素质处于一种比较低的水平上,这种经济结构过度耗费资源,最终导致经济增长的不可持续。以吸收低素质劳动力为主的粗放式投资及相应经济结构需要转型。通过结构转型,使企业创新能力提高,进而为劳动投入素质的提高创造更好的需求环境。政府应积极引导地方企业从资源依赖型向效率型企业转变,节能降耗、完善产业链条,实现规模经济和集约化生产,促进经济高质量发展。面对当前疫情冲击,厦门市政府应进一步出台相应的支持性政策,尤其是针对中小企业的救助性政策,提高政府惠及中小企业的效率。应精准服务企业复工复产。一是进一步完善稳就业保用工措施,从企业用工、引进人才、稳岗援企、技能培训、劳动关系、社会保障、减降成本等多方面精准施策。二是继续开展企业用工指导。三是进一步维护劳动关系和谐稳定。

第二,提高人力资本对经济增长要素贡献,推进劳动力资源的二次开发。强化人力资本的发展质量,加大对高层次、高水平、高素质人才的培养力度,增强人力资本水平与产业结构升级的适配度。劳动力素质的开发是一个系统性工程,分层次建立教育培训体系以形成劳动力素质与社会需求相协调的梯度结构,包括政府对转移劳动力技能培训的政策规划;对于城镇就业人员的岗位培训;对于失业人员的再就业培训。普通教育、技能教育以及继续教育的问题,切实关系到劳动力再生产能否适应工业化阶段的人力资本需求的问题。通过劳动力素质开发长远社会计划的制定,以此把劳动力技能提高的短期任务和长远目标结合起来,建立具有政府资源、企业资源和个人资源整合功能的人力资源开发体系。提高劳动力对新技术和新业态的适应能力,重视包括与行业发展相匹配的劳动力技能,满足新经济时代对劳动力的多样化需求。

第三,采取切实措施关注厦门市人口结构对经济增长带来的影响。进一步深化认识改善人口结构与促进高质量发展的关系,全面落实新人口政策,实施积极应对人口老龄化战略,培育经济发展的新动能,为高质量发展营造良好的人口环境。进一步弘扬"敢闯敢试、敢为人先、埋头苦干"的经济特区精神,与时俱进全面深化改革,为深化收入分配制度改革,推进城镇化进程,优化人口城乡结构,为新人口政策的实施提供良好的制度环境提供厦门经验。提高优生优育服务水平,发展普惠托育服务体系,促进人口长期均衡发展。积极开发老年人力资源,发展银发经济。

第四,增强技术进步的经济增长效应。在经济增长已经跨越初期发展阶段的形势下,面对高质量发展的要求,核心技术创新能力逐渐成为经济增长的关键因素,经济增长方式转型要求技术进步路径应逐渐转向以自主创新为主的发展方式,技术进步应具有可持续性、知识累计效应,否则难以从根本改变经济增长方式。新形势下,要充分意识到阶段跨越需要的整体性变革,既包括企业需要调整以应对,也要求政策制度、法律法规等宏观经济环境随之调整,使得经济增长路径能够顺利由模仿阶段进入自主创新阶段。具体政策层面包括:宏观政策应进一步强化核心创新能力发展战略,加大政策支持;产业政策应具有持续、连贯性,政策才可能不断产生技术创新的累计效应;技术政策应进一步优化,提高产学研联动效应,克服企业创新的技术门槛限制,不断提升企业自主创新能力与创新动力。

第五,充分利用地域优势,深化厦门和台湾人才融合交流。厦门与台湾具有五缘优势,即地缘相近、血缘相亲、文缘相承、商缘相连及法缘相循,且地理位置、人文素养、产业环境都较好,在吸引台湾人才方面,厦门有足够的资本成为海峡两岸人才交流合作的桥头堡。打造"台胞台企登陆的第一家园",坚持"非禁即享"和"行业标准共通",支持台胞在厦就业创业,深化厦门和台湾人才融合交流,推动完善保障台湾同胞享受同等待遇的政策和制度,积极探索厦门和台湾人才融合发展新路。

参考文献

[1]蔡昉,都阳,王美艳.户籍制度与劳动力市场保护[J].经济研究,2001(12):41-49+91.

[2]蔡昉.人口转变、人口红利与刘易斯转折点[J].经济研究,2010,45(04):4-13.

[3]蔡昉.中国经济改革效应分析——劳动力重新配置的视角[J].经济研究,2017,52(07):4-17.

[4]陈浩天,楚明锟.西方就业理论演进的历史轨迹及启示[J].现代经济探讨,2008(02):34-37.

[5]邓飞,柯文进.异质型人力资本与经济发展——基于空间异质性的实证研究[J].统计研究,2020,37(02):93-104.

[6]郭克莎.我国产业结构变动趋势及政策研究[J].管理世界,1999(05):73-83.

[7]胡军,向吉英.论我国劳动力供需结构失衡下的产业结构转换[J].当代财经,2002(12):51-53.

[8]胡永泰.中国全要素生产率:来自农业部门劳动力再配置的首要作用[J].经济研究,1998(03):33-41.

[9]李海峥,梁赟玲,Barbara Fraumeni,刘智强,王小军.中国人力资本测度与指数构建[J].经济研究,2010,45(08):42-54.

[10]林毅夫,任若恩.东亚经济增长模式相关争论的再探讨[J].经济研究,2007(08):4-12＋57.

[11]潘文卿.中国农业剩余劳动力转移效益测评[J].统计研究,1999(04):31-34.

[12]谭友林.中国劳动力结构的区域差异研究[J].人口与经济,2001(01):53-60.

[13]王涛,曹永旭.论产业结构合理化[J].生产力研究,2009(14):19-21＋203.

[14]吴华明.基于卢卡斯模型的人力资本贡献率测算[J].管理世界,2012(06):175-176.

[15]易纲,樊纲,李岩.关于中国经济增长与全要素生产率的理论思考[J].经济研究,2003(08):13-20＋90.

[16]喻金田.湖北省三次产业劳动力结构评价[J].统计与决策,2002(12):32-33.

[17]赵耀辉.中国农村劳动力流动及教育在其中的作用———以四川省为基础的研究[J].经济研究,1997(02):37-42＋73.

[18]周一星,孙则昕.再论中国城市的职能分类[J].地理研究,1997(01):11-22.

[19]Barro R J.Human Capital and Growth[J].The American economic review,2001,91(2):12-17.

[20]Chi W.The role of human capital in China's economic development:Review and new evidence[J].China Economic Review,2008,19(3):421-436.

[21]Krugman P R.The Myth of Asia's Miracle[J].Foreign Affairs,1994,73(6):62-78.

[22]Petrakis P E,Stamatakis D.Growth and educational levels:a comparative analysis[J].Economics of Education Review,2002,21(5):513-521.

[23]Sengupta J K.Growth in NICs in Asia:Some tests of new growth theory[J].The Journal of Development Studies,1993,29(2):342-357.

[24]Vandenbussche J,Aghion P,Meghir C.Growth,Distance to Frontier and Composition of Human Capital[J].Journal of Economic Growth,2006,11:97-127.

[25] Young A. The Tyranny of Numbers：Confronting the Statistical Realities of the East Asian Growth Experience[J].Quarterly Journal of Economics，1995(3)：641-680.

课题负责人及统稿：李文溥
执　　　　　笔：陈贵富　韩　静　朱若然

专题二
厦门市基层社会治理
改革创新研究

支部建在小区上:社会治理创新的湖里模式

基层治理是整个社会治理的基石,也是国家治理体系中最为基础的部分。习近平总书记指出,"推进改革发展稳定的大量任务在基层,推动党和国家各项政策落地的责任主体在基层。基层是一切工作的落脚点,社会治理的重心必须落实到城乡、社区。"多年来,为了更好地落实习近平总书记关于社会治理的新思想新理念,夯实党在城市社会中的执政根基,打通城市社会治理的最末端,解决城市基层社会治理的痛点与难点问题,湖里区委、区政府坚持深入基层一线,广泛开展调查研究,把城市基层社会治理工作重心前移小区,创新性地提出"支部建在小区上",开启了党建引领小区治理创新的实践探索,形成了独具特色的小区治理湖里模式。此项改革不仅激发了社会的自治活力,还为基层党建找到了扎根的场域,激活了基层党组织的生命力。特别是通过坚持问题导向的工作法,全面推行"党支部建在小区上"和"党支部与业委会深度融合",充分发挥小区党组织战斗堡垒和党员先锋模范作用,夯实了党的执政根基,打通了社区治理"最后一百米",小区旧貌换新颜,群众认同感、获得感和参与感进一步增强。小区党建工作得到了省市领导和相关部门的高度肯定,厦门市、福建省也相继出台了党建引领小区治理的《实施意见》,在全市、全省范围推广湖里做法。新华社内参《国内动态清样》、《人民日报》、《学习时报》、《法制日报》、《中国组织人事报》、人民网、中央电视台等国家级、地方级重要媒体相继做出专题报道,小区党建已然成为湖里一张靓丽的品牌,成为基层治理创新的一道独特风景,走出厦门、福建,走上了全国的舞台。

一、湖里区党建引领小区治理创新的缘起与轨迹

小区作为现代城市基层治理的真空地带,是承载现代城市居民日常生活和基本公共服务的基础细胞,是链接国家与民众的神经末梢。湖里对于小区治理的创新探索,源自湖里区委对国家基层社会治理现代化的宏观领悟和对湖里现代城市基层社会治理情况的准确把握。

(一)湖里区党建引领小区治理创新的缘起

厦门市湖里区成立于 1987 年 11 月,是厦门经济特区的发祥地,同时也是

改革开放的前沿阵地,位于厦门岛北部,"八山横贯两水,三面海域环抱",与金门岛隔海相望。全区陆地面积 73.77 平方公里,占厦门本岛面积的 47%,辖有 5 个街道、55 个社区、362 个小区。截至 2020 年 12 月区内常住人口 103.7 万人,其中户籍人口 36.39 万人,外来人口 65 万人①。改革开放 40 多年来,湖里区在经济领域取得了耀眼的成绩,近年来也深耕基层社会治理,尤其在小区治理方面大胆探索,不断创新,让曾经令人困扰重重的小区问题得到有效解决,实现了华丽转身。湖里区小区治理的创新探索,不仅凝聚着区委区政府对国家治理现代化的宏观领悟和创造性落实,也汇聚了国内外基层社会治理的成功经验,更体现了以人民为中心、服务人民的理念和情怀。

1.落实中央关于基层治理现代化的战略部署

从政治层面来看,党建引领小区治理创新是湖里区进一步落实中央关于社区治理的战略部署,推进基层治理现代化的应有之义。习近平总书记提出社会治理现代化的概念,强调基层治理是国家治理的基石,基层治理现代化程度直接影响国家治理现代化水平。还提出要加强社区治理体系建设,推动社会治理重心向基层下移,发挥社会组织作用,实现政府治理和社会调节、居民自治良性互动。党的十九大报告提出要加强社会治理制度建设,完善"党委领导、政府负责、社会协同、公众参与、法治保障"的社会治理体制,提高社会治理社会化、法治化、智能化、专业化水平。同时,将"创新社会治理体制"细化为"打造共治共建共享的社会治理新格局",并具体提出了社区治理的要求,即"加强社区治理体系建设,推动社会治理重心向基层下移,发挥社会组织作用,实现政府治理和社会调节、居民自治良性互动"。2021 年 4 月 28 号,中共中央国务院在《关于加强基层治理体系和治理能力现代化建设的意见》中再次强调,"基层治理是国家治理的基石,统筹推进乡镇(街道)和城乡社区治理,是实现国家治理体系和治理能力现代化的基础工程。"

社区作为一个区域性小型社会,是一定地域范围内存在某种社会关系的人们组成的生活共同体,承载着链接群体与个体社会属性的功能。20 世纪 90 年代以来,民政部倡导在城市基层开展社区建设,主张以社区为单位进行城市基层社会管理和社会整合。因此,一直以来城市社区既是居民参与基层自治的试验场,也是开展社会治理最微观的场域,弥合了国家和基层社会之间的真空地带。随着城市化进程的加快,各类住宅小区如雨后春笋般出现,成为城市板块中的重要结构单元,给社区基层治理带来了新的挑战。一方面,密集的住宅小区改变了城市的物理形态,导致了大型甚至超大型社区的出现,基层社区的治理容量不断扩大。湖里区最大的湖里街道目前下辖 18 个社区,198 个小

① 本文数据均来自湖里区小区办提供的翔实材料。

区,3个城中村,平均每个社区约下辖11个小区,社区的治理压力陡然加大。另一方面,随着城市建设向纵深发展,社区内小区类型趋于多样化,管理样态日益复杂,基层治理难度日益增大。湖里区作为厦门特区发祥地,建成早,发展快,区内老旧小区多,约占全区小区的五分之二,治理的老大难问题多;同时区内住宅小区既有生活配套齐全、物业管理到位的成熟小区,也有基础设施陈旧老化、配套服务缺失的"双无小区(无物业管理、无业委会)",各小区面临的治理难题不尽相同,但之前的社区治理却相对简单划一,存在一刀切管理问题。

面对社会治理的新形势和新挑战,湖里区委区政府为了进一步落实国家关于基层社会治理的战略部署,开拓基层社会治理空间,及时将治理场域从社区进一步迁移转换到小区,同时创造性地提出"支部建在小区上",开启了以党建引领小区治理的崭新探索。

2.创新党引领社会治理的理性选择

基层党组织是党执政的组织基础,是党密切联系群众、发动群众的中间桥梁,直接关系到党的路线方针政策的贯彻与落实。加强基层党组织建设既是厚植党的民意基础、巩固党的执政地位的根本保证,也是更好地发挥党引领社会治理作用的重要途径。为了加强党的基层组织建设,巩固其领导地位,使之更好地承担起新时代的伟大历史使命,需要发挥党建在社区治理中的引领作用,将党的政治优势、组织优势和制度优势转化为治理效能,落地基层,在服务群众中凝聚人心,整合社会,全面强化基层党组织的战斗堡垒作用,以新的方式推进基层治理现代化。

从党组织的覆盖面来看,和全国各地大致相同,之前湖里区的基层党建主要停留在社区一级,在小区内多按照党员在职情况、组织关系转接顺序等方式,根据需求相应设立小区党支部或联合党支部,但这种管理方式往往挂一漏万,难以对居住在社区内的所有在职党员、离退休党员进行有效管理。从党建工作的覆盖面来看,社区党建不仅涉及"党"的建设,还关涉社区事务的方方面面,基本包罗了社区管理和服务工作的所有事务,自然也包含了对小区事务的有效治理[①]。湖里区传统的以社区为单位进行党建的方式,与基层治理机制并未完全兼容,党建工作实际上与基层治理需求有所脱节[②]。从基层党组织的效能来看,由于社区资源有限,而需要管理的事务多而繁杂,难以调拨人手

---

① 董万云.关于和龙市社区党建工作创新的几点思考[J].延边党校学报,2011,26(06):43-45.

② 贺先平.城市社区党组织建设与党在城市基层执政地位的巩固——对广西城市社区党组织建设的调查与研究[J].广西社会科学,2011(05):9-15.

对小区历史遗留问题和发展中的顽症进行综合治理,也难以破解小区内自治组织步调不一、各自为政、软弱涣散的乱象。由此,很多问题就从小区滋生出来、延伸出来、扩散出来。这些治理乱象源自基层治理失调,本质上是基础不牢的问题。在湖里区,很多小区党的领导薄弱,有些小区甚至没有建立党支部,党组织的缺位是造成小区乱象最重要的根源。不论是出于巩固党的领导,还是治理小区乱象的需要,都必须把治理重心下移,将党的领导延伸到小区去,从小区治理抓起、把小区问题解决好,从源头上消除乱象,这样才能做到固本强基。

3.因应基层治理精准化的现实要求

按照马斯洛的需求层次理论,居民在物质生活得到满足后,就会转而追求更高的生活品质,更多样的生活方式以及个人价值的实现,精神文化需求取代物质生活追求成为主导性需求。随着需求层次的升级,居民对公共服务供给和社会治理水平的期待也会随之上升。在以往"行政管理"的模式下,城市基层治理资源由区政府职能部门统一规划,之后向街道、社区下放,由于管理链条长,难以及时满足居民对小区公共服务的多样化、差异性需求。同时,各行各业、形形色色的人共同生活在小区,对美好生活的需要呈现出多元多样多层次的特点,所以在公共服务、管理、安全、环境等方面要求众口难调,矛盾丛生。这些问题对传统的社区治理格局提出了挑战,基层治理亟须创新方式,以满足新的需求、应对新的挑战。

湖里区历史悠久,社区治理水平、治理能力一直处于厦门前列,但由于建成早,发展快,区内老旧小区多,外来人口多,治理难度大,各下辖街道、社区或多或少面临着基层公共服务供给能力不足,难以满足居民对美好生活需求的现实困境。这些困境具体表现为:其一,公共服务供给方式陈旧,街道、社区等传统治理单元尚未及时调整治理手段,服务能力呈现整体性不足;其二,社区公共服务针对性不强,不能完全根据小区性质把握小区治理的关键性主体;其三,公共服务供求矛盾尖锐,社区的服务导向与居民需求不能完全匹配,大部分民生急需的服务尚未提供,某些小区缺少改善小区人文环境的服务;其四,公共服务制度供给短缺,作为最小治理单元的小区治理组织缺位,难以与街道、社区等传统治理单位对接服务资源,实现政府对小区的精准化、精细化服务。

为了解决上述问题,进一步完善公共服务组织体系,拓宽公共服务供给渠道,湖里区需要在现有的治理基础上将治理末梢进一步延伸进小区,以居民需求为导向,改变服务资源供给方式,把群众对美好生活的向往回应到"家门口",实现小区居民足不出户享受各类公共服务,着力提升广大业主的获得感、认同感、幸福感。

4.提升社会治理绩效的客观需要

小区是城市的细胞,也是基层社会治理发生的最终场域。在城市化快速发展进程中,小区作为居民生活的基本场所,作为城市治理体系的末梢单元,越来越成为城市基层治理的重要领域,小区居民聚集、需求多元、事务繁多、矛盾频发,加强小区治理迫在眉睫。当前,由于城市发展,社区中的居民小区越来越多,平均每个社区1—2平方公里,一般辖区内有小区五至十二个,总人口数从几千至几万不等,社区党组织的现行组织架构、工作模式,已经难以对人口众多、素质不一、需求各异的社区居民治理实施高效顺畅的集中领导,导致社区治理对小区的覆盖空白较多,一些小区处于低级自治状态。从20世纪90年代开始,湖里区的小区治理便由政府主导向群众自治转变,虽然在一定程度上尊重了业主的主体性,但由于单一管理维度带来的组织失灵、治理失范、主体间关系失调等问题,小区治理容易陷入"群龙无首"的失序困境。其问题突出表现在:"集体行动困境"带来组织失灵、"零和博弈"导致治理失范、"公地悲剧"引起小区失序、公共精神缺乏导致居民参与不足。小区成为矛盾纠纷的集中地和多发地,小区乱象没人制止,小区没人管,脏乱差等问题成堆,区里信访60%以上都是小区的矛盾和问题,老百姓意见很大,老百姓讲政府不作为,影响党和政府的形象。

中央社会治理现代化的部署、传统社区党建的困境、小区居民对美好生活的呼唤、小区治理面临的困难等表明基层社会治理亟须变革,正是在这样的情境下湖里区党建引领小区治理的创新性改革应运而生。区委、区政府高度重视小区治理工作,经过深入调研和试点探索,在广泛听取部门、街道、社区、社会各方意见基础上,形成了"1+4+N"的小区治理框架,小区治理被区委区政府纳入区里五大重点工作,成为区委书记、街道书记、社区书记、小区书记四级都要抓的"书记"工程。

(二)湖里区党建引领小区治理创新的演进轨迹

多年来湖里区委、区政府认真贯彻落实党中央国家治理现代化和打造共治共建共享社会治理新格局的战略部署,按照"总体部署、试点先行、稳妥推进、梯次展开、全面推行"的工作思路,在总结社区治理创新经验基础上,向中心聚焦、为大局聚力,将目光投向了小区这个城市的最基本细胞,在探索中前进,在前进中探索,创造性地提出"党建引领小区治理"的模式,开拓了城市基层社会治理的新路径。从湖里区党建引领小区治理的创新探索的演进来看,从2017年开始,主要历经以下三个阶段:

第一阶段:因应需求,自主探索的萌发期。2017年4月以前,湖里区内一些小区由于治理矛盾尖锐开始尝试以小区为单位进行群众自治,探索建立小区自治组织,破解小区治理难题。达嘉馨园小区就是其中的先行者,达嘉馨园小区地处厦门市湖里区金山街道,建成于 2007 年,系成功大道南段建设拆迁安置房,小区房屋空间小,建筑质量差,建筑功能欠缺,是一个"先天不足"的小区。长期以来,小区居民与物业矛盾重重,不满情绪深重。

2010 年,现任小区党支部书记、业主委员会主任张朝麟主动站出来,带领小区党员队伍,发挥先锋模范作用,从解决小区居民的生活难题入手,着力改变小区面貌。在金山社区的指导下,达嘉馨园小区自 2010 年起先后成立了小区党支部、业主委员会、老年协会,形成党支部、业主委员会、老年协会、物业公司共议共管的协同自治模式,实行党支部书记与业主委员会主任"一肩挑",充分发挥党支部的核心引领作用,实现党支部对小区主要管理工作的介入、融合与指导。达嘉馨园小区党支部成立之后,充分发挥了党组织的基层战斗堡垒作用和党员的先锋模范作用,在协调小区内各主体的基础上,实现了小区治理工作的有序推进,极大改善了小区的生活环境,营造出良好的小区生活氛围。

正是达嘉馨园小区的成功经验引起了湖里区委区政府的重视。自 2016 年 8 月开始,湖里区领导就解决小区党组织缺位、小区矛盾纠纷多发等问题数十次深入小区调研,在广泛征求各方面意见建议,总结达嘉馨园等小区治理成功经验的基础上,深切地认识到:小区治理乱象的根源在于缺乏小区党组织这一坚强领导核心,只有建强小区党组织,才能为城市基层治理提供坚强有力的组织保证,从而初步形成了"支部建在小区上"的工作思路。

第二阶段:试点培育,顶层设计的启动期。2017 年湖里区委、区政府为大力推广"支部建在小区上"的典型经验,在政策上,强化小区治理的顶层设计,探索完善小区治理相关配套方案。同时,在总结"达嘉馨园"等先行者的党建经验的基础上,通过深入开展调查研究,精确选择试点单位,在不同性质的小区内广泛开展"业委会+党建"模式的探索。11 月在厦门召开的全省城市基层党建工作经验交流座谈会,湖里区党建引领小区治理成为会议突出亮点。

2017 年 4 月,湖里区委在综合社区资源、小区性质的基础上,选定 5 个街道 13 个住宅小区进行"业委会+党建"的试点工作。2017 年 4 月 23 日,13 个试点小区之一的禾山街道翰林苑小区率先换届成立新一届业主委员会,同时正式挂牌成立小区党支部,标志着湖里区开启了把党支部建在小区上,以党建引领小区治理创新的全新探索。同时,结合贯彻中共中央组织部全国城市基层党建工作经验交流座谈会精神,湖里区提出了"小区党建"的工作思路,以党建为纽带,把各领域、各行业的资源下沉运用到小区治理中。从此,小区党建的星星之火开始在湖里区点燃。

与此同时,为进一步推动小区治理工作,湖里区委、区政府开始摸索小区治理的制度化之路,着手完善顶层设计。根据中共中央、国务院关于《关于加强和完善城乡社区治理的意见》和省市相关文件的精神,在结合湖里区区情的基础上,2017年7月,区委正式印发了《湖里区关于加强城市居民小区党支部建设的指导意见(试行)》(以下简称《意见》)《关于组织机关和区属企事业单位在职党员到本人居住小区报到服务的通知》2份文件,在全区全面推行、规范推进小区党建工作。同时,湖里区委、湖里区政府相继出台关于物业管理、小区业主委员会建设、社区管理体制改革、小区党支部建设的一系列暂行办法和指导意见,形成了关于小区治理的四个框架性文件,改革了社区管理体制中不适合小区治理创新的部分机制,界定了小区党支部、业委会、物业三大主体的行动边界,初步建构了小区治理"三驾马车"并驾齐驱的治理体系。

第三阶段:全面推广,统筹建设的推进期。为全面落实全国组织工作会议精神和全国基层党建工作重点任务推进会精神,湖里将党建引领小区治理作为基层治理创新的突破口,全面总结试点经验与教训,在全区统筹普及小区党支部的建设,全面支持小区党建平台配套建设,提升小区党支部书记理论水平和政治素养,链接特性各异的小区资源,着力打造共建共治共享的小区治理格局,实现党领导下政府治理、社会调节、居民自治的良性互动。

2018年,湖里区委、区政府陆续又出台了系列文件,相关职能部门结合各自工作职责,积极参与小区治理,先后出台了14个有关小区治理的配套规范性文件,从多个层面进一步细化丰富了小区治理创新的实施路径,明确了各职能部门的职责分工,初步建立起责任清晰、分工明确的部门协同工作机制。由此,湖里区形成了"1+4+N"的小区治理制度框架,在明确小区党支部在小区治理中领导核心作用的同时,也对小区治理的主体建设、管理体制改革等领域进行了全面统筹。截至2019年,经过短短两年间,湖里区全区已成立350多个小区党支部、近900个楼栋党小组,建成120多个集办公、议事和服务为一体的小区党建阵地,在实现小区党支部对小区居民全面引导的同时,也提升了党组织建设的整体水平。

为进一步深化党建对小区治理的引领作用,加大力度推进小区党支部与业主委员会深度融合,湖里区委将更多的目光聚焦在破解小区群众关心的大事急事难事上,大力推动资源服务下沉,在小区深入开展小区秘书、小区医生、小区调委会、小区警察、小区律师等精准化、精细化服务,提升群众"最后100米"的安全感、幸福感、获得感。目前,湖里全区共选派300余名社区工作人员担任小区秘书,配套小区党支部管理,常态化服务小区居民;共选聘小区警察100余名、小区教师200多名、小区调解员近1200名、小区医生200多名、小区律师160多名,协助业主委员会等小区群众组织一同解决各种矛盾纠纷4000余起,真正做到"矛盾纠纷不出小区""小区服务小区享""小区事小区办"的基本目标,长期以来困扰湖里区小区的环境脏乱差、设施损坏老旧、车辆乱停乱放、邻里纠纷频发等突出问题得到较好解决,小区面貌开始焕然一新,群众幸福感、获得感、安全感不断攀升。

湖里区委区政府紧扣现代城市小区存在的突出病症,通过调查研究,深入挖掘城市小区治理乱象的根源,发现小区治理组织结构碎片化,缺乏坚强有力的领导核心是造成现代城市小区治理困境的关键性因素。而党在基层的根基不牢固,城市基层党建仍然以社区为主阵地,向下延伸不足,党建悬浮化,小区党建基本处于"真空"状态是造成城市小区治理缺乏组织载体和动力助推机制的根本性原因。为有效推动城市基层社会治理现代化,湖里区借鉴汇聚国内外基层社会治理的成功经验,汲取我们党"支部建在连上"的革命精神营养,将推进小区党支部建设作为推动现代城市基层治理的动力之源和创新城市小区治理的战略支点。通过实施全区党员"双向报到制度",推动党员回流反哺小区,成为激活小区治理的核心骨干和"领头雁",带动小区居民积极参与小区治理集体行动。同时,在党员回流的基础上,通过组建小区党支部,建构形成了"社区党委(党总支)——小区党支部——楼栋党小组——党员中心户"的纵向组织体系,实现了党的组织在湖里城市小区的全覆盖,形成了以小区党支部为核心,小区业委会和小区物业一体推进、一体加强,合力推动城市小区治理的湖里模式。

二、湖里区党建引领小区治理创新的实践探索

随着中国社会城市化的加快推进,小区已经成为城市社会最基础的细胞和神经末梢,连接着千家万户,关系着每一个城市居民的幸福指数。湖里小区治理的创新实践瞄准了城市基层治理的突出病症,坚持贯彻以人民为中心的工作理念,率先实施"支部建在小区",推动社会治理重心下移,公共资源下沉,着力破解当前城市小区治理中存在的突出困境,大力推进现代城市基层社会治理体系和治理能力的现代化。

(一)优化治理架构,支部建在小区上

为了弥补小区社会治理薄弱点空白点,湖里区委区政府大胆改革创新,探索出"支部建在小区上"的崭新治理模式,把党的领导落实到小区,把党的组织健全到小区,以党建覆盖推动治理落地。

1.全面加强小区党组织建设。为了更好地发挥党组织在小区治理中的引领作用,湖里区不断进行大胆改革创新。首先,完善街道、社区党组织对小区党支部的领导体系。成立湖里区小区治理工作领导小组及办公室,对全区小区治理工作进行统一部署、统一协调。大力加强街道、社区党组织对小区治理的领导,确保小区治理目标明确。其次,构建以小区党支部为核心的组织体系。湖里区在各小区搭建了"社区党委——小区党支部——楼栋党小组——

党员中心户"纵向到底的四级组织体系。凡在册正式党员达3名以上的居住小区,成立建制性党支部,并通过建立'兼合式'党支部等形式,积极吸纳非在册党员,强化支部执行力。

2.开创小区"四位一体"党建模式。为了在小区层面实现党的领导、业主自治、依法运作的有机统一,湖里区创造性地实行居民小组、业委会、物业服务企业和小区党支部"四位一体"的党建模式,协调组织之间的关系,将矛盾、对抗、冲突,转化为党支部内部的沟通、协商、合作,形成合力。湖里区各小区在党支部带领下,根据自身实际情况,探索出"支部领导,协商共治"、"支部牵头,业主自治"、"支部主导,多方参与"三种具有代表性的党建模式,促进多主体间的联治、共治。

3.选贤任能配好小区领路人。小区基层党建工作的重要任务之一就是培养或推选优秀的党支部书记。湖里区坚持有能力、有威望、有热情的标准,优先选拔小区党员中在任或离退休的党员干部担任小区党支部书记。首先,始终秉持"严选、严进、严评"的要求,严格支部书记选拔,规范选拔任用行为。其次,开展定期集中轮训、实战锻炼和指导交流,增强支部书记的政治意识、组织意识、法治意识,提高服务能力、履职能力。最后,根据"责任+制度"的原则,不断健全完善适用好用管用的绩效考评体系,从严从实落实对党支部书记履职情况的考评考核。

4.推进支部书记和业委会主任"一肩挑"。将支部建在小区,很容易导致党支部与业委会在处理小区公共事务方面职能交叉重叠,遇到大事难事而又相互推诿、议而不决,最终错失良机,阻碍了有效的基层治理。湖里区创设支部书记与业委会主任"一肩挑"的工作机制,在一定程度上缓解了党支部与业委会在结构和功能上的交叉与对立状态,将小区治理统合到党支部的领导之下。目前,"一肩挑"主要有两种样态:一是小区支部书记直接兼任业委会主任,二是把业委会主任发展为党员。通过推动基层党建与小区治理的融合,积极打造红色业委会,合力共促小区治理。

(二)下移治理重心,践行为民服务宗旨

支部建在小区的根本是将党服务人民的理念推向纵深,让党员践行为人民服务的宗旨落到实处。面对小区居民日益增长的多元化公共服务需求,湖里区委区政府践行以人民为中心的发展理念,坚持以满足小区居民需求为导向,切实把公共服务送到居民的"家门口",使人民群众的获得感、幸福感、安全感更加充实、更有保障、更可持续。

1.定机制,加强顶层设计。湖里区在构建"家门口"的公共服务体系时,坚持从整体上进行谋划,强化服务体系的顶层设计,研究出台了小区治理系列制度,确立小区党支部作为整个服务体系的核心,形成以小区党支部为核心,小区业委会、物业服务企业、小区社会组织和小区居民共同参与的小区内部治理体系,确保小区公共服务供给主体明确、责任清晰、优质高效、公平正义。

2.定试点,加速成果转化。 湖里区在推进基层社会治理,构建公共服务体系过程中,始终坚持通过以点带面,试点推进,分步推行,全面覆盖的方式,逐步实现城市基层公共服务均衡化。在2018年6月确定了全区的第一批13个典型示范小区建设试点,并逐步向全区推开。在推行小区公共服务体系的建设过程中,湖里始终把小区居民的获得感、幸福感、安全感的作为评判小区公共服务供给情况的基本标准。同时,湖里小区治理坚持走群众路线,问需于民,问计于民,组织开展小区建设专项大走访、大调研,实地查看小区建设情况,了解小区建设难题,研究解决举措,加快小区治理成果转化为群众的幸福指数、小区的和谐氛围。

3.定主轴,加快转型升级。 湖里区在推进小区公共服务体系建设过程中,积极强化小区党组织的治理轴心作用,注重引导党员积极参与小区治理,发挥党员的模范带头作用,建立了"小区党员服务站",筑牢党的基层组织堡垒。同时,坚持普遍性与特殊性相结合的原则,注重分类指导,突出公共服务精准化,结合各个小区的独特性,建构具有本小区特色的服务机制,如党员户"楼栋亮灯"模式、小区支部书记"会客室"、"红背心"党员服务队等。强化多元共治共享,发挥各类社会力量的优势和作用,推动各类资源下沉,推动公共服务供给多元化,引导社会资源助力小区服务,如引入社会力量积极打造"绿色网吧""温馨书吧"等,动员周边医疗资源开展"入户就诊"和"孤寡老人定期走访问诊"活动等,让城市小区居民切实感受到创新小区治理带来等幸福感。

(三)革新治理技术,推进智慧小区建设

城市作为现代信息技术的聚集地和效能释放中心,借助现代技术来推动小区治理技术革新,是实现现代城市基层社会治理现代化必然要求。湖里区在"党建引领小区"建设过程中,主动顺应物联网、互联网、云计算、大数据等现代信息技术发展和智慧城市建设大趋势,突出智能、人文、服务的理念,以"党建智能化、管理精细化、服务人文化、手段信息化"为建设思路,有效地提升了小区治理的现代化水平。

1."智慧党建"激发基层党组织活力。 湖里区各小区充分利用"厦门党建e家"、微信应用平台,推动社区党建工作向广度和深度延伸拓展,不断健全党领导下的社会治理服务体系。通过整合党组织基础信息,搭建网络化组织架构。在将传统党建学习资源电子化,并提供高效便捷的资源获取通道,为党员自主学习提供了内容丰富、形式多样的资源同时,将基层党组织活动由现实空间向虚拟空间扩展,随时随地开展学习教育,为增强基层党建工作实效提供了广阔的实践维度,为基层党员管理教育服务装上"加速器"。

2.在线议事平台拓展自治共建空间。针对小区普遍存在的"居民难融合、能量难聚合、资源难整合"问题,湖里区以基层党建为契机,推动建设"小区微信",借助新媒体的力量,打造业委会、物业与居民的"新朋友圈",完善社区综合信息服务平台;推行网上智慧化议事平台,并创建手机移动端,打造线上线下互联互通的网格小区居民"议事圈",使居民足不出户即可随时随地可以通过手机在网上议事,突破时间空间的限制,破除居民自治的"信息孤岛";借助微信、微博、QQ等社交平台,组建在线小区议事联盟,合理调整社区的组织架构和治理模式,统筹调配各方资源参与议事,实现居民、党支部、业委会和物业四方力量融合,提升小区治理的综合效能和水平。

3."线上+线下"渠道精准高效为民服务。湖里各小区大力打造综合性线上服务平台,从居民关注的家政、金融、健康等热点服务着手,积极与相关企事业单位合作,扩充平台功能,通过全面、精确、实时掌握各类信息动态,打造"三单式"服务,助推小区集约化、精细化与智能化发展。通过清单式服务,列举事项清单,全方位梳理全区小区治理的难题和痼疾,明确小区治理的重点难点;通过点单式服务,收集小区居民亟待解决的现实问题,并交由驻小区党支部进行处理,及时、高效且具有针对性;通过菜单式列出小区服务内容、项目、责任人、联系方式等,让有需要的居民按图索骥,通过微信扫码、小程序预约、电话联络、定时定点服务等形式让居民足不出小区就能享有便捷服务。以信息技术为支撑的"三单式"服务模式,达到了让信息多跑路,群众少跑腿的治理效果,有效提升了小区居民的生活便捷化和对小区治理的满意度。

(四)创新治理规则,构建治理制度体系

制度是约束人类行为的基本规则,能够界定权利边界和行为方式,降低行为的风险和不确定性,指导和规范个人和组织行为,使规制对象朝着制度所预期的方向发展。湖里区委区政府始终坚持从制度顶层设计上完善小区治理制度体系,理顺小区治理工作体制,理清小区管理权责边界,制定小区治理责任清单和服务清单,健全完善奖优罚劣和容错纠错机制,为小区治理提供了有效的制度保障。

1.推动小区治理制度的体系化。为加强和改进街道、社区和小区党组织对小区治理的领导,湖里区委区政府坚持"支部建在小区上"改革,精心谋划,着眼于构建系统完备的党建引领小区治理制度,立体式、全方位推进制度建设,维护制度体系的统一性,把阶段性任务与战略性目标结合起来,按照急用先立原则,抓住核心、关键、亟须制定的制度项目,集中力量推进,形成了"1+4+N"小区治理制度体系。该制度体系是"核心制度—重点制度—配套制度"构成的三级体系,不同领域、不同位阶、不同效力制度相互衔接,制度的系统性、协调性、统一性明显提高。"1"是一个党建引领小区治理的总体指导性意见,"4"是指小区党支部建设、业委会建设、物业管理、社区管理体制改革四个重点框架性文件,"N"是指小区秘书、小区医生、小区城管、小区警察、小区调解员、小区律师等系列配套规范性方案。

2.强化小区治理制度的操作性。湖里区小区治理制度体系建设的指导思想是不断满足居民群众日益增长的美好生活需要,切实强化制度对小区治理、居民生活、环境改善等方面的有效回应,并且围绕这些目标进行若干制度安排。从湖里小区治理的制度内容来看,主要由五部分构成:小区党支部领导制度和小区党支部自我管理制度,旨在加强基层党的建设、巩固党的执政基础;小区事务管理制度和小区治理保障制度,旨在推动管理重心下移,把经常性具体服务和管理职责落下去,把人财物和权责利对称下沉到基层,把为群众服务的资源和力量尽量交给基层组织;小区治理监督考评制度,体现小区治理制度体系的完整性、科学性,旨在确保小区治理制度体系的落实。具体如引入更多小区事务管理人员;为小区治理提供资金帮扶;通过激励手段促进小区居民自治;发展小区志愿者服务队;在职党员到本人居住小区报到服务等等。通过这些制度供给,为满足居民群众日益增长的美好生活需要明确了重点、谋划了可行性路径。

3.突出小区治理制度的执行力。湖里区充分认识到在公共理性发育不足、社会动员机制孱弱的背景下,依靠党政组织再造社会秩序,是实现小区善治的必然之路。为推动湖里小区治理的持续运转,湖里区委区政府在进行小区治理制度创新的过程中,充分运用公共行政部门调配治理资源的能力和主导治理工作的权力,建立了一个完备的党建引领小区治理制度执行体系。通过小区治理领导制度保障了小区党支部的领导地位,保障了小区党支部的决策能力和执行能力;通过小区事务管理制度、小区治理保障制度,确保了管理资源下沉到小区;通过参与制度保障了多元治理主体参与;通过监督考评制度,确保了制度实施的有效性和体系的科学完备性,形成了"党建引领"、"治理下沉"和"群众自治"的制度合力,推动了"党建引领的政治逻辑"、"治理重心下移的行政逻辑"和"群众参与的自治逻辑"的复合式小区治理模式的落地实施。

三、湖里区党建引领小区治理创新的总体成效

湖里实施支部建在小区上的城市基层社会治理创新实践,有效实现了城市基层治理场域的转换,切实以党建引领汇聚了小区治理的强大动能,有效推动了公共服务下沉小区,大力提升了小区治理的智能化水平,并为城市社会疫情防控工作提供了有益助力。

(一)以党建引领有效汇聚了基层治理的强大动能

支部建在小区上,强化党对小区治理的领导,不断巩固的党执政的群众基

础,为服务下沉小区提供有力的政治和组织保证。通过实施党员双报到制度,切实将党组织链条由社区延伸到小区,把党的旗帜在小区树起来,实现了党的组织在城市最基本单元的全覆盖,初步形成了小区党支部—楼道党小组—党员中心户的小区党建新格局;小区党支部通过全面引领小区业委会、物业公司、社会组织和业主,会同共建单位和志愿组织,开展"六方联动",实现了小区治理从群龙无首到核心引领的转变,有力推动了上级决策部署在小区的贯彻落实;通过深度嵌入小区治理的过程,不断吸纳党员进入业委会,开展红色物业建设,发挥党员同志在志愿组织和社会组织中的先锋模范作用和组织凝聚力,开展直接帮扶以强化党支部与居民之间的"鱼水关系",逐渐在小区治理的各个主体间形成治理合力,凝聚出推动小区善治的强大动能。截至目前,全区362个小区中建立357个小区党支部,实现了小区党建和党的工作的全覆盖,建成小区"党群之家"已建成了124个,小区党建工作全面展开,协调了小区业主委员会、物业、社会组织、志愿组织等各主体之间的关系,营造出优质的小区生活环境,让诸多小区的面貌焕然一新。

（二）以服务下沉有效提升了小区居民的幸福指数

湖里区从群众最关心、最期盼解决的问题入手,通过清单式、点单式、菜单式等实现精准服务,将公共服务下沉到"家门口",破解小区公共服务供给不足、供需错位、效率低下、居民满意度不高等难题,有效提升了小区居民的幸福感。

一是有效构建小区服务体系。湖里区坚持从长远角度,制度维度,来谋划小区公共服务体系建设,以管理促规范,以制度形成长效。坚持全面推行城市综合管理,通过各级部门从街道到小区层层分包,和"小区＋路长＋路巡员＋楼(梯)长"的责任体系建设,推动治理重心向最基层、向小区下移。同时,坚持社区共建、资源共享,全区492家驻区的机关事业单位、企业、社会组织党组织与小区党支部签订共建协议,认领小区务项目892个,以"以大党建"促进"大服务"。同时,推动服务资源向小区下沉,酝酿开展小区综合体制改革,动员更多的小区工作人员到一线去、到小区去,已选派333名小区干部担任小区秘书,直接到小区上班、为居民服务。此外,积极引入社工机构组织进小区开展活动,建立区级社会组织服务园,组建小区共建理事会、片区自治理事会,打造小区与高校、机构与小区、社工与志工等相结合的社工模式。

二是积极开办小区便民服务。湖里区秉承"以人民为中心"的思想,不断满足人民日益增长的公共服务需要,提高公共服务的效率与质量,增人民群众的获得感、幸福感。首先,医疗资源服务便捷高效。在引进高端医疗资源的同时,加快推进小区卫生服务站建设,使得基础医疗服务向前延伸至居民楼底下、门门口。其次,教育更加公平优质。制定民办义务教育质量提升规划,建立公办民办学校手拉手帮扶机制,努力缩小办学差距;完善政府责任督学管理制度和督导评估体系,办父母安心、百姓满意的教育。最后,文化生活更加繁荣。通过新建区职工文体中心、区青少年校外体育活动中心等,形成多功能的文化综合体;探索实施政府购买文体活动服务模式,推动各项文化活动向社会免费开放;依托众多文创园区,开展艺术品展览、科技博览、时尚秀场等富有吸引力的文化活动。

三是大力改善小区环境设施。近年来,湖里区累计投入以奖代补资金1.2亿元,实施了老旧小区改造等四批138个项目,进一步改善了湖里小区的基础设施和硬件环境。与此同时,在小区党支部建立后,充分发挥组织优势,多方协调资源力量,着力破解小区建设中存在的顽瘴痼疾。全区小区党支部围绕各自小区居民普遍关心、长期无法解决的老大难问题等,共梳理治理清单9000余条,采取项目化管理方式逐条落实解决,有效破解物业管理、环境卫生、违建拆除等小区建设难题,真正打通联系服务群众的,最后一百米。

四是高效激活小区志愿服务。为了满足小区居民不断多样化、复杂化、高质化的公共服务需求,打破传统的政府"单中心"公共服务供给模式的不足,湖里区致力于激活小区的内生动力,注重培育小区志愿组织,发挥居民的主体性作用,积极动员小区内的教师、医生、电工、警察、消防员等小区居民,发挥自身职业特长,充当小区服务志愿者,为小区环境改善、小区设施维护和服务小区居民提供助力,既有效强化了小区居民之间的互动来往,又内聚了小区治理的整体合力,还有效构建了小区居民的共同体意识,强化了小区归属感和幸福感。同时,全区党员全部加入了所在小区的党员志愿者队伍,积极参与小区建设各项志愿者服务活动,激活了小区的内生资源,实现了小区资源服务动起来。

(三)以技术改造有效提升了小区治理的智能水平

湖里区综合运用互联网、物联网、人工智能等新兴技术,集中构建党建、综合管理、自治议事、特色服务等智慧应用,创造性地开展智慧小区建设,一改以往僵化的小区管理模式,通过灵活多样的治理手段有效提升了城市小区治理的现代化水平。在党建方面,湖里区各级党组织共建党建微信"矩阵"126个,实现区、街、社区100%覆盖;有效融合基层党建信息和网上办事服务两大平台,打破传统党建"限时、限地、限人"束缚,实现党建阵地网上建立、党员身份网上亮相、交流讨论网上开展、教育管理网上进行。在综合管理方面,加快完善智慧小区综合服务管理体系,在小区建设网格化服务管理体系内,整合服务管理事项,健全日常运行机制,实现了小区业务一体化,提升了小区治理水平。在自治议事方面,开发综合信息服务平台、在线议事平台,搭建小区议事联盟,适合社区发展需要的平台应用模块,有助于提升社区的自我管理和供给服务能力,更好地满足居民在公共服务方面的多样化需求,深化社会治理体制改革。在智慧养老方面,以政府购买服务的形式实现市"12349"养老信息化平台和社区居家养老服务站对接,打造"互联网＋"居家养老新模式。积极推进居家养老、综合治理、劳动保障、党建等信息资源整合,融合现有各业务系统数据,实现了数据共享,推进智慧小区建设。

(四)以制度创新有效构建了小区治理的长效机制

湖里区通过小区治理制度的创新,回应了新时期城乡社区治理和城市基层党建工作的要求,破除了以往低效、不系统、不完善的治理手段所导致的治理困境,为小区治理问题和基层党建问题的解决提供了系统的、规范的、有效的新制度样板。

一是构建了一种新的城市小区治理的制度化模式。湖里区的小区治理模式,既区别于改革开放前传统的基层管理体制,也区别于西方的自治模式,它是"党建引领的政治逻辑"、"治理重心下移的行政逻辑"和"群众参与的自治逻辑"齐头并进的复合式小区治理模式。该模式通过强化小区治理制度的顶层设计,构建起了"1＋4＋N"小区治理制度体系,有效保障小区党支部的领导地位,强化了小区党支部在小区治理中的领导核心作用,形成了城市基层社会治理重心前移、治理资源下沉的长效机制,创建了一种新时代城市小区治理的制度化模式。

二是形成了一种新的城市基层党建的制度化模式。以往的城市基层党建存在两种局限性。一种为内部局限性,基层党建活动过于封闭,容易造成基层党组织脱离群众;另一种局限性在于,强调"党建引领"的治理意义,但对其实践路径和机制构建仍然比较模糊,使得"党建引领"沦为抽象的领导,陷入科层体制的内部动员。这两种局限性产生的根源都在于脱离群众性实践。湖里区党建引领小区治理的制度化模式,是一条扎根群众、动员群众、教育群众的群众性实践模式。这条群众性实践模式是一种双赢,一方面,小区治理是激活党建动力和路径的重要载体,赋予小区党建以政治活力;另一方面,党建嵌入小区治理场域的同时再造了小区治理的政治基础,重塑了小区社会的公共性。

(五)以多方联动有效助力了城市社会的疫情防控

新冠肺炎疫情暴发以来,"防控一线在基层"成为普遍共识,作为疫情防控的"最后一公里",社区与小区成为防止疫情扩散的重要战场,突发疫情下的管控更加考验基层的治理方式与治理能力。在这场没有硝烟的防疫战中,湖里区的小区治理模式的独特优势得到了检验,以党建引领小区治理的创新模式,不仅能够保证基层常态治理下的有效性,更能在应对突发事件时发挥独特的治理效能。

一是有效筑牢疫情防控阵地,助力疫情防控向好发展。2020 年 1 月 27 日,湖里区应对新型冠状病毒感染肺炎疫情工作指挥部根据疫情防控要求,迅速发布了《关于扎实开展"爱心厦门,防控疫情小区在行动"工作的通知》,对小区疫情防控工作做出全面指导,并反复强调了围绕小区开展的各项工作内容,确保防疫工作"十在小区"的落地,将疫情防控阵地前移至小区,有效延伸了治理触角,明确了疫情防控的范围,降低了疫情防控难度,筑牢了小区防线,为进一步开展疫情防控工作和后期复工复产创造了有利条件。从 2020 年 1 月 27 日开始,各小区全部实行封闭式管理,关闭出入口 467 个,对保留的 562 个出入口全部设置体温检测点,做到凡进小区必量体温、必登记信息。同时,全区 53 个城中村、124 个小组全面实行"党建引领、群防群治"的防控模式,关闭出入口 419 个,对保留的 120 个出入口全部设置体温检测点,严格实行人员入村盘查。在统一调控的基础上对各个小区分类施策,"外防输入,内防输出",从小范围到大范围,有条不紊地开展疫情防控工作,有效降低了疫情传播风险。在疫情防控后期,湖里区根据一手抓防控,一手抓复工的要求,及时调整了小区防疫重点,印发《入厦人员分类管理操作办法》,让小区防控有章可循,做到疫情防控与企业复工复产两手抓、两平衡。

二是强化党建引领小区防控,实现组织优势向防控优势转化。在疫情防控期间,作为组织核心的小区党支部,第一时间组织和协调小区防疫工作,迅速在基层一线形成领导力量,湖里区全区 486 个小区(含 124 个城中村小组),全部成立了以小区党支部为核心的疫情防控工作小组,顺利高效地将各项防控工作在小区内部进行组织与对接;小区防疫责任以党支部为载体的直接链接和下沉,有效稳定了居民对疫情的恐慌情绪;成立了 670 余支小区防疫党员突击队,共计 6820 余名党员直接沉在小区,承担入户排查、测温登记、巡逻劝导等重任,既直接推动了小区防疫工作,又带领群众积极参与防疫工作,凝聚防疫共识,统一防疫战线,成为疫情防控的核心力量。

三是坚持以人民群众为中心,有效激活了小区防疫资源。湖里区通过党建引领、党员带头,做好组织群众、发动群众、依靠群众的工作。在小区党支部书记的带动组织下,湖里区的每个小区都成立了小区疫情防控志愿服务队,吸纳志愿者近万人参与,切实凝聚了人心,全面发动了群众。全区共 300 多家驻区单位、3500 多名在职党员踊跃参与疫情期间"双报到"活动,为小区防疫捐资捐物、提供人力支持,协助开展小区卡口管控、宣传引导、入户排查、爱心结对等志愿活动;各小区的居民慷慨解囊,奉献爱心,捐款、捐口罩、捐物资,以不同的方式支持疫情防控工作。

四、湖里区党建引领小区治理创新的经验启示

湖里区委区政府牢牢地把握住支部建在小区上这一核心,密切党群关系,整合治理资源,优化治理结构,下沉公共服务,激发群众自主性,为城市小区治理创新开辟了新模式,也为推动城市基层社会治理体系和治理能力现代提供了有益的经验启示。

(一)坚持阵地前移,夯实城市基层社会治理的微观基础

小区是基层社会最基础的公共场域,是人们的生产生活的基本公共空间,人们的衣食住行、生老病死、文化娱乐等大都发生在这里;城乡不同的群体、利益多元的各个阶层、多样化的公共服务需求交织于这里。小区已然成为人们居家生活、公共服务的最基础平台,成为社会交往、利益关联的最前沿阵地,成为社会问题和社会矛盾预防化解的最源头防线。然而,在城市小区由业委会、物业公司、居委会等多元主体组成的治理体系中,治理主体的功能失灵、角色缺位以及彼此关系松散与失衡的情形也是屡见不鲜,小区治理时常陷入失序状态[①]。可见,传统的以大社区为基础的社会治理模式很难适应当前小区公共事务的复杂性特征,只有将小区纳入基层治理的视野和重要组成部分,才能有效化解小区治理的难题,有效改善城市基层社会治理的现实状况。

湖里区党建引领小区治理的创新实践,改变了当前中国城市基层社会治理普遍以"社区＋小区"为覆盖面,以为社区居民提供公共服务为主要内容的"大社区"治理模式,坚持将城市基层治理的具体场域不断下沉和延伸,实现了城市基层社会治理单元和治理场域从社区到小区的转换。将小区作为基层治理的最前沿阵地,有效拓宽城市了一般意义上的社区治理范围。通过构建制度化的小区治理机制,有效推动城市治理资源下沉,鼓励和支持社会多元参与,实现了党建引领、政府治理、社会调节、居民自治的多重良性互动。将小区作为推进和完善国家基层治理体系和治理能力现代化的试验场,一方面,有利于在小区层面开展源头治理,积极对本小区居民需求进行调查,对小区的工作情况作前瞻性预测,对影响小区秩序的潜在问题进行迅速反应,从长远的眼光、用最优的办法解决;另一方面,有助于强化小区服务供给,推行"三单式"服务,全面、精确、实时掌握居民的需求信息动态,及时、高效、针对性地加以处理,提升小区治理集约化和精细化水平,营造温馨和谐的小区氛围,提高居民的幸福感和获得感。

---

① 田先红,张庆贺.再造秩序:"元治理"视角下城市住宅小区的多元治理之道[J].社会科学,2020(10):15.

湖里区将城市基层社会治理阵地前移至小区,不仅能够为人民群众生存和发展创造出既有秩序、又有活力的基础运作条件和生活环境,还能为城市小区居民学习民主自治管理提供了路径,有助于培养城市居民的公共参与精神和小区共同体意识,切实拉近党群干群关系,进一步夯实党在城市社会最基层的执政根基。相较传统的社区治理,党建引领小区治理,形式上只是治理场域的改变,但实质是一次深度的制度创新。湖里区基层治理的小区路径,让基层治理直达城市基层社会末梢,填补了国家治理的真空地带,激活了城市基层社会治理与发展的活力,有效满足城市居民日益增长的公共服务需求,进而实现了基层社会治理的党建引领、社会协同、公众参与和共同发展。

(二)坚持支部建在小区,强化城市基层社会治理的党建引领

湖里提出党建引领小区治理的逻辑的前提在于,作为国家行政权力延伸的社区无法通过传统科层制的路径来有效发挥资源配置和组织动员的作用,国家要实现对基层社会的整合,实现城市社会的有效治理,就必须寻找替代乃至超越"科层制"的稳定途径。而基层党组织作为国家在基层治理场域中的代表,可以积极发挥引领作用,改变城市基层治理缺乏组织载体和动力助推机制的关键性困境,进而破除城市基层治理碎片化、低效化和无序化的局面。因此,湖里区借助我们党"支部建在连上"的宝贵经验,推动支部建在小区上,进一步延伸城市基层党组织的神经末梢,夯实党在城市社会基层的执政基础,打造党在城市社会最基层、最末端的组织堡垒——小区党支部,切实以科学、合理、有效的路径来发挥党对基层社会治理的引领作用。

为了更好地发挥党组织在小区治理中的引领作用,厦门市及湖里区通过系统规划和顶层设计,分别出台了《厦门市党建引领小区治理实施意见》以及《湖里区关于加强城市居民小区党支部建设的指导意见》的文件,着力推进小区党组织体系建设,构建了社区、街道党组织对小区党支部的领导体系和小区内部以党支部为核心的组织体系,全面增强基层党建对城市小区治理的引领作用,使党的组织力、凝聚力和影响力渗透到城市基层社会的最末梢,成为激活城市基层治理的强大动力引擎。支部建在小区的实施,推动了党建引领小区治理领导体系的形成,增强了湖里城市基层社会治理的整体性、系统性和协调性。推动支部建在小区的本质在于发挥小区党支部对小区资源的整合与协调作用,让小区党组织扮演链接小区多元主体的桥梁,依靠小区党组织的优势将多元主体的资源加以吸纳和整合,尤其是为小区治理运转起来提供组织载体和助推机制,改变以往城市小区治理内在乏力,外在无序的现实状况。

"支部建在小区上"的湖里城市基层社会治理创新实践,有效拓展基层党建工作的内涵和领域,破除了城市基层社会治理缺乏组织载体和领导核心的根本性问题。通过建构了"街道层面小区治理领导小组——社区层面小区治

理事务中心——小区党支部领导下的各类组织"的领导体系切实明确了小区党支部在城市基层党建中的地位,强化了小区党支部在小区治理中的统领作用,形成了以小区党支部为轴心,引领小区治理各项工作的基层治理新模式。同时,通过加强小区党支部建设,鼓励政治素质过硬、专业素质良好、群众基础牢固、党员同志信得过、年富力强的中青年干部进入小区党支部,不断充实小区党支部力量。通过党员双向报到制度有力促进了党员回流,让漂流在外的小区党员回流小区、服务小区,切实强化了小区党建引领小区治理的政治功能和服务小区居民的服务功能,有效推动了党的力量向居民小区下沉,实现了城市基层党建与城市居民生活的深度融入,让基层党组织和小区党员成为领导小区治理和服务群众需求的坚强堡垒和模范先锋,密切了党群关系,夯实党的执政根基。

(三)坚持多元协同共治,统合城市基层社会治理的整体合力

支部建在小区的核心价值在于为城市基层社会治理提供了有效的组织支撑和力量整合机制。湖里区在推进城市基层社会治理过程中,始终坚持发挥小区党支部在推动小区治理中的核心作用,实现对小区业委会、小区物业、小区居民等小区治理三大主体有效整合,切实激活小区的内生性资源,推动小区治理的多元共治和合力共建。

首先,有效激活小区自治组织,打造"红色业委会"。小区业委会是推动小区治理的小区居民自治组织,是城市基层社会治理的关键性主体。湖里区坚持在推进小区党支部建设的基础上,强化对小区业委会的引领作用。在基本实现小区党支部全覆盖的基础上,建立了党支部主导业委会换届制度,确保小区党支部在业委会候选人等方面把握正确方向,有效实现城市小区业委会的顺利组建和成功换届。同时,积极推动小区党支部和业委会人员的深度融合,引导推动小区党组织书记通过法定程序担任业委会主任,优秀党员参选业委会委员,大力将小区治理中履职情况好、日常表现好、群众口碑好的现任业主委员会主任及成员,积极培养发展成为党员,不断提高小区党组织书记和业委会主任"一肩挑"比例和业委会委员的党员比例,切实通过民主程序,确立小区党支部对业委会的领导权,为小区治理提供组织保障。另外,探索建立了小区书记列席业委会制度以及小区治理重大事项小区党支部先议制度。通过小区党支部书记及支委定期列席业委会日常会议,指导监督业委会依法依规履职。同时,凡涉及小区重大事项决策、重要项目安排、大额资金开支、物业服务企业选聘等小区重大事项,有效落实"小区党支部先议"制度,即先由党支部议定方案,再由业委会或业主大会做出决定。这些机制安排和制度设计有效提升党支部对小区业委会的引领力、整合力和推动力。

其次,有效重塑小区物业功能,打造小区服务前沿阵地。物业是现代城市小区治理的关键执行机构,事关着小区环境设施的维护和优化,直接影响居民日常生活的幸福感。湖里区在不断拓宽党的组织覆盖和工作覆盖面同时,大力推进物业机构党建联建工作,创建了党组织与物业企业相融合的"红色物业",破除了传统物业的服务提供者的刻板印象,重塑物业在小区治理中的角色。通过强化小区党支部建设,牢牢把握党支部对小区治理的领导权,通过业委会和小区业主大会等合法程序强化对小区物业选聘工作和小区物业履行物业职责的有效监督,促使小区物业不仅是获得合理合法受益的公司企业主体,也是参与小区治理与建设的关键性主体。同时,通过党支部与物业企业的党建联建机制,强化小区党支部、小区业委会和小区物业的协商共建机制,既为物业企业收缴物业费保障小区物业管理提供组织支持,强化对小区收益的管理使用,又多方协商,合力解决小区居民对小区管理的现实诉求。通过小区党建引领,积极将物业企业打造成小区服务的前沿阵地、联系群众的沟通桥梁、解决小区重点难题的重要力量,切实让物业公司从以前单纯的服务提供者转变为有效治理的参与者。正是支部建在小区,实现了小区党建工作与小区物业管理的双方相互补位、紧密合作,既有效地完善了小区治理体系,提高了小区治理效率,从整体上提升了物业服务水平和居民生活的幸福感。

最后,有效激发居民参与热情,汇集小区治理的群众智慧。湖里区小区治理创新的关键就是改变了以往的小区治理工作主要由社区居委会指导、小区物业执行,而忽视居民的主体性地位的传统格局,从而真正回归到小区治理以小区居民为核心的根本初衷。支部建在小区上就是要实现城市基层党建引领下的小区治理与城市居民日常生活的深度融合,将小区居民作为小区治理逻辑起点和真正归宿,让小区居民真正成为推动小区治理的内在核心力量和治理成效的评判者、享受者。通过小区党支部和小区党员的示范带动和激活撬动作用,引导小区居民关心关注自己生活的小区家园,参与和谐家园建设。通过将热心小区事务,熟悉物业管理相关法律法规、具有财会、法律、工程、环境等专业专长的业主作为业主委员会委员候选人,并积极发展成小区党员,让小区居民成为小区党支部的骨干力量,成为小区治理的核心能力,有效强化小区居民的主人翁意识。通过征集和评选小区治理迫切需要解决的十件大事,聚焦小区治理工作的靶心,调动小区居民的参与感;通过开展家庭入户卫生评比,强化小区居民参与小区治理的荣誉感;通过小区公共空间的小区议事大会和协商机制,强化小区居民参与小区治理的责任感;通过党员带动成立小区志愿服务组织,积极服务小区建设,强化小区治理的归属感等。正是通过小区党支部和小区党员的带动激活作用,让小区居民在参与小区治理中建立小区共同体意识和参与小区治理的公共精神,从而积极为小区治理贡献智慧,奉献力量。

（四）坚持多维赋权增能，提升城市基层社会治理的整体效能

湖里小区治理创新，将支部建在小区上，有效发挥了城市基层党建对城市基层社会治理的党建引领作用，打通了城市小区治理的最后一公里，破除了城市小区治理缺乏组织载体和核心动力机制的关键性困境。同时，注重从技术、机制和制度等多维层面强化对城市小区治理的赋权增能，切实增强小区治理实效，不断推动城市小区治理走向善治。

首先，以技术赋权，强化小区治理内在效能。随着现代信息技术的发展，城市社会已经成为现代信息社会最为集中的展示空间，城市居民也是现代社会信息技术最重要的掌控者和使用者。推行现代城市基层社会治理必然需要引入现代信息技术作为治理工具，赋能城市小区的智慧化建设。湖里区在推动支部建设小区的过程中，切实运用大数据、"互联网＋"等技术，实现党建智能化、议事决策在线化、服务管理人性化，满足了居民多元化服务需求，开展了一场破解治理难题、重构治理模式、提升治理效率的"治理革命"。通过将"互联网＋"技术广泛应用到小区支部学习、党员管理、党建宣传等方方面面，打破了基层党建工作常常面临的时空障碍，显著强化了基层党组织的政治和服务功能，有效减轻了基层党务工作者不必要的工作负担，提升了对支部党务、党员信息的把控精准度，形成了"党建引领小区治理"的智慧党建机制。借助微信平台覆盖率广、简便易操作的特点，探索线上线下多渠道融合、全方位全天候服务的基层治理新模式，建立集移动互联网、政务服务、社会治理于一体的交互式平台，构建了小区治理的"在线决策"模式，有效突破了以往由于信息不对称、居民认可度不高、参与度不够、邻里间不熟悉不"通气"所导致的与业委会、物业等组织的纠纷，实现小区治理群策群力、信息公开、过程透明、决策民主、治理高效和满意度提升。同时，借助智慧小区平台，将小区互动、小区公告、小区投票和物业缴费等功能集成，逐步推动小区智能安防、人员管理、停车服务、物业管理服务等领域的智慧化应用，实现业主足不出户即可自助缴费、远程开门、物业保修等，还延伸集成了家政服务、维修服务、健康服务、购物服务等板块，有效满足小区居民日常生活需求。湖里正是在创新小区治理的过程中，不断探索和尝试新技术、新手段，打造与实体社区相对应的虚拟社区以及以数字化、感知化、互联化、智能化为特征的智慧小区，将小区居民的需求和利益连接起来，不仅及时了解了社情民意、提供精细化服务、解决小区问题，还加强了社区各主体之间的沟通联络，营造了良好的社区氛围，有效提升了小区治理的内在效能。

其次，以机制赋能，强化小区治理资源引入。湖里区推动城市基层社会治理创新的实践经验表明，推动现代城市基层社会治理的还需要注重向外发力，强化小区治理资源引入。湖里区在强化小区党支部建设的同时，积极推动城市基层党建融合联动,在从体制内向体制外拓展、从核心区向边缘带延伸的同时,整合小区周边各类基层党组织进行共驻共建、互联互动,以各种丰富有效的形式强化基层党组织之间的横向连接,为持续推动小区治理汇聚社会力量,实现以"大党建"推动小区"微治理"。一方面,通过开展党建联建共促活动,将小区周边的资源动员起来为小区治理服务,如动员大型国企的党建资源实施共享、推动小区周边的学校开展爱心辅导、邀请周边医院开展小区义诊等为小区居民提供家门口的服务,切实强化小区居民的幸福感。另一方面,通过积极争取上级政府组织支持,设置专门的小区治理办公室,使得城市小区治理成为湖里区党委、政府关注推动的一把手工程,强化小区治理的上级推动力。同时,积极争取和引入小区改造资金和小区党建项目,推动小区治理平台建设和小区环境设施改善,有效提升了小区治理和服务居民的资源和能力。正是通过党建联建共促活动,不断强化党建引领基层社会治理机制,切实引入了外在资源和社会力量形成对小区治理的强大助力,让小区治理持续运转起来。

最后,以制度赋权,形成小区治理长效机制。湖里区在推进新时代小区治理过程中十分注重并坚持完善小区治理的制度供给,颁布了"1+4+N"等一系列规章制度,厘清了政府职能部门、街道、社区和小区等各主体在小区治理中的权责边界。第一,用法治化的思维推进小区自治。湖里区围绕小区治理过程中各主体权利和行为约束以及小区治理的重要事项构建和完善了多主体协商共治制度、民主选举制度、财务监督管理制度、建设项目招投标制度、财政奖补制度等全面而系统的制度规范,对小区治理的组织架构、治理机制、规则体系等各个方面做出具体性指导,从而在合理的范围赋予小区自治主体平等参与协商共治的权利,不断强化居民自我治理的合法性意识。第二,用信息公开推进小区自治微权力运行透明化。一是加强信息公开平台和渠道建设,指导居民学习信息平台使用规则和方法,通过交流培训增强居民技术能力;二是构建标准化、透明化的党建治理体系,让基层党建有据可依,推进党建引领基层社会治理的规范化建设;三是完善小区治理信息公开机制,不断提升治理主体提升权利意识,提高治理效率与效益。第三,通过项目制,落实制度赋权。湖里区全力打造小额"以奖代补"项目,所有项目的申报、实施、验收和监管都有明确的制度规范。正是通过制度机制的建设,让湖里的小区治理有"法"可依,有章可循,构建起了湖里小区治理的长效机制和制度保障体系。

参考文献

[1]韩福国."开放式党建":基于群众路线与协商民主的融合[J].中共浙江省委党校学报,2013,29(04):31-38.

[2]董万云.关于和龙市社区党建工作创新的几点思考[J].延边党校学

报,2011,26(06):43-45.

[3]贺先平.城市社区党组织建设与党在城市基层执政地位的巩固——对广西城市社区党组织建设的调查与研究[J].广西社会科学,2011(05):9-15.

[4]袁方成.国家治理与社会成长:城市社区治理的中国情景[J].南京社会科学,2019(08):55-63.

[5][美]曼瑟尔·奥尔森.集体行动的逻辑[M].陈郁,等译.上海:三联书店,1995.

[6]赵永茂,曾瑞佳.区级小区治理中跨部门伙伴关系之研究——以台北市北投区为例[J].南开学报(哲学社会科学版),2013(02):10-22.

[7]田先红,张庆贺.再造秩序:"元治理"视角下城市住宅小区的多元治理之道[J],社会科学,2020(10):15.

课题负责人及统稿:朱仁显
执　　　　　笔:邬家峰

一核多元共治:社区"微治理"的海沧范本

党的十九大报告提出,加强和创新社会治理,打造共建共治共享的社会治理格局,推动社会治理重心向基层下移。近年来,厦门市海沧区政府紧抓"全国社区治理和服务创新试验区"实验契机,着力构建多元共治治理平台,发挥党委在推动"三社联动"中的组织协调作用,发动和组织社区各方力量和居民群众积极参与社区自我管理,鼓励支持居民自发组建本土化的社区社会组织、社工服务机构,开展社区自我管理,逐渐形成"一核多元、互动共治"的社区"微治理"新格局。社区"微治理"是新形势下社会治理重心下移的重要体现,也是完善基层群众自治制度的重要途径。

一、海沧区社区"微治理"的背景

伴随着城市化进程的加速,我国城市基层从单位制、街居制过渡到社区制,成为中国微观社会治理的落脚点。海沧区的社区"微治理"在回应社会治理精细化需求、破解社会基层治理困境的过程中应运而生,旨在从微观社会结构的调整和渐进改良入手,推动宏观社会结构的功能调适。

(一)社区"微治理"的意蕴与结构要素

1.社区"微治理"的意蕴

"微治理"是在社会治理精细化的趋势下逐渐扩散开来的。社会治理的精细化要求治理能够因地制宜、适应差异化的公共需求,有效改变现有基层社会治理中自上而下"一元中心"而表现出来的"众口难调"的难题。"微治理"是社会治理精细化的具体体现,以"微单元""微机制""微参与""微项目"等等多种方式来实现自治或者进行公共治理。就"微治理"的生成逻辑而言,基层群众自治组织的"悬浮"造成了基层自治的真空地带,为"微治理"的产生预留了一定的空间;基层社会对公共产品的差异化需求并基于此产生的"微自治",构成了"微治理"的内生动力;人们长期交往下的"圈子"即"微单元"中运行的非正式制度为"微治理"的产生和运行提供了制度保障;传统共同体的消解以及自治性共同体的产生,构成了"微治理"可持续发展的运行基础。

综上,社区"微治理"是以居民需求为导向,创造性开发社区精英潜力,促进居民社团化,社团公益化、自治化,进而促进居民自我采取具体可行、细致有效的方式,带动社区居民参与社区公共事务的过程。[①] 在核心要义上,社区"微治理"强调三个方面:一是强调党政领导、社会协调和公众参与相结合,切实以居民需求为导向,实现社区居民自治的精细化;二是强调一核领导与多元参与结合,最大程度上赋予居民和组织参与治理的权力;三是强调民主、平等、效率和回应,促进社会公平正义,追求居民利益最大化。可以认为,社区"微治理"不仅是社会治理精细化的客观需求,更是社会治理精细化的有效实现形式。

2.社区"微治理"的结构要素

社区"微治理"通过多元治理主体之间的合作,实现发展基层社会、提高居民治理意识、增强居民治理能力的过程。多地社区"微治理"的探索与实践表明,微组织、微平台、微需求、微项目等诸多"微机制",作为优化社区权力和资源配置方式的结构性要素,有效激发了社区居民参与公共事务的动力,促进社会治理精细化的实现。

第一,"微组织"的培育。社区"微组织"的培育一方面是以居民结社意愿和共同利益为基础,另一方面,离不开社区和专业组织的引导。社区"微组织"的生成路径包括:在利益导向的社区活动中,凝聚和动员社区居民参与形成小群体,挖掘骨干力量,将范围拓展至志愿服务群体,为了逐步达到培育"微组织"和构建熟人社会的目的,在楼宇、网络、庭院等微观单元的基础上,寻求邻里利益联结,经治理单元内的能人牵头实现微组织化。同时在专业组织的引导和培训下,完成社区居民自组织、公益视野和志愿者人才的培养。

第二,"微平台"的构建。在社区治理的实践中,社区居民需要依靠一定的载体参与社区治理,居民互动机制及互动平台的构建显得尤为总要。居民参与和集体行动的关键在于平等、顺畅的沟通协商,这是实现利益联结、达成共识的必要条件。可以选择召开例会、座谈会等多种形式,充分利用互联网搭建微信群、社区交流平台等"微平台",准确了解居民需求,协商解决问题,动员团队采取行动。

第三,"微需求"的收集。"微需求"即社区居民日常生活中的实际需求,也是有效"微治理"的出发点。一方面,党员、志愿者和社区居委会在充分了解社区实际情况的基础上,积极了解居民需求或接受居民反映的迫切问题。另一方面,利用"微平台"的沟通反馈功能,在微信群和社区公共网络平台上反映情况,表达心声,或者通过线下会议的方式,收集居民关心的难点热点,协商各方的意见。

---

① 尹浩.城市社区微治理的多维赋权机制研究[J].社会主义研究,2016(5):101.

第四,"微项目"的运作。在广泛收集居民"微需求"的基础上,对居民呼声最高的需求进行重点处理。经过社区两委的协商和考虑,由自治组织发起"微项目"并实施运作。以"微项目"为载体,促进居民、自治组织、社区和政府之间的有效联系,使集体行动得以实施。实践表明,党和政府需要在建立"微项目""微平台""微组织"的运作中提供必要的资源支持,同时社区领导和党员同志在"微治理"中需要发挥组织管理与示范带头作用。

自从厦门市海沧区社区"微治理"获得民政部"2013年度中国社区治理十大创新成果"之后,"微治理"开始从基层实践探索中逐渐扩散开来,形成了各具特色的"微治理"模式。安徽合肥包河区滨湖世纪社区推行社区"微治理",打造"微品牌";宁波市鄞州区通过"微治理"来激活基层社会自治能力;南京市泰山街道通过"微治理"更加方便地服务于居民生活;安庆市洪桥村以"微治理"来细画新农村;东莞市在小区推行"微治理"让居民行使当家作主的权利等等。

(二)海沧区社区"微治理"模式的形成背景

厦门市从2014年开始了新一轮的社区治理实践,海沧区遵循"提高群众参与度、加强群众凝聚力、提升群众幸福感"的原则,探索以"微治理"作为实现社区自治的有效路径,深入推进社会治理体系和治理能力现代化建设。2020年海沧区的常住人口已达到58.6万人,辖区范围广、面积大、区域分散,加之近年来经济飞速发展,新楼盘开发建设带来人口数量急剧增长,社会问题凸显,存在诸多困扰,为海沧区社会治理带来了更多机遇和挑战。

1.经济迈入高质量发展新阶段

海沧区占地面积176平方千米,与厦门岛隔海相望,是福建南部拓海贸易的重要港口。依托高素质高颜值的"国际一流海湾城区"定位,海沧区坚持高质量发展赶超,建设宜居宜业的国际海滨城区。据统计,海沧区2020年全年的地区生产总值达815.75亿元,同比增长4.5%;财政总收入188.85亿元,同比增长2.9%;区级财政收入33.98亿元,同比增长2.9%;全区规模以上工业企业403家,规模以上工业增加值433.89亿元,同比增长8.4%;城镇居民人均可支配收入54704元,同比增长3.8%;农村居民人均可支配收入32748元,同比增长7.3%。从数据可看出,海沧区经济发展正在迈入持续稳定的高质量发展期,一方面以有力的经济条件为社会治理改革保驾护航,另一方面也对社区治理的深化提出更高要求。

2.社会矛盾亟待解决

社区作为城市社会的基本单元,是不同群体的聚居点,各种利益的交汇点,各种社会矛盾的聚集点。近年来,海沧区的社会矛盾凸显为城市建设、动迁矛盾、房屋装修、劳资纠纷、消防安全、交通问题等等,社区居民的物质、文化、生活、工作等需求也日益呈现多样化、多层次趋势。特别是随着经济的发展，社会治理表现出多种不适症状。

一是城区居民流动性大，随着城市化、市场化进程大大加快，大量外来流动人口持续不断涌入，满足了海沧区城市社区建设和经济发展的要求，同时也给海沧区的社会建设和管理带来挑战和压力。随着居民生活水平的提高，海沧区房地产交易活跃，跨市跨省购房租房的现象突出，产生了很多住房、户口与人三者"人户分离"状况。加之大量城中村的拆迁改造，这些都为海沧区社会治理带来了很多压力。二是城区公共资源匮乏，虽然海沧区道路和公共交通在不断调整和改善，相对于岛内仍然处于匮乏的状态。目前，厦门的优质教育资源和医疗资源多集中在岛内，城中村和历史遗留下来的违法建筑等问题交织，给海沧区的城市治理和城市运营带来巨大挑战。三是在创新社会治理的进程中，居民民主参与意识增强，但整体自治能力仍偏弱。多数居民在参与城市社区治理的过程中，对社区的公共事务关注较少，往往是为了维护自身的切身利益，或受到从众心理的支配而参与，并非基于公民的责任感而关心社区公共事务，甚至对所在社区的治理状况漠不关心，民主意识和公共精神匮乏。社会矛盾的凸显亟须新的社会治理思想和手段。

3.解决社区小微问题

近年来，海沧区以新建商品房小区为主要类型，辖区内居民的熟识度近乎为零，属于典型的陌生人社区。在社区当中，不仅居民之间是陌生的，社区工作人员和居民之间也有疏离感。这种状况如果不能及时得到改变，社区人员就难以赢得居民的认可，进而加剧居民与社区事务的距离感，导致社区的动员和参与发生障碍。解决发生在小区和楼栋层面居民关心和关注的问题，仅仅依靠社区工作人员是不够的，必须调动起小区各方的参与力量。小区党支部、居委会、业委会、物业等与居民一起解决小微问题，一方面能够赢得居民对社区的认同感，另一方面也有利于进一步开展社区动员，整合各方的治理合力，达到人人尽责的目的。

4.社会发展的新形势

现代城市的发展需要一种"有限、高效"的政府管理体制。厦门在社会治理方面暴露出一些问题：首先，领导干部的认识不够，难以转变思想。在政府管理中一味强调政府主导，不能保证群众主体地位的实现。其次，政府职能转变慢，不能提供高效服务。政府还是在做一些应该由社会组织完成的任务和工作，管了很多政府不应该管也不必去管的事情。再次，治理主体的权利和义务不明确，任务难以落到实处。政府、社区党组织、社区居委会、业主委员会、社区民间组织、物业管理部门相互间的关系比较模糊，导致了社区管理责任的相互推诿和混乱。最后，服务队伍配备力量不足，基层自治难以进行。当时厦门市的全部社区服务队伍普遍存在数量少、任务多、压力重的特点,社区工作人员承担不了繁重的管理工作和服务任务,十分不利于基层自治功能的发挥,基层社会治理水平亟须提升。

二、海沧区社区"微治理"的实践与成效

厦门市海沧区探索出一条以"微治理"实践社区自治的有效路径。这一探索的核心是以小事为抓手,以生活为平台,以居民为主体,以参与为核心,将自治内容嵌入居民日常生活,让社区自治、民主参与内化为居民的习惯。海沧区社区"微治理"在激活社会、凝聚群众参与、培养居民自治习惯等方面都取得显著成效,先后获评全国和谐社区建设示范城区、全国社会工作服务综合示范地区等"国字号"荣誉,"微治理"项目获评首届"中国社区治理十大创新成果"。

(一)海沧区社区"微治理"的具体举措

在政府治理层面上,海沧区社区"微治理"以"微平台"和"微单元"为自治载体,营造共谋、共建、共管、共评、共享的治理氛围。在社区建设层面上,以"微组织"为架构,突出群众主体,引导民间自治组织发展,激活社会公益组织作用,推动多元互助组织成立,促进个体在社区的融合。在居民参与层面上,以"微机制"触发参与动力。完善参与机制,确立治理基础;强化激励机制,提供缔造动力;巩固服务机制,保障互动实施。

1.以"微单元"精确治理定位

海沧区在推进社区"微治理"工作的规划层面,因地制宜,以小区、院落—楼栋—网格为单位,建立了多种类型的社区"微治理"单元,在范围较小的"微治理"单元范围中,彼此相熟的居民更加愿意参加组织的各类活动。

第一,在新型商品房住宅区实行小区自治。随着城市社区辖区面积的扩大和居民人数的不断增加,新型商品房住宅小区趋于常态,小区内的异质性与陌生感增加了社区治理的难度,为了维系小区的公共利益,以居民小区为单位的自治就成为一种必要和可能。对于新型商品房住宅小区的居民而言,他们没有谁可以依赖,小区的事情就是自己的事情,小区的公共利益与自身利益紧密联系,为了能够维护自身利益,会尽可能地主动参与到小区的公共事务管理中来。海沧区社区党组织联合政府建设部门共同指导,在小区层面整合业委会、物业公司、社区居委会的资源和力量,强调在党组织领导下,实行居委会、业委会、物业公司"三方联动"的小区自治模式。社区党组织作为领导核心,充分发挥党组织对社区的领导作用,每月召开一次"三方联席"会议和业主代表大会,同时举办重要事项听证会,进一步完善居民会议、评议会、居民自治章程等规章制度,不断落实居民民主选举、民主投票等民主权利,不断完善小区治

理体系,调动居民群众参与自治的积极性,全面提升小区的治理水平。

第二,在院落区实行楼栋自治。院落—楼栋自治,即居民在本院落、本楼栋范围内,围绕社区公共事务或公益问题进行自我管理、自我教育、自我服务。海沧区鼓励居民成立院落自管小组或楼栋自管小组,设立小组长,以楼门、院落活动为载体,开展邻里之间的互助活动。楼栋作为一个三级治理单元,依靠居委会和居民的支持,成立楼栋自管会,再形成自管小组,自管小组在居民授予下,通过小组长代表居民管理院落的日常事务,维护院落日常秩序,为居民谋利益,接受居民的监督,促进院落和谐。院落—楼栋自治把居民小组或院落治理的单位进行再细分,进一步缩小了社区治理的单元,将诸多日常小事化解在楼栋内部。一方面,社区居委会和居民小组在一定程度上实现减负,退出被过度挤压的居民自治空间。另一方面,居民在更小的公共生活空间中利益息息相关,参与楼栋事务的积极性提高。

第三,依托网格化管理和服务实施自治。网格化管理服务是将社会发展的服务与管理工作下放到每个网格单元中,社区工作人员依靠社区信息服务平台开展精细化管理和服务,实现力量下沉到基层、责任落实到基层、服务细化到基层。由于网格化管理与服务具有迅速、切实有效的治理优势,在海沧区得到了广泛的传播。海沧区在网格化的建立过程中,对各社区内的信息进行全面的展示,使居民可以及时了解社区信息。网格化管理与服务将社区、村、景区划分为多个单元,根据居民出行路线等因素进行划分,几个单元为一个网格,每个网格配备相应数量的网格管理员。网格管理员的工作主要是进行信息采集、调解矛盾纠纷、政策法规宣传等,对于能迅速解决的微小事件当场解决,对于相对难以处理的重大问题和突发事件,立即上报分管两委及社区党委书记,通过党组织和居委会帮助群众化解矛盾、解决问题。网格化管理服务的优势在于,群众能够共享社区信息,网格管理员分工明确,对于社区中存在的矛盾和群众问题能够及时发现并迅速处理,实现了社会服务"零距离"、社会管理"全覆盖"和居民诉求"全响应"。

2.以"微平台"搭建治理载体

海沧区在推进社区"微治理"工作的实施层面,以"微平台"为目标,真正营造"共谋、共建、共管、共评、共享"的地方治理氛围。一方面强调政府的平台建设优势,从政策层面调动群众共同参与积极性。另一方面,强调现代信息技术运用的重要性,促进网格化管理服务平台的运用,健全社区信息互动交流机制,开展线上线下融合发展的治理实践,建设高效便捷的智慧型社区。

海沧区建立了四个相关的微治理合作平台。一是网格治理平台。依据政府自上而下的网格化管理,将社区党支部委员和社区居委会委员等社区"两委"成员全部下沉至网格,社会治安综合治理协管员、计划生育管理员、规划执法管理员、医疗卫生员、文化协管员、科普宣传员等原有社区"六大员"为网格管理员,保证社区居民办事便捷性、可靠性和直达性,以及社区居民与基层政府的联系与互动。二是参事议事平台。兴旺社区将以社区居民需求为根本出发点的"听民声、知民情、集民智、暖民心"作为开展社区工作的内核,建立起全省首个"集民声倾听室、民情调查队、民智议事厅、民心服务站"为一体的居民自治孵化器——"四民家园",并依托"民智议事厅"建立起"社区同驻共建理事会"和"社企同驻共建理事会",实现了居民参与议事以及社区与社区组织、社区企业的合作共治。三是外来人口互动平台。依靠社区企业、社区社会组织等的认捐认管行动,兴旺社区在"新厦门人"聚居地建立了"新厦门人服务综合体",设立了"新厦门人社会组织孵化基地",以政府购买社区服务的形式,聘请专业社工机构为"新厦门人"提供专业的社区公共服务,并以"新厦门人服务综合体"为载体实现外来居民的自我服务、自我管理、自我教育、自我监督。四是信息互动平台。从信息展示、参与到反馈等方面着手建立信息互动平台,实现社区居民的知情、诉请、问情等权利,完成参与治理主体与社区居民"点对点"对接,加强信息流通和互动。

3.以"微组织"孵化治理支撑

海沧区在"一核多元、互动共治"的社区"微治理"新格局中,强调多元社会组织的孵化,培育成立多元性、多单位组成的小群体,促进个体融合社区,通过社区内部多种类型的社会组织对社区治理实现全方位,多层次的支撑和推进。

第一,业委会与物业公司。二者作为社区中的两大主要组织,在"微治理"中发挥重要的基础作用。业委会代表业主的利益,对物业公司进行监督,并负责组织业主开展自律维权等工作。物业公司作为市场主体,由业委会选择进入社区并提供物业服务。在理论意义上,物业公司仅基于合同或协议提供相应物业服务,但在实际运作过程中,物业公司直接管理小区的公共空间、公共设施和其他公共资源,以及公共营收利益,间接参与到社区治理事务当中。居民在社区治理时,常常也要和物业公司打交道。当物业公司提供高质量的服务时,社区管理水平通常也会相对较高。因此,作为社区管理水平的重要影响因素,物业公司也已成为社区的重要治理主体。业委会与物业公司作为社区内部最主要的"微组织",在"微治理"中发挥着最直接的作用。

第二,社区同驻共建理事会、社企同驻共建理事会等自治组织。社区居民作为社区自治的主体,可以通过社区同驻共建理事会对社区内的事务开展自治工作。一方面,社区内的学校、企业、单位与居民可以共同参与社区内经济、文化、教育、卫生等活动,不仅方便了社区的管理,也能够对社区内资源进行最大程度的整合与利用。另一方面,通过社区同驻共建理事会等自治组织,社区居民也可以就交通出行、困难救助、社区基础设施等诸多社区内部问题进行深入探讨,并通过讨论制定相应的决策。在这一过程中,政府、社区居民、驻区企业以及社区社会组织等交互式互动,积极引导社区居民参与社区微治理,社区居民自治能力不断提升,形成互补共强的效果。

第三,居民社团形成的组织。社区内居民基于自身的兴趣爱好,被吸引到各种自治组织中,以团体为主开展各项活动,形成可以对社区公共事务进行治理的小群体。一般情况下,不同的社团组织都有自己的组织目标、组织章程以及运行边界,社团组织以先进的社会工作方式,引导居民建立社团,参与社团,组织居民参与各项活动。实现社区微治理和多元主体共治的良好效果,就必须充分发挥社团组织的积极作用。海沧区通过政府购买服务,积极引导社会工作机构进社区,充分发挥其为社区困难群体提供专业非营利服务的优势。海沧区逐步完善了政府购买社会组织开展公共服务的制度体系,出台了社会组织购买服务标准化流程,建立政府购买服务信息平台,增强整个政府采购过程的透明度,为更多社会组织积极参与社会治理提供机会的同时,引进竞争和淘汰机制,提升社会服务借给的质量和效率。政府购买社工服务的举措也是加快转变政府工作职能,建设服务型政府的重要手段。海沧区在社区微治理工作中,大力培育发展各种微组织,并在多元共治过程中将民主协商融入其中,以实现社区公共利益最大化为目标,建立多元主体平等参与的伙伴关系,以发挥居民最大的能动性。

如海沧兴旺社区成立了居民同驻共建理事会和社企同驻共建理事会,密切了居民之间关系,促使企业和各种社会组织参与到社区治理。这种充分调动社会多元主体参与积极性的"微机制",补充了政府治理的不足,推动社会治理走向精细化。名仕阁无物管小区的"自助家园"建设充分体现了同驻共建、多元共管的社会成效。"自主家园"创新"三元治理"机制,分别由小区业委会负责自治管理、社区公益组织实施公益服务、社区居委会提供"以奖代补"。试点工作开展以来,小区每月的物业费收取率达到了96%以上,居民无偿出资改善硬件设施,社区公益组织在小区内提供多场志愿服务,真正惠及小区每一位居民。

4.以"微项目"配置治理资源

海沧区在社区"微治理"的资源配置和项目落地上,充分利用社区的人力、物力、社会关系等资源落实治理的"微项目",以居民需求为导向,以民生实事为载体,设定"微项目"的目标、计划、主体、评价等要素,开展社区"微治理"的实践和公益行动。

第一,以问题为导向满足居民需求。重视社区精英的组织作用,利用网格化管理服务系统,健全社区居民需求反馈机制,对居民反映的各类事项归类整理,进而设定具体"微项目"。微项目的立项和执行要考虑目标群体的实际需求和受益程度,对项目实施的主体、对象、目标、过程,以及人力、物力、财力投入进行评估。第二,鼓励居民参与协同治理。依据具体项目的利益相关性,灵活把握项目实施的范围,涉及社区全体居民利益的项目一般需党群议事会研究讨论,比如社区养老项目;影响某一小区居民或更小范围的项目一般由邻里理事会主持,比如某小区的停车难问题,项目立项与实施过程中发挥好多元主体的协同效应,鼓励居民参与项目的研究与实施。第三,引入专业服务促进资源整合。有些项目只需社区自身力量就能实施,有些项目需要相关政府部门的支持,需要企业的扶持,还有些项目需要社会组织的帮助,专业技术人才的协助,比如社区养老服务中心的建设,既需要政府部门的财政支持,也需要社会组织和专业的医护人员对老年人提供家政劳务、生活护理、医疗诊断和心理慰藉等服务。

如海翔社区通过建设区级"关爱中心"项目,加强"社会组织多元互动平台"项目建设,已培育了郑宪葫芦丝工作室、书画协会工作室等10余支特色社会组织,打造出"妇女加油站""青少年成长营"等具有特色的服务品牌。海发社区开设多样化课程,亲子DIY课程、亲子爵士舞等活动百余场,开设四个常设讲堂一千多节,受到了居民们的热烈欢迎和广泛参与。未来海岸社区通过完善警务室建设项目,健全多元化矛盾纠纷化解机制,打造创新精品——未来海岸平安和谐社区,通过创新治理方式,提炼社区"灵魂",塑造社区精神,提升社区品质。

5.以"微行动"落实治理需求

海沧区在社区"微治理"的居民参与层面,以"微行动"为抓手,从居民身边的小型事务和微观环境开始,激发人们的参与热情,真正解决好居民切实需求的每一件小事。如积极倡导居民进行房前屋后的美化、公共空间的维护,开展"家园美化行动"。在海沧区东孚镇西山社区,村中间曾有个猪舍,颇为影响环境和景观,许多居民反映意见,想将其拆除。后来村里乡贤理事会、道德评议会和村民议事会找来养猪户陈益兴,就地开会议事,经过协商和讨论,陈益兴决心把猪卖掉,拆掉猪舍,村民们一起改建为池塘,支持"美丽西山"建设。此外海沧各社区也推动"绿地认养""阳台绿化""公共空间认管"等小型的家园美化项目,采取上下互动形式,让居民、企业、社会组织共同参与到社区惠民项目。海沧区积极创新探索事关千家万户的校园"微治理"工作,聚焦群众迫切需求,发掘利用多方资源。目前,海沧区在31所中小学推出"午餐工程"行动,每天为近1.8万名学生提供午餐,减少学生出行近4万人次,有效破解校园及周边治理难题。此次疫情期间,海沧区充分发挥未成年人心理健康辅导站作用,引导学校、家庭、社会共同维护学生心理健康。以校园"小平安"汇聚全区"大平安",海沧区的校园"微治理"行动得到中央政法委点赞并将在全国范围内进行推广。

(二)海沧区社区"微治理"的成效

通过一系列有效举措的深入实施,在各级各部门的共同努力特别是全社会的广泛参与下,海沧区的社会治理工作取得了显著成效,主要体现在社区治理体系的不断健全、群众认同感与参与度的不断提高、人民生活水平持续提升,从客观上丰富和创新了社区自治的形式与内容。

1.社区治理体系不断健全

海沧区探索形成"纵向到底、横向到边、纵横交错、互动共治"的社区治理新体系,实现以"小网格"服务"大民生"。从纵向看,以基层网格提升为切入,改善原有的城乡网格划分模式,以满足居民群众社区服务需求为目标,结合辖区人口结构和特点,按照户数划分单元网格,将所有的网格纳入统一的管理系统,建立无差别的治理模式,把社会治理触角延伸到社会最末梢。打造三级网格管理系统,推进区级联动指挥中心、居民移动手机 App 建设,纵向到底迈入信息化。从横向看,在发挥传统群团组织作用基础上,重视社区的载体性作用,集结了乡贤、能人等力量,积极培育各类社区社会组织,引导其广泛参与社区事务和服务,建立起面向全体社区居民、设施配套健全、服务功能完善、人才队伍优良、体制机制合理、城乡一体化的社区服务管理体系,形成了"体制统一、规划统筹、资源统配、成果共享"的城乡社区一体化发展新格局。

2.群众认同感与参与度不断提高

群众高度认可、积极参与社区治理体制机制创新,自我管理、自我服务能力不断提高,政府、民众之间的关系由"你"和"我"变成"我们"。在以往的社区治理工作当中,活动形式单一,参与渠道较少,一些群众不了解活动内容或群众对这些活动不感兴趣,常常不愿参与其中。"微治理"下的社区治理不再是村居领导干部的独角戏,普通群众也能参与到其中,社区居委会为群众参与提供了广阔的空间,多元化的服务平台和多种社区组织可以开展丰富多彩的文化活动,有效满足群众的合理需求。

社会组织不断孵化,如成立民智议事厅、社企同驻共服务平台等。多项示范项目由民众共谋共建共管共评共享,居民共建共管的海虹社区居民大学成为全市首个,开班 3 个月就吸引 500 多名学员;大曦山休闲旅游公园通过村民的出谋划策、让地让物、投工投劳,并实施门前"三包",成为"百姓富、生态美"的品牌。每遇到一个重大项目,社区都会事先召开听证会,征询居民的意见,先让居民了解这些项目具体做什么,最终达到什么样的效果,再听听居民的意见与建议,从而能达到更好的效果。小区的环境改善了,居民的文明素养提高了,居民的意识逐渐发生着改变,每个人都愿意主动投身于社区公共事务中,实现了社区共治、共享。社会组织的进一步发展为居民群众充分发挥自身主体作用提供了组织保障。"微治理"作为构建基层治理新体系重要的推动方法,保障了民众所需,践行了民众所想,聚合了民众所为,奠定"共治共享"的社会治理土壤。基层民主也在治理的"由下而上,上下联动"的改革中渐渐地培育起来,以治理民主带动政治民主建设。

3.人民生活水平持续提升

海沧经济社会飞速发展,持续推动人民生活不断改善。2020年,海沧区城镇居民人均可支配收入达5.44万元;农民人均可支配收入达3.2万元,保持全省前列,达到全国领先水平。海沧区委区政府把工作重心锁定在改善民生上,将财政支出的70%以上投入到民生领域,在城区、教育、卫生、生态等多方面发力,把财政资金投入到普惠性民生项目中,营造国际一流的城区环境,百姓的获得感、幸福感显著提高。2020年,在教育领域,北师大、华师大、东北师大等一批名校相继在海沧合作办学,高位嫁接的优质资源为海沧带来了优秀的师资和教育教学管理团队,全面提升了全区的基础教育水平。海沧的中考质量不断攀升至岛外第一位,呈现逐年稳步提升的态势。在医疗服务上,厦门市基层医疗单位综合激励考核排名中,海沧区四家基层医疗单位全部入选,海沧市民在家门口就能享受优质医疗资源。海沧还获批"国家生态区"和全国首批生态文明建设示范区。小流域治理、海绵城市试点、空气质量的精细化管理等举措,为全省工作积累经验,成为厦门生态文明建设的排头兵和范例。

4.社会自治实现创新和发展

以往的社区服务活动缺少新意,居民兴趣较低,而社区"微治理"中社区活动群众的参与度很高,这主要是因为人们对"微治理"的认可。海沧区社区"微治理"以居民生活中的小事为突破口,建立各种微机制,这种"接地气"的做法与传统重顶层设计而轻落实的改革相比,在形式和内容上更受居民欢迎,也更加符合社区实际,成为社区自治的有效实现形式。

"微治理"下的社区社会治理发生着重大转变,由原来的党组织及居委会集中管理向群众共治转变,而群众作为社区自治的主体也逐渐向多元化发展。以往的社区自治通常三年才举行一次选举,与大多数社区居民生活没有太大的关系,因此并没有发挥其实际作用。而社区"微治理"极大地拓展了社区自治的内容,小到卫生环境、凉亭修建等小事,大到房前屋后改造、外来人口服务等大事,社区自治与居民的日常生活密不可分。通过为多元主体提供多种服务平台,引导社区各方力量共同参与社区事务,对社会资源进行系统整合,让社会活力竞相迸发。海沧区已经形成了党和政府共同推动、社会组织大力支持、辖区企业同驻共建、居民群众共同参与的良好局面,完成了由单一行政化管理向多元协商共治的转变。

（三）海沧区社区"微治理"的经验

1.党建引领、群众参与、专家借智是社区"微治理"的运转动力

海沧区切实发挥党建、群众及专家在社区"微治理"中的动力作用,推动社区治理创新不断深入。党建引领,抓实党组织下沉,全面推广"支部建在网格上"、"党小组设在楼栋"里的做法。组织群众,持续深化"在职党员进社区"等特色做法,发挥党员干部先锋模范作用,凝聚、组织群众共同参与。专家借智,建立与各大高校的常态化联系机制,借智借力提升社区治理水平。

青礁村院前社位于厦漳交界的青礁村院前社,过去产业不兴、人口外流、村庄"空壳化"。村民看到兴旺社区取得的成绩,对比山后、海虹的火热场面,青礁村党委也开始行动起来,两委长期"沉"到院前社发动群众共谋共建,并组建院前网格党支部及济生缘合作社党支部,引领党员带头、全社参与,通过无偿拆猪舍、退围墙等,让地约1万平方米、投工投劳折合400万元,村庄面貌得到巨大改观。有冲劲的年轻人纷纷回归,在村党委的支持下,共同谋划、自发组建济生缘合作社,打造城市菜地品牌,游客增加,收益剧增。国内专家学者团队主动对接,献计献策。"一核多元、协商共治"促动院前社后来居上,成为治理的标兵模范。

2.以人为本、服务群众是社区"微治理"的价值源泉

在实验区创建中,海沧围绕优化社区治理体系、解决服务群众"最后一公里"问题进行了积极探索,以"群众需求"为导向,大力简政放权,下放事权,下移治理重心,健全以社区为基本单元的便民利民工作架构,让群众在家门口就能办成事,得到群众充分肯定与支持,群众对党委政府满意度达到100%,群众"口碑"成为海沧区社区治理创新的最好回报。

新阳街道以"机构下沉、服务下沉、人员下沉"为目标,试点便民服务改革,将大批行政事项下放至社区工作站,工作站站长由街道社区发展办干部担任,原街道便民服务中心人员全部下沉到社区工作站办公,直接服务群众,打通服务群众的"最后一公里"。实行代办服务、流动服务,对于无法马上办结的行政事项,除按规定需由本人办理的外,群众可委托社区工作站工作人员代办;对于重度残疾、孤寡老人等对象,由工作人员上门流动服务;主动推行错时上下班,贴近服务辖区的新厦门人。在街道行政事项"沉"到一线的同时,社区本身回归自治与服务,原承担各项办公职能的村居办公用房得以腾退出来,改造用于居民文体活动、老年人服务、小学生四点钟学校、社会组织服务场所等,社区居委会真正成为"居民之家",实现"办公场所最小化""服务群众最大化""社会效益最优化"。

3.关注民生、惠民利民是社区"微治理"的生动体现

在社区治理创新中,海沧区以群众得实惠、让群众满意为标准,持续落小、落细、落实,将自治内容嵌入居民日常生活、成效体现到居民日常生活,取得了良好的成效。群众满意率提高,内化成了生活习惯,外化出了示范效应。

兴旺社区位于新阳老工业区,周边企业林立、村庄环抱的兴旺社区,居民以外来员工及其随迁家人为主,原来主人翁意识欠缺,对社区建设漠不关心,社区内绿地被践踏、道路被挤占、公共设施被破坏等现象时有发生,居民生活品质低位徘徊,陷入"越乱越不管、越不管越乱"的怪圈,成为新阳街道各项工作的老大难。乘着社区治理的机遇,海沧紧盯居民需求,立足群众房前屋后,通过以奖代补等办法,在兴旺社区"自下而上"实施了凉亭修建、水池改造、绿化美化等微项目,并引进台胞义工进行培训,开通免费无线网、安装健身步道等。治理机制的创新,极大地改变了兴旺社区的面貌,更改变了社区居民的心态。融入了熟人社区,感受到家的温馨,由"外来人员"转变成充满自豪的"新厦门人",他们爱上了这个新家园,也付出心血来精心打造属于自己的更美的"家"。

4.信息化网格化是社区"微治理"创新的有力支撑

面对社区治理中普遍存在基础信息不够全面、准确,及时有效的服务管理难以及时跟进,条块之间、块块之间运行机制不畅以及出现"信息孤岛"等问题,海沧区结合实验区创建,坚持问题导向和需求导向,打造信息化新格局,做到硬件有支撑、信息有共享、互动有导向、治理有创新。

海沧区在全省率先建立三级网格化联动系统,构建"纵向到底、横向到边、纵横交错"的社会治理新体系,实现三级网格化平台互通互联、信息共享、业务协同。网格化管理促进公共服务一沉到底。将便民服务、行政确认等分散在各部门的办理事项下放到街(镇)、社区甚至各个家庭,将社会治理与服务触角延伸到社会末梢、做到群众身边。社会化参与增强公共服务满意度。网格成为民情收集、民意探讨的平台,调动辖区企业、社区居民参与社区事务的热情,改变了以往由居委会简单主导社区事务,居民被动接受的局面,拉进了政府与居民的距离,群众认同感与归属感显著增强。信息化支撑提升公共服务效率。通过构建信息化联动系统,实现了实时调度部门网格员、实时应对突发事件、实时回应群众需求,提升了公共服务效率。网格化管理、社会化参与、信息化支撑实现了社会治理工作"联得紧""动得快"。兴旺社区在市民家里安装视频终端、信息查询机等,构建智能家庭"云平台",实现市民与政府、社区"面对面"互动,市民遇到公共服务咨询、求助、投诉、建议,可直接拨打968100热线进行视频通话,真正打通服务"最后100米"。

三、海沧区社区"微治理"可持续的对策建议

任何类型的社区治理实践,要想走向经验化和可复制的模式,可持续性是

其必然考虑的问题。海沧"微治理"已取得显著成效,在未来的发展中,也将面临挑战与可持续性的考验。

(一)海沧区社区"微治理"面临的挑战

海沧区在社区建设和社区治理工作上取得了显著成效,但伴随着城市化、现代化进程加快,城市制度结构和社会结构加速转型,城市基层治理日益复杂,任务也必然更加繁重。因此,要清醒正视存在的不足,如政府在治理中的功能与定位、居民参与治理积极性、"微治理"与"大治理"的平衡关系、社区服务的效能、社区建设与发展的均衡等问题仍需得到进一步的解决。

1.政府在治理中的定位仍需明晰

政府在社区"微治理"中的角色定位决定了社区自治的纵深程度。首先要明确的是,社区建设、社区发展、社区服务并不等同于社区自治。加强社区建设和提供社区服务,属于政府提供公共物品的基本职能。一些基层工作者们常常认为,社区提供公共服务是属于社区自治的范畴和内容,如果居民参与热情不高,就是民众素质的问题,这种看法是对政府与居民自治组织的错误定位。社区作为整体的一部分,是具有相对边界的公共空间,对居民和不同群体的公共服务职能实际并不依赖于社区而存在。而社区自治则是对地域范围内的居民事务进行民主协商和决策的过程,决策中的"自治"和执行中的"自治"并非在一个层面。治理重心下移,并非意味着政府必须将应有其行使的与居民生活息息相关的职权转移,也不意味着政府提供的社区服务就应该减少。因此,如何通过专业化机构的设立实现议行分设的运作机制,是未来社区治理中需要考虑的问题。

2.居民参与治理的积极性仍待加强

居民能否广泛参与是社区治理与建设发展的基础和动力。社区"微治理"的基本路径是为社区居民提供公共交流的空间和参与社区管理的机会。然而,由于城市化的推进和社区建制,行政划分的社区规模呈逐年增长的态势,社区居民日常生活半径越来越大。在陌生人社会下,同一社区的很多居民之间互不相识、往来较少,小区治理虽是小区成员的共同行为,但业主自治意识普遍不强,参与小区公共事务的意愿低,尽管通过"微治理"这些情况有了改善,但是仍不够理想。在各类微治理项目中,作为庞大数量的主体,青年群体的参与度和参与热情并不高。居民的参与,尤其是吸引更多青年群体参与社区治理,是未来微治理可持续性发展的保障。如何能够破解这一难题,需要在社区治理的深入发展中,凝聚更多的智慧。

3."微治理"与"大治理"关系仍需平衡

在社区建设中,在注重"微治理"的同时,不能忽视"大治理"。社区事务既包括了行政社区的内部事务,也包含着从城市整体角度考虑的公共事务。即社区治理结构存在"分"与"合"的平衡,在"合"的部分,组织的统筹能力就显得特别重要。例如在许多城市社区出现的停车难、绿地不足、物业纠纷乃至宠物饲养纠纷等等问题,看似属于社区的微小事务,但背后往往涉及不同的单位和个人,有的还属于历史遗留问题,有的在法律上也缺乏明确的规定。这决定了社区事务本身常常需要通过协商以达成共识,进而加以解决。社区"微治理"在实践上通过协商型的微平台建设也做了许多努力,但从最终保障的角度上看,通过各级立法加强制度建设与法规建设,才是解决以上问题的长远路径,这也是当前我国全面加强法治建设的内在要求。

4.社区服务效能有待进一步提高

一方面,当前社区服务市场化程度不够,许多服务领域缺少服务标准、服务规程,多数服务产业化程度极低,个性化、多元化服务缺失,社区服务资源共享程度较低,服务设施闲置和服务设施不足的矛盾并存。如社区中经常存在居民活动室少,停车位不足以及收费高等诸多问题。此外,社区治理的整体性协同性并不乐观,虽多元主体都在致力于社区治理,但很多工作都是各自为战,并未有效衔接,积极效能未得到充分发挥,社区服务的效能有待进一步提高。

另一方面,当前社区工作人员的能力需更加专业和高效。社区工作人员包括三部分,一是街道、社区干部,改革后下沉到社区工作的基干和网格员队伍,这部分人员较少,工作任务繁重,而且流失较严重;二是以下岗失业人员为主的公岗人员,他们在年龄、素质方面与新形势下社区建设与管理的要求不相符合,并且工资待遇较低。三是志愿者及社会组织成员,这部分人员目前仍然比较匮乏。社区工作队伍不稳定、工作人员身兼数职、知识化、专业化水平不高且待遇相对较低,进一步提高"微治理"效能,需要解决这些问题。

5.社区建设与发展有待进一步均衡

海沧区由于历史和现实方面的原因,存在社区建设层次不一的问题,城市社区和"村改居"社区、农村社区之间,在软硬件设施、社区管理服务方面还存在一定差距。特别是"村改居"社区、农村社区在公共资源配置、管理服务意识、社区工作者素质等方面与城市社区差距较大。多数"村改居"工作中遇到的"集体资产量化"瓶颈问题,影响"村改居"后社区建设的深入开展。这些都是海沧区社区治理工作目前面临的棘手问题,如何在治理的过程中,处理好社区建设与发展的均衡问题,仍需要在实践中进一步思考。

(二)海沧区社区"微治理"持续发展的若干对策

海沧区通过细化治理单元、搭建微治理平台、成立微组织等有效的社区"微治理"路径,实现基层社会治理的差异化和精细化。随着国家治理体系和治理能力现代化的推进,对社区治理提出了新的更高的要求。城市社区需要进一步提高治理能力,推动治理现代化,打造更加人本化、生态化、智能化的未来社区共同体。

1.突出党建引领的核心力

城市基层党建是引领城市基层社会治理的重要切入点。要发挥好基层党建的引领作用,即发挥街道社区党组织的领导轴心作用,整合各类资源,发挥协同效应。把基层党建和基层治理结合起来,很多小区、院落、网格、楼组层面的问题,涉及的利益主体以及解决机制不局限于"微单元"的地域范围。将物业、业委会、社区社会组织、在职党员(居住地党员)、驻地单位、小区自治组织等这些互不隶属,但共同工作生活在一定地域之中的主体,整合形成"微治理"的基础。要通过党建引领,发挥小区(网格、院落)党支部的领导作用,依靠的是完善的组织体系和各类平台的作用,形成"微治理"的合力,实现"微治理"的共治。强化党组织引领作用,建立健全"党委引领、全域参与、合作共治"的联动机制。围绕"党委+政府+社会+群众"的多元共治体系,在城市居民小区,运用"小区党支部+物业+业委会"的居民小区联合治理模式,在"三无院落",推行"院落党支部+社区网格+党员楼栋长"自治服务体系,全面构建以社区党委引领、网格党支部为核心,居民自治、社会力量参与共治的"一核多元"运行机制。

2.强调群众主体与作为

社区"微治理"的推行,是从小处着眼,立足基层,从群众所需所想出发,因而得到居民的支持和广泛参与,一方面有效推动治理工作的深化与全面铺开,另一方面提升了社区居民自我参与公共事务能力,培育其公民意识。首先,按照"核心是共同、基础在社区"要求,引导群众主动参与社区治理,切实体现群众主体与作为。坚持共谋共建共管共评共享,突出群众参与城乡建设和社会治理的主体性作用。持续加强民生保障,把人民满意作为最终目标,持续提高群众幸福指数。持续加强市场化社会化服务,大力开展社区公益服务和公益活动,发展社区文化、打造社区品牌,深入挖掘小区内空间资源、草根领袖,在互动和交往中凝聚社区共同体,变"陌邻"为"睦邻"。强化宣传教育,不断地完善居民参与的相关制度,提高社区居民参与社区自治管理相关工作的透明性,为社区自治管理工作的开展提供有效的制度保障。在上述基础上,需努力建设社区居民关系网络,并通过这些邻里网络所提供的各种活动,为居民之间相互了解和熟悉提供催化剂和纽带,从而使得人们参与社区公共事务的管理和服务有了基础,在这一基础上,城市社区自治也才能获得源源不断的动力和保障。

3.加强社会组织的协同力

把群众重新组织起来,要处理好活力与秩序的关系,不再是简单地把群众重新组织到单位之中，而是需要将各类社会组织和群团组织作为组织群众的重要方式，把群众纳入党领导下的各类组织中，能够最大限度地组织和动员群众。社区"微治理"的重要主体之一是社区社会组织，社区共治合力的形成，离不开社区社会组织的有效参与，政府无法顾及、个人无法破解的需求需要社区社会组织提供，居民面临的矛盾纠纷类问题，离不开社区社会组织的助力解决，居民的参与意识和参与能力，能够在社区社会组织的"微治理"实践中得以增强和提升。

要加强和改进社会组织管理，提升社会组织服务社会功能。分类推进各类社会组织特别是行业协会商会在机构、人员、财务等方面与行政机关脱钩，厘清行政机关与行业协会商会的职能边界，促进行业协会商会成为依法设立、自主办会、服务为本、治理规范、行为自律的社会组织，激发内在活力和发展动力，提升行业服务功能。加强社会组织的培育，充分发挥社会组织在国家治理体系和治理能力现代化中的积极作用。完善社会组织综合监管体系，加大事中事后监管力度，加强执法监察。健全社会组织退出机制，建立健全第三方评估和"黑名单"制度，并与承接政府转移职能和购买服务等挂钩，加强社会组织信息公开，拓宽社会组织监督渠道。另外，可以尝试引进专业社会组织当中的资深人士到社区担任导师或顾问，陪伴社区工作人员成长。推进社区工作者职业化、专业化，共同提升社区治理的效能。

4.把握政府功能的弹性空间

无论对于市场的运用还是社会力量的动员，政府在"微治理"实践中始终发挥着"中轴"的核心作用。海沧区社区"微治理"的关键经验在于对于居民的小型事务，通过微单元、微组织、微平台、微行动等建设，把握政府角色适时的"放"与"收"，实施有效的"赋权增能"。一方面，通过"赋权"将政府不该管的事情交给市场、社会来管理，通过制定好法律规则、宏观制度和政策调控，来保障市场的正常运行和社会的自组织管理，使政府、市场力量和村居民构建合作互补的伙伴关系。另一方面，通过"增能"解决市场、社会能力不足的问题，在社区事务中提供适当的弹性服务来帮助社区发展和自治目标的实现。如动员基层社会中的社区、村庄能人带领大家成立"微组织"；通过法律法规宣传、职业培训等增强社会对于社会治理的认识和自我管理的能力；引入专业的社会工作组织，在提供专业的社会服务的同时，培育本地的社会组织，提高社区的组织能力。

总之，在"微治理"中，对社区公共事务的治理并非要政府全方位干预，但政府需要在宏观层面，对社区公共事务进行规划、指导、协调、监督和提供经费支持。政府通过一定的手段合理配置资源，组织引导社区自治组织、第三部门组织等来关注社区公共事务的治理，以满足社区居民对社区经济、社区卫生、社区服务、社区医疗和社区治安等多方面的要求。以培养治理能力、激发村民参与和合作、满足需求为目标,最终达到最佳的治理状态:社会治理主体的多元化;各社会主体之间形成平等的互动、交流、合作乃至处理冲突、监督关系;公平、公正、公开、法治和民主成为处理它们关系的主要原则和机制。

5.完善制度法规的刚性约束

"微治理"的重要特点就是将社区不仅仅看作一个居住和行政的空间,而视其为许许多多居民微型共同体所组成的地域社区,进而通过微行动,将这些相对隔离的共同体联结和组织起来,形成更高层面的共同体。但是一旦规模变大,所涉事务的公共性往往呈现几何级数增长,搭便车问题也就会出现。要把治理往更高的层面推进,真正实现行政社区和居民共同体的统一,最终还是需要制度和法规予以刚性保障。因此,必须大力加强和完善相关法律体系和制度建设,完善社区"微治理"的相关法律和配套制度建设,同时加强居民公约建设,发挥其积极作用。

6.加速智慧社区管理升级

进一步提升社区基础设施,加大对基础设施硬件及智能化、一站式综合服务设备的投入。支撑社区网格管理信息化、专业化能力提升与老旧小区改造、城市更新相结合,融合新技术、新模式,推进5G、物联传感终端、人脸识别、智能康养驿站等社区基础设施建设,兼容多种设施互联互通,有效支撑社区精准感知、个性服务等能力。要构建多渠道基层数据沉淀与共享。建设市—区—街道—社区多级联动的信息化末梢系统,实现快速接入外部资源与系统,实现业务上下联动,数据横向融通。充分利用疫情期间小区彻底排查沉淀的信息,进一步整合汇聚居民区基础数据、街道条线部门业务数据、社区事务受理中心办事数据等多维度数据资源,深入准确的挖掘数据价值,满足多元新场景需求,对社区进行预判性、前瞻性、精准性的治理。

7.注重机制提升与成型

一方面,要抓住已有优势,深化海沧特色。以大曦山、院前社、兴旺社区等先进代表为典型,持续打造社区建设品牌,深化治理实践。突出技术治理,持续做好简政放权、"多规合一"等工作,成立社会治理联动中心,做好以网格化信息化为代表的技术治理工具提升,推动治理现代化。持续借智借力,完善公共服务体系,推动与华师大附中等开展高端合作办学、医疗改革试点、新厦门人子女积分入学等民生工作,建好新厦门人服务中心,建设新老厦门人融合的新家园。加强与各高校专家学者的沟通合作,深入总结海沧社区建设、社会治理现代化的经验,打造治理现代化的地方实践范本。

另一方面,要不断总结、提升,把实践证明成功的一批好机制予以规范、完善。按照"把工作统筹起来、把群众组织起来"工作要求,全面落实"支部建在网格上""在职党员进社区"等特色做法,引导党员干部发挥先锋模范作用,完善"一核多元"党建引领机制。大力弘扬"爱国爱乡""勤劳节俭""遵纪守法"的核心价值观,带动群众积极参与家园建设,培育社区精神。强化法治保障,确保社会治理良序运行,同时积极运用"软法"实现"软治理",发挥村规民约、团体章程等社会规范在社会治理中的积极作用,实现法治与自治互动。按照"可学、可复制、可推广"的标准,打造一批可在全省全国推广的样本。

同时,还要注意社区"微治理"是基层社会治理的有机组成部分,也是一个系统工程。在治理实践中要避免两个误区:一是重工具而轻价值,防止过于注重现代信息技术手段的运用而忽略了基层治理的以民为本价值取向;二是忽视治理的系统性和联动性,仅围绕基层做文章难以推动微治理的深入和可持续发展,社区"微治理"也终将成为表面文章。只有上下联动、系统推进,社区"微治理"才能实现可持续作用,不断推动城市社区治理向开放、联动、融合迈进。

参考文献

[1]陈福平.厦门社区"微治理"[J].决策,2015(06):58-60.

[2]陈岩."微治理"视角下社区教育供给策略研究[J].开放学习研究,2020,25(01):56-62.

[3]唐晓勇,张建东.城市社区"微治理"与社区人际互动模式转向[J].社会科学,2018(10):79-90.

[4]李璐.城市社区"微治理":社会治理精细化的实现路径——以成都市成华区为例[J].福建论坛(人文社会科学版),2018(09):158-164.

[5]程同顺,魏莉.微治理:城市社区双维治理困境的回应路径[J].江海学刊,2017(06):123-131+239.

[6]陈伟东,熊茜.论城市社区微治理运作的内生机理及价值[J].吉首大学学报(社会科学版),2019,40(01):57-64.

[7]李婷婷.城市社区微治理的实践困境及其破解[J].理论探索,2018(03):88-96.

[8]宗世法."元治理"理论视阈下的基层社会治理研究——以厦门市海沧区×街道为例[J].中共福建省委党校学报,2017(03):92-99.

[9]何继新,李莹.城市社区公共服务微治理机制的标本分析[J].天津城建大学学报,2017,23(02):129-133.

[10]海沧年鉴2019—2020年统计资料

课题负责人及统稿:朱仁显
执　　　　笔:李克义

共建共治共享：社区"近邻党建"的思明经验

  自 2000 年中共中央办公厅、国务院办公厅关于转发《民政部关于在全国推进城市社区建设的意见》的通知发布以后，社区建设（治理）概念开始进入政策话语。党的十九届五中全会通过的《中共中央关于制定国民经济和社会发展第十四个五年规划和二〇三五年远景目标的建议》指出，"十四五"期间要努力实现"社会治理特别是基层治理水平明显提高"的目标。多年来全国各地开展了丰富多样的社区建设（治理）实践探索，通过党组织下沉、引领群众参与基层共建共治、各级各类组织积极协同等，党在城市基层的组织基础不断夯实，群众获得感不断提升，新型社会基层治理蓝图正在不断铺开。

  厦门市在城市建设与社区治理方面不断改革创新，走出了一条社区治理现代化的独特道路，形成了具有时代发展特色的"厦门模式"。思明区作为厦门经济特区的中心城区，经济总量约占全市 1/3，常住人口超过 100 万，人口密度高于新加坡。伴随经济社会快速发展，商住楼群大量兴起，新居民持续涌入，住平房变成住楼房、单位人变成社会人。在城市化进程快速推进的当下，城市居民生活节奏加快、休闲方式多元，传统守望互助的邻里模式却正在消解。传统互帮互助的邻里温度在"钢铁丛林"里日渐冷却，组织碎片化、人际陌生化等特征日益凸显，对传统社会治理模式带来了严峻挑战。思明区委、区政府从"习近平与邻居"的"深田故事"得到启示，围绕回答好社区治理"如何让群众生活和办事更方便一些，如何让群众表达诉求的渠道更畅通一些，如何让群众感觉更平安、更幸福一些"的时代命题，以构建社会治理共同体为目标，以"居民与居民近邻互助、居民与组织近邻守护、组织与组织近邻共建"为核心，充分发挥小区党组织引领作用，凝聚业委会、物业、社会组织等方面力量，推动城市基层党建部署要求落到最基层，解决好群众身边"急难愁盼"问题，传承弘扬"远亲不如近邻"理念，深化"近邻党建"内涵机制，积极实践"近邻"模式，打造党建引领基层治理、就地就近共建共治共享的思明实践样本。

一、"近邻党建"的实践探索

  改革，因问题倒逼。伴随着经济社会体制变革和城市转型，大量前所未有的社会问题开始出现，给城市基层治理带来了巨大挑战。作为东南沿海经济特区,厦门市城市化率高达 90%,共有城市社区 374 个,平均每个社区 1～2 平方公里,下辖小区 5～15 个,人口上万人。其中思明区是厦门市中心城区,下辖 10 个街道办事处,98 个社区居委会,全区共有住宅小区 1319 个,累计成立业委会 592 家,其中物业住宅小区 732 个、无物业住宅小区 587 个,物业管理总建筑面积近 3800 万平方米,思明区注册并在市物业管理信息系统备案的物业服务企业 273 家(含外地备案企业)。[①] 在基层治理过程中,厦门市面临治理主体碎片化、治理客体原子化、人民需求多元化等的压力。在这些自上而下和自下而上的双重压力下,思明区践行了“近邻党建”实践。《思明区国民经济和社会发展第十四个五年规划纲要》明确提出将“深化近邻治理品牌”列为一项主要举措,明确将全方位、多维度完善“近邻”模式,总结推广优秀社区工作法,并打造一批社区治理样板。“近邻党建”实践以居民与居民、居民与组织、组织与组织之间,就地就近的融合共建、联动共治、资源共享为目标,调动整合各方面力量,营造“无事常联系、有事共商量、有呼必有应、邻里一家亲”的社会治理共同体。

(一)基层再造:党建引领小区治理

思明区以优化城市基层党建运行机制为抓手,加强组织与组织之间就地就近的互联互动,优化城市治理体系。党的建设和发展的核心任务之一在于保持和提高党的基层组织的有效性和战斗力。[②] 在单位制社会下,城市基层党建以各个单位组织或单位体系为主,党的基层组织深深扎根于社会的各行各业之中,而以地域(街居)为基础的基层党建则相对较弱。但是随着社会结构的变迁,单位制逐渐解体,组织对个人的控制减弱,个人在社会生活中的自主性增强。在这样的背景下,许多组织“处于松松垮垮、软弱涣散、瘫痪半瘫痪状态,在群众中不起任何战斗堡垒作用,不起政治核心作用”。[③] 因此 21 世纪初期,“社区党建”概念被正式提出。2004 年,中共中央办公厅转发了《中共中央组织部关于进一步加强和改进街道社区党的建设工作的意见》,勾画了“社区党建”的框架,其中明确了扩大党在城市工作的覆盖面,并提出要把服务群众作为社区党建的重要工作。完善基层党建的组织架构,密切联系群众成为基层党建的重要维度。“基层党建,特别是区域化党建,作为城市基层政党建

---

① 数据来源:厦门市思明区网站,http://www.siming.gov.cn/zfxxgkzl/qrmzf/zfxxgkml/zcfg/qzfbwj/202104/t20210422_777354.htm.2021-8-13.

② 林尚立.社区党建:中国政治发展的新生长点[J].上海党史与党建,2001(03):10-13.

③ 中共中央文献研究室.江泽民论有中国特色社会主义:专题摘编[M].北京:中央文献出版社,2002:604.

设的一种工具性策略,被视为能够加强执政党地位、优化城市治理的重要工具。"①近几年,城市化进程的加快,城市发展的治理诉求发生转变,对基层党建提出了更高的要求,2019年中共中央发布了《关于加强和改进城市基层党的建设工作的意见》,为基层党建工作的开展指明了方向。

厦门市自21世纪初响应国家相关政策文件精神,着重城市基层党组织建设,于2013年提出了全面建设"社区大党委"。但是随着城市化的快速发展,小区越来越成为城市基层治理的重要领域。社区中的居民小区发展快速,平均每个社区1—2平方公里,一般辖区内有小区5—20个。"社区党委的现行组织架构、职责要求、人力物力和工作模式,已经难以对人口众多、素质不一,要求各异的社区居民治理实施高效顺畅的集中领导,导致社区治理对小区的覆盖空白较多,多数小区处于低级自治状态。"②因此,厦门市率先促进党建末梢进一步延伸至小区层面,实现治理重心进一步下移。2017年,厦门市委出台了《党建引领小区治理实施意见》,在街道成立小区治理领导小组,社区成立小区治理事务中心,加强和改进街道、社区党组织对小区治理的领导;小区建立党支部,领导小区治理。思明区响应厦门市号召,在开展基层治理改革中,开展"近邻党建"实践,以"近邻"模式提升城市基层党建工作,从横向和纵向两个维度扩大党组织的有效覆盖面,提升党组织的凝聚力,以组织建设、消灭党建空白点、整合党建资源等为重点完善基层党建,强化党组织在基层治理格局中的领导力量,用"大党建"激活"微治理",用有温度的党建带来有质感的幸福。

1.组织建设:"一小区一支部"

思明区强化基层党组织建设的第一个方面是在社区的基础上进一步以小区为载体密切党与人民群众的联系。思明区秉持"一小区一支部"的原则组建小区党支部,对在册正式党员3名以上、居民户数在100户以上的成熟物业小区,单独组建小区党支部;对开放松散的拆迁安置、无物业小区、老城街巷,合理划分院落网格,建立院落党支部、网格党支部。截至2021年7月1日,思明区766个小区实现党支部100%覆盖。③

同时,在小区党支部的基础上,完善小区内部党建格局。设立楼道党小组,延伸设立党员楼长、党员中心户,形成"小区党支部—楼道党小组—党员楼

① 王磊.从空间整合到服务供给:区域化党建推动城市基层治理体制创新[J].中共天津市委党校学报,2020,22(06):37-46.
② 中共厦门市委组织部.福建厦门市:小区建立党支部 治理水平大提升[EB/OL].http://dangjian.people.com.cn/n1/2018/1008/c420318-30328081.html,2021-8-13.
③ 曾宇姗.近邻绘就思明之路 大步跑出思明速度[N].海峡导报,2021-7-1(t04).

长(中心)户"的小区党建格局。推行小区党支部实体化运作,结合城市党建"双报到"活动,将在职、退休、流动等不同类型的社区党员全部编入小区党支部建制式管理,并鼓励党员在居住小区亮身份、做实事、树旗帜。截至 2021 年年中,思明区已有 1.1 万名党员到小区报到,认领服务项目逾 7000 个,一批党员干部带头担任小区党支部书记,组建"红色业委会"331 个。[①]

2. 一核多方:提升党建政治功能

厦门市印发的《推进城市基层党建工作的实施意见》以及相关配套文件明确了"街道大工委—社区大党委—小区党支部—楼栋党小组"的组织设置,将驻区单位、新兴领域党组织都纳入基层治理中,充分发挥了街道、社区党组织总揽全局、协调各方的作用。同时针对驻区单位参与热情不高的现象,提出将城市基层党建工作任务量化,纳入文明单位创建的重要内容,明确驻区单位有关领导提拔使用和单位评优评先要听取所在街道意见,看支持配合街道工作的情况;在职党员干部提拔任用要听取社区党组织的意见,看在社区活动和工作中的表现情况。

思明区在具体实践中,街道负责统筹协调指挥小区治理工作,社区负责成立小区事务服务中心加强具体指导,小区负责建立党建引领下的业主委员会、物业服务企业协调运行机制;推行"小区吹哨、部门报到"的互动机制,落实党建联席会议制度,在街道大党工委、社区大党委建设中树立"近邻"理念,充分调动成员单位、共建单位、社会化力量等资源,加强条块衔接,构建党建"大家庭",解决社区"找米下锅"问题。思明区共开展项目双向认领 7000 余个,协调各方资源为群众解决困难问题 2100 件,推动资源和力量充分下沉到一线;构建成员单位、共建单位的条块衔接、纵横联动,优化整合成员单位、共建单位、社会力量等资源,充实小区工作的力量;坚持重心下移、服务下沉,建立街道、社区班子成员直接挂钩小区联系点制度,有效整合"八大员"等力量,除社区必要服务办公人员外,将社区工作人员分片负责若干个小区,选派社区干部直接到小区上班,让社区工作人员走出社区、走进小区,把服务力量下沉至群众家门口。例如思明区为深化城市管理体制改革,10 个派出所的所领导均进入镇街领导班子,98 名社区民警 100% 进入社区基层领导班子,探索形成"摊规点""综合监管指挥平台""社区综合联动队"等联建共建创新做法,打造了"枫桥经验"的思明升级版。

3. 一网多能:提升党建的服务功能

服务群众是城市基层党建工作的出发点和落脚点,基层党建工作的成效

---

① 数据来源:薛志伟.互信互亲互助 唤醒邻里情怀——厦门市思明区基层社会治理"近邻"模式调查[N].经济日报,2021-05-16.

关键看解决群众问题的实效、是否可以造福群众并推动人民生活更有保障。思明区在街道社区党组织发挥政治领导核心和战斗堡垒作用的前提下,延伸拓展党组织的多项服务功能。

思明区为提升人民生活的获得感,健全服务平台,依托党群服务中心和党建服务中心实施特色服务项目,为群众提供多样化、专业化的服务。思明区在10个街道、98个社区因地制宜建设小区党群之家,1400多家驻区单位轮值驻点服务,把民生事项放到群众"家门口"就近办理,实现力量下沉,织密了"近邻"服务网络。[①] 在日益流动、多元化的社会领域进行适应,重建基层党组织与党员、群众之间的联系,实现了社区组织"自弹自唱"向社区组织与居民群众"打成一片"的转变。国贸金海岸小区利用小区党群之家,设置"金好呷""金康健"等活动区域,因地制宜传承闽南文化。居民们在其中制作闽南小吃,送给有需要的邻里,将爱心敬老、助残、扶幼等工作融入民俗活动,共同打造温馨有爱的美好家园。

思明区精准收集居民需求清单,梳理整合社区、小区各类资源,畅通供需对接;以小区、社区党组织为枢纽,建立居民点单、党组织下单、各类组织接单的项目认领机制,满足群众多样化需求。如开元街道阳台山社区党委建立"一表一日志一巡查"精细化网格工作机制,针对群众集中反馈的问题,协调上级部门、共建单位实地勘察,完成13个老旧小区二次供水改造,惠及1142户4002人。

（二）组织下沉:有效整合社区资源

社区治理的开展中,长期以来存在着权力集中、资源分散的双重困境。一方面治理权力集中在社区两委,但是服务资源却面临着"碎片化"的困境。另一方面公共服务的信息碎片化、服务方式碎片化和服务流程碎片化,由于越来越多的组织参与到城市社区的治理中,公共资源的所有权分散在不同所有者手中。因此,在社区治理多元主体协作和服务资源整合方面就存在着严重瓶颈,进而影响社区为居民提供精准和高效的服务。2017年《中共中央 国务院关于加强和完善城乡社区治理的意见》明确提出了"推动人财物和责权利对称下沉到城乡社区"。2018年《中共中央关于深化党和国家机构改革的决定》也提出"加强基层政权建设,夯实国家治理体系和治理能力的基础……推动治理重心下移,尽可能把资源、服务、管理放到基层,使基层有人有权有物,保证基层事情基层办、基层权力给基层、基层事情有人办"。从而实现党的建设和政权建设在基层融合、治理资源在基层汇聚。

---

① 吴燕如."近邻"引领 打开基层治理新天地[N].厦门日报,2020-8-18(A02).

1.精简服务事项

厦门市以去行政化为社区减负为原则,精简社区服务事项。厦门市结合机构改革的实际,重新梳理了社区工作事项。按照行政强制类、专业技术类、代理代办类、社区服务类等对社区事务进行了科学的分类,同时会同27家市直单位及各区对社区有关职责、台账报表、盖章证明、面向社区的评比达标等清单逐条梳理,对下放给社区的事项合法性和政策依据进行了审核,修订出台了《厦门市村(居)民委员会职责事项一览表》,总事项从原来的163项减少到117项,共减少46项,减少比例28%。其中依法履职事项减少35%、协助政府事项减少11.5%、监督事项减少9%、台账报表减少22%、评比表彰减少14%、盖章证明事项减少90%。① 其中思明区也修订出台了区级村(居)委会事项清单,以实现基层减负常态长效机制。

2.赋能人才队伍

大力发展专业社会工作,把社会工作引入社会治理体系,促进专业服务与基层治理的有效融合,是创新社会治理、加强基层建设的必然要求。近年来,在厦门市委、市政府的坚强领导和省民政厅的有力指导下,厦门市民政部门始终把发展社会工作作为推进基层治理体系与治理能力现代化的重要工程抓紧抓好,支持社会工作参与社区近邻服务、乡村振兴战略,激发基层治理活力,提升基层治理和服务水平,推动全市基层治理实现高质量发展。厦门市为强化近邻党建工作保障,培育引导社会组织,建有各级社会组织孵化基地24个,建成启用全省首个市级社会组织党建服务中心,搭建了政府扶持、发展、服务社会组织的公共平台。连续7年开展社会工作服务机构经费扶持工作,共给予39家机构127万元扶持经费。② 在全省率先出台社区工作者职业化体系制度文件,建立4岗18级的等级序列,覆盖选、育、管、用、退等有机衔接的职业化全过程。截至2020年底,全市持证社会工作者增至6946人,同比增长18%,占全省40.69%。③ 其中思明区获评了全国社会工作服务示范区。

2021年厦门市政府办公室印发了《厦门市进一步发展社会工作 推进基层社会治理现代化的实施方案》将推动社会工作有效参与"近邻"党建、社会服务、社区治理、乡村振兴等工作。并提出完善社会工作专业人才薪酬保障机制。对聘用为事业单位正式工作人员的社会工作专业人才,按照国家有关规

---

① 探索社区减负增效——厦门市为"万能"的社区减负 让社区轻装自治[EB/OL].http://mzt.fj.gov.cn/yw/mzdt/202010/t20201020_5419092.htm,2021-8-20.

② 回望2019·厦门篇:扎实推进"三社联动"创新基层社会治理[N].中国社会报,2019-12-26.

③ 翁华鸿.厦门持证社工6946人 占全省四成[N].厦门日报,2020-12-31(A14).

定确定工资待遇。对以其他形式就业于基层党政机关、群团组织、事业单位、城乡社区、社会组织和企业且专职从事社会工作专业服务的人才,鼓励用人单位以不低于上年度厦门市城镇非私营单位在岗职工平均工资标准合理确定薪酬。同时,强化社会工作专业人才支持,对入选全国专业社会工作领军人才、厦门市专业社会工作领军人才,分别给予 10 万元、5 万元奖励,并鼓励优秀人才参政议政。提出将社会工作服务领域从传统民政领域拓展到民生保障、社会治理相关的 18 个领域,具体包括:社会福利、社会救助、慈善事业、社区建设、婚姻家庭、精神卫生、残障康复、教育辅导、就业援助、职工帮扶、犯罪预防、禁毒工作、社区矫正、卫生健康、纠纷调解、应急处置、优抚安置、信访调处等。

3.嵌入非公组织

"十三五"以来,思明区以新的发展理念引领经济向高质量发展转变,瞄准高端、新兴、特色的产业发展方向,着力推进产业提升十大重点领域。思明区现有"三高"企业 665 家,占全市总量近三分之一。2019 年,"三高"企业贡献财税达 45 亿元,各行业龙头企业数量持续增加,成为全区乃至全市经济发展的重要增长极。[①] 新兴领域的发展给基层党建带来了新的挑战。一方面,新兴领域的党建工作不同于体制内的党建,应以适合新兴领域特征的方式进行组织建设,扩展党组织在其中的引领作用和凝聚作用;另一方面,新兴领域越来越成为新社会力量的载体,如何通过党建以整合这些力量向基层党建提出了新的挑战。习近平总书记就曾指出"随着经济成分和就业方式越来越多样化,在新经济组织、新社会组织就业的党员越来越多,要做好其中的党员教育管理工作,引导他们积极发挥作用。"目前新兴领域党组织建设主要包含两方面的任务:一方面建立基层党组织,提升党组织的覆盖面,完成党建工作的组织嵌入;另一方面融入区域化党建,成为基层治理的参与者,以具体的活动或项目为载体,完成党建工作的项目嵌入。

第一,思明区根据新兴领域及其从业人员的特点,针对新兴领域可能存在规模小、人数少、党员少等现状,打破传统组织建设固有模式,依托地域空间例如园区、商圈、楼宇等单位开展组织建设,整合各类资源,体现了区域性、灵活性等特点。互联网行业联合党委、楼宇党建联盟、文化生态圈党支部全新亮相,机关党组织、社区党组织、国企党组织等资源被聚集到园区、楼宇、商圈等新兴领域。[②] 2020 年全年思明区共新建 43 家非公领域党组织,源昌集团、奥

---

① 思明区组:聚力"高能级"党建 助力高质量发展[EB/OL].http://www.xmzzb.gov.cn/hsyz/jcdt/smq/202011/t20201113_169911.html.2021-8-16.

② 厦门:"近邻党建"激活基层治理 凝聚城市发展正能量[EB/OL].http://www.wenming.cn/dfcz/fj/202101/t20210128_5931927.shtml.2021-8-16

佳华、四三九九等 3 家非公企业党组织升格为党委。并根据新兴领域党建可能存在的薄弱环节的现状,提供"点对点"支持,制定下发了《"三高"企业党建示范点标准》,对重点企业及新培育的"三高"龙头企业党组织,统筹安排 26 家非公党建联系会员单位挂钩联系,充分发挥职能部门指导服务作用,提升覆盖的有效性。在"CSO 首席服务官"①理念的引导下,思明区选派 221 名各级党员干部担任服务专员,组建 12 个专线工作小组,形成"1 对 1"服务机制,仅2020 年一年便协助企业获得银行信贷投放 6.2 亿元。② 及时解决企业复工复产面临的防疫物资不足等难题,形成了提振经济的强大组织优势。此外,思明区 17 个区直部门认领 31 个"上楼"服务项目,走进楼宇,上门为企业员工提供"工青妇加油站""红税直播间""e 政务自助终端"等服务,优化营商环境。梧村街道文灶社区依托老粮仓文创优势,在辖内嘉禾良库文创园建立党群服务阵地,设置党员便民服务点、在职党员报到窗口,打造社区与园区交融共享、互促共赢的党建文化生态圈。

第二,在更大的范围内,实现建制内的党组织与新兴领域内的基层党组织联动,实现"外向整合"。思明区把机关党组织、社区党组织、国企党组织等资源聚集到园区、楼宇、商圈等新兴领域,建强织密组织体系。思明区还首创了园区党建联盟机制,根据园区企业纳税分属各街道的实际,率先组建了观音山园区党建联盟、软件园二期党建联盟、建立了"盟主带盟友、龙头带小微"的"双N＋"工作模式,选派党建秘书轮值驻点办公,通过惠企政策进园区、党建活动轮值办等机制,发挥"1＋1＞2"的联动效应。党建联盟机制主要针对党员组织活动效率不高、资源聚合困难等现状打造的互动机制。例如中华街道第一广场党建联盟,该联盟由大洲、盈科、国信、中信等 6 家企业党组织组成,共有党员 124 名,6 家党支部将轮流主持、举办各类学习活动,打破支部之间的组织隶属关系和行业隔阂,架起各支部之间互动合作、沟通联系的桥梁,共同参与楼宇公共事务。引导新兴领域党组织积极投身基层治理,走出企业、楼宇、园区,深入社区服务群众,履行社会责任。例如厦门斯坦道科学仪器股份有限公司党总支引入食品安全检测技术,配合市场监管局深入社区开展食品卫生宣传与巡回食品检测活动,确保群众食品安全。

4.体制吸纳:多方协同共治

城市发展新的形势下,基层社区治理中的问题仅仅依靠政府中的某一部

---

① 首席服务官(Chief-Service-Officer)主要为辖内企业、有意向到思明投资的客商提供"面对面、键对键"的全天候全方位服务。

② 2020 非公答卷④ | 思明区[EB/OL].http://www.xmzzb.gov.cn/hsyz/jcdt/smq/202103/t20210315_175762.html.2021-8-16.

门或仅依靠单一的主体难以解决,群众对于多样化专业化的服务需求也难以满足。因此党的十九大明确提出要构建"党委领导、政府负责、社会协同、公众参与"的共建共治共享的社会治理格局,发挥资源共享、能力互补的协作优势。思明区以党建促社建,从充分发挥小区治理的主观能动性出发,推进"三社联动",支持并培育各类社会组织参与社区治理,使社会组织在参与治理中展现更大的活力,有效推动社区、社会组织和社工以及居民之间的联合互动和资源整合。

思明区形成与成熟社会组织之间的合作机制以充分动员他们参与到社区公共服务的提供之中。一方面思明区完善政府购买公共服务机制,中共中央、国务院在《关于加强和完善城乡社区治理的意见》中提出"将城乡社区服务纳入政府购买服务指导性目录,完善政府购买服务政策措施,按照有关规定选择承接主体。"思明区在基层治理改革实践中推进政府购买服务,以城市社区为平台,通过政府购买服务,支持社会工作服务机构、专业社会工作者与社区联动、协作,融入社区近邻服务,将多元化治理服务需求转化为具体服务项目,开展助幼、助教、助医、助老、助困服务,培育居民自治、互助意识,动员社会力量有序参与,发展社区社会组织,实现"社区＋社会组织＋社工"有效联动,促进"社工＋志愿者＋社区居民＋N"积极互动。

另一方面思明区依托街道党群服务中心搭建社会工作综合服务平台,推行"党建＋社工"服务模式,为社区居民提供普惠性服务、专业性服务。例如厦港街道蓝天救援队党支部牵头在蜂巢山社区党群服务中心打造厦港街道安全教育馆,为社区居民提供救护培训服务。嘉莲街道中途之家党支部全年先后深入 17 个社区,为 90 户残疾人家庭提供公益康复训练 270 次。①

（三）基层赋能：织密近邻服务网

党的十九大明确提出:"保障和改善民生要抓住人民最关心最直接最现实的利益问题。"基层公共服务与民生问题直接相关,是"党在领导过程中整合诸多要素的行动指向,更是维系基层治理体系稳定的动力所在"②。党的十九届四中全会提出:"要满足社会治理和服务重心向基层下移,把更多资源下沉到基层,更好提供精准化、精细化服务。"这是在党的十八届五中全会"加强和创新社会治理,推进社会治理精细化,构建全民共建共享的社会治理格局"的基础上,将社区服务精准化、精细化提高到一个新的高度。

① 2020 非公答卷④｜思明区[EB/OL].http://www.xmzzb.gov.cn/hsyz/jcdt/smq/202103/t20210315_175762.html.2021-8-16.
② 颜德如,张树吉.党的十九大以来我国基层治理的动力及其转向[J].学习与探索,2020(12):41-49＋198.

1.创新群众服务方法

思明区着眼于提高党组织为人民服务的能力,以服务居民为基点,建立基层社区提炼分拣、信息公开机制,提高基层党组织在社区居民日常生活中的融入度。

第一,推广开元街道"千户访百事帮万家和"、厦港街道"穿针引线"等群众工作法,通过社区工作者走家串户、组织活动,让党组织还原为群众的自家人、好邻居,从"自弹自唱"变"鱼水情深"。全区通过"千户访"机制收集居民需求清单、资源清单、民情清单3.9万余条,组建42支由党员带头的"百事帮"服务队伍,搭建36个由社区党组织、辖区派出所、司法所等多方力量组成的"万家和"纠纷调解平台,为群众解决操心事烦心事揪心事,赢得了群众对组织的信任和认同。

第二,利用小区支部的建设,建立健全"舆情网络",及时掌握群众需求及群众反映的问题。小区党支部通过组织党员定期入户了解,设置征集意见栏和全覆盖建立小区微信群,定期收集居民服务需求和意见建议,推动业委会、业主监督委员会等分类研究,提出解决方案。中华街道仁安社区深挖"近邻唇边、家和人安"的老街巷文化底蕴,建立5个小巷党支部,形成邻里间"国家大事说一说、邻里互助聊一聊、困难群众帮一帮"的社区新风尚。厦港街道磐石小区党支部挑选党员骨干组建"都挺好"关爱联盟,由党支部书记兼任关爱联盟主任,为居民提供"五好邻里"服务,实现好邻里聚合力、帮到家、解烦恼、守平安、倡新风。

2.精准施策:探索多元治理方式

党的十八届五中全会曾提出"要推进社会治理精细化",明确提出了在基层治理中应运用精准思维方式。"所谓精准思维方式就是凡事从细处着手,在综合掌握、科学研判客观形势的前提下,有针对性地提出解决具体问题的可操作方案。"①基层治理的根本目标在于有针对性地解决实际治理中暴露出来的问题,因此如果缺乏针对性,满足于"一般化""整体性"的程度,反而会掩盖问题而无法根治问题。因此精准思维首先要求科学研判基层治理中暴露出来的问题,然后精准施策,按照实际情况,制定针对性强、可操作性大的策略。思明区的社区结构复杂,不同的社区有不同的特点和各自突出的治理难点、痛点,思明区针对不同社区的特点,细分为老城街巷、拆迁安置、职工宿舍、高端住宅等不同类型小区,探索个性化治理方式,以精细化治理解决社区治理中的异质化问题。

(1)起源地——深田社区

---

① 刘帅.优化基层政治生态需要精准思维[J].人民论坛,2020(25):112-113.

深田社区作为"近邻"模式的发源地,近年来深入挖掘"习近平与邻居"的故事内涵,探索党建引领"近邻"模式,构建了以近邻互助、近邻守护、近邻共建为核心的社区格局和和谐社区文化。深田社区以深化城市基层党建为引领,一手抓党建引领,一手抓就近服务。面对城区空间资源有限,坚持"在螺蛳壳里做道场",通过打造社交休闲类、老人康养类、儿童育教类、便民服务类等4类"近邻"小空间,满足回应居民精神文化、养老扶幼、便民服务、协调议事等方面的需求和关切,致力打造15分钟"近邻生活服务圈"深田样本,让居民幸福感在家门口升级。

(2)老城街巷小区——仁安社区

针对老城街巷小区,思明区深挖"近邻"文化脉络,推选574名街巷长、楼栋长,深化党群互助,凝结邻里亲情,推动居民自治。以中华街道仁安社区为例,近邻厝边、家和人安。中华街道仁安社区深挖"近邻厝边、家和人安"的老街巷文化底蕴,建立5个小巷党支部,形成邻里间"国家大事说一说、邻里互助聊一聊、困难群众帮一帮"的社区新风尚。让支部建在"巷里"、工作做在"邻里"、活动办在"门里"。

(3)中高端住宅小区——宝嘉誉峰小区

针对中高端住宅小区,思明区立足于理顺党支部、物业公司、业委会关系,以精细化管理提升服务水平,满足居民精神文化需求。筼筜街道宝嘉誉峰小区建立"居民点单、支部接单"模式,利用在职党员资源引入"你点我检"食品安全检测室、"书来也"自助借书机等定制服务,提升居民生活品质。

(4)拆迁安置小区——盘龙小区

针对拆迁安置小区,思明区从解决居民之间不同利益诉求着手,组建党员志愿服务队伍57支,运用身边人调解身边事。如嘉莲街道盘龙小区吸纳70余名退休党员居民组成"红色调解队",在各楼道张贴"党员调解二维码",调解邻里、家庭、业主与物业之间的矛盾纠纷,实现定纷止争、邻里和美。

(5)职工宿舍小区——大同雅苑小区

针对职工宿舍小区,思明区充分发挥职工所在的机关、事业单位、国企等资源优势,引入共建单位、社区大党委成员单位等力量,服务小区及周边居民,促进新老居民和睦相处。如鹭江街道大同雅苑小区协调市属国企夏商集团,拆除小区破旧铁皮屋,改造成小广场,为居民文化交流提供公共空间,画好邻里同心圆。

二、"近邻党建"实践的亮点

(一)推动治理单元下沉

建国之后,随着街居制的建立,社区成为城市治理的基本单元。但由于城市化的提速,城市人口规模扩大,城市社区治理单元的规模也不断扩大,呈现出人口增加、户数扩张以及单元内人口类型复杂化的特征。一方面,人口增加和户数增加导致了城市社区治理的难度增加,因为治理规模于治理效率之间存在着一定的关联性,有学者指出"治理规模适度化与治理能力再生产的耦合,是城市大型社区治理中基本管理单元再造的基本逻辑。即,基本管理单元的设置,一方面以治理规模适度化推动治理能力再生产,另一方面以治理能力再生产探索治理规模适度化的区间、走向。"①基层人口的增加和户数的增加给社区公共服务的提供和社区建设带来了很多困难,尤其是影响到了服务的效率、自治的实现,居民的有效需求无法得到及时回应;另一方面单元内人群异质性的存在,增加了社区的复杂性,在社区内的居民对于公共服务的需求也日渐呈现多样性的趋势,因此增加了社区治理精细化实现的难度。此外,在自治层面,由于受到科层体制的影响,居委会自治组织力量薄弱、内卷化严重,成为政府实际的"腿脚",社区单元作为自治空间受到严重挤压。②

作为基层治理基本单元的社区也呈现出行政化倾向加剧,基层治理陷入了"行政—自治"式悖论③。"这一'悖论'实质上蕴含着一个极富中国特色的基层治理问题,那就是法定的社区自治'代理人'是如何既要听命和执行国家的治理意志,又能够同时代表居民利益实施自治并展开和国家良性互动的?"④在传统以社区为单位的治理模式下,仍以"自上而下"的治理体系为主,虽然经过一定程度的改革,摆脱了传统街居体制的束缚,但是仍面临着因缺乏向社区居民及居民自治组织的多维赋权及传导机制,相应的外部"资源"输入也不能同社区不同群体的个性化需求形成及时有效的对接,从而造成社区治理陷入"有形式无内容",居民参与率低、参与意愿不强,而在社区内部又不能为居民主体提供畅通有序参与决策和资源配置的渠道和平台。⑤ 在以"社区"为基本治理单元的治理模式遇到如此多困境的情况下,各地开始尝试将治理单元从社区下沉至小区,科学合理设置治理的基本单元,对于顺利推进治理、提升治理绩效和实现有效治理而言至关重要。因此,在中国的基层治理实践

① 熊竞,陈亮.城市大型社区的治理单元再造与治理能力再生产研究:以上海市 HT 镇基本管理单元实践为例[J].中国行政管理,2019(09):56-61.

② 程同顺,魏莉.城市基层治理单元转换的逻辑解析[J].江苏行政学院学报,2019(03):100-107.

③ 王建峰.国家与社会关系研究导论:以中国城市社区居民委员会为例[M].北京:中国民主法制出版社,2016:10-11.

④ 唐晓勇,张建东.城市社区"微治理"与社区人际互动模式转向[J].社会科学,2018(10):79-90.

⑤ 何绍辉.治理单元重构与城市社区治理质量[J].思想战线,2020.46(05):119-126.

中，"在城市社区治理行政单元中，可以选择小区或社区作为基本单位。对于超大型小区而言，小区在某种程度上可以成为社区治理行政单元，是人民群众美好生活需求达成的重要载体。"[①]将小区作为基本治理单元，一个重要的原因就是，小区既可以承载作为行政单元所需要发挥的部分行政功能，又可以更加恰切地承载起作为自治单元所需发挥的自治功能。

思明区"近邻党建"的实践，从本质上而言，就是下沉了自治单元，是重视自治单元以提升社区治理质量的一个重要体现。从自治单元下沉的角度而言，小区作为一级治理单元，或者说次社区，可以作为推动城市社区治理质量提升的重要抓手。小区虽然没有行政划分的功能，但是作为自治共同体的价值尤为凸显。在"居委会自治组织力量薄弱、内卷化严重，成为政府实际的'腿脚'，社区单元作为自治空间受到严重挤压"[②]的情况下，选择更小的治理单元，比如小区、楼栋、公寓、院落以及自然小区等微治理单元，或许更能激发居民参与自我管理、自我服务，进而提升社区治理质量。

1.夯实小区组织体系

思明区制定下发了《关于深化"近邻"模式提升城市基层党建工作的指导意见》，从目标任务、组织覆盖、工作机制及保障体系等方面提供制度性规范，完善社区、小区"微治理"常态化运行模式。要让近邻党建的"肌体"更健康，为其各个"器官"输入源源不竭的"养料"，还需从体制机制上做好"攻略"，从源头上做好管理，方能让各组织、各部门各司其职、整合资源、有序运转。

第一，推动小区党支部实体化运作，大力提升物业小区建制性党支部有效覆盖。目前，全区532个物业小区党支部中，已有480个完成建制性组建，建制率达90.2%。在小区每个楼栋选任1—2名楼长，楼长包括小区在册党员、在职党员、热心离退休党员等，充分发挥党员楼长的带头作用，号召楼栋党员亮身份、亮门牌、亮手机号，发挥自身余热投身到服务居民的工作中。[③]

第二，社区力量充分下沉。坚持重心下移、服务下沉，建立街道、社区班子成员直接挂钩小区联系点制度，有效整合"八大员"等力量，除社区必要服务办公人员外，将社区工作人员分片负责若干个小区，让社区工作人员走出社区、走进小区，把服务力量下沉至群众家门口。思明区推广"千百万"群众工作法，

① 何绍辉.治理单元重构与城市社区治理质量[J].思想战线,2020,46(05):119-126.

② 程同顺,魏莉.城市基层治理单元转换的逻辑解析[J].江苏行政学院学报,2019(03):100-107.

③ 厦门市思明区人民政府办公室关于市政协十三届五次会议重点提案（第20212069、20214019、20214026、20214033、20214034、20214058号并案）办理情况的补充答复函〔EB/OL〕. http://www. siming. gov. cn/zfxxgkzl/qrmzf/zfxxgkml/zcfg/qzfbwj/202107/t20210726_795284.htm,2021-8-21.

社区工作者常态性走访入户,增进小区居民沟通联系,及时了解居民服务需求,帮助群众解决诉求事项。

2.完善小区治理机制

第一,理顺各主体在小区治理的权责边界。思明区着力理顺政府、社会、居民在小区治理中的权责边界,着力健全统筹协调、整体联动、分级响应、多方协作的工作体制机制,着力形成系统完备、有效衔接的政策体系,努力把各级职能部门的工作职责延伸到小区、社区管理服务覆盖到小区、社会资源力量汇集到小区。

第二,强化政治引领机制。思明区强化小区党支部对业委会、物业公司的监督引领,明确小区党支部负责领导业委会筹建、换届等;坚持小区党支部与业委会"双向培养、交叉任职",推动小区党支部书记通过组织推荐、民主选举为业委会主任,将优秀的现任业委会主任、成员发展为党员,引导小区党员参与业委会竞选任职,着力打造"红色业委会",目前小区党支部书记与业委会主任"一肩挑"的 98 人,业委会主任是党员的 211 人,党员担任业委会成员的 725 人;推行"党支部先议制度",小区重大事项决策前,先由党支部牵头先行商议,再由党员牵头在业主代表大会上凝聚共识。

(二)贯穿问题导向原则

习近平总书记曾指出"社会治理是一门科学,管得太死,一潭死水不行;管得太松,波涛汹涌也不行。"推进社区治理体系建设,需要坚持问题导向,把专项治理与系统治理、综合治理、源头治理结合起来。思明区坚持问题导向,聚焦社区建设短板弱项,系统谋划,靶向施策,不断夯实社区治理基础。针对当前社区发展中存在的问题,着重提出近邻敬老、近邻医疗、近邻扶幼、近邻济困、近邻助残、近邻文化、近邻育德、近邻关爱等关键领域,构建基层精细化管理服务平台。

1.创设"近邻·敬老"品牌

当前人口老龄化程度不断加深,人口结构变老将是未来不可回避的基本国情。习近平总书记将"人口老龄化日趋发展"作为我国经济新常态的特征之一,并强调要积极发展养老服务业,推进养老服务业的制度和人才队伍建设。截至 2020 年年底,厦门市户籍人口 274 万人,其中 60 周岁以上老年人 38.54 万人(其中 80 周岁以上高龄老年人 5.3 万人),老龄化水平为 14%。目前厦门市人口老龄化特征表现为:一是人口老龄化持续增长;二是从"老龄化"到"高龄化",居家和社区养老服务需求增大;三是老年人口分布不均衡;四是独居和空巢老人家庭比例加重。① 而社区作为居民生活的基本单位,承担着提供养老服务的重大责任。发展社区养老服务,顺应了 90% 以上老年人居家和社区养老的意愿,是养老服务体系建设中十分重要的基础性工作,对激发投资、带动就业、促进新消费、培育新动能也具有重要意义。

思明区创设了"近邻·敬龄"品牌,并打造了"四共四全四就近"工作法,其中"四共"是指养老事务共商、敬老活动共办、助老项目共建、适老阵地共享;"四全"是指优化完善 10 个街道全覆盖的居家养老服务中心、98 个社区全覆盖的"15 分钟乐龄生活圈"、766 个小区全覆盖的党员志愿服务驿站,14 万老人全覆盖的智慧养老信息平台;"四就近"是指保障辖区老人就近学习、就近活动、就近得到关心照顾、就近发挥作用。思明区积极将党建优势转化为资源优势、服务优势,凝聚各级党组织力量,拓展服务阵地,升级服务模式,全方位整合服务资源,为老年人提供精准化、信息化、多元化服务,助力建设更美丽、更富裕、更便利、更平安的幸福思明。同时,思明区还充分发挥市场化力量,通过民建公助、公建民营、购买服务、家庭医生签约服务等不同模式,加强就地就近共建,激活"造血"功能。梧村街道委托第三方专业机构建设运营居家社区养老服务照料中心,采取"医、养、康、护、乐"结合模式,营造了"离家不离亲"的浓厚氛围。

2018 年至 2021 年 3 月底,思明区以近邻党建为引领,建成 10 个街道级居家社区养老服务照料中心,街道照顾中心、社区养老服务站等服务设施,运营至今共接待老人超 7 万人次,举办特色活动 200 余场,助餐超 9 万人次②,改造提升 14 个"嵌入式"社区养老服务站点,社区党委联合大党委成员单位、共建单位、社会组织等"近邻"单位形成"养老服务共同体",让服务变得更贴心。由各级党组织引领,思明区积极建设智慧养老平台,形成线上线下贯通的智能化、集成化、信息化服务体系。中华街道居家社区养老服务照料中心开发远程问诊助老服务系统,在线链接全国各地专家名医,缓解老城区老年人"看病难、问诊难"问题。

2.创设"近邻·童梦"品牌

儿童是社区活动的主体人群之一,社区的环境与儿童群体的健康和日常生活息息相关,因此建成儿童友好型社区成为关爱儿童成长、满足全龄段儿童身心需求的重要之举。思明区以"近邻党建"为契机,打造"近邻·童梦"品牌,拓展近邻扶幼,关爱儿童成长。

思明区运用"三倾三共"工作法,让少年儿童学业有教、生活有助、健康有

424

---

① 厦门目前老龄化水平为 14% 养老床位总数达 15495 张[EB/OL].http://www.taihainet.com/news/xmnews/shms/2021-02-26/2482548.html,2021-09-23.

② 曾宇姗.近邻绘就思明之路 大步跑出思明速度[N].海峡导报,2021-7-1(t04).

保,营造良好的成长环境。其中"三倾三共"是指"倾力耕耘共筑成长之梦":构建联动体系,建立专属阵地,突出红色教育,耕耘"近邻扶幼"的肥沃土壤,让党的温暖点亮童心;"倾情浇灌 共育未来之花":以教育为本发挥"近邻园丁"作用,寓学于乐、寓教于行,提高少年儿童的知识水平和服务意识;"倾心守望共护健康之路":牵好救助帮扶线,织密心灵守护网,筑牢安全保护墙,为青少年健康成长遮风挡雨、保驾护航。① 例如厦港街道党工委、鸿山社区党委将辖区内政府部门、学校、社会组织等"近邻"教育资源紧密串联起来,为指导站建设提供了坚强的组织保障。2020 年底,团区委在指导站设立思明区青少年权益中心,引入专业团队运营,为孩子们送上素质拓展、普法教育等服务大礼包,让青少年权益更有保障。官任社区党委大力弘扬近邻文化,建立大党委"供需对接＋项目认领"模式,充分发挥在职党员在共治共建中的先锋模范作用。林立高楼间的一方屋顶菜园,成为深受孩子喜爱的校外实践课堂,并且从最初单一的农耕课堂逐步发展为集科普教育、文化交流、志愿服务等功能于一体的社区邻里互动互助平台。

3.应对新冠疫情挑战

在抗击新冠疫情的战斗中,习近平总书记提出"抗击新冠肺炎有两个阵地,一个是医院救死扶伤阵地,一个是社区防控阵地,坚持不懈做好疫情防控关键靠社区"。社区疫情防控在抗击疫情过程中具有突出地位。思明区发挥近邻党建优势和基层党组织战斗堡垒作用,把基层的力量充分释放出来,有效控制疫情,使邻里更和睦、社会更和谐。

在疫情防控中,思明区树立"近邻有我"全局观念,打破单位、组织隶属局限,引导人员力量向一线倾斜。通过"厦门党建 e 家"平台、"思明党员志愿服务"App、街道大党工委项目认领等方式,组织全区 1362 个基层党组织、逾万名党员下沉到 98 个社区,开展排查、测温、宣传等工作;从区直部门抽调干部近 3 万人次到定点酒店、交通防控等一线值守防控;选派 221 名各级党员干部担任服务专员,及时解决企业复工复产需求 67 项,为"一手赶瘟神、一手迎财神"提供了有力保障。

对"紧密型"物业小区,思明区以小区党支部为核心,链接物业服务企业、业委会等各类资源和力量,设立小区党员先锋岗 1638 个,组织 732 个小区物业参与封闭测温、防疫宣传、消毒消杀、无接触管理,形成联防联控合力,织密疫情防护网络。对"松散型"无物业小区,思明区以小区党员和下沉报到的在职党员为"主心骨",依托蓝天救援队、城市义工协会等社会组织资源,组建"健

---

① 思明区深化拓展"近邻＋"模式 创设"近邻·童梦"品牌[EB/OL].http://www.taihainet.com/news/xmnews/shms/2021-06-14/2520524_2.html,2021-10-21.

康守门员""暖心帮帮团"等党员志愿服务队伍237支,用"众人拾柴"的热情驱散疫情寒意。对"开放型"街巷村社,思明区以小巷党组织、楼栋党组织为依托,引导群众自治共管、互帮互助,落实出入口封闭、出租房屋管理、特殊群体帮扶等措施,形成共渡难关的强大向心力。①

在疫情期间,新兴领域党组织发挥了积极的组织作用。思明区包括第一广场、世纪中心等楼宇党组织吹响"防疫集结号",组织楼宇内复工企业共同采购防疫用品,引导"楼宇秘书""红色管家团"为企业提供防疫指导帮助;厦门市青年企业家联合会党支部等协会党组织号召会员企业加入互助平台,整合资源,互通有无。

(三)重新整合社会资本

与其他现代化城市一样,常住人口城镇化率高达90%、拥有374个城市社区的厦门市,也面临邻里关系"陌生化"的城市病。"远亲不如近邻"的传统意识在时代发展中消弭,"近邻"变得陌生、疏远。同时,一些居民对社区事务漠不关心,组织力量到了社区却"沉"不下去,物业、业委会、居民之间积累大量矛盾。此种现象,有学者将其称之为"社会资本沉寂"。"因为生活共同体是一个承载文化与交往规则的空间载体(结构载体),要构建共同体或者发挥共同体优势,就必须研究共同体的内聚性、共享性、互助性和共建性的具体内容,而这些内容正是社会资本的研究范畴。""在转型社区中,社会资本沉寂是社区内事务不能有效合理化解的重要原因。……伴随着宗族和亲缘的非正式的道德约束松散化,权威人物消失,居民间关系疏离,社会资本逐渐沉寂。"②因此如何重新整合社会资本成为基层治理的一个重要问题。

激活社会资本中的利他动机是积累社会资本的一个重要思路。"突破狭隘的个体本位思维,从积极他者的角度才能更好地理解和实现自己的权利"。③利他的确能够产生对他人和自己的利好,并通过影响他人预期进而影响其行为,能够强化社会秩序的"道德生产力"。④思明区创造性地以"远亲不如近邻"理念为指引,开展社区营造工作,将人们潜在的利他主义激发出来。

① 参见:廖华生.福建厦门思明区:近邻守望 开拓基层治理新天地[N].中国城市报,2020-4-21.

② 李娟,林莉.转型社区环境治理中居民参与的逻辑——基于社会资本激活的分析[J].上海行政学院学报,2021,22(02):102-111.

③ 韩升.理解权利:一种和谐共同体生活视角的政治哲学理解[J].理论与现代化,2016(02):98-104.

④ 史砚湄.互惠的缔结与实现——经济利他主义的"道德生产力"[J].社会科学家,2006(02):51-53+57.

"远亲不如近邻"理念在厦门有着深厚的渊源。1985年至1988年,习近平总书记在厦门工作期间曾居住在思明区深田社区图强小区,他曾留下手书"远亲不如近邻"贺年卡赠送给邻居。"远亲不如近邻"出自元朝秦简夫《东堂老》"岂不闻远亲呵不似我近邻;我怎敢做的个有口偏无信。"明朝的《增广贤文·上集》中也记载:"远水难救近火,远亲不如近邻"。"远亲不如近邻"一般指遇到紧急困难需要寻求帮助时,远道的亲戚不如近旁的邻居能够给予及时的帮助。"利他主义是人性的一部分,不需要违背人性去凭空创造,只需要良好的文化氛围去发掘,让其发扬光大,成为维系社会和谐的润滑剂"①

1."近邻"机制打造

思明区制定下发了《关于深化"近邻"模式提升城市基层党建工作的指导意见》,从目标任务、组织覆盖、工作机制及保障体系等方面提供制度性规范,完善社区、小区"微治理"常态化运行模式。

(1)组织融合共建

思明区因地制宜,把支部建在小区里、小巷里、楼道里,拓展"近邻"组织覆盖,把党组织触角延伸到群众家门口;推动小区党支部与业委会"双向培养、交叉任职",打造"红色业委会",确保党组织在基层治理中的核心引领地位。全区766个小区实现党支部100%覆盖,其中331个是"红色业委会"。如筼筜街道安平里小区构建"小区党支部—楼道党小组—党员户"联动格局,引领楼道居民共建共治,促进楼上楼下、左邻右舍关系更密切、氛围更和谐。

构建以街道、社区、业主委员会、物业公司等为主要对象共同合作的"四位一体"社区管理模式,将责、权、利进行架构重组,建立起各方共同参与、工作互联互动、管理协商自治、设施共建共享的社区事务管理体系。梧村街道形成了各单位区域间共管共建共享共治的物业小区"红色区块链"工作运行机制,凝聚3个小区"红色"资源力量,释放"1+1+1>3"倍增效应,有效增强居民获得感、幸福感和安全感。物业小区"红色区块链"是以阳鸿新城、文园春晓、万寿山庄等三个小区党支部为总牵引,小区业委会具体运作,物业企业积极配合,各职能部门协同参与的物业小区联合治理新机制。

(2)党群协商议事

思明区以打造区域化党建联盟为抓手,以小区支部为统领,建立以邻里议事厅为"轴心"的上下联通机制,由小区党支部定期召开议事会议解决群众最急需解决的问题和困难,对于一时难以解决的问题,及时记录,由社区党委统一收集,通过提交街道党建联席会联合有关部门予以研究解决;推行"两议两评两公开"工作法,由社区、小区党组织牵头,搭建厝边议事厅、小区治理理事

① 刘鹤玲,陈净.利他主义的科学诠释与文化传承[J].江汉论坛,2008(06):32-35.

会、邻里自治小组等协商议事平台,吸纳物业、业委会、"双报到"党员、居民代表、网格员等多方力量共同参与,凝聚小区治理共识。并建立多元化物业联系监事议事制,建立了小区民意倾谈室、爱心帮扶基金等平台,实行监督、议事、评判、调解、惠民、互助等一系列举措,共谋小区公共事务管理,让"事情有处议、问题有处解、困难有人帮、矛盾有处调",不仅实现小区共治共管,还促进形成小区其乐融融的文化。如嘉莲街道观远里小区探索"听邻说事、请邻议事、帮邻办事、让邻知事、由邻评事"的"五事"工作法,推动小区的事邻里办。

(3)矛盾纠纷调解

思明区运用"近邻"模式深化基层治理联防联控、群防群治,引导邻里间相互守望;打造区级社会治理协同平台,形成街道"近邻"矛盾纠纷调处中心、社区"万家和"纠纷调解平台、小区"党员调解队"三级协同治理架构,做到矛盾纠纷就地就近化解,问题隐患尽早尽快消除。通过邻里议事厅,把邻里矛盾纠纷尽量化解在萌芽状态,构建邻里共帮、邻里共荣、邻里互助的和谐邻里关系,居民矛盾纠纷得以及时有效化解。把事关居民群众切身利益的工作做细做好,切实实现"邻里矛盾不出社区、小区,矛盾不上交",筑牢基层和谐稳定的第一道防线。

2."近邻"文化构建

第一,矛盾纠纷调解。运用"近邻"模式深化基层治理联防联控、群防群治,引导邻里间相互守望;打造区级社会治理协同平台,形成街道"近邻"矛盾纠纷调处中心、社区"万家和"纠纷调解平台、小区"党员调解队"三级协同治理架构,做到矛盾纠纷就地就近化解,问题隐患尽早尽快消除,实现"小事不出小区,大事不出社区"。

第二,居民自治互助。组织开展邻里文化节、"最美邻里""最美家庭"评比等活动,引导居民走出家门、相互交流,营造邻里一家亲的浓厚氛围;组建邻里律师、邻里医生、邻里警察等能人服务队,带动邻里之间互帮互助;由党员群众共同制定邻里公约,引导群众合理发声、主动参与小区治理。如开元街道图强小区组织开展"我们同祖国一起庆生"同吃"国庆面"活动,被央视《新闻联播》报道。

第三,思明区常态化开展志愿服务活动,有意识地发现一批热心居民,挖掘一批"近邻"能人,建立小区能人信息库;发挥道德教化作用,大力宣传守望相亲的"近邻"模范,吸引越来越多的治理能人更加热心地参与小区建设,不断壮大近邻党建力量。在小区党支部的引领下,社区工作人员、小区党员、热心人士的一言一行影响着小区居民,将小区居民的参与热情调动起来,成为"近邻党建"支持者、参与者。例如演武社区与厦门大学为邻,居民当中不乏教授能人,社区"借慧于邻",用活"演武讲堂"这一社区宣讲阵地,把好邻居的智慧思想、科学知识和独家经验分享给更多居民,共建"人人皆学、处处能学、时时可学"的书香社区。仁安社区结合居民需求,打造"四点半课堂""幸福妈妈驿站"等近邻品牌,发起"最美家庭""最美邻里"等"最美"系列评选,缔结深厚的小巷邻里亲情。

第四,强化自治协商机制。全市建立组织主导、多元参与的自治机制,小区党支部牵头倡议、业主协商制定邻里公约,为小区自治自管提供指引规范;完善业主自治共管机制,有意识地为小区居民有序参与小区治理创造条件、搭建平台,不定期组织召开厝边议事会、事务听评会等,主动邀请小区居民共同讨论小区事务,广泛征求小区居民的服务需求、意见建议,营造自我管理、自我服务的民主氛围,激发小区居民的主体意识,带动更多小区居民参与到小区治理中,实现"邻里事、邻里议、邻里定"。

三、深化"近邻党建"实践的若干对策

思明区积极弘扬"远亲不如近邻"理念,深化"近邻党建"内涵机制,积极探索实践"近邻"模式,成功打造了党建引领基层治理的思明实践样本。在新的发展阶段,思明区的"近邻党建"实践,应进一步以党建为引领,不断探索创新基层社会治理新路径,实现基层党建与社会治理的深度融合,让基层党组织成为服务群众、凝聚人心、促进和谐的战斗堡垒。提升党建引领社会治理的能力,推动社区治理体系更完善、人民生活更美好。

(一)赋权增能:创新治理情境

为适应新形势下城市基层社会治理的创新变革需要,城市社区治理要逐渐改变传统科层式的条块管理思维,调整现行基层社会管理体制与运行机制,在倡导多元复合治理基础上构筑优势互补、权能合作的社会共治新局面。[①]针对目前思明区社区治理中可能存在的基层行政调控不足、资源整合乏力、社会组织管理混乱等状况,以及基层行政与社区自治何以划分、政府行动与居民需求何以对接等现实困惑,需要通过激发更多居民、社会组织和社区整体的能动自主性,将基层治理诸要素有机结合起来共同发挥作用,最终促进社区"自主"自治及自我赋权、自我增能的实现。

1.建构居民主体意识

居民作为社区治理参与的主体,需要促进社区他们内在权能意识的复苏。赋权增能的本质在于通过激发个体或组织能动自主性,增强其面对问题、解决

---

① 伍玉振.赋权增能:新时代城市社区治理的新视角[J].中共天津市委党校学报,2021,23(05):87-95.

问题的能力和信心。赋权增能汇集了公民能力、社会政治修养、民主参与和决策管理等,这些要素都会促使个体形成积极的态度和自我观念、对周围环境和系统进行深刻反思、统筹目标实现及开展行动所必需的资源,以及促进与他人进行合作。虽然现代社区治理理论预设中居民个体都是有潜在能力和意愿去改变现状的,但实践中不容忽视的是社区自治水平普遍较低的现实,由于单位制习惯"遗存"及居委会行政化色彩浓重等因素制约,居民个体的权能作用发挥并不理想,时常处于失权状态。因此思明区应进一步弘扬"远亲不如近邻"思想,通过"近邻机制"的完善,赋予社区居民以权力、机会、资源和技能,重新认识自身所拥有的力量,感受自己对某些社区公共事务的影响,可以有效增强他们参与社区治理的能力和愿望。居民"认识自己拥有的权利,肯定团结的重要性与集体行动可以改变周围的环境,也愿意为维持公义采取行动"。①

第一,推动居民主体意识建构培育,激发社区居民的主体权能意识,使居民建立参与动机和意愿,树立批判意识,参与集体行动。一方面,应保障居民社区治理主体的平等地位,尊重其自治权利,借由"远亲不如近邻"理念引导他们树立集体价值观念意识,积极参与社区协商议事活动。为了提升社区居民的社区归属感,要引导他们超越狭隘的自我意识而关注公共活动,使每一个居民都有较高的意愿参与到社区的治理中,政府可以通过讲座、宣讲、培训班、文艺表演、评比展览等形式给居民提供知识技能学习的机会、资源平等共享的机制;通过建立社区发展论坛、居民自治议事会等为居民设置公共议题、主张他们的社会政治权利表达,发挥"社区的主人"价值,提升社区管理与决策水平,凝聚共识合力,构筑"无事常联系、有事共商量、邻里一家亲"的社会治理共同体。

第二,保障居民有效参与社区治理的频率和质量。社区居民对社区集体活动的参与愿望、认可程度、互动水平是衡量其融入社区共建共治共享活动及自我权能展示的重要指标。一是政府要推动社区民主参与、民主共治和民主监督的制度化、机制化。只有吸引社区居民自愿平等地参与社区治理活动并发挥其应有的作用,他们才会对关涉的公共利益或公共项目发表自己的意见或采相应的合作行动。二是政府要陆续将基层社会事务的管理服务权限赋予社区居民,将公共事务的决策事项细化到小区、院落、楼栋、居民小组、居民个人,真正实现居民参与的"全面深入"和"精细精准"。

2.架构多元治理格局

随着基层社会事务的增多及治理复杂性的增加,赋权增能需要城市社区

---

① 伍玉振.赋权增能:新时代城市社区治理的新视角[J].中共天津市委党校学报,2021,23(05):87-95.

治理从传统的政府一元主导转变为现代的多元主体合作,尤其要体认社会组织的价值,发挥社会组织参与社区治理的功能。2017年,民政部就曾发布了《关于大力培育发展社区社会组织的意见》,其中明确了社区社会组织培育发展的基本要求。同时在"十四五"时期,还要重点解决不同类型社区社会组织发展不均衡问题,重点扶持社区公益慈善类、专业服务类以及枢纽型社会组织发展。但目前,单纯依靠现有的行政力量难以满足居民日益增长的服务需求和对服务质量的要求。所以一些社会组织因其专业性和灵活性被认为是可以作为弥补公共服务供给不足的力量。不过也应该看到在当前"社区社会组织尚未实现社区治理的深度参与"。①

第一,创新社会组织参与社区治理的架构体系,形成以政府为主导、凝聚和吸引社会力量共同参与社区治理格局。一方面,政府要为参与社区治理的社会组织提供必要的资源和能力帮扶,在注册、技术、场地与相应的政策资金等方面加强支持。并对他们进行技术能力培训和开展项目辅导,创立公平公正的社会环境,增强社区自组织的凝聚力。另一方面,要推动城市社区治理体系由垂直分割向多元协同治理转变,借助现代信息技术打造更多社会组织参与的基层网络交互平台;引进专业技术组织和社会化资源,以进一步提升服务社区居民的公益组织数量和扩大志愿者的队伍规模。《厦门市思明区深化"近邻"模式提升社区服务水平的实施方案》就明确提出要"依托社会组织孵化基地,大力发展在纠纷调解、健康养老、教育培训、公益慈善、防灾减灾、文体娱乐、邻里互助、志愿服务等领域活动的社会组织。完善社区组织发现居民需求、统筹设计服务项目、支持社会组织承接、引导专业社会工作团队参与的工作体系。简化社区社会组织备案程序,孵化培育社区社会组织,推广中华街道镇海社区枢纽型社区社会组织工作法,力争2025年底每万名常住人口拥有社会组织15个。"

第二,加强社会组织与居民之间的沟通交流,更多体现并服务于居民的日常需求,维护社区的公共利益。社会组织的专业优势和项目培训只有获得社区居民的认同,才可以为后续的社区治理提供更大的支持力。社会组织要根据居民需求的变化情况,及时推动自我更新及行动策略调整,促进社区公共服务或社区福利供给的规模增加和机制的多样。社会组织要积极创设条件,搭建互动交流平台,让更多的社区居民参与公共服务供给的全流程改造,更好地满足他们的利益诉求和服务期待。同时,社会组织要强化其社会公益价值属性建设,减少对资源获取和追逐功利的"利己"冲动,更多地聚焦于提升社区公

---

① 陈秀红.城市社区治理的制度演进、实践困境及破解之道——"十四五"时期城市社区治理的重点任务[J].天津社会科学,2021(02):75-79.

共产品生产和公共服务供给上。

3.推动社区整体治理

基于不同社区治理主体的行动逻辑及其对权力秩序建构的不同影响,当前社区治理应厘清社区主体的权力架构及其职责,为社区自我赋权的激发创造良好的制度环境。社区要厘清职能,部门要深入社区帮助推动工作,力戒形式主义、官僚主义,提升联动的实效性。

第一,打破自上而下的权力纵向运行方式,打破横向部门之间的权力隔阂,吸纳更多社会和市场力量参与到社区治理中来,形成多元协调、互动有序、合作共享的治理新格局,并建强社区组织,下放部门资源,推行"社区吹哨、部门报到",形成上下联动、条块结合的治理体系,让管理更加有效。"政府要提高自己对现代社会结构的适应性,增强包容性,在建构新的治理体制和过程中形成普遍化、包容性的价值。"[1]

第二,以公共性营造为出发点推动社区整体性治理。社区公共性是指居民从各自私人领域中走出来,就共同关注的问题展开集体讨论与行动,在互动讨论与合作行动中实现社区公共价值创造的一种过程[2]。社区赋权增能要与公共性建设有机融合起来,共同致力于社区内生秩序构建、公平正义维护及多元合作治理局面的形成。政府、市场、社会、居民等社区治理主体围绕公共议题进行平等的沟通、探讨和协商,深化资源的整合与利用,取长补短,优势互补,为社区治理共同体不断注入活力。塑造具有平等性、同质化、公共性与情感性的邻里环境和邻里网络,增强居民成员之间的认同感和归属感,促进社区更好融合。

(二)近邻 2.0:优化品牌打造

思明区作为省级社区近邻服务试点区,应持续深化"近邻"模式内涵,高站位统筹推进,形成区委区政府统筹抓、各部门街道协同推进的工作格局,为社区近邻服务提供政策支持和资源保障。开展"近邻"党建引领基层社会治理"再提升行动",坚持问题导向,回应居民期盼,从近邻敬老、近邻医疗、近邻扶幼、近邻济困、近邻助残、近邻文化、近邻育德、近邻关爱等八大方面着手,打造特点鲜明的"近邻"党建品牌,积极打造近邻党建 2.0 版本,形成辐射带动效应,丰富服务内容,真正让居民切身感受到"远亲不如近邻"。

1.打造近邻颐养社区

我国进入老龄化社会之后,去机构化养老逐渐成为普遍需求。社区和居

① 王思斌.社会治理结构的进化与社会工作的服务型治理[J].北京大学学报(哲学社会科学版),2014,51(06):30-37.

② 李友梅,肖瑛,黄晓春.当代中国社会建设的公共性困境及其超越[J].中国社会科学,2012(04):125-139+207.

家养老相对于传统家庭养老方式而言是养老方式的创新,能够起到整合资源、提高社会养老服务效率的作用。但是如何将有限、分散的居家社区养老服务资源与社会成员日益增长和多元的居家社区养老服务需求相匹配,成为现阶段社区养老、居家养老需要解决的实际问题。

根据《厦门市思明区深化"近邻"模式提升社区服务水平的实施方案》,思明区将进一步整合利用各类养老资源力量,加强居家社区养老服务设施建设,推行"嵌入式"养老服务,确保社区每万人拥有养老服务设施达到 500 平方米以上,覆盖所有街道、社区。加强居家社区养老服务站点功能建设,按需提供日间照料居家养老、老年健康护理、"中央厨房＋助餐配餐"等便捷服务。推进小区公共部位适老化无障碍改造,构建社区步行路网,优化老年人居住、生活、出行环境。推动社区信息服务平台与线下居家社区养老服务站点相结合,对接困难对象需求和社会帮扶资源。完善居家和社区养老服务发展环境和推动机制,建成一批示范性老年友好型社区。

2.打造近邻便民社区

厦门市作为完整社区的建设试点城市,积极落实完整社区建设。而思明区在厦门市的指导下将探索推进完整社区建设,推进社区发展更安全便捷,同时也更充满人情味。完整社区概念最早由我国两院院士吴良镛先生提出。吴良镛指出,人是城市的核心,社区是人最基本的生活场所,社区规划与建设的出发点是基层居民的切身利益。不仅包括住房问题,还包括服务、治安、卫生、教育、对内对外交通、娱乐、文化公园等多方面因素。既包括硬件又包括软件,内涵非常丰富,应是一个"完整社区"(integrated community)的概念。社区规划与建设的"完整"既包括对物质空间创造性设计,以满足现实生活的需求,更包括从社区共同意识、友邻关系、公共利益和需要出发,对社区精神与凝聚力的塑造。建设"完整社区"正是从微观角度出发,进行社会重组,通过对人的基本关怀,维护社会公平与团结,最终实现和谐社会的理想。这就需要我们规划和建设社区时,从传统的关注物质形态的规划,向以人为本、强调可持续发展的规划转变。

根据 2020 年 8 月 26 日住建部等多部门联合发布的《关于开展城市居住社区建设补短板行动的意见》和《完整居住社区建设标准(试行)》,一个完整的居住社区,应具备以下 20 项配套和服务:包括一个社区综合服务站、一个幼儿园、一个托儿所、一个老年服务站、一个社区卫生服务站、一个综合超市、多个邮件和快件寄递服务设施、其他便民商业网点、水、电、路、气、热、信等设施、停车及充电设施、慢行系统、无障碍设施、环境卫生设施、公共活动场地、公共绿地等设施建设;同时,还应该提供物业服务、物业管理服务平台、管理机制、综合管理服务、社区文化等管理和服务。

除配套建设的项目外,试行标准中还详细规定了各个项目的建设要求。例如,幼儿园、老年服务站等社区基本公共服务设施,需建设在居民步行 5～10 分钟的路程范围内。幼儿园不小于 6 班,综合超市不小于 300 平方米,便民商业网点应涵盖理发店、洗衣店、药店、餐饮店等。有了细致的要求和标准,"标配"设施的服务品质就有了基本保障,社区补齐短板的建设目标也会更加明确。

3.打造近邻和谐社区

城市社区正在实现从粗放式到精致化的转变,不仅注重质量的提升,包括公共配套设施的完善,营造便捷、舒适、健康、优美的城市生活环境外,越来越注重营造和谐的邻里关系;注重激发社区公共生活和培育社区公共精神。因此在社会治理的发展中,思明区应注重弘扬社会正能量,将社会主义核心价值观融入居民公约,建立健全社区道德评议机制,加强居民道德文明教化和素养提升,培育党员、居民先进典型、道德模范,形成崇德向善氛围。依托社区党群服务中心、新时代文明实践中心等场所,推动各类讲堂、书院等向社区、小区延伸。利用辖区内红色资源和特区精神,在社区深入开展党史学习教育,推动居民明理、增信、崇德、力行。鼓励支持举办邻里文化节等活动,引导居民走出家门,拉近邻里关系,形成与邻为善、以邻为伴、守望相助的良好社区氛围。挖掘本土近邻文化,赓续崇德向善、乐善好施、敢拼会赢的精神血脉,彰显中心城区的爱心温度和人文尺度,增强社区向心力和凝聚力。

(三)智慧社区:破解治理难题

2021 年 1 月中共中央政治局会议强调,要构建网格化管理、精细化服务、信息化支撑、开放共享的基层治理平台。基层是社会治理的重点,基层社会治理精细化水平直接影响人民群众的获得感、幸福感、安全感。以技术助力社区发展已经越来越成为破解目前社区治理中的难题、提升社区治理效率的路径选择。以互联网、物联网、大数据等为核心的社区治理方式可以提高社区治理效率、满足人民群众的生活需求、着力解决治理中的突出矛盾,实现推动社区从管理到服务的有效转变。

1.建构智慧社区机制

目前思明区智慧社区建设尚处于起步阶段。因此必须做好机制设计以保障社区资源整合、主体协同和平台运行。智慧社区机制是社会治理制度体系在基层社区的功能性延伸,而智慧社区的机制建设已越来越成为地方政府构建智慧社区的突破口之一。智慧社区的机制建设旨在通过科学设计多元参与、协同互助、诉求表达、资源整合、共创共享的规则和制度,全面重塑智慧社区互通互联的信息链条,推动技术理性与价值理性的兼容优化,平衡协调碎片化、差异化、个性化的居民需求,强化提升社区居民、社区组织、行政部门、市场主体等之间的合作意愿,为构建信息互联、服务互助、利益互通、行为互动的智慧社区治理模式提供可遵循的规则,保障智慧社区建设的全面、高效发展。

因此思明区应该重视顶层设计,树立前瞻思维,结合地区发展的实际情况,在政府主导下,整合应用现代信息技术手段,分别设计居民需求调查机制、多元主体协同机制、社区服务清单机制、社区信息公开机制、社区绩效评价机制以及监督问责机制等智慧社区机制体系。

2.完善基础设施建设

现代信息技术及其数字平台为智慧社区建设提供了基础设施和技术途径,为实现以人为本的社区治理价值理性提供了切实可行的技术方案。如果没有技术的支撑,缺乏可供实施的网络基础环境、信息传输渠道、信息化平台及其相关的软硬件设备等,智慧社区只能存在于空想之中。

因此思明区的智慧社区建设必须着力打造包括技术安全体系、技术标准体系、技术集成体系、技术创新体系以及运平台处理系统等在内的技术设施,通过互联网、云计算、云平台、人工智能等支撑实现智慧社区建设。进一步整合资源,匹配原有服务设施,落实对不同使用人群需求的适配。优化社区使用App,并使其更友好化,方便不同年龄段的居民使用。利用新媒体加强宣传,介绍使用方式,提高群众中智慧社区的知晓度、使用度。

3.满足居民生活需求

智慧社区建设的最终目的是满足社区居民需求,因此在智慧社区的建设中需要构建各种公共服务设施与供给模块。满足社区居民的日常生活需求是智慧社区提供服务与管理的核心环节。智慧社区建设可以不断激发社区多元主体参与治理和互助服务,持续性拓展和丰富智慧社区内容项目,及时高效地回应社区居民、社区管理者、社区市场主体、社区公益组织、政府管理者等的交叉性、个性化、多层次需求。智慧社区的建设必须综合考虑居民公共需求、物业管理需求、社区治理需求、政府管理需求以及市场服务需求等,并将多样性的需求内容整合为一个多元协同、主体联动的一体化服务体系,进而促使智慧社区发挥综合性的治理功能,并成为国家现代治理体系的重要部分和基本单元。智慧社区内容维度的基本构成包括一体化的政务服务、社区公共教育、社区医疗卫生、社区养老看护、社区助残公益、社区安全保卫、社区家政服务等层面。

思明区在后续的社区建设发展中应以推行"一门式"社区服务模式为基础,加快社区公共服务综合信息平台建设,实现一号申请、一窗受理、一网通办。实施"互联网+社区"行动计划,加快互联网与社区服务体系的深度融合,探索网络化社区治理和服务新模式。

参考文献

1.陈秀红.城市社区治理的制度演进、实践困境及破解之道——"十四五"时期城市社区治理的重点任务[J].天津社会科学,2021(02):75-79.

435

2.程同顺,魏莉.城市基层治理单元转换的逻辑解析[J].江苏行政学院学报,2019(03):100-107.

3.程同顺,魏莉.城市基层治理单元转换的逻辑解析[J].江苏行政学院学报,2019(03):100-107.

4.韩升.理解权利:一种和谐共同体生活视角的政治哲学理解[J].理论与现代化,2016(02):98-104.

5.何绍辉.治理单元重构与城市社区治理质量[J].思想战线,2020,46(05):119-126.

6.李娟,林莉.转型社区环境治理中居民参与的逻辑——基于社会资本激活的分析[J].上海行政学院学报,2021,22(02):102-111.

7.李友梅,肖瑛,黄晓春.当代中国社会建设的公共性困境及其超越[J].中国社会科学,2012(04):125-139+207.

8.林尚立.社区党建:中国政治发展的新生长点[J].上海党史与党建,2001(03):10-13.

9.刘鹤玲,陈净.利他主义的科学诠释与文化传承[J].江汉论坛,2008(06):32-35.

10.刘帅.优化基层政治生态需要精准思维[J].人民论坛,2020(25):112-113.

11.史砚湄.互惠的缔结与实现——经济利他主义的"道德生产力"[J].社会科学家,2006(02):51-53+57.

12.唐晓勇,张建东.城市社区"微治理"与社区人际互动模式转向[J].社会科学,2018(10):79-90.

13.王建峰.国家与社会关系研究导论:以中国城市社区居民委员会为例[M].北京:中国民主法制出版社,2016:10-11.

14.王磊.从空间整合到服务供给:区域化党建推动城市基层治理体制创新[J].中共天津市委党校学报,2020,22(06):37-46.

15.王思斌.社会治理结构的进化与社会工作的服务型治理[J].北京大学学报(哲学社会科学版),2014,51(06):30-37.

16.伍玉振.赋权增能:新时代城市社区治理的新视角[J].中共天津市委党校学报,2021,23(05):87-95.

17.熊竞,陈亮.城市大型社区的治理单元再造与治理能力再生产研究:以上海市 HT 镇基本管理单元实践为例[J].中国行政管理,2019(09):56-61.

课题负责人及统稿:朱仁显

执　　　　笔:王佳慧

后 记

本书的组织、编撰、出版和发行分别得到了厦门市委、市人大、市政府、市政协、市有关部门和全市各大高校与研究机构以及厦门大学出版社的大力支持,在此一并表示感谢。我们要特别感谢各职能部门、高校和研究机构的高度重视和密切配合,他们为我们提供了高质量的研究成果。我们还要特别感谢本书总编审——集美大学李友华教授、厦门大学李文溥教授与朱仁显教授,以及本书责任编审——厦门市委政研室郑亚伍处长、厦门市发展研究中心戴松若副主任、厦门大学朱冬亮教授和厦门市政协提案委秘书处余强处长,他们都认真细致地审阅了本书稿件并提出了许多建设性意见。

本书各篇内容都是独立的研究成果,代表作者本人的学术观点。文中涉及的大量统计和调查数据截至 2021 年第三季度,并在此基础上预测最后一个季度的数据,2021 年全年度的实际数据仍以厦门市统计局正式公布的数据为准。

由于时间和水平有限,本书难免存在疏漏和差错之处,敬请读者指正并见谅。

编者

2021 年 12 月